BERTELSMANN

KINDER LÄNDERLEXIKON

von Marcus Würmli und Ute Friesen

Bertelsmann Lexikon Institut

Dieses Lexikon wurde von Grundschulkindern im Unterricht getestet. An dieser Stelle danken wir allen im Anhang aufgeführten Schülerinnen, Schülern, Lehrerinnen und Lehrern für ihre Unterstützung.

Chefredaktion: Dr. Beate Varnhorn
Projektleitung: Denise Spindelndreier

Autoren: Dr. Marcus Würmli, Ute Friesen

Redaktion: Anke Braun, Antonia Hansmeier,
Heike Linnemannstöns, Ingrid Peia, Barbara Römer,
Cordula Speer, Denise Spindelndreier
Fachliche Beratung: Wolf-Eckhard Gudemann
Redaktionelle Mitarbeit: Renate Arzberger, Petra Bischof

Bildredaktion: Stephanie Grote
Karten: Dr. Matthias Herkt, Klaus Jost,
Glenn Riedel, Mario Wilhelm

Satz, Layout und Bildbearbeitung: Jo Pelle Küker-Bünermann
Layoutentwurf, Illustrationen, Cover:
Petra Dorkenwald, München
Reproduktion: PixelArt & Composing, München

Herstellung: Michael Schack
Druck und Bindung: Druckerei Ernst Uhl GmbH & Co. KG

ISBN 978-3-577-07628-9

www.lexikoninstitut.de

Liebe Kinder,

wir möchten mit euch gerne eine Reise rund um die Erde machen. Dabei erzählen wir euch, wie das Leben der Kinder in den anderen Regionen und Staaten der Welt ausschaut: wie sie zur Schule gehen, was sie mit ihren Freunden spielen, was sie gerne essen und vieles mehr.

Unser Streifzug beginnt in Europa und führt – Land für Land – über Asien, Australien und Ozeanien, Amerika und Afrika bis hin zu den Polargebieten. Und damit es auch wirklich einmal rund um den Globus geht, stellen wir auch die drei Ozeane vor. Wir bereisen bekannte und fremde, exotische Länder der Erde und erforschen ihre Besonderheiten. Zu jedem Land gibt es einen Infokasten mit den Eckdaten und einem Flugzeug, das die Flagge des Landes im Schlepptau zieht.

Ob euch ein Spiel, das die Kinder in Russland spielen, auch gefällt, probiert ihr mit euren Freunden am besten mal aus. Wir haben auch einige Rezepte beschrieben. So könnt ihr mit eurer Familie versuchen, ob euch ein Kaiserschmarrn aus Österreich auch gut schmeckt oder ob ihr lieber einen afrikanischen Erdnusseintopf esst. Wenn ihr dann später einmal eure Ferien in einem anderen Land verbringt, könnt ihr schon vorher viele spannende Informationen über das Land und seine Bewohner lesen. Wir beschreiben zum Beispiel, wie man in Australien einen Bumerang baut. Und wenn ihr Lust habt, könnt ihr zu einigen Sprachen schon einmal ein paar Zahlen oder andere Wörter lernen.

Auf den Karten findet ihr die Hauptstadt, bedeutende Städte, Berge und Flüsse eines Landes. Die Städte erkennt ihr an den roten Punkten. Die Hauptstadt haben wir immer in Großbuchstaben geschrieben. Und ihr könnt sehen, welche Nachbarn ein Land hat. Die Grenzen sind mit einem roten Strich eingezeichnet. Zu den Kontinenten gibt es auch immer eine große Karte.

Wir wünschen euch viel Spaß bei eurer Entdeckungsreise!

Der Verlag

Asien 96

Australien und Ozeanien 166

Wie benutze ich mein Lexikon?

Die Kontinentseiten: *Wir wollen alle Länder der Erde mit dir bereisen. Unsere spannende Reise führt dich von Kontinent zu Kontinent. Wie heißt der höchste Berg in Asien? Ist der Mississippi der längste Fluss Amerikas? Die Kontinentseiten wollen dich das Sehen und Staunen lehren. Zu jedem Kontinent findest du eine doppelseitige Übersicht. Daran anschließend kannst du dich über die Länder informieren, die zu diesem Kontinent gehören.*

2

1 Asien *ist der größte Kontinent der Erde. Weit über die Hälfte aller Menschen sind Asiaten, und jeder fünfte Mensch lebt in China. Auf einer Weltkarte sieht Europa im Vergleich zu Asien winzig aus. Es ist fast eine Halbinsel am westlichen Ende von Asien. Als Grenzen zwischen Europa und Asien gelten zwei Gebirge, der Ural und der Kaukasus.*

In Asien liegt das höchste Gebirge der Erde, der Himalaya. *Himalaya* bedeutet „Schneewohnung". Das Gebirge ist schwindelerregend hoch. Das ist ernst gemeint, weil der Mensch ab 5000 Meter Höhe nicht dauernd leben kann. Er bekommt dort zu wenig Sauerstoff und kann höhenkrank werden. Die meisten Menschen leben daher etwas niedriger, in den Flusstälern, in denen es auch Wasser für die Landwirtschaft gibt. In Kalkutta am Ganges zum Beispiel leben indische Kinder mit ihren Familien auf engstem Raum.

Kinder in Asien
Die Lebensbedingungen sind in den Ländern Asiens sehr verschieden. Im Norden Sibiriens herrscht fast das ganze Jahr über strenge Kälte. Nicht selten sind die Temperaturen so eisig, dass die Schulen schließen und die Kinder Kälteferien bekommen. In Indonesien hingegen ist das → Klima tropisch, sehr warm und sehr feucht. Die Kinder dort kennen keine mit Fell gefütterten Winterschuhe. Japan, Singapur und die Staaten am Persischen Golf sind reich. Die Kinder, die in diesen Ländern leben, besuchen meist moderne Schulen.
In Laos oder Bangladesch dagegen ist das Leben ärmlich. Dort können viele Kinder gar nicht zur Schule gehen. Oft müssen sie schon in jungen Jahren hart arbeiten.
Doch es gibt noch zahlreiche andere Gründe, warum viele asiatische Kinder nicht in die Schule gehen. Einige Kinder sind zum Beispiel ständig unterwegs. So leben etwa viele Mädchen und Jungen in der Mongolei oder in Kirgisistan mit ihren Familien als umherziehende → Nomaden. Wiederum andere Kinder wohnen in ganz entlegenen Dörfern auf dem Land, weit weg von der nächsten Schule. Denn in Asien gibt es nicht nur laute, geschäftige Großstädte wie Peking oder Tokyo, sondern auch ganz entlegene Orte.

3

4

In China und anderen asiatischen Ländern essen die Kinder nicht mit Messer und Gabel, sondern mit Stäbchen oder Löffeln aus Schälchen.

96

1 Symbol
Jede Kontinentseite erkennst du an diesem Symbol: Papiti, der lustige Lexikopard, hält einen Globus in seinen Pfoten. Auf dieser Weltkugel ist immer der Kontinent markiert, um den es gerade geht. Du findest dieses Symbol links oben auf den Kontinentseiten.
Manchmal siehst du aber auch ein anderes Symbol an dieser Stelle. Dann bist du nicht mehr auf einer Kontinentseite, sondern auf einer Themenseite. Da kannst du zum Beispiel lesen, wie unterschiedlich Kinder Weihnachten feiern. Oder wie verschieden die Häuser sind, in denen Mädchen und Jungen aufwachsen. So leben manche Kinder in Häusern, die auf Pfählen stehen. Andere stecken dagegen morgens ihre Nase aus einer Jurte.

2 Erkennungsfarbe
Jeder Kontinent mit den dazugehörigen Ländern hat eine Erkennungsfarbe. Die Farbe für Asien und die asiatischen Länder ist zum Beispiel Gelb, die für Nordamerika Rot. Neben den Kontinenten und Ländern der Erde stellt dein Kinder-Länderlexikon dir auch die Ozeane vor. Sie haben die Erkennungsfarbe Blau.

3 Bilder
Die farbigen Fotos auf den Kontinentseiten zeigen dir etwas Typisches von diesem Erdteil. Du kannst zum Beispiel sehen, wie die Kinder zur Schule gehen, wie die Umgebung ausschaut, in der sie leben, oder welche Tiere du in den Ländern sehen kannst.

❹ Bildunterschriften
Bei den meisten Fotos steht ein kurzer Text. Hier wird der Bildinhalt erklärt. So kannst du das Gezeigte besser verstehen, und du erfährst noch mehr Interessantes über den Kontinent und seine Länder.

❺ Karte
Auf jeder Kontinentseite findest du eine übersichtliche Karte von diesem Erdteil. Darauf kannst du zum Beispiel sehen, welche Länder sich auf dem Kontinent befinden, ob es große Gebirge oder Flüsse gibt und wie die Meere ringsum heißen. Kleine Bilder auf den Karten zeigen dir Tiere, berühmte Bauwerke und andere Besonderheiten der Kontinente. Und damit du die Himmelsrichtungen bestimmen und die Entfernungen besser einschätzen kannst, befindet sich bei jeder Karte eine Windrose mit den Himmelsrichtungen und ein Maßstab.

❻ Infokasten über den Kontinent
In diesen Kästen siehst du auf einen Blick, wie groß der Kontinent ist, wie viele Menschen dort leben oder wie viele Länder sich auf dem Kontinent befinden. Außerdem kannst du den Kästen noch weitere interessante Informationen entnehmen, zum Beispiel wie der höchste Berg dort heißt oder wie lang der längste Fluss dort ist.

Wie finde ich was?
Das Kinder-Länderlexikon ist nicht von A bis Z, sondern nach Kontinenten geordnet. Wenn du nicht weißt, zu welchem Kontinent ein Land gehört, sieh einfach hinten im Register nach. Dort sind alle beschriebenen Länder und Kontinente von A bis Z mit den dazugehörigen Seitenzahlen aufgeführt.

Immer dabei: Papiti
Dies ist Papiti, der lustige Lexikopard. Der wissensdurstige kleine Kerl begleitet dich auf deiner Reise rund um die Erde. Neugierig wie er ist, schaut er ganz genau hin: Welche Sprache spricht man in dem Land, was essen die Kinder dort gerne, was spielen sie, welche Tiere leben dort – und so weiter!
Also mach's ihm nach, schau dir alles an und probier das eine oder andere einfach mal aus!

Die Länderseiten: *Nach jeder farbigen Doppelseite, die einen neuen Kontinent vorstellt, findest du auf den Folgeseiten eine Beschreibung der Länder, die zu diesem Kontinent gehören. Da selbst in einem viel dickeren Buch nicht alle Informationen zu allen Ländern Platz hätten, haben die Autoren die wichtigsten und für Kinder interessantesten Dinge ausgewählt. So findest du dich auf den Länderseiten zurecht:*

1 Symbol
Die Weltkugel oben links und oben rechts auf den Seiten zeigt dir immer, auf welchem Kontinent das jeweilige Land liegt und wie der Kontinent aussieht.

2 Farbiger Balken
Die Erkennungsfarbe des Kontinents wiederholt sich bei den Ländern. So siehst du schon beim schnellen Durchblättern, bei welchem Kontinent du dich gerade befindest.

3 Info-Kasten über das Land
In diesem Kasten siehst du auf einen Blick, wie groß das Land ist, wie viele Menschen dort leben und wie die Hauptstadt heißt. Bei vielen Ländern stehen da aber auch noch weitere spannende Informationen: Welche Sprache in dem Land gesprochen wird, welche Währung das Land hat – und einiges andere. Siehst du das Flugzeug oben rechts in dem Kasten? Es hat immer die Nationalflagge des jeweiligen Landes im Schlepptau.

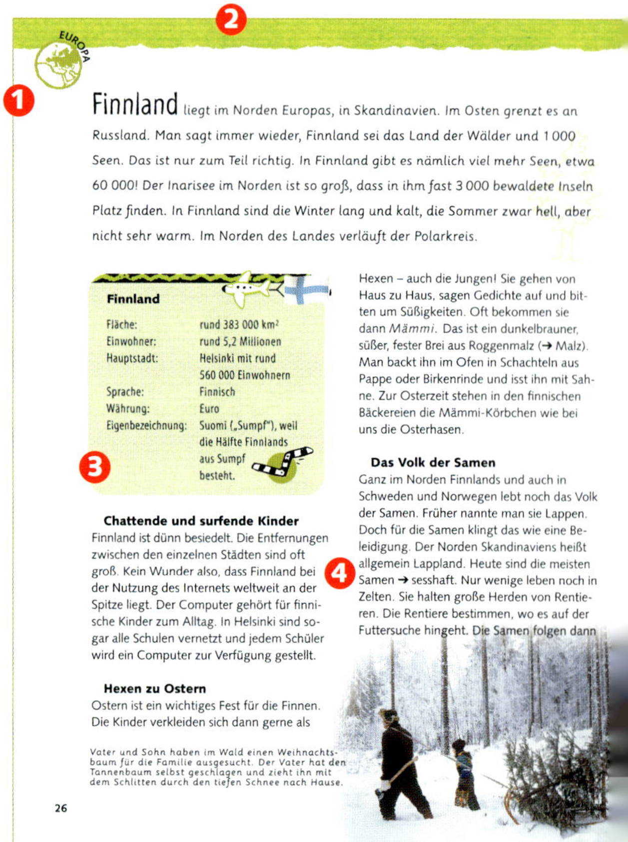

2

EUROPA

1

Finnland liegt im Norden Europas, in Skandinavien. Im Osten grenzt es an Russland. Man sagt immer wieder, Finnland sei das Land der Wälder und 1 000 Seen. Das ist nur zum Teil richtig. In Finnland gibt es nämlich viel mehr Seen, etwa 60 000! Der Inarisee im Norden ist so groß, dass in ihm fast 3 000 bewaldete Inseln Platz finden. In Finnland sind die Winter lang und kalt, die Sommer zwar hell, aber nicht sehr warm. Im Norden des Landes verläuft der Polarkreis.

Finnland

Fläche:	rund 383 000 km²
Einwohner:	rund 5,2 Millionen
Hauptstadt:	Helsinki mit rund 560 000 Einwohnern
Sprache:	Finnisch
Währung:	Euro
Eigenbezeichnung:	Suomi („Sumpf"), weil die Hälfte Finnlands aus Sumpf besteht.

3

Chattende und surfende Kinder
Finnland ist dünn besiedelt. Die Entfernungen zwischen den einzelnen Städten sind oft groß. Kein Wunder also, dass Finnland bei der Nutzung des Internets weltweit an der Spitze liegt. Der Computer gehört für finnische Kinder zum Alltag. In Helsinki sind sogar alle Schulen vernetzt und jedem Schüler wird ein Computer zur Verfügung gestellt.

Hexen zu Ostern
Ostern ist ein wichtiges Fest für die Finnen. Die Kinder verkleiden sich dann gerne als Hexen – auch die Jungen! Sie gehen von Haus zu Haus, sagen Gedichte auf und bitten um Süßigkeiten. Oft bekommen sie dann *Mämmi*. Das ist ein dunkelbrauner, süßer, fester Brei aus Roggenmalz (➔ Malz). Man backt ihn im Ofen in Schachteln aus Pappe oder Birkenrinde und isst ihn mit Sahne. Zur Osterzeit stehen in den finnischen Bäckereien die Mämmi-Körbchen wie bei uns die Osterhasen.

Das Volk der Samen
Ganz im Norden Finnlands und auch in Schweden und Norwegen lebt noch das Volk der Samen. Früher nannte man sie Lappen. Doch für die Samen klingt das wie eine Beleidigung. Der Norden Skandinaviens heißt allgemein Lappland. Heute sind die meisten Samen ➔ sesshaft. Nur wenige leben noch in Zelten. Sie halten große Herden von Rentieren. Die Rentiere bestimmen, wo es auf der Futtersuche hingeht. Die Samen folgen dann

4

Vater und Sohn haben im Wald einen Weihnachtsbaum für die Familie ausgesucht. Der Vater hat den Tannenbaum selbst geschlagen und zieht ihn mit dem Schlitten durch den tiefen Schnee nach Hause.

26

4 Lesetext
Im Text erfährst du das Wichtigste und Interessanteste über ein Land, zum Beispiel wie und wo die Menschen dort leben, ob alle Kinder zur Schule gehen und welche Tiere dort vorkommen. Hier und da begegnet dir im Text ein kleiner Pfeil: ➔. Dieser verweist dich zu einem Speziallexikon (Glossar) ab Seite 300. Dort kannst du nachlesen, was die jeweiligen Begriffe bedeuten. Bei vielen Wörtern, die in der Sprache des Landes angegeben sind, kannst du dahinter in Klammern und mit einem Doppelpunkt lesen, wie man das Wort ausspricht. Zum Beispiel ist *jam* (:dschäm) die englische Bezeichnung für Marmelade.

❺ Abbildungen

Damit du dir alles besser vorstellen kannst, gibt es viele Fotos zu den einzelnen Ländern. In den dabeistehenden Bildunterschriften findest du zusätzlich interessante Informationen.

Viele finnische Kinder verbringen ihre Sommerferien in einem Holzhaus am Ufer eines Sees. Oft steht daneben eine kleinere Blockhütte, die Sauna. Dort geht man zum Schwitzen hinein.

ihren Herden. Für die Samen ist nicht Weihnachten oder Ostern, sondern das Marientagsfest am 25. März der schönste Tag im Jahr. Dann tragen sie ihre bunten Trachten in den Farben Rot, Dunkelblau und Gelb. Die Jungen tragen Rentierrennen aus und fliegen dabei oft in hohem Bogen in den Schnee. Rentiere sind störrisch wie Esel.

Eine merkwürdige Sprache

Das Finnische wird ziemlich genau so ausgesprochen, wie man es schreibt. Aber es klingt sehr fremd für unsere Ohren. Zähle mal von 1 bis 10: **yksi, kaksi, kolme, neljä, viisi, kuusi, seitsemän, kahdeksan, yhdeksän, kymmenen.**
Das Finnische ist mit Sprachen aus dem fernen Sibirien verwandt. Hier sind einige Ausdrücke, die du jeden Tag gebrauchen kannst:
Guten Tag = **Hyvää päivää, hei**
Vielen Dank = **Kiitoksia oikein paljon**
Bitte = **Pydään**
Ja = **Kyllä**
Nein = **Ei**

❻ Sonderkästen

Farbig unterlegte Kästen halten ganz besondere Informationen für dich bereit:

Allgemeinwissen

Hier bekommst du Infos zu den Kontinenten, zum Beispiel wie viele Menschen dort leben, wie der längste Fluss oder der höchste Berg heißt.

Sprache

Hier kannst du dich mit der Sprache des Landes vertraut machen. Und auch das eine oder andere Wort lernen.

Beobachten

Hier wirst du auf besondere Dinge aufmerksam gemacht, die du in den Ländern beobachten kannst. Wenn du dorthin reist, kannst du dir ein Fernrohr und einen Notizblock mitnehmen, um alles aufzuschreiben, was du dort siehst.

Superwissen

Hier findest du ganz spezielle Infos über ein Land, mit denen du andere verblüffen kannst.

Essen

Hier kann es dir passieren, dass dir nach dem Lesen der Magen knurrt. Denn in diesen Kästen gibt es Infos rund um das Essen. Vielleicht hast du Lust, einmal ein Gericht nachzukochen?

Spiele

Hier wird dir ein tolles Spiel vorgestellt, das die Kinder in dem jeweiligen Land gerne machen. Bei diesem Kasten gilt übrigens: Nur Lesen ist langweilig. Nachmachen ist angesagt!

❼ Karte

Zu jedem Land findest du eine übersichtliche Karte. Darauf kannst du zum Beispiel die größten Städte finden, Gebirge und Flüsse erkennen und erfahren, wie die Länder ringsum heißen. Die kleinen Bilder auf den Karten zeigen dir Tiere und Pflanzen, berühmte Bauwerke und andere Besonderheiten der Länder. Und damit du die Himmelsrichtungen bestimmen und die Entfernungen besser einschätzen kannst, befindet sich auch bei diesen Karten eine Windrose und ein Maßstab.

Die Erde

Länder:	193
Einwohner:	rund 6,3 Milliarden
Alter:	rund 4,6 Milliarden Jahre
Anteil der Landfläche:	fast ein Drittel
Anteil der Wasserfläche:	gut zwei Drittel
Länge des Äquators:	rund 40 000 km
Entfernung zum Mond:	rund 384 000 km
Entfernung zur Sonne:	rund 150 Millionen km

O R D P O L A R M E E R
Sewernaja Semlja
Neusibirische Inseln
Wrangel-Insel
Franz-Joseph-Land
Laptewsee
Ostsibirische See
Tschuktschen-see
Spitzbergen
Taimyr-Halbinsel
Nördlicher Polarkreis
Nowaja Semlja
Karasee
Barentssee
Jenissei
Lena
Beringmeer
Skandinavien
Onega-see
Ladoga-see
Ostsee
URAL
Ob
Sibirien
Ochotskisches Meer
Kamtschatka
Aleuten
Sachalin
Baikal-see
Amur
Kurilen
EUROPA
Wolga
Altai
Balchasch-see
Aral-see
ASIEN
Hokkaido
ALPEN
Donau
Schwarzes Meer
Kaspisches Meer
Gobi
Japanisches Meer
PAZIFISCHER
Takla Makan
Honshu
Huang He
Gelbes Meer
Kunlunshan
Hindukusch
I T T E L M E E R
Kyushu
OZEAN
Euphrat
Tigris
HIMALAYA
Chang Jiang
Ostchinesisches Meer
Indus
Persischer Golf
Thar
Nördlicher Wendekreis
Libysche Wüste
Arabische Halbinsel
Ganges
Taiwan
Rotes Meer
Arabisches Meer
Golf von Bengalen
Mekong
Luzon
Philippinen
Tschad-see
Golf von Aden
Malediven
Süd-chinesisches Meer
Mikronesien
Nil
AFRIKA
Ceylon
Mindanao
Kongo
Sumatra
Borneo
Äquator
Kongo-becken
Victoria-see
Seychellen
Melanesien
Celebes
Javasee
Neuguinea
Tanganjika-see
Java
Arafurasee
Sambesi
Korallen-see
Fidschi-Inseln
Straße von Mosambik
INDISCHER
Madagaskar
Neu-kaledonien
Kalahari
OZEAN
Great Dividing Range
AUSTRALIEN
Südlicher Wendekreis
Darling
Kap der Guten Hoffnung
Tasman-see
Neuseeland
Tasmanien
Kerguelen
T A R K T I S
Südlicher Polarkreis

Nördlicher Polarkreis
Alaska
(USA)
KANADA
Grönland
(DÄNEMARK)
ISLAND
IRLAND
PORTUGAL
VEREINIGTE STAATEN
VON AMERIKA
Hawaii-Inseln (USA)
Nördlicher Wendekreis
MEXIKO
BAHAMAS
KUBA
ATLANTISCHER
OZEAN
West-
Sahara
MAURE-
TANIEN
KAP VERDE
SENEGAL
GUINEA
SIERRA
LEONE
LIBERIA
GUATE-
MALA
HONDURAS
NICARAGUA
COSTA
RICA
PANAMA
PAZIFISCHER
OZEAN
VENEZUELA
GUYANA
SURINAME
KOLUMBIEN
ECUADOR
Äquator
KIRIBATI
TUVALU
SAMOA
FIDSCHI
TONGA
Cook-
Inseln
(NZ)
Französisch-
Polynesien
Pitcairn (GB)
Südlicher Wendekreis
PERU
BRASILIEN
BOLIVIEN
PARAGUAY
CHILE
ARGENTINIEN
URUGUAY
Falklandinseln (GB)
Südgeorgien
(GB)
NEUSEELAND
Südlicher Polarkreis

NORDPOLARMEER
RUSSLAND
Nördlicher Polarkreis
SCHWEDEN
FINNLAND
ESTLAND
LETTLAND
LITAUEN
WEISS-RUSSLAND
POLEN
UKRAINE
UNGARN
RUMÄNIEN
BULGARIEN
ITALIEN
GRIECHENLAND
TÜRKEI
GEORGIEN
KASACHSTAN
USBEKISTAN
TURKMENISTAN
KIRGISTAN
MONGOLEI
CHINA
NORD-KOREA
SÜD-KOREA
JAPAN
PAZIFISCHER OZEAN
SYRIEN
IRAK
IRAN
AFGHANISTAN
PAKISTAN
NEPAL
INDIEN
MYANMAR (BIRMA)
THAILAND
VIETNAM
TAIWAN
PHILIPPINEN
Nördlicher Wendekreis
Nördliche Marianen (USA)
MARSHALL-INSELN
MIKRONESIEN
PALAU
Äquator
MALAYSIA
INDONESIEN
PAPUA-NEUGUINEA
SALOMONEN
TUVALU
VANUATU
FIDSCHI
Neu-kaledonien (FR)
Südlicher Wendekreis
AUSTRALIEN
NEUSEELAND
SRI LANKA
MALEDIVEN
SEYCHELLEN
KOMOREN
MAURITIUS
INDISCHER OZEAN
Kerguelen (FR)
TUNESIEN
LIBYEN
ÄGYPTEN
SAUDI-ARABIEN
OMAN
JEMEN
ERITREA
TSCHAD
SUDAN
ÄTHIOPIEN
SOMALIA
ZENTRAL-AFRIKANISCHE REPUBLIK
UGANDA
KENIA
DEMO-KRATISCHE REPUBLIK KONGO
KONGO
TANSANIA
ANGOLA
SAMBIA
SIMBABWE
MOSAMBIK
MADAGASKAR
NAMIBIA
BOTSWANA
SÜDAFRIKA
Südlicher Polarkreis
TARKTIS

Europa

ist der zweitkleinste Erdteil. Es ist kein Kontinent, der wie Australien vom Wasser begrenzt wird. Europa hängt Asien als Halbinsel an. Der Ural, eine Gebirgskette in Russland, wird üblicherweise als geografische Grenze zwischen Europa und Asien angesehen. Zwei Länder liegen zum Teil in Asien, zum Teil in Europa: Russland und die Türkei.

Wie kein anderer Kontinent ist Europa in eine Vielzahl großer und kleiner Staaten zersplittert. Um sich dennoch in der Welt genügend Gehör zu verschaffen, müssen die einzelnen Staaten eng zusammenarbeiten. Die Länder Westeuropas hatten sich zur ➔ Europäischen Union zusammengeschlossen. Demgegenüber waren die osteuropäischen Staaten Verbündete der ehemaligen ➔ Sowjetunion. Nach dem Zerfall der Sowjetunion wurden viele östliche Länder in die Europäische Union aufgenommen. Als jüngste Mitglieder wurden 2007 Bulgarien und Rumänien in der Union begrüßt. Die Mitgliedschaft in dieser Gemeinschaft bringt nämlich manche Vorteile. Innerhalb der Europäischen Union können zum Beispiel Orangen aus Spanien nach Deutschland gebracht werden, ohne dass ➔ Zoll gezahlt wird, und ein Grieche kann ohne Probleme in Dänemark eine Arbeit suchen. In den meisten Ländern Europas wird mit dem Euro gezahlt.

Kinder in Europa

Europa gilt als reicher Kontinent. Verglichen mit Kindern in der ➔ Dritten Welt geht es den Kindern in Europa recht gut. Sie leben in der Regel in richtigen Häusern und haben genug zu essen. Und wenn sie krank sind, werden sie von einem Arzt oder einer Ärztin behandelt. Außerdem besuchen fast alle Kinder regelmäßig die Schule. In ihrer Freizeit haben die Kinder viele Möglichkeiten. Es gibt zahlreiche Sportvereine und Sportanlagen, Musikschulen, Kinder- und Jugendtreffs oder zum Beispiel Kinos und Theateraufführungen für Kinder. Doch auch im reichen Europa wachsen viele

Europa

Fläche:	rund 10,5 Millionen km²
Einwohner:	rund 700 Millionen
Anzahl der Länder:	45
Höchster Berg:	Mont Blanc, 4 807 m
Längster Fluss:	Wolga, 3 531 km
Größter See:	Ladogasee

Kinder in Armut auf. Besonders in einigen östlichen Ländern Europas haben sich, durch gesellschaftliche Veränderungen, die sozialen Probleme verschärft. Bei Arbeitslosigkeit und Krankheit der Eltern sind Kinder hier manchmal sogar obdachlos und leben auf der Straße.

Sich kennen lernen

Es gibt in Europa viele Organisationen, die unterstützen, dass sich Kinder aus verschiedenen Ländern kennen lernen. Viele Schüler fahren zum Schüleraustausch in einen anderen europäischen Staat. Du kannst in den Ferien an Jugendbegegnungen teilnehmen und zum Beispiel einige Wochen in einer polnischen oder französischen Familie leben. Dafür ist es natürlich gut, wenn du Fremdsprachen lernst.

Island ist eine Insel weit draußen im Nordatlantik. Sie liegt direkt unter dem Polarkreis. Selbst im Sommer kann es dort schneien. Island wurde von den Wikingern vor über 1 000 Jahren besiedelt. Heute noch spricht man dort deren Sprache. Familiennamen gibt es keine. Wenn ein Vater mit Vornamen Pall heißt, so nennt sich sein Sohn Hans Pallsson („Sohn des Pall") und seine Tochter Asta Pallsdottir („Tochter des Pall").

Island

Fläche:	rund 103 000 km²
Einwohner:	rund 292 000
Hauptstadt:	Reykjavik mit rund 113 000 Einwohnern
Sprache:	Isländisch
Währung:	Isländische Krone
Der größte Gletscher:	Vatnajökull mit 8400 km²

Island bedeutet in der Landessprache „Eis-land". Tatsächlich ist ein großer Teil des Landes von riesigen ➔ Gletschern bedeckt. Island ist aber auch eine Insel aus Feuer. Sie besteht nämlich fast nur aus ➔ Vulkanen. Immer wieder speien sie glühende Lava und heiße Asche aus. Hier gibt es mehr heiße Quellen als anderswo. Einige brechen alle paar Stunden als ➔ Geysire aus. Heißer Dampf vermischt mit Wasser schießt dann viele Meter weit in die Luft.

Islandpullis halten sehr warm. Sie haben ein besonderes Muster und werden aus der Wolle isländischer Schafe gestrickt.

Die Isländer nutzen die Vulkane. Sie bohren Löcher in den Boden und pumpen Wasser hindurch. Das glühende Gestein erhitzt es. Mit dem Heißwasser können dann die Wohnhäuser beheizt werden.
In der Hauptstadt Reykjavik und seiner Umgebung lebt über die Hälfte aller Isländer. Island ist das am dünnsten besiedelte Land in Europa. Auf dem Land werden einige Schulen von weniger als 100 Schülern besucht – alle Klassen zusammengerechnet. Eisenbahnen gibt es keine in Island. Manche Straßen können nur im Sommer befahren werden. Bei Schnee und Eis kann es für den Schulbus manchmal schwierig werden, Schüler aus entlegenen Gegenden zur Schule zu bringen. Um schnell große Entfernungen zurücklegen zu können, gibt es Lufttaxis in Island – kleine Flugzeuge, die man mit Pilot mieten kann.

Vernarrt in Islandpferde

Island ist aber nicht nur die Insel der Gletscher und Vulkane, sondern auch die Heimat vieler Tiere. Berühmt sind vor allem die stämmigen, kräftigen Islandpferde. Davon leben noch viele halbwild in großen Herden in der weiten Landschaft. Sie verbringen selbst den Winter draußen. Die Reitpferde kommen dagegen im Winter meistens in Ställe. Neben Heu bekommen sie als Futter manchmal auch frische Heringe aus dem

Meer. Die Islandpferde gelten als sehr zuverlässige und ausgeglichene Tiere. Sie werden bis zu 1,40 m groß. Es macht großen Spaß, mit der Familie oder Freunden über die Insel mit ihren Bergen, Flüssen, Gletschern und Geysiren zu reiten. Viele isländische Kinder lieben die temperamentvollen, ausdauernden Pferde. Sie lernen schon sehr früh das Reiten und auch die Pflege der Tiere. Islandpferde können in einer besonderen Gangart gehen, dem Tölt. Beim Tölt hat das Pferd immer mindestens einen Fuß am Boden in der Reihenfolge: hinten links, vorne links, hinten rechts, vorne rechts. Für den Reiter ist das bequem, weil sich das Islandpferd sehr fließend bewegt.

Kleine Leseratten

Im Frühsommer ist es in Island nachts nur circa zwei Stunden dunkel. Viele isländische Kinder gehen dann erst sehr spät ins Bett. Super, dann haben sie noch mehr Zeit zum Lesen. Überhaupt wird in Island sehr viel geschrieben und gelesen. Pro Kopf gerechnet werden dort die meisten Bücher geschrieben und verkauft. Das liegt bestimmt auch daran, dass in Island nur wenig Menschen leben. In ganz einsamen Gegenden werden die Kinder sogar von Wanderlehrern unterrichtet oder besuchen Internate. Hoffentlich kommen sie im Winter rechtzeitig aus ihren Betten. Denn in dieser langen, dunklen Jahreszeit lässt sich der fehlende Schlaf prima nachholen.

Auf Island leben rund 10 Millionen Papageitaucher. Wegen ihrer bunten Schnäbel und des schwarz-weißen Gefieders sehen die Vögel wie Clowns aus. Sie tauchen geschickt und fangen dabei mit ihrem Schnabel kleine Fische aus dem Meer. An der Südküste gibt es Felsen, in denen Hunderttausende von Meeresvögeln eng gedrängt nisten. Zur Brutzeit graben die Papageitaucher oben an den Vogelfelsen bis zu einen Meter tiefe Gänge in den Boden.

Großbritannien sagt kaum jemand. Meist ist von England die Rede. Aber England ist eben nur ein Teil Großbritanniens. Die anderen Teile sind Schottland, Wales und Nordirland. Statt Großbritannien sagt man auch Vereinigtes Königreich oder United Kingdom (:junaitid kingdem). Es ist von Frankreich durch den Ärmelkanal getrennt. Unter den Kanal hat man einen rund 50 km langen Tunnel gebaut, durch den man mit dem Zug fahren kann.

Großbritannien

Fläche:	rund 244 000 km^2
Einwohner:	rund 59,4 Millionen
Hauptstadt:	London mit rund 7,4 Millionen Einwohnern (mit Vororten)
Sprache:	Englisch
Währung:	Englisches Pfund
Höchster Berg:	Ben Nevis in Schottland mit 1 343 m

In den letzten Jahrzehnten ist die britische Küche sehr international geworden. Man findet die unterschiedlichsten Restaurants. Ein typisches britisches Gericht ist *fish and chips.* Das ist gebratener Fisch mit Pommes. Doch die englischen Kinder tröpfeln sich auf ihre Pommes nicht Mayo oder Ketschup – sondern Essig!
Wie kommt es zu der Vielfalt an Speisen? Früher besaßen die Briten ein Weltreich. Zu ihm gehörten zum Beispiel Indien und Pakistan, Teile der Karibik und Afrikas. Viele Menschen aus diesen Ländern leben heute in Großbritannien und bereichern mit ihren Gerichten den Speiseplan. Menschen unterschiedlichster Herkunft prägen auch das Bild vieler britischer Städte. Es ist ganz normal, dass dir ein dunkelhäutiger Busschaffner mit einem Turban auf dem Kopf ein Ticket verkauft.

Very british

Kleine Kinder werden in England oft von einer *nanny,* einer Kinderfrau, betreut. Viele *nannies* wohnen sogar mit der Familie zusammen. Die älteren Kinder gehen von morgens bis zum späten Nachmittag zur Schule und essen dort auch mittags. „Was ziehe ich heute in der Schule an?“ – diese Frage ist in England überflüssig, da alle Schüler einheitliche Schuluniformen tragen. Viele Kinder besuchen Internate, in denen Schüler und Lehrer unter einem Dach wohnen. Es gibt auch reine Jungen- und Mädcheninternate.

Englische Grundschulkinder tragen eine Schuluniform. Sie kommen schon mit fünf Jahren in die Schule.

Man kann in Großbritannien die Ferien als zahlender Gast in einer Familie verbringen. Das heißt dann *bed and breakfast* (:bed änd brekfest). Beim Aufstehen gibt es die erste Tasse Tee. Dann folgt das Frühstück mit *ham and eggs*, mit Schinken und Eiern, Würstchen *(sausages*, :sosidschis), Haferbrei *(porridge*, :poridsch) und weißem Toastbrot und viel *jam* (:dschäm). Damit ist jede Art von Marmelade gemeint, und *marmalade* ist *jam* nur aus Orangen!

Das Schild bedeutet „bed and breakfast". Hier kannst du übernachten und frühstücken.

Ein Rundgang durch London

Großbritannien hat noch eine → Monarchie. Die Königin wohnt in der Hauptstadt London in einem Schloss, dem Buckingham Palace. Dort stehen die Wachen mit roten Uniformen und Bärenfellmützen. An der Themse, dem großen Fluss durch London, liegt das Parlamentsgebäude und der Big Ben, ein riesiger Glockenturm. Weiter nördlich kommst du an einen kreisrunden Platz, den Piccadilly Circus. Hier liegt die größte U-Bahn-Station. Es macht großen Spaß, mit einem Doppeldeckerbus zu fahren. Im West End liegen viele teure Hotels und Geschäfte. Im Covent Garden wird immer Straßentheater gespielt. Ein Wahrzeichen Londons ist die Tower Bridge noch weiter flussabwärts. Die beiden Mittelteile dieser Brücke werden hochgeklappt, wenn ein Schiff unten durchfahren will.

Die Tower Bridge in der britischen Hauptstadt London ist eine berühmte historische Brücke über die Themse. Über den oberen Teil der Klappbrücke kannst du von einem Turm zum anderen laufen.

Sportsfreunde

Kein anderer Sport ist in Großbritannien so beliebt wie Fußball. Ganze Familien treffen sich jeden Samstag pünktlich im Stadion, um ihrem Verein zuzujubeln. Auch die britischen Kinder sind ganz verrückt nach Fußball. Sogar wenn es draußen regnet oder bitterkalt ist, rennen sie noch hinter dem Ball her. Und viele spielen nicht auf weichem Rasen, sondern auf dem harten Asphalt der Straße. Wenn man da hinfällt, tut das vielleicht weh! Welche Lieblingsmannschaft sie haben, kannst du leicht erkennen. So tragen einige von ihnen eine Manchester-United-Mütze auf dem Kopf und haben ein knallrotes Trikot an. Die Leeds-United-Fans würden das niemals anziehen! Sie tragen natürlich ein weißes Trikot! Die wahrscheinlich zweitbeliebteste Sportart in Großbritannien ist Cricket. Beim Cricket treten zwei Mannschaften mit je elf Spielern gegeneinander an. Der Schlagmann versucht, den Ball mit dem Schlagholz abzuwehren und möglichst weit ins Feld zu schlagen. Dabei begeistern sich viele nicht nur für das Spiel, sondern auch für das Drumherum. Cricket wird nämlich im Freien gespielt und lässt sich prima mit einem Picknick verbinden. Und das macht natürlich auch den Kindern riesigen Spaß! Viele Briten interessieren sich aber nicht nur für Fußball und Cricket. Sie gelten

Englisch

Englisch ist am Anfang leicht zu lernen – bis auf die Schreibweise. Ein paar Wörter solltest du schon können, etwa die Zahlen von 1 bis 10: **one** (:wan), **two** (:tu), **three** (:sri), **four** (:for), **five** (:faiw), **six, seven, eight** (:eit), **nine** (:nain), **ten.**

Weitere wichtige Begriffe sind:
No = Nein, **Yes** = Ja, **Hello** = Hallo, guten Tag, **My name is ...** (:mai nejm is ...) = Mein Name ist ..., **Pardon. Excuse me** (:ixkjus mi) = Entschuldigung, **Good bye** (:gud bai) = Auf Wiedersehen

In vielen deutschen Grundschulen lernen die Kinder Englisch bereits in der 3. und 4. Klasse.

Schottland

Der nördlichste Teil Großbritanniens heißt Schottland. Wer die Schotten kennen lernen will, sollte Highland Games besuchen. Da gibt es zum Beispiel Wettbewerbe im Tanzen, Dudelsackpfeifen und Baumstammstoßen. Die Männer tragen Schottenröcke oder Kilts. Jede schottische Sippe hat ihr eigenes Muster, den Tartan. Verstehen wirst du allerdings kein Wort, denn die Schotten reden untereinander Gälisch, das auf die Kelten zurückgeht. Nach dem Wettkampf gibt es ein großes Fest. In Schottland gibt es sehr viele Seen – im Loch Ness soll sogar ein Monster leben.

überhaupt als sehr sportbegeistert. Beliebt sind außerdem Tennis, Golf und Rudern. Bei den Kindern hoch im Kurs stehen noch Reiten, Radfahren und Badminton.

Das schwarze Schaf

Achtung! Abbremsen! Da laufen ja schon wieder Schafe auf der Straße herum! Man sagt, dass in Wales mehr Schafe wohnen als Menschen. Überall, wo du hinguckst, siehst du Schafe. Schafe gehören hier einfach zur Land(wirt)schaft. Kein Wunder, dass sich die walisischen Kinder für langweilige Autofahrten ein besonderes Spiel ausgedacht haben: Wer die meisten schwarzen Schafe sieht, hat gewonnen! Übrigens kannst du ein Schaf dort in der Regel nicht einfach kaufen, sondern du musst es ersteigern. Aber bei so einer Versteigerung kannst du natürlich nur mitmachen, wenn du mit der Sprache klarkommst. Walisisch ist eine der ältesten lebenden Sprachen Europas. Es wird in Wales vor allem noch im Norden und in den ländlichen Gebieten gesprochen. Alle Waliser können aber auch Englisch. Doch viele Zeitungen, Zeitschriften und Fernsehsendungen erscheinen in walisischer Sprache. Die Straßenschilder sind zweisprachig. Walisisch ist eine keltische Sprache, die – mit wenigen Ausnahmen – so ausgesprochen wird, wie sie auch geschrieben wird. Hört sich doch nicht so schwer an, oder? Versuch es einmal. Es folgt der längste Ortsname:

Llanfairpwllgwyngyllgogerychwyrndrobwlll-lantysiliogogogoch.

Lake District ist ein wunderschöner Nationalpark im Nordwesten Englands mit vielen Bergen und Seen.

Irland

ist eine große Insel westlich von England. Sie liegt wie ein Suppenteller im Meer: An den Rändern sind Gebirge, in der Mitte liegt eine weite Ebene. In Irland regnet es sehr viel. Irland heißt auch die „Grüne Insel“. Der Name ist übersetzt aus der alten Landessprache, dem Gälischen. Diese Sprache entstand, als im 5. Jahrhundert vor Christus das Volk der Kelten die Insel besiedelte.

Irland

Fläche:	rund 70 000 km^2
Einwohner:	rund 4 Millionen
Hauptstadt:	Dublin mit rund 500 000 Einwohnern
Sprachen:	Irisch, Englisch
Währung:	Euro
Nationalheiliger:	Patrick, Fest am 17. März (St. Patrick's Day)

Der nordöstliche Teil von Irland heißt Nordirland oder Ulster und gehört zu Großbritannien. Dort leben ➔ Protestanten und ➔ Katholiken nebeneinander. Aber sie verstehen sich nicht, und bis vor kurzem gab es immer wieder Streit und blutige Kämpfe. Manchmal war es für die Kinder sogar zu gefährlich, zur Schule zu gehen.
Der größere Teil der Insel gehört zur katholischen Republik Irland. Früher kam es dort oft zu Hungersnöten, weshalb viele Iren nach Amerika auswanderten. Heute gibt es jedoch in Irland viel weniger Arbeitslose als in Deutschland.

Irland im Galopp

Viele Iren sind in ihre Pferde vernarrt. Manche irische Kinder haben sogar ein Pferd ganz für sich alleine. Da können sie nach Herzenslust reiten, am besten jeden Tag. Den Pferden gefällt das gut, denn als Lauftiere brauchen sie genügend Bewegung. Die Mädchen und Jungen müssen ihr Pferd aber auch füttern und pflegen. Denn die Haltung eines Pferdes bereitet nicht nur Vergnügen, sondern stellt eine große Verantwortung dar.
In Irland gibt es auch viele Pferderennen. Die Menschen wetten Geld darauf, welches Pferd bei einem Rennen gewinnt. Gewinnt es nicht, sind die Wette und das Geld verloren.

Merkwürdige Puddings

In keinem Land in Europa gibt es so viele Kinder wie in Irland. Einzelkinder triffst du

Diese Kinder helfen mit, das Heu von der Wiese nach Hause zu fahren.

dort selten an. Die meisten Kinder haben zahlreiche Geschwister. Da ist natürlich immer viel los! Gegessen wird gemeinsam an einem großen Tisch. Und nach der Hauptmahlzeit wünschen sich alle Kinder: Pudding! Aber der ist in Irland nicht immer süß. *White Pudding* ist eine Art Leberwurst, und *Drisheen* sogar ein Pudding aus Schafsblut! Und der süße Milchpudding wird mit Meeresalgen hergestellt und heißt *Carrageen Pudding*.

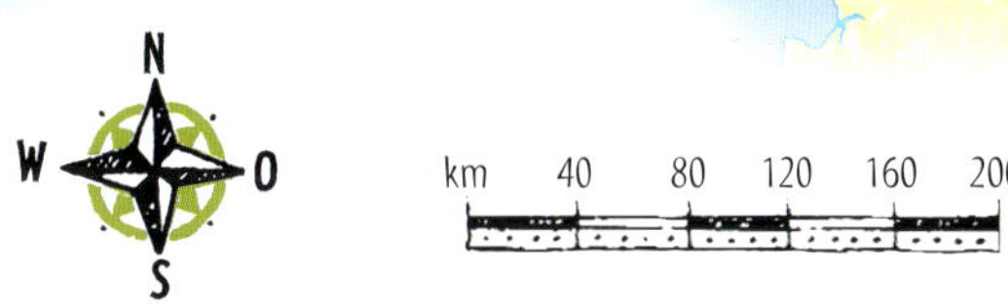

Das bekannteste Tier Irlands

Im Jahr 1984 gefiel es einem Großen Tümmler an der Südwestküste Irlands so gut, dass er beschloss zu bleiben. Die menschlichen Bewohner von Dingle – so heißt der Ort, wo er sich aufhielt – gewöhnten sich bald an den Delfin. Sie nannten ihn Fungie. Bald wurde er zu einer der größten Sehenswürdigkeiten der ganzen Insel. Jedes Jahr kommen rund 200 000 Menschen nach Dingle, um ihn zu sehen. Sie besuchen ihn in Booten. Fungie hebt gerne den Vorderkörper aus dem Wasser und guckt sich neugierig um. Manchmal vollführt er Luftsprünge und andere Kunststückchen. Man kann sogar mit Fungie schwimmen gehen. Er ist so berühmt, dass am Pier von Dingle sogar eine Bronzeskulptur des Delfins steht.

Die meisten Kinder in Irland gehen nicht in Jeans und Pullover zur Schule, sondern tragen eine Schuluniform.

Finnland liegt im Norden Europas, in Skandinavien. Im Osten grenzt es an Russland. Man sagt immer wieder, Finnland sei das Land der Wälder und 1 000 Seen. Das ist nur zum Teil richtig. In Finnland gibt es nämlich viel mehr Seen, etwa 60 000! Der Inarisee im Norden ist so groß, dass in ihm fast 3 000 bewaldete Inseln Platz finden. In Finnland sind die Winter lang und kalt, die Sommer zwar hell, aber nicht sehr warm. Im Norden des Landes verläuft der Polarkreis.

Finnland

Fläche:	rund 338 000 km^2
Einwohner:	rund 5,2 Millionen
Hauptstadt:	Helsinki mit rund 560 000 Einwohnern
Sprache:	Finnisch
Währung:	Euro
Eigenbezeichnung:	Suomi („Sumpf"), weil die Hälfte Finnlands aus Sumpf besteht

Chattende und surfende Kinder

Finnland ist dünn besiedelt. Die Entfernungen zwischen den einzelnen Städten sind oft groß. Kein Wunder also, dass Finnland bei der Nutzung des Internets weltweit an der Spitze liegt. Der Computer gehört für finnische Kinder zum Alltag. In Helsinki sind sogar alle Schulen vernetzt und jedem Schüler wird ein Computer zur Verfügung gestellt.

Hexen zu Ostern

Ostern ist ein wichtiges Fest für die Finnen. Die Kinder verkleiden sich dann gerne als Hexen – auch die Jungen! Sie gehen von Haus zu Haus, sagen Gedichte auf und bitten um Süßigkeiten. Oft bekommen sie dann *Mämmi.* Das ist ein dunkelbrauner, süßer, fester Brei aus Roggenmalz (➔ Malz). Man backt ihn im Ofen in Schachteln aus Pappe oder Birkenrinde und isst ihn mit Sahne. Zur Osterzeit stehen in den finnischen Bäckereien die Mämmi-Körbchen wie bei uns die Osterhasen.

Das Volk der Samen

Ganz im Norden Finnlands und auch in Schweden und Norwegen lebt noch das Volk der Samen. Früher nannte man sie Lappen. Doch für die Samen klingt das wie eine Beleidigung. Der Norden Skandinaviens heißt allgemein Lappland. Heute sind die meisten Samen ➔ sesshaft. Nur wenige leben noch in Zelten. Sie halten große Herden von Rentieren. Die Rentiere bestimmen, wo es auf der Futtersuche hingeht. Die Samen folgen dann

Vater und Sohn haben im Wald einen Weihnachtsbaum für die Familie ausgesucht. Der Vater hat den Tannenbaum selbst geschlagen und zieht ihn mit dem Schlitten durch den tiefen Schnee nach Hause.

Viele finnische Kinder verbringen ihre Sommerferien in einem Holzhaus am Ufer eines Sees. Oft steht daneben eine kleinere Blockhütte, die Sauna. Dort geht man zum Schwitzen hinein.

ihren Herden. Für die Samen ist nicht Weihnachten oder Ostern, sondern das Marientagsfest am 25. März der schönste Tag im Jahr. Dann tragen sie ihre bunten Trachten in den Farben Rot, Dunkelblau und Gelb. Die Jungen tragen Rentierrennen aus und fliegen dabei oft in hohem Bogen in den Schnee. Rentiere sind störrisch wie Esel.

Eine merkwürdige Sprache

Das Finnische wird ziemlich genau so ausgesprochen, wie man es schreibt. Aber es klingt sehr fremd für unsere Ohren. Zähle mal von 1 bis 10: **yksi, kaksi, kolme, neljä, viisi, kuusi, seitsemän, kahdeksan, yhdeksän, kymmenen.** Das Finnische ist mit Sprachen aus dem fernen Sibirien verwandt. Hier sind einige Ausdrücke, die du jeden Tag gebrauchen kannst:

Guten Tag = **Hyvää päivää, hei**
Vielen Dank = **Kiitoksia oikein paljon**
Bitte = **Pydään**
Ja = **Kyllä**
Nein = **Ei**

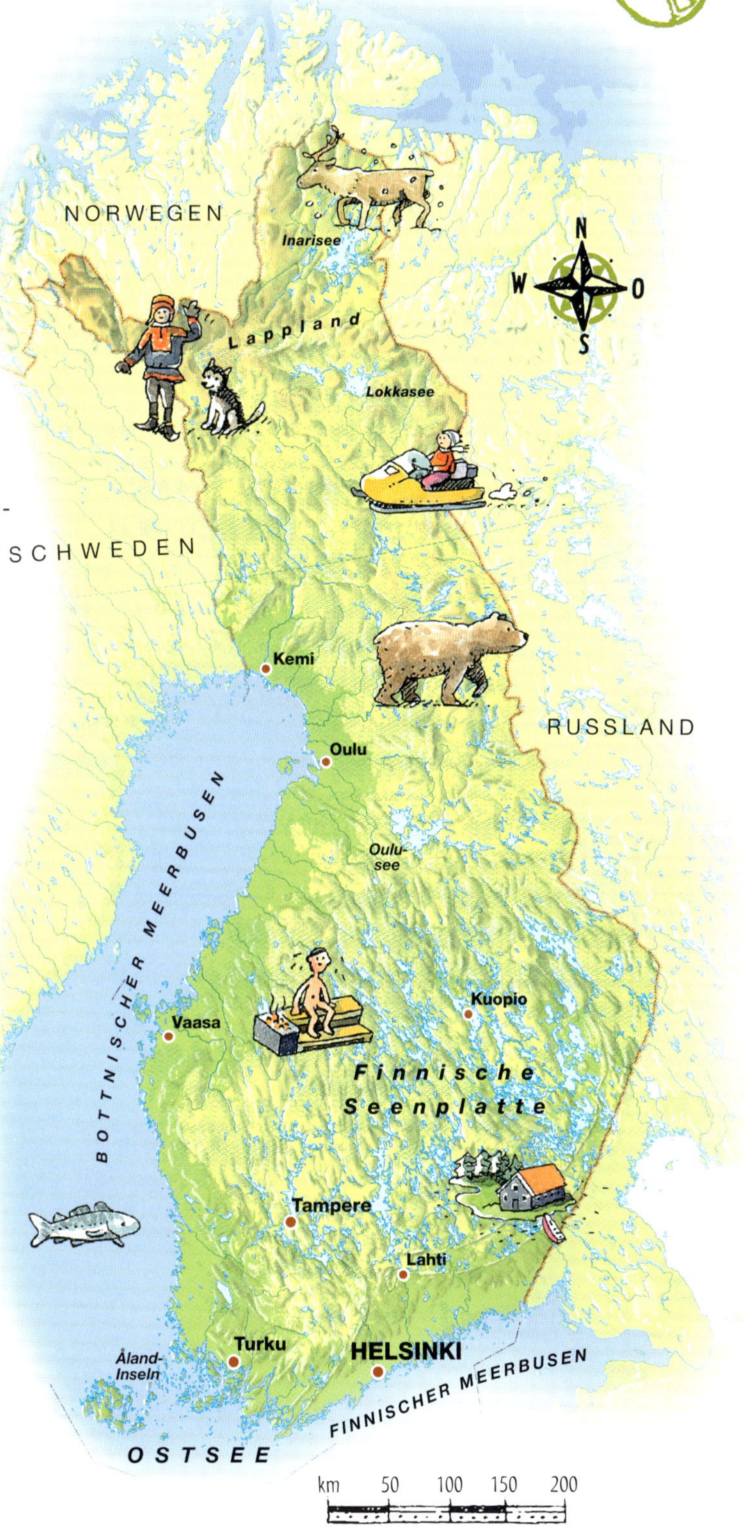

Schweden liegt in Nordeuropa zwischen Norwegen und Finnland. Das Land ist gebirgig und deutlich kühler als Deutschland. Ein Teil Schwedens liegt nördlich des Polarkreises. Dort geht im Sommer die Sonne die ganze Nacht nicht richtig unter. Man nennt das „Mitternachtssonne“.

Schweden

Fläche:	rund 411 000 km^2
Einwohner:	rund 8,9 Millionen
Hauptstadt:	Stockholm mit rund 762 000 Einwohnern
Sprache:	Schwedisch
Währung:	Schwedische Krone
Das bekannteste Mädchen:	Pippi Langstrumpf, auf Schwedisch Pippi Långstrump

Wenn man mit dem Auto durch Schweden fährt, begegnet man immer wieder Schildern, die vor Elchen warnen. Mit einem Gewicht von bis zu 800 Kilogramm und einer Höhe von rund zwei Metern ist der Elch der größte Hirsch der Welt. Er lebt in sumpfigen Wäldern und frisst gerne Wasserpflanzen. Die Augen sind ganz außen am Kopf, so dass die Elche, ohne den Kopf drehen zu müssen, sehen können, was hinter ihnen geschieht. Solche Augen wünschen sich eure Lehrer manchmal, wenn sie an der Tafel stehen. Das schaufelförmige Geweih des Elches kann bis zu 15 Kilogramm wiegen. Du wirst in den Wäldern aber kein abgefallenes Geweih finden. Denn es wird fast über Nacht von Mäusen und anderen Kleinsäugern gefressen.

Pippi Langstrumpf ist bei Kindern auf der ganzen Welt beliebt. Ihre spannenden Abenteuer erfand die Schriftstellerin Astrid Lindgren.

Im Winter liegt Nordschweden ziemlich im Dunkeln. Dafür kann man Polarlichter sehen. Sie erscheinen wie flatternde bunte Vorhänge am Himmel.

Jeder Schüler ist auch Lehrer

Die Schule ist in Schweden etwas anders organisiert als bei uns. Sitzenbleiben gibt es nicht! Bei uns sind immer Kinder desselben Alters in einer Klasse. In Schweden arbeiten verschieden alte Schüler oft in Gruppen unter der Leitung eines Lehrers. Wer schon mehr weiß, erklärt seinen Mitschülern, was sie noch nicht verstehen. In der langen Nacht des 13. Dezember ist das Fest der heiligen Lucia. Jede Schule macht dann einen Umzug. Angeführt wird er von einem Mädchen. Sie trägt ein weißes langes Kleid, eine rote Schärpe und eine Krone aus immergrünen Blättern mit brennenden Kerzen darauf.

Nicht mit dem Kopf wackeln, sonst tropft das Wachs auf das Haar! Am Abend gibt es Safrankekse mit Rosinen zu essen, die *Lussekats,* die „Katzen der Lucia".

König und Königin

Schweden hat einen König und eine Königin. Beide leben in Stockholm. Sie dürfen aber nicht wie im Märchen alles befehlen, was ihnen Spaß macht. Es gibt in Schweden ein → Parlament, das die Menschen gewählt haben und das die Gesetze macht.

Die schwedische Königsfamilie lebt in Schloss Drottningholm.

Eine gesungene Sprache

Das Schwedische gehört wie das Deutsche und das Englische zu den germanischen Sprachen. Die Verwandtschaft ist bei den Zahlen 1 bis 10 noch ziemlich deutlich zu erkennen: **en, två, tre, fyra, fem, sex, sju, åtta, nio, tio.** Allerdings hört sich die schwedische Sprache ganz anders an. Für unsere Ohren singen die Schweden, weil längere Wörter doppelt betont werden. Ja **(ja)** und nein **(nej)** klingen ähnlich wie im Deutschen. Übrigens können schwedische Kinder gut Englisch. Ausländische Filme werden nicht übersetzt (synchronisiert), sondern im Originalton mit Untertiteln ausgestrahlt. Das sporn zum Lernen an!

Norwegen grenzt an den Atlantischen Ozean. Ein warmer Meeresstrom, der Golfstrom, fließt an der Küste Norwegens vorbei. Deswegen hat das Land zumindest an der Küste ein ziemlich mildes Klima und auch ganz im Norden frieren die Häfen im Winter nicht zu. Dennoch kann man einen dicken Norwegerpulli und eine Mütze aus Schafwolle gut gebrauchen.

Norwegen

Fläche:	rund 324 000 km²
Einwohner:	rund 4,6 Millionen
Hauptstadt:	Oslo mit rund 522 000 Einwohnern
Sprache:	Norwegisch
Währung:	Norwegische Krone
Der längste Fjord:	Sognefjord mit fast 200 km

Die nördlichste Stadt heißt Hammerfest. Sie liegt weit nördlich des ➔ Polarkreises. Im Sommer geht dort die Sonne nicht unter, und wer will, kann dort morgens um drei Uhr ohne Kunstlicht Fußball spielen. Vor Norwegen liegen rund 150 000 Inseln, die Schären. Hinter ihnen reichen viele schmale Buchten weit ins Land hinein, die man auch Fjorde nennt. Dort angeln viele Fischer nach Lachsen.

Schüler in Norwegen

Durch ihr Erdöl sind die Norweger ein reiches Volk. Die Kinder bekommen alle Schulsachen umsonst, Stifte, Lineale und Bücher. Auch für die Busfahrt müssen sie nichts bezahlen. Es ist ganz normal, dass manche Schüler mit einem Schiff zum Unterricht fahren. Längst nicht jede der Inseln hat nämlich eine eigene Schule.
An Ostern haben die norwegischen Kinder zwei Wochen Ferien. In den Osterferien laufen besonders viele Krimis im Fernsehen, und viele lesen mit Begeisterung Kriminalromane. Keiner weiß, woher diese Sitte kommt. Glücklicherweise tappen die Hobbykommissare in dieser Zeit nicht mehr so im Dunkeln, denn um Ostern werden die Tage deutlich länger.

Kinder im Schnee

Die Ski wurden in Norwegen erfunden, und die Wikinger nutzten sie schon vor 1 000 Jahren, um im Schnee nicht zu versinken.
Im Winter gehen viele norwegische Familien langlaufen. An vielen Rennen können auch Kinder teilnehmen. Wenn man langsam durch einen verschneiten Wald gleitet, kann es angeblich schon vorkommen, dass man

Dieses Kind trägt die typische Kleidung der Samen. Die Samen sind ein Volk, das im Norden Skandinaviens, in Lappland lebt.

Die großen Schlitten werden bei traditionellen Rennen von Rentieren gezogen.

hinter einem Baum eine Elfe oder eine Fee sieht. Ob es sie wohl wirklich gibt? Keine Angst, beide sollen ganz lieb und dem Menschen wohlgesonnen sein. Trolle soll man auch sehen können, aber da ist mehr Vorsicht geboten. Sie sind haarige Dämonen, Riesen oder Zwerge, männlich oder weiblich.

In der Nähe Oslos steht eine große Skischanze, der Holmenkollen. Mit einem Fahrstuhl kann man zur Aussichtsplattform im Sprungturm hinauffahren. Der Holmenkollen bietet eine tolle Aussicht über Oslo. Man kann dort nachempfinden, was für weiche Knie Skispringer vor dem Absprung bekommen. Jedes Jahr treffen sich auch mehrere tausend Kinder zum Kindertag auf dem Holmenkollen.

Eisiges Spitzbergen

Weit im Norden und nur noch 1000 Kilometer vom Nordpol entfernt liegt die Insel Spitzbergen. Sie gehört zu Norwegen und heißt in der Landessprache **Svålbard.** Die Chancen, auf Spitzbergen Eisbären zu sehen, stehen gut. Es sollen noch 4000 Tiere sein. Man muss sich dort vor diesem größten Raubtier sehr in Acht nehmen. Selbst ein 1000 Kilogramm schwerer Eisbär kann im Spurt eine Geschwindigkeit von 60 Stundenkilometern erreichen!

Dänemark

Dänemark liegt zwischen der Nordsee und der Ostsee. Es ist das einzige nordeuropäische Land, das direkt an Deutschland grenzt. Dänemark besteht aus der flachen Halbinsel Jütland sowie rund 500 Inseln. Die Hauptstadt Kopenhagen liegt auf der Insel Seeland. Das Klima in Dänemark ist mild und feucht. Fast immer weht ein steifer Wind aus dem Westen. Er treibt Tausende großer Windräder zur Stromgewinnung an.

Dänemark

Fläche:	rund 43 000 km²
Einwohner:	rund 5,4 Millionen
Hauptstadt:	Kopenhagen mit rund 500 000 Einwohnern
Sprache:	Dänisch
Währung:	Dänische Krone
Höchste Erhebung:	173 m im Osten von Jütland

Das Wasser der Nordsee ist salziger als das der Ostsee, aber nicht so salzig wie dänische Salzlakritze. Es gibt über 20 Sorten Salzlakritze in verschiedener Stärke zu kaufen. Manche sind so scharf, dass sie einem den Atem nehmen. Doch trotz der schwarzen Nascherei sind Rot und Weiß die Lieblingsfarben vieler dänischer Kinder, denn sie erinnern an *Rødegrød med flød* – rote Grütze mit Sahne. Und die gleichen Farben hat auch die dänische Nationalflagge.

Weihnachtsbäume und Legosteine

Kein Land in Europa verkauft so viele Weihnachtsbäume in andere Länder wie Dänemark. Sie werden in großen Plantagen gezüchtet. Am beliebtesten ist die Nordmanntanne. Sie ist aber keineswegs nach den Nordmännern oder Wikingern benannt, sondern nach einem Herrn Nordmann, der sie im Kaukasus entdeckte.

Legoland ist für Kinder eine Traumwelt aus bunten Spielbausteinen.

Unter dem Weihnachtsbaum liegen in vielen Ländern Geschenke aus einer Fabrik in Dänemark. Diese Fabrik stellt Legosteine her. Vor 40 Jahren wurden die Legosteine in der Stadt Billund erfunden. Heute gibt es dort Legoland, eine große kleine Welt aus diesen dänischen Spielbausteinen.

Auch die kleine Meerjungfrau im Hafen von Kopenhagen geht auf eine Märchenfigur Andersens zurück.

Wenn du weiter durch das Land reist und nach Kopenhagen kommst, kannst du dort kostenlos ein Fahrrad leihen. Eine Münze zum Losschließen reicht, ähnlich wie beim Einkaufswagen. Du bekommst die Münze an der Stelle wieder, wo du das Rad festschließt. Überall gibt es Radwege. Einige führen auch in den Vergnügungspark Tivoli. Der Schriftsteller Hans Christian Andersen stammte auch aus Dänemark. Er wurde weltberühmt für seine Märchen, wie zum Beispiel „Die Prinzessin auf der Erbse" oder „Das kleine Mädchen mit den Schwefelhölzern".

Die Wikinger

Die Wikinger oder Nordmänner waren ein kriegerisches Volk von Seeleuten. Sie lebten ursprünglich in Dänemark, Norwegen und Schweden. Vom 8. bis 11. Jahrhundert überfielen sie mit ihren schnellen Langschiffen immer wieder die Küsten Europas, rafften Reichtümer zusammen und verschwanden. In anderen Ländern gründeten sie ➔ Kolonien, etwa in Nordfrankreich. Auf Flüssen reisten die Wikinger bis Russland und Konstantinopel, und Leif Eriksson gelangte um das Jahr 1000 sogar nach Nordamerika. Die Wikinger hatten eine hohe Kultur, liebten üppigen Schmuck und besaßen auch eine Schrift, die Runen. Viele Runensteine sind heute noch in Dänemark zu sehen. Das sind Steine, in die Runen geritzt wurden. Die berühmtesten stehen in Jelling – ganz nahe bei Legoland.

Deutschland

Deutschland liegt mitten in Europa. Neun Staaten grenzen an Deutschland – mehr als an jedes andere europäische Land. Im Norden ist Deutschland flach. Nach Süden hin folgen die bewaldeten ➔ Mittelgebirge, etwa Schwarzwald, Bayerischer Wald oder Thüringer Wald. Im Süden liegen die Alpen mit dem Alpenvorland.

Deutschland

Fläche:	rund 357 000 km²
Einwohner:	rund 82,5 Millionen
Hauptstadt:	Berlin mit rund 3,4 Millionen Einwohnern
Sprache:	Deutsch
Währung:	Euro
Höchster Berg:	Zugspitze mit 2962 m

Das Wattenmeer

Deutschland grenzt an die Nordsee. Dort liegt eine der eigenartigsten Landschaften der Welt, das Watt. Es besteht aus Sand- und Schlickflächen. Schlick ist feiner Schlamm, der sich am Meeresboden absetzt. Bei ➔ Flut wird das Watt überschwemmt, bei ➔ Ebbe fällt es trocken. Ungefähr alle zwölf Stunden kommt eine neue Flut. Im Wattboden leben viele Tiere, zum Beispiel Muscheln, Köderwürmer und Garnelen. Viele Vögel leben von ihnen, so zum Beispiel Strandläufer, Säbelschnäbler und Austernfischer. Mitten im Watt liegen die Halligen. Auf diesen kleinen Inseln leben noch etwa 300 Menschen. Die Halligen ragen nur ein bis zwei Meter über den Hochwasserpegel hinaus. Die Häuser allerdings hat man auf etwa fünf Meter hohen künstlichen Erdhügeln angelegt. Trotzdem stehen bei katastrophalen Sturmfluten die Halligen schon mal unter Wasser.

Die Bundesländer

Deutschland setzt sich aus 16 Ländern zusammen: Baden-Württemberg, Bayern, Berlin, Brandenburg, Bremen, Hamburg, Hessen, Mecklenburg-Vorpommern, Niedersachsen, Nordrhein-Westfalen, Rheinland-Pfalz, Saarland, Sachsen, Sachsen-Anhalt, Schleswig-Holstein, Thüringen. Jedes Bundesland hat ein eigenes ➔ Parlament und eine eigene Regierung. Man nennt das Bundesstaat.

Wenn der Wasserspiegel des Meeres sinkt, herrscht Ebbe. Der niedrigste Punkt der Ebbe heißt Niedrigwasser. Dann kannst du über das Watt laufen. Ebbe und Flut bilden zusammen die Gezeiten.

Auf geht's zur Wiesn!
Wahrscheinlich freuen sich alle Münchner Kinder das ganze Jahr über auf den Herbst. Dann findet nämlich das Oktoberfest statt, das größte Volksfest der Welt. Nicht nur, dass es dort Eis, gebrannte Mandeln, Zuckerwatte und Brezeln im Überfluss gibt. Auch die vielen Karussells laden zur Wiesn-Gaudi ein. „Wiesn" – so wird das Oktoberfest von den Münchnern liebevoll genannt, weil es auf der Theresienwiese stattfindet. Und Gaudi bedeutet Spaß. Vielen Kindern bereitet es auch Gaudi, in Lederhosen oder Dirndln auf die Wiesn zu gehen. Vielleicht gerade deswegen, weil sie diese ➔ Trachten sonst nicht so häufig tragen. Doch Bayern hat noch viel mehr zu bieten als dieses laute Spektakel: Berge, Seen, Schlösser, Burgen und historische Städte. Kein Wunder, dass viele Menschen dort so gerne

Die Kinder machen während der Ernte eine kleine Pause im Stroh.

km 40 80 120 160 200

Urlaub machen. Ganz Süddeutschland bietet für Kinder im Sommer wie im Winter zahlreiche Möglichkeiten. Hier kannst du dich prima im Freien bewegen. Je nach Jahreszeit kannst du zum Beispiel rodeln, Ski fahren, snowboarden, wandern, mountainbiken oder auch schwimmen.

In den Bergen im Süden fahren Kinder aus ganz Deutschland mit Begeisterung Snowboard.

Sportplatz Deutschland

Ob sie nun im Süden, Norden, Westen oder Osten leben: Sport spielt bei fast allen Kindern in Deutschland eine wichtige Rolle. Überall sieht man Kinder auf Fahrrädern, Skateboards, Kickboards oder Inlineskates. Viele Kinder spielen gerne Fußball. So mancher von euch trifft sich am Nachmittag mit Freunden auf dem Sportplatz oder einer Wiese in der Nähe. Einige trainieren sogar in Fußballvereinen. Viele Kinder gehören einem Sportverein an. Das Sportabzeichen, das vom Deutschen Sportbund verliehen wird, ist eine offizielle Auszeichnung für überdurchschnittliche Fitness. Wenn du zwischen acht und zwölf Jahre alt bist, kannst du das Schülersportabzeichen ablegen. Im Sportunterricht erfährst du mehr über die einzelnen Prüfungen.

Gemeinsam lernen

Es gibt große und kleine Kinder, gesunde und kranke Kinder, behinderte und nichtbehinderte Kinder. Die Schulpflicht gilt für alle. Kinder kommen in Deutschland mit sechs Jahren in die Grundschule. Die behinderten Kinder gehen häufig in eine Sonderschule oder Förderschule. Es gibt ganz verschiedene Sonderschulen je nach Art der Behinderung, zum Beispiel Blindenschulen. Es gibt auch Schulen, die mit Sonderschulen zusammenarbeiten. So können Vorurteile abge-

Mein Freund, der Baum

Deutschland ist zu einem Drittel bewaldet. Der Wald spielte für die Menschen schon immer eine wichtige Rolle. Früher versorgte er sie mit Nahrung, Holz und Futter für ihre Haustiere. Über den deutschen Wald wurden viele Lieder, Geschichten und Filme gemacht. Er ist ein wichtiges Symbol für die Deutschen. Im Wald leben auch heute noch viele Tiere und Pflanzen. Immer wichtiger sind die Wälder aber als Ruhezonen geworden, besonders für die Kinder und ihre Familien aus den Städten. Im Wald kannst du dich entspannen und erholen. Im Wald tankst du neuen Sauerstoff und neue Kräfte. Im Wald lernst du, all deine Sinne zu gebrauchen: zu fühlen, zu sehen, zu hören und zu riechen. Im Wald kannst du klettern, balancieren, laufen, bauen ... Wann gehst du mal wieder in einen Wald?

baut werden und alle lernen voneinander.

Der grüne Punkt

Wenn fremde Kinder nach Deutschland kommen, wundern sie sich über die vielen bunten Tonnen für den Müll, die überall herumstehen. In manchen Orten haben die Menschen eine gelbe Tonne für Verpackungen, eine grüne für Papier, eine braune für Gemüseabfall und eine Restmülltonne. In die gelbe Tonne kommen nur Verpackungen, die einen grünen Punkt haben. Glas, Holz und Batterien bringen die Familien auf den Wertstoffhof. Den Müll richtig wegzuwerfen, muss man bei uns erst lernen! In Deutschland will man damit die Umwelt und die Natur schützen.

„Helau“ oder „Alaaf“?

Deutschland gibt es noch gar nicht lange, erst seit 1871. Davor bestand es aus vielen kleinen Königreichen und Fürstentümern, die einander oft bekämpften. Deswegen leben heute noch viele verschiedene Volksgruppen in Deutschland, wie etwa Westfalen, Ostfriesen, Schwaben, Bayern und Sachsen. Sie alle haben ihre eigene Kultur, ihre eigenen Gebräuche und Kochrezepte. Die Norddeutschen reden auch anders als die Süddeutschen. In Emden grüßt man sich mit „Moin“ (auch am Abend!), in Stuttgart und München mit „Grüß Gott“. Die Bayern sagen zum Abschied „Pfiatdi“, die Schwaben „Ade“. Und für viele Dinge gibt es regionale Wörter, für den Müll etwa „Kudder“ oder „Schrabbel“. Die närrische Zeit heißt am Rhein Karneval. Die Kölner rufen dabei „Alaaf“, die Mainzer „Helau“. Im Südwesten Deutschlands feiert man Fastnacht oft mit wilden Masken, und die Bayern nennen diese Zeit Fasching.

Das Brandenburger Tor ist das berühmte Stadttor in der Hauptstadt Berlin. Es war ein Symbol für die Teilung Deutschlands. Am 22. Dezember 1989 wurde es wieder geöffnet.

BRD und DDR

Vor dem Zweiten Weltkrieg war Deutschland ein großer Staat. Nach dem Krieg wurde das Land in Zonen aufgeteilt. Später entstanden daraus die **Bundesrepublik Deutschland** (auch BRD genannt) im Westen und die **Deutsche Demokratische Republik** (auch DDR genannt) im Osten. Die BRD war eine → Demokratie, in der DDR gab es den → Kommunismus, der an die Politik in der → Sowjetunion angelehnt war. Beide deutsche Staaten trennte ein „Eiserner Vorhang“. Berlin war geteilt durch eine Mauer. Doch ab 1985 änderten sich die Verhältnisse in der Sowjetunion. Im Jahr 1989 fiel die Berliner Mauer zwischen BRD und DDR, und ein Jahr darauf kam es zur Wiedervereinigung der beiden deutschen Staaten. Daran erinnert der Nationalfeiertag am 3. Oktober.

Ausländische Kinder in Deutschland.

Wenn du 16 Jahre alt bist, bekommst du einen Reisepass. Wenn deine Eltern Deutsche sind, bist du das auch. Dann steht „Bundesrepublik Deutschland" auf deinem Pass. Du darfst mit 18 Jahren zur Wahl gehen, und als Junge musst du zur Bundeswehr oder zum Zivildienst. In Deutschland leben aber auch viele Kinder, die keine Deutschen sind. Sie bekommen Pässe anderer Länder.

Diese beiden Kinder aus Serbien und Kroatien haben in einem Asylbewerberheim in Deutschland Freundschaft geschlossen.

Miteinander
Viele ausländische Kinder sind in Deutschland aufgewachsen und gehen hier zur Schule. Sie sprechen genauso gut Deutsch wie die deutschen Kinder. Sie haben Vornamen, die fremd klingen: Irfan oder Aische. Die Kinder können die deutsche Sprache oft besser als die Sprache ihrer Eltern, und nach Italien oder in die Türkei fahren sie nur noch in den Ferien. Früher gab es eine Zeit, in der es in Deutschland so viel Arbeit gab, dass die Deutschen sie nicht alleine hätten machen können. Da haben sie Menschen aus dem Ausland gebeten, zu kommen und mit anzupacken. Viele darunter sind Italiener, Serben, Griechen oder Türken.
Seit ein paar Jahren kann sich jeder Deutsche, Franzose, Italiener oder Portugiese überall in der → Europäischen Union eine Arbeit suchen, egal in welchem Land der Gemeinschaft. Deswegen leben in Deutschland 1,7 Millionen Ausländer aus der Europäischen Union. Doch es ist nie leicht, in einem fremden Land zu leben.

In zwei Kulturen aufwachsen
Zu Hause spricht man manchmal anders als „draußen" und denkt auch anders. Viele ausländische Kinder, die mit ihren Familien in Deutschland leben, wachsen in zwei Kulturen auf. Zu Hause, das ist die Familie. Die Eltern können den Mädchen und Jungen oft nicht bei den Schulaufgaben helfen. Dazu sprechen sie einfach nicht gut genug Deutsch. Denn in-

Von den rund 3,2 Millionen Grundschülern in Deutschland sind nahezu 390 000 ausländische Kinder.

Was ist Asyl?

In einigen Ländern werden Menschen verfolgt, weil sie eine andere Religion haben oder weil sie politisch anders denken als etwa der Präsident ihrer Heimat. Besonders gefährdet sind zum Beispiel Journalisten, die Skandale aufdecken. Solche Menschen müssen oft flüchten, um ihr Leben zu retten. Sie haben Deutschland um Schutz gebeten: Sie haben Asyl beantragt und erhalten. Asyl bedeutet „eine Unterkunft, die Schutz bietet“. Deutschland hat sich durch die Erklärung der Menschenrechte dazu verpflichtet, politisch Verfolgten Asyl zu gewähren.

nerhalb der Familie wird zum Beispiel nur Türkisch oder Arabisch gesprochen. Zu Hause gelten die Regeln und Traditionen der Heimat. Da möchte eine türkische Familie vielleicht, dass die Mädchen aus religiösen Gründen ihre Haare mit einem Kopftuch bedecken. Draußen, das ist die Schule, der Sportverein. Das sind die deutschen Freunde, mit denen die Kinder nachmittags schwimmen gehen möchten. Manchmal sind das auch die Menschen im Bus, die das türkische Mädchen mit dem Kopftuch komisch anstarren. Eigentlich ist es toll, in zwei verschiedenen Kulturen aufzuwachsen und zwei Sprachen zu sprechen, aber leicht ist es nicht immer.

Kinder auf der Flucht

Flüchtlingskinder kommen aus Ländern, in denen Krieg herrscht. Die Eltern sind mit ihnen aus der Heimat weggegangen. Sie wollen ihre Familie vor Gewalt und Armut schützen. Jetzt leben sie für einige Zeit in Deutschland. Wenn der Krieg vorüber ist, gehen die meisten Familien wieder zurück. Sie helfen dann mit, ihr Land wiederaufzubauen.

Warten auf Anerkennung

Einige Menschen haben zwar um Asyl gebeten, aber bei ihnen wird noch geprüft, ob sie in dem Land, aus dem sie kommen, wirklich verfolgt werden. Sie werden Asylbewerber genannt. Die Kinder sprechen oft noch nicht so gut Deutsch. Sie können nur selten andere Kinder einladen, denn sie leben in Sammelunterkünften und haben kein eigenes Zimmer. Sie dürfen nicht verreisen, und ihre Eltern dürfen nicht arbeiten. Das dürfen sie erst nach der Anerkennung. Kinder von Aussiedlern aus Russland sind Deutsche, weil ihre Großeltern oder Urgroßeltern Deutsche waren. Sie haben aber ihr bisheriges Leben in Russland verbracht. Viele sprechen auch mit den Eltern Russisch. Ältere Kinder fühlen sich häufig noch als Russen und würden auch gerne wieder zurückgehen.

Wenn du mit deiner Familie zum Beispiel in Frankreich lebst, dann kannst du dort auch in eine französische Schule gehen. Kommt deine Familie aus einem Land der → Europäischen Union, kann sie dort überall ihren Wohnort frei wählen.

Benelux ist die Abkürzung für drei Länder, die nebeneinanderliegen, nämlich Belgien, die Niederlande und Luxemburg. Die Niederlande und Nordbelgien sind sehr flach. In Südbelgien und Luxemburg wird die Landschaft gebirgig, aber nicht höher als 700 Meter. Die niederländische Stadt Rotterdam hat den größten Hafen des europäischen Festlands. Auch im belgischen Antwerpen sieht man viele Schiffe aus aller Herren Länder.

Belgien

Fläche:	rund 30 500 km²
Einwohner:	rund 10,3 Millionen
Hauptstadt:	Brüssel mit rund 964 000 Einwohnern (mit Vororten)
Sprachen:	Französisch, Niederländisch, Deutsch
Währung:	Euro

Auf dem Käsemarkt in Alkmaar in den Niederlanden kannst du einen ganzen Käse kaufen.

Jeder Belgier isst pro Jahr im Durchschnitt zwölf Kilo Pralinen. In Brüssel kann man bei manchen Chocolatiers zusehen, wie die Köstlichkeiten hergestellt werden. Aber als Abwechslung mögen Belgier gerne etwas Salziges: Pommes. Man sagt, dass die Belgier die besten Fritten der Welt machen.

Niederlande

Fläche:	rund 41 500 km²
Einwohner:	rund 16,2 Millionen
Hauptstadt:	Amsterdam mit 737 000 Einwohnern
Sprache:	Niederländisch
Währung:	Euro

In der belgischen Stadt Brügge gibt es noch viele alte Häuser. Die Bürger der Stadt handelten früher mit Wolle, Leinen und Holz und waren sehr wohlhabend.

Statt Niederlande sagt man bei uns meist Holland. Rund ein Drittel des Landes gewannen die Niederländer aus dem Meer. Sie bauten Deiche und legten das Land dahinter trocken. So entstanden Flächen, die man Polder nennt. Viele Polder liegen unter dem → Meeresspiegel. Sie sind von Gräben, Kanälen und Dämmen durchzogen. Windmüh-

Mit Windmühlen haben die Menschen früher das Wasser aus den Poldern abgepumpt und Getreide zu Mehl gemahlen.

len pumpten früher das Wasser aus den tiefliegenden Poldern ab. Heute machen das elektrische Pumpen. Im Winter werden die zugefrorenen Wasserwege häufig als „Straßen" genutzt. Dann macht es großen Spaß, die Strecke von einem Ort zum anderen auf Schlittschuhen zurückzulegen. So lernen viele niederländische Kinder schon sehr früh, Schlittschuh zu laufen. Berühmt sind die Niederländer für ihre Blumenzucht. Die Tulpe kam im 16. Jahrhundert aus Asien in die Niederlande. Bis heute sind rund 6 000 verschiedene Tulpensorten gezüchtet worden.

Luxemburg	
Fläche:	rund 2 586 km²
Einwohner:	rund 459 000
Hauptstadt:	Luxemburg mit rund 77 000 Einwohnern
Sprachen:	Luxemburgisch, Deutsch, Französisch
Währung:	Euro

Luxemburg ist ein Zwergstaat mit einem Großherzog. Dort werden drei Sprachen gesprochen: die Nationalsprache Luxemburgisch, Deutsch und Französisch. Die luxemburgischen Kinder sprechen zu Hause Luxemburgisch. Deutsch und Französisch sind Fremdsprachen, die in der Schule gelernt werden. Die Schulbücher in der Grundschule sind auf Deutsch geschrieben. Ab der ersten Klasse wird in den Fächern Deutsch und Luxemburgisch schreiben und lesen gelernt, aber im Unterricht sprechen die Schüler und Lehrer meistens Luxemburgisch. Ab der zweiten Klasse lernen die Kinder auch Französisch. Die Grundschüler in Luxemburg haben viel Sprachunterricht! Fremdsprachen sind in Luxemburg sehr wichtig. Auf der Straße, im Café und Restaurant wird viel Französisch gesprochen. Und nach einer Stunde Autofahrt ist man im Ausland, wo keiner mehr Luxemburgisch spricht.

Die Schweiz

Die Schweiz hat als Nachbarn Deutschland, Frankreich, Italien, Liechtenstein und Österreich. Viele Touristen besuchen die Seen und Berge. In den Alpen gibt es Berge, die über 4 000 Meter hoch sind. Der berühmteste ist das Matterhorn mit 4 478 Metern. Es liegt im Kanton Wallis, an der Grenze zu Italien.

Schweiz

Fläche:	rund 41 300 km²
Einwohner:	rund 7,2 Millionen
Hauptstadt:	Bern mit rund 123 000 Einwohnern
Sprachen:	Deutsch, Französisch, Italienisch, Rätoromanisch
Währung:	Schweizer Franken
Höchster Berg:	Dufourspitze mit 4 634 m

Nicht weit vom Matterhorn entfernt zieht der größte Alpengletscher ins Tal. 23 Kilometer lang ist der Aletschgletscher. Seinen Ursprung hat er bei drei bekannten Bergen des Berner Oberlandes: Jungfrau, Eiger und Mönch. Beim Aletschgletscher befindet sich das wilde Lötschental. Zur Fastnachtszeit sind dort zottelige Naturgeister mit Holzmasken, die *Tschäggätä*, unterwegs. Im Schutz der alten Holzhäuser lauern sie auf Opfer. Wer Pech hat, wird mit Asche oder gar Jauche überschüttet. Wenn abends um sieben Uhr die Kirchenglocke läutet, ist der ganze Spuk schlagartig vorbei.

Ein viersprachiges Land

In der Schweiz gibt es die vier Landessprachen Deutsch, Französisch, Italienisch und Rätoromanisch. Das heißt aber nicht, dass alle Schweizer Kinder diese vier Sprachen sprechen können. Die meisten Mädchen und Jungen haben nur eine Muttersprache. Deutsch ist die meistverbreitete Sprache in der Schweiz. Der größte Teil der Kinder spricht allerdings nicht Hochdeutsch, sondern einen der vielen schweizerdeutschen Dialekte. Wenn diese Mädchen und Jungen in die Schule kommen, ist Deutsch für sie dann eine Art „erste Fremdsprache".

In welcher Sprache sind in diesem viersprachigen Land nur die Fernsehprogramme? Jede Sprachregion hat ihre eigenen Radio- und Fernsehprogramme. Aufgrund der

Die Jungfraubahn ist die höchste Bergbahn Europas. Sie fährt zum Jungfraujoch, das 3 454 m hoch liegt.

Wie wäre es mit Käsefondue?

Die Schweizer haben das Fondue erfunden. Beim Essen eines Käsefondues kann man das Kleckern kaum verhindern. Über den Tisch ziehen sich zähe Käsefäden und man jagt sich im Topf gegenseitig die Brotbrocken ab. Käsefondue zu kochen ist leicht: Einen Fonduetopf mit einer Knoblauchzehe ausreiben, 0,4 l Wasser darin erwärmen, nach und nach je 250 g gewürfelten Emmentaler und Greyerzer hineingeben. Dauernd umrühren! Die Käsemasse darf nur leicht köcheln. Mit Pfeffer und Muskatnuss würzen. Jetzt kannst du Brot in den Topf tauchen.

Mehrsprachigkeit gibt es in der Schweiz auch viele verschiedene Tageszeitungen. Und auf Formularen, Briefmarken und vielem mehr steht alles in drei oder vier Sprachen.

Ein wichtiger Milchproduzent

Bei der Schweiz denken viele Kinder an zwei Dinge: Käse und Schokolade. So falsch ist das gar nicht. In vielen Gebieten der Schweiz, besonders in den Alpen, kann man gut Kühe halten. Die Schweiz produziert deswegen sehr viel Milch, und daraus werden unter anderem Käse und Schokolade hergestellt. Der Emmentaler, auch Schweizer Käse genannt, hat die Form eines Mühlenrades. Der Käse ist nach dem Emmental in der Schweiz benannt und hat große Löcher.
Die Milchschokolade wurde sogar in der Schweiz erfunden: 1875 durch Daniel Peter in Vevey. Die Schweizer sind beim Verzehr von Schokolade absolute Weltmeister. Trotzdem haben die meisten Schweizer Kinder gesunde Zähne. Denn die Schweiz gehört zu den wenigen Ländern der Welt, in denen die Zähne jedes Schulkindes vom ersten bis zum letzten Schuljahr regelmäßig untersucht werden.

Die Kantone der Schweiz

Die Schweiz ist in 26 Gliedstaaten unterteilt. Die Gliedstaaten heißen Kantone, beziehungsweise Halbkantone. Im Jahr 1291 schlossen die Urkantone einen ewigen Bund auf dem Rütli, einer Wiese am Vierwaldstätter See. Dabei gründeten sie die Schweiz. Man zählt die Kantone meist nach dem Datum ihres Beitritts zur Schweiz auf: Uri, Schwyz, Nidwalden, Obwalden, Luzern,

Die Basler Fasnacht ist eines der großen Volksfeste in der Schweiz. Die Narren ziehen erst nach dem Aschermittwoch mit Flöten und Trommeln durch die Straßen.

Zürich, Glarus, Zug, Bern, Freiburg, Solothurn, Basel-Stadt, Basel-Land, Schaffhausen, Appenzell-Außerrhoden, Appenzell-Innerrhoden, Sankt Gallen, Graubünden, Aargau, Thurgau, Tessin, Waadt, Wallis, Neuenburg, Genf und Jura. Die Kantone sind unabhängig, haben eigene Gesetze und ein eigenes ➔ Parlament.

Abenteuer Berge

In der Schweiz kann man gar nicht genug Augen und Ohren, Arme und Beine haben, um die prächtige Alpenlandschaft zu genießen! Die Menschen dort nutzen ihre Berge im Winter zum Ski- und Snowboardfahren. Die Kinder können in den Tälern prima rodeln. In der übrigen Jahreszeit bieten sich die Berge zum Wandern, Klettern oder Mountainbiken an. Auch die Schweizer Kinder klettern gerne. Schon kleine Kinder klettern gemeinsam mit Erwachsenen steile Felsen hinauf.

Der Junge klettert einen steilen Felsen hinauf. Er ist zur eigenen Sicherheit mit einem Gurt angeseilt und trägt einen Helm.

Der Nationalsport der Schweizer ist das Schwingen, auch *Hosenlupf* genannt. Beide Ringer stecken nämlich in Hosen aus festem Stoff. Sie versuchen, sich gegenseitig in die Höhe zu heben (schweizerisch *lupfen*) und dann zu schwingen, also auf den Boden zu werfen. Schon die Namen der Griffe lassen zittern: *Wyberhake, Tätsch* oder *Bodenlätz.*

Industrie und Handwerk

Das Schweizer Handwerk genießt Weltruf. So hat etwa das Uhrmacherhandwerk eine lange Tradition. Bereits 1601 wurde in Genf die wohl erste Uhrmacherzunft der Welt gegründet. Schweizer Uhren gelten als absolut zuverlässig. Jedes Jahr werden viele Millionen Zeitmesser verkauft. Circa 95 Prozent aller Schweizer Uhren werden ins Ausland exportiert. Auch die Schweizer Taschenmesser sind berühmt. Heute ist die Schweiz hoch industrialisiert. Sie stellt nicht nur Uhren, sondern auch hochmoderne technische Geräte her. Außerdem werden dort viele Arzneimittel entwickelt und produziert.

Heidi

Wie das Leben von Kuhhirten und Bergbauern einmal war, beschrieb die Schweizer Schriftstellerin Johanna Spyri. Sie kam 1827 in Zürich auf die Welt. Ihr berühmtestes Buch handelt von Heidi, dem Bergbauernkind. Sie lebt arm, aber glücklich auf der Alp in einer Berghütte mit ihrem Großvater, dem Öhi. Doch dann nimmt ihre Tante sie mit nach Frankfurt, ins ferne Deutschland. In der Stadt hat sie oft Heimweh, bis sie wieder auf ihrer Alp, der Bergwiese ist. Die Zeichentrickserie wurde in viele Sprachen übersetzt. Auch in Japan kennen die Kinder Heidis Geschichte.

Liechtenstein

Fläche:	rund 160 km²
Einwohner:	rund 34 000
Hauptstadt:	Vaduz mit rund 5 000 Einwohnern
Sprachen:	Deutsch
Währung:	Schweizer Franken

Liechtenstein ist ein Fürstentum zwischen der Schweiz und Österreich. Es ist eines der kleinsten Länder Europas. Seinen Namen hat es von einem Adelsgeschlecht, das 1791 in den Fürstenrang erhoben wurde. Liechtenstein in der heutigen Form gibt es erst seit 1921. Es ist eine ➔ Monarchie mit einem ➔ Parlament. Der Fürst lebt in der Burg Vaduz oberhalb der Hauptstadt. Liechtenstein gibt sehr schöne Briefmarken heraus. Zwischen der Schweiz und Liechtenstein herrscht eine enge Freundschaft.

Die Burg Vaduz liegt auf einem Felsen oberhalb der Hauptstadt Liechtensteins.

Österreich

Österreich ist eines der Nachbarländer von Deutschland und der Schweiz. Der größte Teil Österreichs ist gebirgig und gehört zu den Ostalpen. Es gibt hier Hunderte von Berggipfeln, Almen, Gletschern – und fast eine Million Kühe. Die meisten Touristen machen Urlaub in den österreichischen Alpen. Im Winter laufen sie Ski, im Sommer wandern sie – oder waschen zum Beispiel Gold aus einem der vielen Flüsse und Bäche.

Österreich

Fläche:	rund 84 000 km^2
Einwohner:	rund 8 Millionen
Hauptstadt:	Wien mit rund 1,6 Millionen Einwohnern
Sprache:	Deutsch
Währung:	Euro
Der höchste Berg:	Großglockner mit 3 797 m

Auf der Alm

Für viele Wanderer und für die Kinder ist die Alm das Schönste. Sie liegt hoch oben in den Bergen, und die Kühe verbringen dort den Sommer. Gemolken werden sie vom Almhirten, dem Senner. Er stellt aus der frischen Milch Sahne, Butter und Käse her. Viele Senner bieten den Wanderern ein kräftiges Mittagessen an, etwa *Kaiserschmarrn* oder *Kasnocken*, eine Art Käsespätzle. Und natürlich gibt es immer *Milli* zu trinken, frisch von der Kuh. Nach dem Besuch in der Almhütte geht man gemütlich zurück ins Tal. Das ist manchmal auch gefährlich. Die meisten Knochen brechen sich die Wanderer übrigens beim Abstieg. Du hast doch sicher gute Bergschuhe, einen warmen Pullover und einen Regenschutz dabei? Und wenn du einmal Hilfe brauchst, solltest du das alpine Notsignal kennen: sechsmal alle 10 Sekunden laut rufen, dann eine Minute Pause und dann alles wieder von vorne.

Verrückt auf's Skifahren

Kaum ist der erste Schnee gefallen, schnallen sich die österreichischen Kinder ihre *Brettln* unter. Viele berühmte Rennfahrer standen schon mit drei Jahren auf der Piste. Wenn ein Kind besonders gut und schnell die Hänge hinuntersaust, wird es entdeckt. Dann darf es vielleicht ins Skigymnasium nach Tirol. Dort lernen die Kinder neben den üblichen Schulfächern alles, was mit dem Skilaufen zu tun hat: Slalom, Trickski, sogar Skispringen. Und sie haben die Chance, so

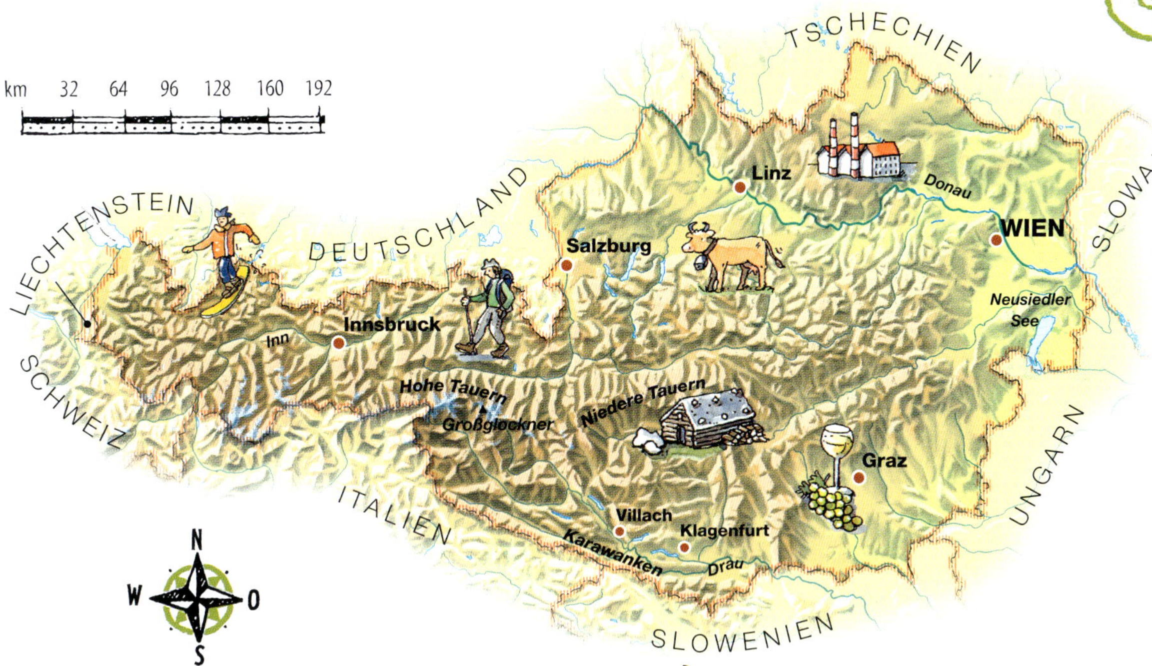

bekannt zu werden wie der Skiläufer Hermann Maier. Die österreichischen Kinder können aber auch nur in den Ferien den ganzen Tag Ski fahren. Wie die deutschen Kinder gehen sie mit sechs Jahren in die Volksschule, so heißt in Österreich die Grundschule.

Kaiserschmarrn

Das Wiener Schnitzel ist so berühmt, dass man es überall bekommt. Aber wer schon einmal in Österreich war, träumt von **Buchteln, Topfenstrudel, Krapfen** und **Germknödln.** Man kann nur in Österreich erfahren, was hinter den merkwürdigen Namen dieser Mehlspeisen steckt. Einen **Kaiserschmarrn** allerdings kann jedes Kind kochen: 3 Eier in eine Schüssel schlagen, mit 50 g Zucker, 200 g Mehl, 300 ml Milch verrühren, bis ein flüssiger Teig entsteht. 100 g Rosinen in etwas Orangensaft aufkochen, herausnehmen und in den Teig geben. In einer Pfanne 50 g Butter schmelzen, den Teig rund 1 cm hoch hineingießen, anbacken lassen. Mit 2 Gabeln den Teig zerreißen, auf der anderen Seite weiterbacken. Dazu gibt es Zwetschgenkompott. **Mahlzeit!**

Wien – die Kaiserstadt

Österreich wird im Osten flacher. Dort grenzt das Land an Tschechien, die Slowakei und Ungarn. Im Osten liegt die Hauptstadt Wien. Bis vor rund 100 Jahren lebten hier die österreichischen Kaiser mit ihren Familien und ihrem Hof. In der Hofburg befindet sich die Spanische Reitschule, wo weiße Lipizzanerhengste die Dressur der „Hohen Kunst" vorführen. Im Sommer zog der Kaiser ins Schloss Schönbrunn am Stadtrand. Es ist eines der schönsten Schlösser, die es gibt. Dort liegt auch der älteste Tiergarten der Welt. Im Jahr 1766 öffnete Kaiser Joseph II. sein Jagdrevier bei Wien für alle Österreicher. Es wurde Prater genannt und war schon bald beliebtes Ausflugsziel der Wiener. Überall eröffneten Händler und Schausteller ihre Buden, darunter auch Theater für den *Wurstl*. So heißt der Kasperl in Wien. Im Prater fährt man auch Karussell: Die Österreicher nennen es *Ringelspiel.* Am Watschenmann darf man seine Wut auslassen und ihm ein paar *Watschen* (Ohrfeigen) geben. Gut, dass er nicht zurückhauen kann. Er ist nur eine Puppe!

1896 stellte ein englischer Ingenieur das 61 Meter hohe Riesenrad auf. Eine Fahrt dauert 10 Minuten.

Österreichisch

Grüß Gott! sagt der Österreicher zum Gruß, oder auch **Servus**! Zum Abschied heißt es **Pfiat di Gott!** („Gott behüte dich"). Die **Piefkes** (Deutschen) haben oft ihre Mühe mit der österreichischen Sprache. Vielleicht willst du beim **Greißler** (Lebensmittelhändler) 100 Gramm Wurst für deine **Semmel** (Brötchen) kaufen. Er wird komisch gucken. „Meinst du 10 **Deka?"** fragt er (nur für Mathegenies: Wie viel ist also ein Deka? Die Lösung findest du unten). Kartoffeln heißen **Erdäpfel** und Tomaten **Paradeiser**. Und wie schimpfen die Österreicher? Sie sagen **Jessesmariandjosef**.

Ein Deka entspricht 10 Gramm.

Ein See in der Steppe

Österreich hat viele kleine und einen größeren See, den Neusiedler See. Er grenzt an die ungarische Steppe und ist höchstens zwei Meter tief. Dort liegt auch eines der größten Vogelparadiese in Europa mit Reihern, Löfflern und Säbelschnäblern.

Slowenien liegt südlich von Österreich und reicht zwischen Italien und Kroatien bis ans Meer, an die Adria. Der Norden des Landes hat noch Anteil an den Alpen. In den wilden Karstgebirgen im Süden wurden die Winnetoufilme gedreht.

Slowenien

Fläche:	rund 20 300 km²
Einwohner:	rund 2 Millionen
Hauptstadt:	Ljubljana mit rund 264 000 Einwohnern
Sprache:	Slowenisch
Währung:	Euro
Höchster Berg:	Triglav mit 2 863 Metern

Slowenien ist löchrig wie ein Schweizer Käse. Wasser hat nämlich den Kalkstein nach und nach aufgelöst und riesige Höhlen ausgewaschen. Dieses Gebiet heißt Karst. In die Adelsberger Grotte bei Postojna kannst du mit einer kleinen Eisenbahn hineinfahren. Dort siehst du Tropfsteine in den verrücktesten Formen – und auch Grottenolme. Das sind längliche weiße Molche ohne Augen. Sie leben nur unterirdisch. Nur wenige Kilometer von der Adelsberger Grotte entfernt liegt die Felsenburg Predjama. Die Höhlen unter der Burg hat der Raubritter Erasmus zu einem raffinierten Versteck ausgebaut. Es gibt dort Pferdeställe, Schatzkammern, Kerker und Fluchtwege.

Aus Lipica kommen ursprünglich die berühmten Lipizzaner. Das sind Pferde, die du auch in der Hofreitschule in Wien bewundern kannst. Die neugeborenen Fohlen sind schwarz. Erst später werden sie weiß wie ihre Eltern. In Lipica gibt es einige Ponys, auf denen du reiten kannst.

Im Herbst hört man in Slowenien oft ein seltsames Geklapper. Das Geräusch kommt vom *Klopotec,* einer Art Vogelscheuche. Die Weinbauern befestigen auf Stangen zwischen den Weinstöcken klappernde Windräder. Hölzerne Klöppel schlagen auf ein Brett. Das Geräusch soll Vögel vertreiben, die gerne die Trauben fressen.

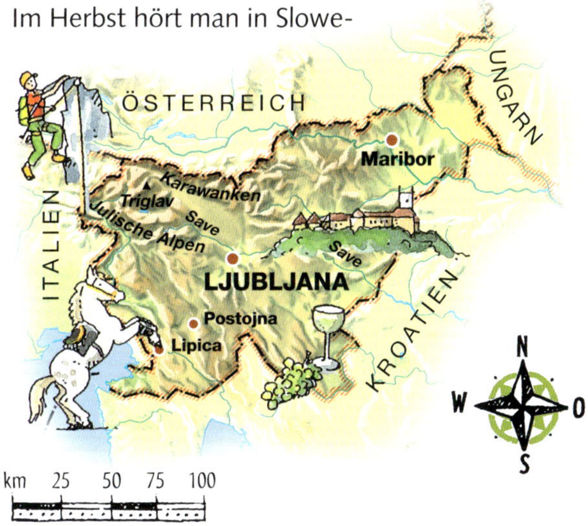

Slowenien ist überwiegend ein Gebirgsland. Die Julischen Alpen liegen im Norden des Landes.

Frankreich ist unser westliches Nachbarland. Auf der Landkarte sieht Frankreich wie ein Sechseck aus. Die Entfernung von einer Ecke zur anderen beträgt fast 1 000 Kilometer. Im Norden und Osten ist das Land eher flach und kühl. Im Süden liegen die Pyrenäen und das Mittelmeer.

Frankreich

Fläche:	rund 544 000 km^2
Einwohner:	rund 60 Millionen
Hauptstadt:	Paris mit rund 9,6 Millionen Einwohnern (mit Vororten)
Sprache:	Französisch
Währung:	Euro

Französische Kinder gehen fünf Jahre lang zur Grundschule, die in Frankreich „École primaire" heißt. Ab der 3. Klasse bekommen sie auch Unterricht in Geschichte und Erdkunde.

„Hier kann man wie Gott in Frankreich leben". So sagt man, wenn es einem besonders gut geht. Und dabei denkt man vor allem ans Essen und Trinken. An Festtagen setzen sich viele französische Familien mittags zu Tisch und stehen erst am Abend wieder auf. Bei solchen Festessen gibt es viel Leckeres für Groß und Klein. Daher träumen viele französische Kinder davon, einmal ein berühmter Koch oder eine berühmte Köchin zu werden. Gut zu kochen gilt in Frankreich sehr viel. Für manche Franzosen ist das Essen sogar ein Beruf. Ein Testesser probiert zum Beispiel das Essen in Restaurants und sagt dann, ob es ihm gut oder doch nicht so gut geschmeckt hat. Besonders guten Köchen verleiht er dann als Preis Sterne oder Kochlöffel. Aber Frankreich ist nicht nur für seine hervorragende Küche berühmt, sondern auch für seine Weine.

Berühmt sind die Cafés in der französischen Hauptstadt Paris. Dort kannst du zum Frühstück eine heiße Schokolade (chocolat chaud) mit einem Croissant bekommen.

Lange Schultage

In Frankreich gehen die Schüler nicht um die Mittagszeit nach Hause. Französische Kinder besuchen von der Vorschule bis zum Abitur Ganztagsschulen. Der Unterricht beginnt in der Regel um 8 Uhr und endet zwischen 16 und 17 Uhr. Das hängt vom Stundenplan ab. Mittags essen die Kinder in der Schulkantine. Ihr Alltag wird also sehr stark von der Schule geprägt. Denn zu der ganztägigen Schule kommen auch noch Hausaufgaben hinzu. Frankreich hat im europäischen Vergleich zwar die längsten Schultage, aber auch lange Ferien. So haben beispielsweise im Sommer alle Schüler zwei Monate frei. Über eine 1 in Mathe freut sich übrigens in Frankreich niemand: Im Zeugnis wird nicht mit den Schulnoten 1 bis 6, sondern mit 0 bis 20 bewertet. Dabei ist 0 die schlechteste Note und 20 die beste.

Französisch

Die französische Sprache klingt wunderbar wie Musik. Ein Teil davon geht auf die Nasallaute zurück: Die Franzosen sprechen zum Beispiel ein **ä** oder ein **o** durch die Nase. „Nein" heißt **Non** und wird durch die Nase **nõ** gesprochen. Ein paar nützliche Wörter:

Bonjour (:böschur) = Guten Tag
Au revoir (:o rewoar) = Auf Wiedersehen
Oui (:ui) = Ja
Merci (:merßi) = Danke

Eine Tour durch das Land

Im Juli bricht das Fahrradfieber aus. In diesem Monat findet nämlich die *Tour de France* (:turdefräß) statt. Dieses berühmteste Radrennen der Welt führt ungefähr 4 500 km kreuz und quer durch Frankreich. Die Fahrer haben allerdings kaum Zeit, die Schönheit des Landes zu genießen. Sie haben nur ein Ziel: Paris zu erreichen, und das möglichst nicht als Letzter. Während der Tour de France feiert Frankreich seinen Nationalfeiertag, den 14. Juli. Die Franzosen nennen den Tag *Quatorze Juillet* (:kators schüijä). Am 14. Juli 1789 stürmten aufgebrachte Bürger die *Bastille* (Gefängnis). Die blau-weiß-rote Flagge, die *Tricolore* genannt wird, wurde damals zum Symbol Frankreichs. Der 14. Juli ist heute ein großes Volksfest. Erst ziehen Militärparaden durch die Straßen. Nachher gibt es ein großes Fest mit Musik, Tanz und Feuerwerk.

Paris von unten und von oben

In Paris zu leben, ist der Traum vieler Menschen. Paris ist riesengroß und voller bedeutender Bauwerke und Museen, angefangen vom Triumphbogen über den Louvre bis zur Kirche Notre Dame. Der Eiffelturm war lange Zeit das höchste Bauwerk der Welt. Wenn du bei schönem Wetter oben stehst, kannst du fast 80 km weit sehen. Auch von ganz unten ist Paris interessant: In den Stollen alter Steinbrüche, den Katakomben, liegen die Knochen von 7 Millionen Parisern. Nach 91 gruseligen Stufen kommt man ins größte Beinhaus der Welt. Millionen von Schädeln und Knochen sind ordentlich aufeinandergeschichtet und nach Herkunft beschriftet. Sie stammen von Pariser Friedhöfen, die um 1800 aufgegeben und überbaut wurden.

Die Hauptstadt Paris liegt am Fluss Seine. Wenn du auf der Brücke „Pont Alexandre III." stehst, kannst du den Eiffelturm sehen. Der französische Ingenieur Gustave Eiffel hat ihn zur Weltausstellung 1889 in Paris errichtet.

Kreis der Hände

Den Namen dieses Spiels spricht man so aus: le ßirkl de mä. Übersetzt heißt es „Kreis der Hände", und es ist sehr lebhaft. Mehrere Kinder sitzen im Kreis um einen Tisch. Jeder hakt seine Arme in die des Nachbarn ein. Die Hände liegen auf dem Tisch, mit der Handfläche nach unten. Einer beginnt: Mit der Hand schlägt er kurz auf den Tisch und gibt damit die Richtung an, in die das Spiel weitergeht. Der nächste schlägt, dann der übernächste und so weiter, bis einer mit der Hand doppelt schlägt. Dies bedeutet einen Richtungswechsel. Wer einen Fehler macht, scheidet aus. Man kann das richtig schnell spielen.

Im Garten Frankreichs

Der längste Fluss Frankreichs mit über 1 000 km ist die Loire (:loar). Die Loire darf fließen, wo sie will. Überall gibt es Sandbänke und Flussarme mit viel Schilf. Das Wasser wimmelt vor Fischen und Krebsen, und man fängt sogar noch Lachse. Im Tal der Loire stehen über 300 Schlösser, dazu Tausende von Kirchen, Abteien, Burgen, Parks und Gärten. Rund 100 Schlösser kann man besichtigen. Danach kann man Frankreichs Pferdestadt Saumur (:somür) besuchen. Dort gibt es ein tolles Pferdemuseum und natür-

Das Schloss Chambord ist eines der vielen Schlösser an der Loire.

Die kleine Maus

Im Alter von etwa 6 Jahren fallen den Kindern die Milchzähne aus. Auch die französischen Kinder haben in dieser Zeit so genannte Wackelzähne. Weißt du, was sie dann mit den ausgefallenen Zähnen machen? Die Kinder legen den Milchzahn vor dem Schlafengehen unter ihr Kopfkissen. Am nächsten Morgen schauen sie dann unter das Kissen und der Zahn ist doch tatsächlich weg! An seiner Stelle liegt da aber ein Geldstück oder ein kleines Geschenk. Wie kommt das dahin? Die Eltern erzählen den Kindern, dass eine kleine Maus vorbeigekommen ist. Sie hat den Milchzahn mitgenommen und dafür das Geschenk unter das Kopfkissen gelegt. Kein Wunder also, dass sich die französischen Mädchen und Jungen freuen, wenn sie Milchzähne verlieren. Kennst du auch so eine Maus? Oder hast du vielleicht eine kleine Dose, in der du deine Milchzähne sammelst?

lich eine berühmte Reitschule. Und da Pferde viele Äpfel fallen lassen, kommen aus Saumur viele Champignons – die wachsen nämlich sehr gut auf Pferdemist.

Monaco

Fläche:	rund 1,95 km^2
Einwohner:	rund 35 000
Hauptstadt:	Monaco-Ville mit rund 1 000 Einwohnern
Sprache:	Französisch
Währung:	Euro

Ein Fürstentum mitten in Frankreich

Ein Stück der südfranzösischen Küste heißt Côte d'Azur (:kotdasür). An dieser Küste liegt auch das kleine Fürstentum Monaco. Die Menschen, die dort leben, müssen keine Steuern zahlen. Dort finden zwei berühmte Autorennen statt: Sie heißen „Rallye Monte Carlo" und „Großer Preis von Monaco". Die Rennen sind sehr gefährlich. Weil Monaco so klein ist und an einer steilen Küste liegt, sind die Straßen zwischen den vielen hohen Häusern sehr eng und kurvenreich. Monte Carlo ist ein Ort in Monaco. Die Rennfahrer fahren bei den Autorennen mit sehr hoher Geschwindigkeit durch die scharfen Kurven. Dabei müssen sie gut aufpassen, dass sie richtig lenken und nicht in den Leitplanken landen. Im Jahr 2007 gewann Fernando Alonso den „Großen Preis von Monaco".

Michael Schumacher nahm letztmalig 2006 am Formel-1-Rennen in Monaco teil.

Spanien bildet zusammen mit Portugal die Iberische Halbinsel. Sie sieht wie ein Fünfeck aus und grenzt im Norden an Frankreich. Die Grenze bilden die Pyrenäen, ein Gebirge mit vielen Spitzen über 3 000 Metern. Spanien ist an den Rändern von Gebirgen umgeben. In der Mitte liegt eine sehr trockene Hochfläche. Im Nordwesten des Landes ist das Klima angenehm und feucht, am Mittelmeer warm.

Spanien

Fläche:	rund 504 800 km²
Einwohner:	rund 41 Millionen
Hauptstadt:	Madrid mit rund 3 Millionen Einwohnern
Sprache:	Spanisch
Währung:	Euro

An der Südspitze scheint Spanien auf den ersten Blick mit Nordafrika zusammenzuhängen. Aber die beiden Kontinente sind getrennt durch die teilweise nur 14 km breite Straße von Gibraltar. Man kann auch Meerenge sagen. Dort fahren sehr viele Schiffe. Es gibt dort starke Meeresströmungen ins Mittelmeer. In der Tiefe fließt allerdings Wasser aus dem Mittelmeer in den Atlantik. Der Ort Gibraltar gehört nicht zu Spanien, sondern zu Großbritannien. Dort leben auf dem Felsen die einzigen Affen in Europa. Wahrscheinlich wurden diese Berberaffen, die auch *Magots* heißen, schon von den Römern angesiedelt.

Rauschende Feste

Spanien liegt sehr nah an Nordafrika. Von dort drangen im Jahr 711 die Mauren auf die Iberische Halbinsel vor. Die Mauren waren ein moslemisches Volk. Sie vertrieben die christlichen Herrscher Spaniens. 700 Jahre lang herrschten sie über einen großen Teil Spaniens. Sie führten den ➜ Islam ein, beließen den Christen und Juden jedoch ihren Glauben. An die Mauren erinnern heute noch wundervolle Gebäude. Das berühmteste ist die Alhambra in der Stadt Granada. Es ist eine Festung mit einem Palast, wundervollen kühlen Gärten und dem Löwenhof. Er gilt als das schönste maurische Kunstwerk in Spanien.

Vom Kampf der Christen gegen die Mauren erzählen heute noch Schauspiele, die jedes Jahr in vielen Gemeinden aufgeführt werden. Sie heißen *Moros y Cristianos.* In Caravaca de la Cruz bei Murcia hat sich daraus ein rauschendes Fest entwickelt, das

Die spanischen Mädchen und Jungen tanzen den Nationaltanz, Sevillana, schon sehr jung. Ein Grundelement ist die stolze Haltung: „Seht her, das bin ich!"

sich über 10 Wochen erstreckt. Am 24. April beispielsweise essen die Kinder erst große Mengen Kuchen und ziehen dann hinter einem Mann mit einer Flöte in der Stadt umher. Er ist eine Art Rattenfänger. Den Kindern gehen auch riesige Figuren aus Pappmaschee voran, Mauren, Riesen, Teufel und andere finstere Gestalten. Sieben Tage danach feiern die Erwachsenen. Der Höhepunkt ist ein Wettbewerb der Pferde. Sie bewegen sich zu einer Musik, und das schönste und eleganteste bekommt einen Preis. In der Nacht legt man den Pferden dann Schmuck an. Sie werden verkleidet wie indische Tempelelefanten, und sogar die Hufe bemalt man ihnen. Diese gepanzerten Rösser sehen unglaublich und fantastisch aus. Am Abend wird getanzt, natürlich auch Flamenco. Dieser spanische Tanz geht auf die Musik von Sinti und Roma zurück. Die Tänzerinnen tragen rote Rüschenkleider, die Männer treten ganz in Schwarz auf.

So viele Namen

In Spanien sind zusammengesetzte Familiennamen üblich. Bei den Kindern wird der jeweils erste Fami-

lienname des Vaters und der Mutter zusammengefügt und daraus dann der neue Name gebildet. Darum ist der Familienname meist recht lang. So heißt der Sohn von Maria Rodríguez García und José Villa Hierro zum Beispiel Andrés Villa Rodríguez. Und Andrés darf wahrscheinlich sogar zweimal im Jahr Kerzen auspusten! Fast alle Spanier sind nämlich katholischen Glaubens. Und ein katholischer Brauch ist es, nicht (nur) den Geburtstag, sondern auch den Namenstag zu feiern. Jedem Tag des Jahres sind einige Namen zugeordnet und man feiert dann an dem entsprechenden Tag seinen Namenstag. Andrés darf am 30. November seine Geschenke auspacken. Seine Mutter hat bestimmt leckeres Essen gekocht. Was, viel zu viel? Wie gut, dass du in Spanien nicht alles aufessen musst.

Essen in Spanien

Zum Frühstück essen die spanischen Kinder meistens nur Kekse und trinken heiße Milch. Die Spanier stehen später auf und essen frühestens um zwei Uhr zu Mittag, manchmal auch erst um vier. Wenn das Abendessen naht, bist du hoffentlich noch nicht eingeschlafen. Zwischendurch kannst du aber kleine Häppchen essen, die *Tapas* heißen. Die gibt es überall, mal Käse, mal Schinken, mal Salat, mal gedünstete Meeresschnecken. Die Erwachsenen trinken dazu *Sangria*, eine Mischung aus Rotwein und Orangensaft und etwas Zucker. Kindern schmeckt die *Horchata* (:ortschata), eine weiße Mandelmilch. Berühmt ist die spanische *Paella* (:paeja), das ist eine große flache Eisenpfanne mit gelbem Safranreis,

Schach und matt!

Schach ist ein altes Spiel, das im 9. Jahrhundert über Persien und Arabien ins maurische Spanien gelangte. Es wird auf einem Brett mit 64 abwechselnd weißen und schwarzen Feldern von zwei Spielern gespielt. Die je 16 Spielfiguren dürfen nur nach bestimmten Regeln abwechselnd gezogen werden: Die Türme bewegen sich geradlinig parallel zum Brettrand, die Läufer diagonal auf einer Farbe, die Dame kann wie ein Turm oder ein Läufer laufen, der Springer kann als Einziger andere Figuren überspringen. Er setzt zwei Felder vorwärts und eins zur Seite in alle Richtungen. Die Bauern rücken geradlinig je ein Feld vorwärts (von der Grundlinie auch zwei). Sie schlagen nur schräg. Der König kann nach allen Seiten nur einen Schritt ziehen. Ziel des Spiels ist es, den gegnerischen König matt zu setzen. Dazu muss er so angegriffen werden, dass er sich nicht mehr entziehen kann.

Rund ein Drittel der spanischen Schüler besuchen private Schulen, für die ihre Eltern Schulgeld zahlen. Viele dieser Schulen werden von der katholischen Kirche geleitet.

Erbsen und darauf Muscheln, Garnelen und Hühnerstücken. Eine Süßigkeit ist *Turrón*. Das ist süßer leckerer Nougat.

Der Wettlauf mit dem Tod

In Spanien werden viele Feste *(Fiestas)* gefeiert. Den Stadtheiligen verehrt man bei der Fiesta mit großartigen Umzügen in alten Kostümen. Dann wird gegessen, Musik gemacht und wieder getanzt. Einige Fiestas sind sehr berühmt. Die nordspanische Stadt Pamplona feiert vom 6. bis 14. Juli das Fest ihres Stadtheiligen San Fermin. Jeden Morgen geschieht dasselbe. Um Punkt acht Uhr explodiert eine Feuerwerksrakete. Das Gatter eines Stiergeheges wird geöffnet. Zuerst sind die Tiere erschrocken und nervös. Dann laufen sie los. Sie folgen dabei abgerichteten Ochsen, mit denen sie die Nacht verbracht haben. Da explodiert eine zweite Rakete. Plötzlich laufen junge Männer den Stieren entgegen. Kurz vor ihnen machen sie Halt und kehren um. Nun beginnt eine wilde Verfolgungsjagd durch die abgesperrten Straßen bis zur Stierkampfarena, vorne die Männer, hinten die Stiere. Nicht immer geht alles gut. Gelegentlich gibt es Verletzte. Am Nachmittag folgt dann der echte Stierkampf, die *Corrida de Tores.* Der klassische Stierkampf nach festgelegten Regeln wird heute nur noch in Spanien ausgeführt. Der Stier wird am Ende des Kampfes durch den Stoßdegen des *Toreros* getötet.

Im letzten Abschnitt des Stierkampfes tritt der Torero dem Stier mit dem roten Tuch (muleta) und dem Stoßdegen entgegen.

Wir sprechen Spanisch

Spanisch ist eine ganz wichtige Sprache. Auch in ganz Süd- und Mittelamerika mit Ausnahme Brasiliens, in Mexiko und Teilen der USA wird Spanisch gesprochen. Damit kommst du weiter:

Buenos días = Guten Tag
Adiós = Auf Wiedersehen
Por favor = Bitte
Gracias (:grasias) = Danke
Si = Ja
No = Nein
Perdón = Entschuldigung

Und so zählt der Spanier: **uno, dos, tres, cuatro, cinco** (:sinco), **seis, siete, ocho** (:otscho), **nueve, diez** (:dies).

Der Jakobsweg

Früher, vor allem im Mittelalter, gingen sehr viele Menschen auf Wallfahrten oder Pilgerreisen. Die Pilger besuchten dabei heilige Stätten und beteten unterwegs viel. Diese Reisen konnten Jahre dauern und führten vor allem nach Rom, Jerusalem und Santiago de Compostela. Diese Stadt liegt ganz im Nordwesten Spaniens. Der Apostel Jakobus (spanisch *Santiago*) ist ihr Schutzheiliger. Von allen größeren Städten in Mitteleuropa führten Jakobswege nach Santiago. Der Hauptweg zog dann von den Pyrenäen durch ganz Nordspanien. Heute gehen wieder viele Menschen auf diesem Jakobsweg.

Kastilier, Katalanen, Basken

In Spanien leben mehrere Völker mit eigener Sprache und Kultur zusammen. Die Mehrheit besteht aus Kastiliern, und ihre Sprache nennen wir Spanisch. Sie stammt wie das Französische und Italienische vom Lateinischen ab, enthält aber ziemlich viele ursprünglich arabische Wörter aus der Zeit der Mauren. Die Katalanen leben in der weiteren Umgebung von Barcelona. Ihr Land heißt Katalonien. Noch heute werden

Porto Pedro ist ein kleines Fischerdorf auf Mallorca.

viele Bücher auf Katalanisch veröffentlicht. Übrigens war der Künstler Pablo Picasso Katalane. Im Nordosten Spaniens leben die Basken. Sie sind das älteste Volk in Europa. Ihre Sprache, das Euskara oder Baskische, hat keine Ähnlichkeit mit einer anderen

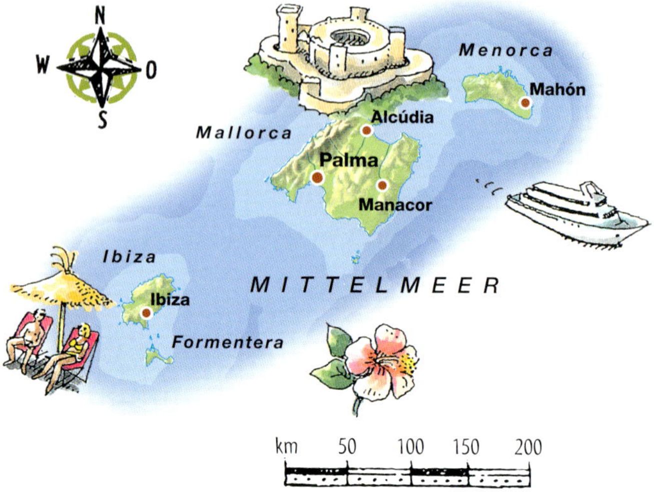

lebenden Sprache. Vermutlich sind die Basken die Nachkommen der Iberer. Sie waren die Ureinwohner Spaniens, bevor die Römer das Land eroberten. Manche Basken kämpfen um einen eigenen Staat – und das leider nicht nur mit Worten, sondern vor allem mit Waffen, Sprengstoff und Terror. Sie sind ein großes Problem für Spanien.

Die Balearen

Jedes Jahr besuchen rund 8 Millionen Touristen die kleine Insel Mallorca (:majorka), und sehr viele darunter sind Deutsche. Mallorca bildet zusammen mit Menorca, Ibiza und Formentera die Balearen. Diese Inselgruppe liegt vor der spanischen Mittelmeerküste. Nicht immer kamen die Fremden mit freundlichen Absichten wie heute die Touristen. Die Balearen gehörten erst den Phöniziern, dann den alten Griechen, den Römern, Vandalen, Arabern, Berbern, Aragonesen, Katalanen, Türken, Briten, Holländern, Franzosen und Spaniern. Die Einheimischen sprechen übrigens Katalanisch, nicht Spanisch als Muttersprache.

Mit Mayo

Wenn du das nächste Mal Pommes mit Mayo isst, denk daran, dass die Mayonnaise aus Menorca stammt. Sie heißt ursprünglich **salsa mahonesa** nach dem Hauptort der Insel, Mahón!

Noch ein Ferienparadies

Früher kannte man die Kanarischen Inseln nur von unserem beliebtesten Käfigvogel, dem Kanarienvogel. Heute fahren viele Menschen nach La Palma, Gran Canaria, Fuerteventura, Teneriffa und Lanzarote zum Baden. Die Inseln gehören zu den Kanarischen Inseln, die vor der Küste Südmarokkos liegen. Sie sind erloschene ➔ Vulkane. Man kann hier studieren, wie unsere Welt vor Jahrmilliarden ausgesehen haben mag. An manchen Stellen liegen Lavabomben, die aus den Kratern geschleudert wurden. Die schönsten sehen oval wie Rugbybälle aus. Die berühmteste Pflanze der Kanaren ist der Drachenbaum. Schon vor 20 Millionen Jahren wäre er fast ausgestorben. Sein Harz färbt sich an der Luft dunkelrot und heißt Drachenblut. Man braucht es als Medizin.

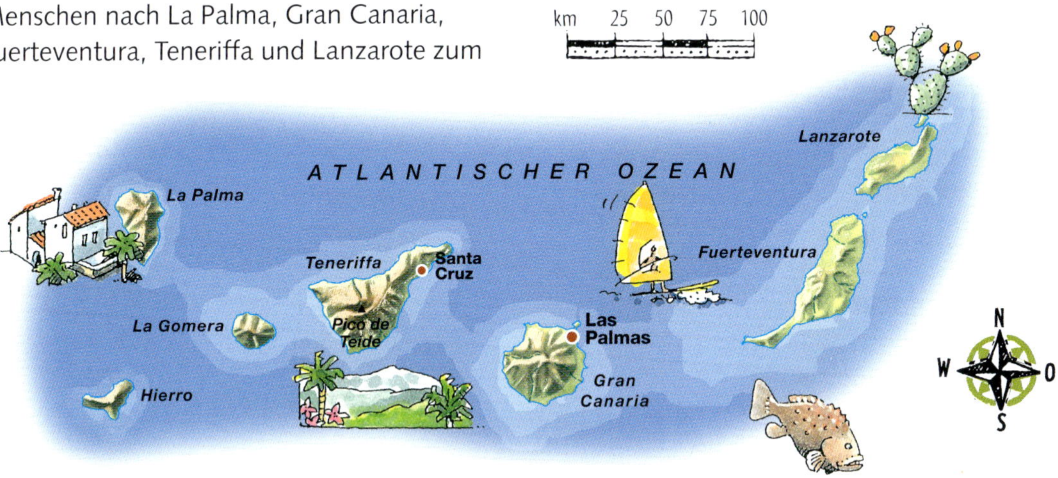

Andorra

Fläche:	rund 468 km²
Einwohner:	rund 73 000
Hauptstadt:	Andorra la Vella mit rund 20 800 Einwohnern
Sprache:	Katalanisch
Währung:	Euro

In den Pyrenäen zwischen Spanien und Frankreich liegt ein Zwergstaat, das Fürstentum Andorra. Es lebt überwiegend von Touristen, die in den hohen Bergen wandern und Ski laufen. Andorra ist eine Demokratie, hat aber zwei Staatsoberhäupter, zwei „Fürsten", die nicht in Andorra selbst leben. Der eine ist der französische Staatspräsident, der andere der Bischof in der spanischen Stadt Seo de Urgel.

Diese Gruppe steigt einen steilen Felsen hinauf zum Berggipfel des „Siguer de Rialb".

Portugal grenzt an den Atlantik und ist sonst nur von Spanien umgeben. Das Land liegt somit im Südwesten der Iberischen Halbinsel. Der Norden des Landes mit dem „Goldfluss“, dem Douro, ist gebirgig. Hier wächst viel Wein. Das Zentrum mit Lissabon ist flach oder hügelig. Ganz im Süden, im Touristengebiet Algarve, erheben sich erneut Gebirgszüge, die zum Meer abfallen. In Portugal ist es fast das ganze Jahr über angenehm warm.

Portugal

Fläche:	rund 92 000 km^2
Einwohner:	rund 10 Millionen
Hauptstadt:	Lissabon mit rund 560 000 Einwohnern
Sprache:	Portugiesisch
Währung:	Euro

Von der Hauptstadt Lissabon brachen früher viele Seefahrer auf, um ferne Länder zu entdecken. Vasco da Gama kam 1498 bis nach Indien, und Magellan durchkreuzte als Erster den Pazifik und erreichte 1521 die Philippinen, wo er erschlagen wurde. Seine Weltreise vollendete deshalb der Seefahrer Elcano. Prachtvolle Bauten zeugen noch von der Zeit, als Portugal eine wichtige Seemacht war und über viele Länder regierte.

Portugals Hauptstadt Lissabon hat eine schöne Altstadt mit romantischen Gassen. An den Balkonen und Häuserwänden in dieser Straße flattern Wäschestücke.

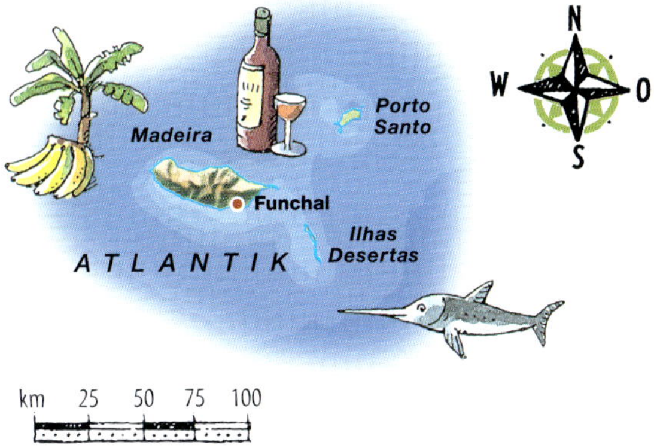

Wer fängt die meisten Steine?

Die portugiesischen Kinder lieben Geschicklichkeitsspiele – wie die Kinder aller anderen Länder auch. Sehr beliebt bei ihnen ist ein Spiel, für das man fast nichts braucht! Die Kinder sammeln zusammen kleine, glatte Steine. Fünf Stück mindestens. Dann setzen sie sich im Kreis unter einen schattigen Baum und beginnen zu spielen. Versuch es auch einmal. Ganz wichtig: Du darfst nur mit einer Hand spielen. Leg die fünf etwa gleich großen Steine vor dir auf den Boden. Nun wirfst du einen Stein hoch. Während der Stein noch in der Luft fliegt, nimmst du einen zweiten Stein vom Boden auf. Wenn du geschickt bist und den ersten Stein jetzt fängst, dann hast du zusammen schon zwei Steine in einer Hand. Jetzt wirfst du diese beiden Steine in die Luft und nimmst einen dritten Stein vom Boden auf. Fängst du die beiden herunterfallenden Steine, dann hast du sogar schon drei Steine in deiner Hand. Probier einmal, ob du das Spiel bis zu fünf Steinen schaffst.

Madeira und die Azoren

Beide Inselgruppen liegen über 1 000 Kilometer weit vom Festland entfernt mitten im Atlantik. Madeira gilt wegen ihres Klimas als Insel des ewigen Frühlings. Dort gibt es insgesamt 2 000 Kilometer Bewässerungskanäle, die *Levadas.* Sie ziehen durch Tunnel, Gärten und an senkrechten Felshängen vorbei. Man kann ihnen überall entlang folgen. Die Azoren sind ein guter Ort, um Wale zu beobachten. Das kann man von hohen Türmen am Ufer oder von Booten aus. Früher jagten die Bewohner der Azoren Wale. Hier sieht man zahlreiche Walarten, vor allem auch die mächtigen Pottwale.

Diese Fischer bieten ihre frisch gefangenen Sardinen im Hafen direkt zum Verkauf an. Beliebt ist in Portugal der Stockfisch. Das ist getrockneter Kabeljau, der für viele verschiedene Gerichte gebacken oder gekocht wird.

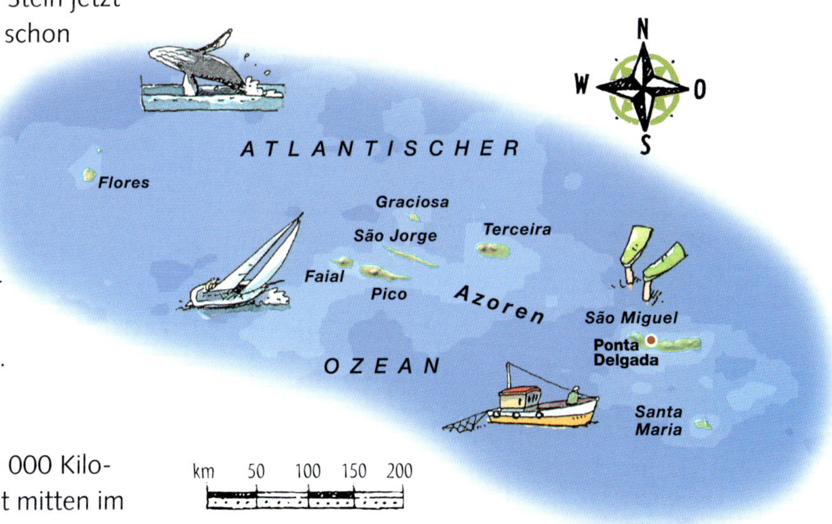

Italien sieht aus der Luft wie ein Stiefel aus. An drei Seiten ist das Land vom Meer umgeben. An der Stiefelspitze liegt Sizilien. Durch den ganzen Stiefel zieht sich das Gebirge des Apennin. In Italien braucht man nur im Norden Winterstiefel wie bei uns. Sonst hat das Land ein warmes Klima. Deswegen wachsen dort auch Orangen und Zitronen.

Italien

Fläche:	rund 301 000 km²
Einwohner:	rund 57,3 Millionen
Hauptstadt:	Rom mit rund 2,5 Millionen Einwohnern
Sprache:	Italienisch
Währung:	Euro
Höchster Berg:	Mont Blanc de Courmayeur mit 4748 m

Italien ist berühmt für Pasta, Pizza und viele andere Gerichte. Die bekanntesten Nudeln sind die *spaghetti,* aber es gibt noch viele andere Sorten. Viele Kinder in Europa und Amerika lieben italienische Pizza.

Diese italienischen Kinder treffen sich am Nachmittag auf der Piazza San Marco in Venedig. Sie füttern die vielen Tauben auf dem Platz.

In Italien gibt es zahlreiche Bars, in denen man im Stehen einen „Caffè" trinken oder ein „cornetto" (Hörnchen) essen kann. Die Bar ist häufig der Treffpunkt eines Viertels. Hier treffen sich vor allem die Männer. Kinder mögen lieber *gelato* (:dschelato), ein Eis. In den Straßen findest du häufig eine Eisdiele oder einen Wagen mit einem Eisverkäufer. Hier gibt es viele leckere Eissorten. Die Namen der Sorten allein schmelzen schon auf der Zunge: *zuppa inglese,*

Die Toskana ist eine italienische Landschaft mit sanften Hügeln und vielen Feldern. Dort werden Getreide, Gemüse, Wein und Oliven angebaut.

stracciatella, tartufo. In Rom befindet sich eine bekannte Eisdiele mit über 50 Eissorten – schwer, sich zwischen all den Köstlichkeiten zu entscheiden. Doch die meisten Kinder nehmen wie eh und je Schoko und Vanille.

Süßes Nichtstun

Wegen der Mittagshitze machen viele Italiener im Süden tagsüber eine lange Pause. Sie ziehen sich in ihre Häuser zurück und ruhen sich aus. Die Straßen sind dann leer, und nur die Touristen schwitzen am Strand. Erst am späten Nachmittag erwacht wieder alles zum Leben. Die warmen Sommerabende in Italien sind herrlich. Dann flanieren die Menschen. Sie schlendern auf der Hauptstraße oder der Piazza (einem Platz in der Stadt), treffen Freunde und Verwandte, plaudern, führen ihre neuesten Kleider vor oder machen Geschäfte. Um diese Zeit tobt dort das Leben, auch für die Kinder. Gianna, Mariella, Alessandro, Giacomo und all die anderen verabreden sich nicht, sondern gehen einfach nach draußen. Dort treffen sie andere Kinder. Gemeinsam spielen sie dann auf Plätzen und Höfen Fußball, unterhalten sich über Musik und neue Filme. Oder sie telefonieren mit ihrem Handy. Italienische Kinder sind nämlich fast immer auf Empfang.

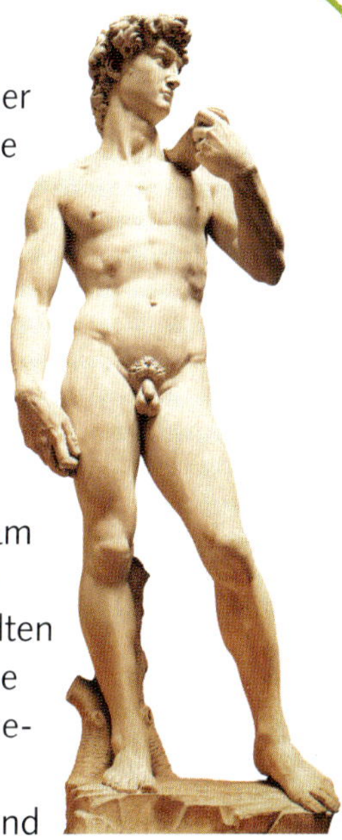

Der berühmte italienische Künstler Michelangelo hat die Statue des David aus Marmor gehauen. Der mutige David kämpft in der Bibel gegen den Riesen Goliath.

Wir kochen Pasta

Pasta sind Teigwaren. Es gibt davon viele Sorten, zum Beispiel **spaghetti, tagliatelle** (:taljatele) oder **maccheroni** (:makeroni). Tagliatelle sind Bandnudeln, und maccheroni sehen aus wie dünne Rohre. Wir kochen hier **pasta con sugo,** mit Tomatensauce: Etwas Öl in eine Pfanne geben, 2 gehackte Zwiebeln darin dünsten. Eine große Dose geschälte Tomaten **(pelati)** dazugeben, 20 Minuten köcheln lassen, dann salzen, pfeffern, mit Oregano und Basilikum würzen. Während die Sauce kocht, sind die Spaghetti dran. 4 Liter Salzwasser zum Kochen bringen, 400 g Spaghetti hineinlegen, ungefähr 7 Minuten kochen lassen. Dann probieren. Sie müssen „al dente" sein, Biss haben, aber nicht kleben. Nun das Wasser abgießen. Spaghetti auf die Teller verteilen, die Sauce darüber und wer will auch viel geriebenen Parmesankäse.

Du merkst schon, abends dürfen die italienischen Kinder sehr lange aufbleiben. Die Schule beginnt aber auch später. Grundschüler müssen oft erst um neun Uhr dort sein. Und im Sommer haben die Kinder ganze drei Monate Ferien. Da kann man schon mal die Nacht zum Tag machen!
In die Grundschule kommen die Kinder in Italien, wenn sie sechs Jahre alt sind. Sie können dort den halben oder den ganzen Tag bleiben. Die Grundschule dauert fünf Jahre lang. Am Ende der 5. Klasse gibt es für alle Schüler eine Abschlussprüfung.

Erdbeben und Vulkane

In Italien bebt oft die Erde. Die Erde besteht nicht durchgehend aus festem Gestein. Der innere Kern ist wie ein heißer, flüssiger Brei. Um diesen liegt eine feste Erdkruste. Diese hat dickere und dünnere Stellen und Risse. Manchmal schiebt sich ein Teil dieser Kruste unter einen anderen. Dadurch werden die Krustenteile bewegt und können zittern: Es gibt ein Erdbeben.
Bei einem Vulkan kann das geschmolzene heiße Gestein aus dem inneren Kern auch an die Erdoberfläche treten. Man nennt die Schmelze *Magma* oder *Lava.* Sie kann dort ruhig ausfließen oder bei Explosionen in Form von Asche und Bomben kilometerweit in die Luft hinausgeschleudert werden. Ein Loch, aus dem die Lava ausbricht, heißt Krater. Wenn das immer wieder passiert, bildet sich ein Berg, ein Vulkan. Im Süden Italiens gibt es mehrere Vulkane.

Der Ätna auf Sizilien ist der größte Vulkan Europas. Er ist etwa 3 350 m hoch. Fast jedes Jahr fließen rot glühende Lavamassen über seine Hänge. Er spuckt auch oft feine Asche, die Autos und Straßen mit einer dicken Schicht überzieht.

Am 24. August des Jahres 79 brach der Vesuv bei Neapel aus und begrub zwei römische Kleinstädte unter sich, Pompeji und Herculaneum. Beide wurden teilweise wieder ausgegraben. Man kann sie besichtigen. Die Archäologen fanden in Bäckereien Brote, die gerade gebacken worden waren.

Vatikanstadt

Fläche:	rund 0,44 km²
Einwohner:	rund 455
Sprachen:	Lateinisch, Italienisch
Währung:	Euro

Der Vatikan ist der kleinste Staat der Welt. Er liegt mitten in der Stadt Rom. Im Vatikan wohnt der Papst. Er ist das Oberhaupt der katholischen Kirche. Zum Vatikan gehört auch die Peterskirche. Unter ihr soll das Grab des Apostels Petrus liegen.
In der Sixtinischen Kapelle im Vatikan ist die Decke von dem Künstler Michelangelo ausgemalt. Dort ist ein Bild von der Erschaffung des ersten Menschen, des Adam, zu sehen. Diese Szene wird in der Bibel beschrieben. Die Kapelle spielt bei der Papstwahl eine große Rolle. Dort versammeln sich nämlich die höchsten Bischöfe, die Kardinäle, aus der ganzen Welt und stimmen ab, wer von ihnen neuer Papst und Bischof von Rom werden soll. Draußen warten Tausende von Menschen auf den Ausgang der Wahl. Kommt eine Mehrheit zustande, so werden im Kamin der Sixtinischen Kapelle die Stimmzettel mit trockenem Stroh verbrannt, und von draußen ist weißer Rauch zu sehen. Im Jahr 2005 wurde ein deutscher Kardinal zum Papst gewählt – sein Name ist Papst Benedikt XVI.

Die Peterskirche in Rom ist flächenmäßig eine der größten Kirchen der Erde, in der bis zu 60 000 Menschen Platz finden.

Die mittelalterliche Festung von San Marino liegt an einem steilen Bergfelsen, dem Monte Titano.

San Marino

Fläche:	rund 61 km²
Einwohner:	rund 28 000
Hauptstadt:	San Marino mit rund 4 400 Einwohnern
Sprache:	Italienisch
Währung:	Euro

In Italien liegt südlich von Rimini, dem Badeort an der Adria, noch ein Zwergstaat. San Marino ist aber viel größer als der Vatikan. Beide Staaten geben jedes Jahr schöne Briefmarken heraus. San Marino ist eine der kleinsten Republiken der Welt. Es hat eine lange demokratische Tradition (➔ Demokratie).

Ungarn

Ungarn liegt im südlichen Mitteleuropa, zwischen Österreich und Rumänien. Es ist ein flaches Land. Im Osten liegt die Puszta, eine Steppenlandschaft. Im Westen befindet sich der Plattensee oder Balaton. Er ist der größte See Mitteleuropas, und auch der seichteste und wärmste. Da er nicht tief ist, erwärmt sich das Wasser besonders schnell. Kinder baden dort sehr gerne. Überall ist der Balaton von Ferienorten umgeben.

Ungarn

Fläche:	rund 93 000 km²
Einwohner:	rund 10 Millionen
Hauptstadt:	Budapest mit rund 1,7 Millionen Einwohnern
Sprache:	Ungarisch
Währung:	Forint

In Ungarn gibt es Ortsnamen, die für uns fremd klingen: *Székesfehérvár* (:ßekäschfähärwor), *Hódmezövásárhely* (:hodmäsöwascharhäli), *Békéscsaba* (:bekeschtschobo). Das hängt mit der Herkunft der Ungarn oder Magyaren zusammen. Sie zogen um 900 nach Christus mit ihrem Fürsten Árpád aus dem Steppengebiet Südrusslands hierher. Ihre Sprache ist mehr mit sibirischen Sprachen verwandt – und ein ganz klein wenig mit dem Finnischen. Sie klingt in unseren Ohren ganz ungewohnt. Die Ungarn betonen jedes Wort, und sei es noch so lang, auf der ersten Silbe.

Es gibt sehr viel Industrie in Ungarn, aber bei uns kennt man eher Produkte aus der Landwirtschaft: zum Beispiel ungarische Salami und Paprika. Die Paprika stammt ursprünglich aus Südamerika und hat sich über die ganze Welt verbreitet. Die Ungarn kochen viele Gerichte mit Paprika als rotes, scharfes oder mildes Gewürzpulver.

Die ungarische Puszta

Früher herrschten die Türken über Ungarn. Riesige Flächen im Osten des Landes wurden abgeholzt. So entstand eine baumlose Steppenlandschaft, die Puszta. Dieses Wort bedeutet „öd" oder „leer". Große Herden von Rindern, Schafen und Pferden weideten in den weiten, flachen Ebenen. Wasser für

Ungarische Kinder spielen Eishockey auf dem zugefrorenen See vor der Burg Vajdahunyad in Budapest.

die Viehherden holten die Menschen aus Ziehbrunnen. Übrig geblieben ist von der für Ungarn so typischen Graslandschaft nur ein begrenztes Naturschutzgebiet. Große Gebiete wurden künstlich bewässert. Dort baut man heute vor allem Gemüse, Obst, Wein und Getreide an. Berühmt sind die Ungarn für ihre Pferdezucht.

Aus den beiden Ziehbrunnen wird das Wasser mit einem Eimer hochgezogen. Der Eimer hängt dabei an einem langen Balken, der mit einem Gewicht auf der anderen Seite als Hebel funktioniert.

Über dem Feuer kochen

Die Ungarn waren ursprünglich ein wildes Reitervolk. Noch heute kochen sie mit Vorliebe ein Essen, das man überall unterwegs in einem Topf über dem Feuer zubereiten kann. Es ist das Gulasch, auf Ungarisch **gulyás** (:gujasch). Hier ist das Rezept: 700 Gramm Fleisch von Rind oder Schwein in heißem Öl anbraten. 3 große Zwiebeln hacken, zum Fleisch geben. Mit Wasser aufgießen, 4 große Esslöffel Paprikapulver dazugeben, salzen und pfeffern. Eine halbe Stunde köcheln lassen. Kurz vor dem Essen kann man ungefähr 400 Gramm Sauerkraut hinzufügen. Dann schmeckt es umwerfend und heißt Szegediner Gulasch.
Dazu isst man Brot oder auch Spätzle.

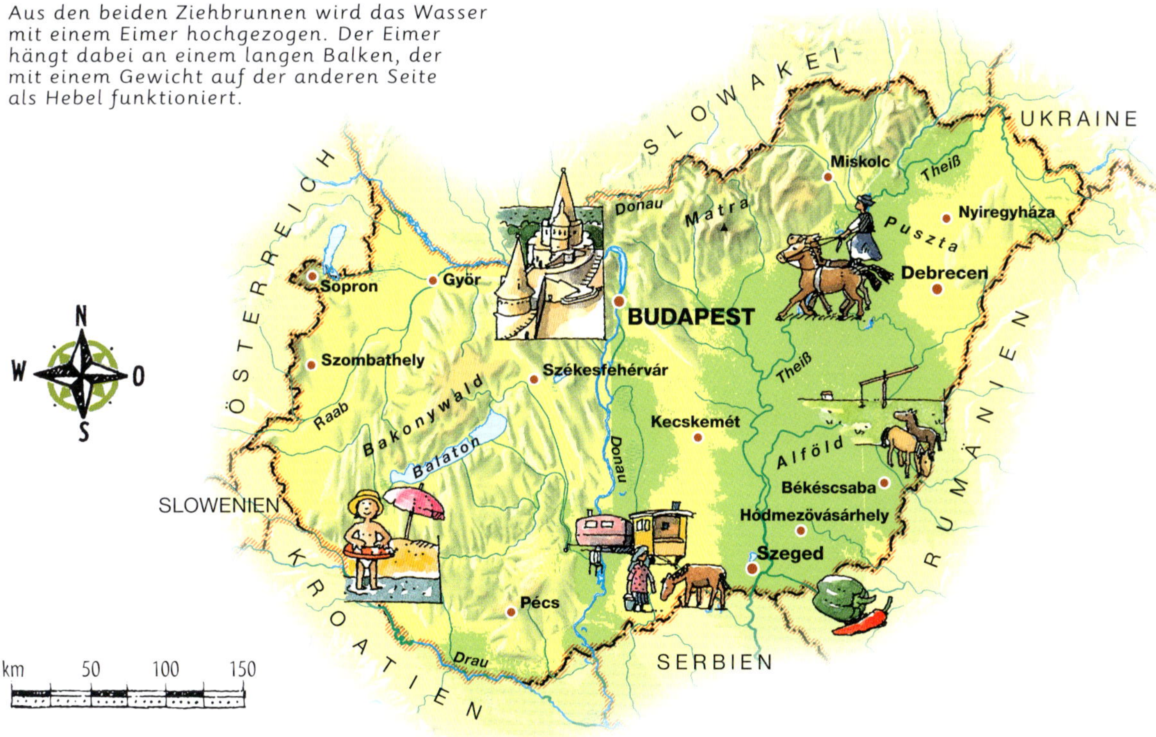

Mazedonien, Bosnien-Herzegowina und Kroatien

entstanden im Jahr 1991 aus Jugoslawien. In diesem großen Staat lebten bis 1990 mehrere Völker friedlich zusammen. Doch dann wollte jedes Volk einen eigenen Staat haben. In vielen Gebieten lebten aber Serben, Kroaten und Bosnier eng nebeneinander. Sie vertrieben sich so lange, bis am Ende nur noch Serben mit Serben, Kroaten mit Kroaten und Bosnier mit Bosniern zusammenlebten.

Mazedonien

Fläche:	rund 25 700 km²
Einwohner:	rund 2 Millionen
Hauptstadt:	Skopje

Mazedonien liegt mitten im Balkan. So nennt man das Gebiet zwischen Slowenien, Griechenland und der Türkei. In Mazedonien gibt es hohe Gebirge, in denen Hasen, Füchse, Bären, Wölfe und Geier leben. Das schönste Vogelparadies liegt am Ohridsee, wo sogar noch viele Pelikane brüten.
In der Hauptstadt Skopje blieben mehrere bedeutende Baudenkmäler aus der türkischen Zeit bestehen, vor allem → Moscheen und eine Karawanserei, ein Gasthaus für ganze Karawanen. 1910 wurde in Skopje Agnes Gonxha Bojaxhio geboren. Man kennt sie unter dem Namen Mutter Teresa. Sie erhielt 1979 den Friedensnobelpreis, weil sie sich für die Armen in Indien eingesetzt hatte. 1997 ist sie in Indien gestorben.

Während des Bürgerkriegs zwischen Albanern und Mazedoniern wurden in Mazedonien viele Häuser zerstört.

Bosnien-Herzegowina

Fläche:	rund 51 000 km²
Einwohner:	rund 4,2 Millionen
Hauptstadt:	Sarajevo

Am schlimmsten traf der → Bürgerkrieg das Land Bosnien-Herzegowina. Hunderttausende von Familien mit ihren Kindern wurden verjagt, mussten ihr Haus aufgeben und woandershin ziehen. Auch viele Lehrer mussten das Land verlassen und sind nicht zurückgekehrt. Im Krieg wurden viele Schulen zerstört. Daher werden große und kleine Kinder gemeinsam unterrichtet. Schulbücher fehlen häufig noch ganz. Die Eltern müssen viel arbeiten, um das in weiten Teilen zerstörte Land wieder aufzubauen. Doch es gibt nur wenig Geld für die harte Arbeit. Über 200 000 Menschen wurden während des Bürgerkriegs umgebracht. Heute lebt dort jede Bevölkerungsgruppe für sich in eigenen ➔ Siedlungsgebieten. Es gibt kaum ein Kind, das nicht seine Spielgefährten aus der Nachbarschaft vermisst. Sie leben heute entweder in einem anderen Siedlungsgebiet oder haben das Land ganz verlassen. Dabei waren die Hauptstadt Sarajevo und die Stadt Mostar einst wunderschön.

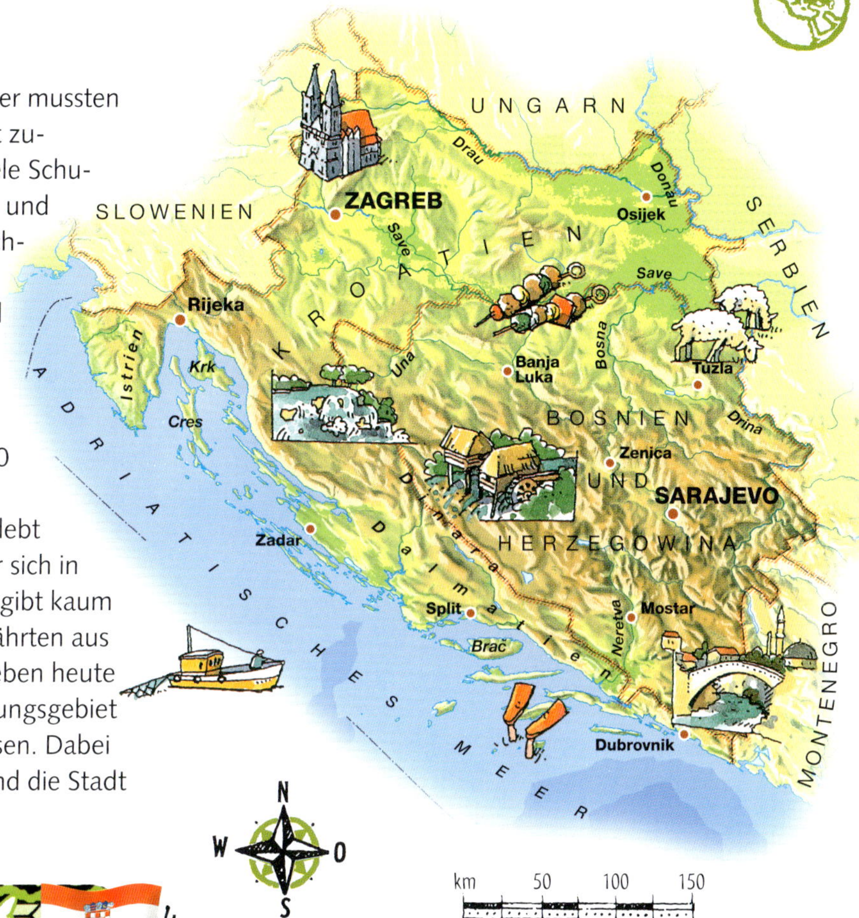

Kroatien

Fläche:	rund 56 500 km²
Einwohner:	rund 4,4 Millionen
Hauptstadt:	Zagreb

Den Menschen in Kroatien geht es heute viel besser. Ein Teil des Landes, Dalmatien, liegt an der Adria. Dorthin kommen heute wieder viele Touristen. Sie besuchen vor allem die weiße Stadt Dubrovnik. In der Stadt Split weiter im Norden gibt es etwas ganz Besonderes: Die Menschen der Innenstadt leben im riesigen Palast des römischen Kaisers Diokletian! Es gibt keinen Raum des alten Gebäudes, der nicht bewohnt wird. In den kleinen Höfen hängen Wäscheleinen, auf den Balkonen stehen Blumen und überall spielen Kinder.

In Mostar steht eine Brücke über dem Fluss Neretva. Sie verbindet den christlichen Teil der Stadt mit dem moslemischen. Autoreifen sollten die Brücke im Krieg vor den Einschüssen der Granaten schützen. 1993 wurde sie aber ganz zerstört. Nach dem Krieg wurde sie wieder aufgebaut.

Albanien

Albanien liegt an der Adria und hat als Nachbarn Griechenland, Mazedonien, Serbien und Montenegro. Das Land ist sehr gebirgig, und die meisten Albaner leben in kleinen Dörfern. Dort bauen sie Weizen, Mais, Gerste, Gemüse und Tabak an.

Albanien

Fläche:	rund 28 700 km^2
Einwohner:	rund 3,2 Millionen
Hauptstadt:	Tirana mit rund 343 000 Einwohnern
Sprache:	Albanisch
Währung:	Lek

Albanien ist eines der ärmsten Länder Europas. Unter der Armut haben vor allem auch die Kinder zu leiden. Trotz allgemeiner Schulpflicht verlassen immer mehr Kinder vorzeitig die Schule. Ihre Eltern sind oft arbeitslos, und die Kinder müssen zum Lebensunterhalt ihrer Familie beitragen. Sie arbeiten dann in der Stadt als Straßenverkäufer, waschen an Tankstellen Autos oder betteln. Dadurch können immer weniger Kinder rechnen, schreiben und lesen. Albanien wurde über 400 Jahre lang von den Türken beherrscht. Noch heute findet man in den Städten Basare und viele Moscheen, denn die meisten Albaner haben als Religion den → Islam. Nach 1945 wurde Albanien kommunistisch und lebte fast 50 Jahre lang völlig abgeschnitten von der restlichen Welt. Man konnte es nicht besuchen. Trotz der bitteren Armut spielt aber auch die Gastfreundschaft eine wichtige Rolle im Leben der Albaner.

Eine Albanerin verkauft auf einer Straße in der Hauptstadt Tirana Obst und Eier.

Serbien und Montenegro

sind zwei weitere Länder, die vom früheren Jugoslawien übrig geblieben sind. Bis 2006 gehörten sie zusammen, dann trennten sie sich in eigenständige Staaten: Serbien im Landesinneren und Montenegro an der Adriaküste.

Serbien

Fläche:	rund 88 300 km²
Einwohner:	rund 9,4 Millionen
Hauptstadt:	Belgrad mit rund 1,3 Millionen Einwohnern
Sprache:	Serbisch
Währung:	Neuer Dinar

Serbien ist weitaus größer als Montenegro. Im Norden, wo auch Belgrad liegt, ist es flach. Südlich der Donau wird das Land hügelig oder gebirgig. Ganz im Süden liegt das Amselfeld oder Kosovo. Die Serben vertrieben von dort viele Hunderttausend Albaner, bis die ➔ NATO militärisch in den Konflikt eingriff. Das war 1999. Den Menschen dort geht es sehr schlecht. Da sich ein großer Teil der Bevölkerung nicht drei Mahlzeiten täglich leisten kann, sind viele Menschen unterernährt. Auch viele Kinder müssen Hunger leiden.

Montenegro

Fläche:	rund 13 812 km²
Einwohner:	rund 620 000
Hauptstadt:	Podgorica mit rund 139 000 Einwohnern
Sprache:	Montenegrinisch
Währung:	Euro

Montenegro heißt eigentlich „Schwarzberg". Tatsächlich stehen schon an der Adria hohe dunkle Gebirge. Der höchste Berg, der Durmitor, erreicht 2 522 Meter. Er ist für seine Bären berühmt. Als Gebirgsland ist Montenegro eher dünn besiedelt – außerdem ist es ein armes Land. Es führen nämlich nur wenige Straßen über die tiefen Schluchten und steilen Gebirgskämme. Außerdem fällt in den langen Wintern viel Schnee.

Rumänien und Moldawien

gehörten bis 1940 zusammen. Dann wurde Moldawien als eigener Staat abgetrennt. Rumänien ist nur im Süden an der Donau sehr flach. Sonst ist das Land überwiegend gebirgig. Durch Rumänien ziehen sich nämlich in einem großen S-Bogen die Karpaten, ein wildes Waldgebirge, in dem noch Bären und Wölfe leben. Moldawien hingegen ist flach oder leicht hügelig.

Rumänien

Fläche:	rund 238 400 km^2
Einwohner:	rund 22,3 Millionen
Hauptstadt:	Bukarest mit rund 2 Millionen Einwohnern
Sprache:	Rumänisch
Währung:	Leu
Höchster Berg:	Moldoveanu mit 2543 Metern

Seit Jahrhunderten leben in Rumänien viele Völker und Religionen zusammen: orthodoxe oder katholische Rumänen, protestantische Deutsche, Juden, Roma, Ungarn, Ukrainer und kleinere Volksgruppen wie die Huzulen. Rumänien ist multikulturell, und zwischen den Völkern gab es niemals Kriege. In manchen Dörfern stehen gleich drei oder vier verschiedene Gotteshäuser friedlich nebeneinander. Seit 2007 ist Rumänien Mitglied der Europäischen Union.
Das Gebiet westlich der Karpaten heißt Siebenbürgen. Dort lebten früher viele Deutsche. Hier stehen noch wundervolle Orte und Städte mit engen Gassen und alten Gebäuden. An Kirchenburgen wie in Prejmer kannst du sehen, wie man vor 500 Jahren gelebt und sich gegen die Türken verteidigt hat. Prejmer liegt nahe bei Braşov. Das malerische Schäßburg oder Sighişoara mit seinen pastellfarbenen Häusern ist eine der größten mittelalterlichen Städte der Welt.

Blutsaugende Vampire

Siebenbürgen heißt mit einem anderen Wort auch Transsilvanien. Weißt du, was das bedeutet? Hier lebte und lebt vielleicht noch Graf Dracula. Auf Rumänisch hieß er Wlad Zepesch. Er wohnte in der schaurigen Törzburg oder Bran und war berüchtigt für seine Grausamkeit. Jedenfalls wurde er zu einem Vampir, der nachts ausflog, um den schlafenden Menschen Blut abzuzapfen. Wenn er es geschafft hatte, einem Menschen das Blut auszusaugen, verwandelte sich dieser

Die Roma sind eine Volksgruppe mit eigener Sprache und Kultur, die früher von Land zu Land gezogen ist. Heute leben sie häufig in den Vororten der Städte, oft in bitterer Armut.

bei Vollmond ebenfalls in einen Vampir. Es kann nicht schaden, in den Karpaten eine Knoblauchknolle um den Hals zu tragen. Man sagt, dass Vampire Knoblauch nicht mögen und einem dann nicht näher kommen. Im Donaudelta mündet die Donau ins Schwarze Meer. Dort liegt ein Tierparadies. Hier brüten noch Pelikane. Fischotter gehen auf Fischfang, und man kann ihnen dabei zusehen.

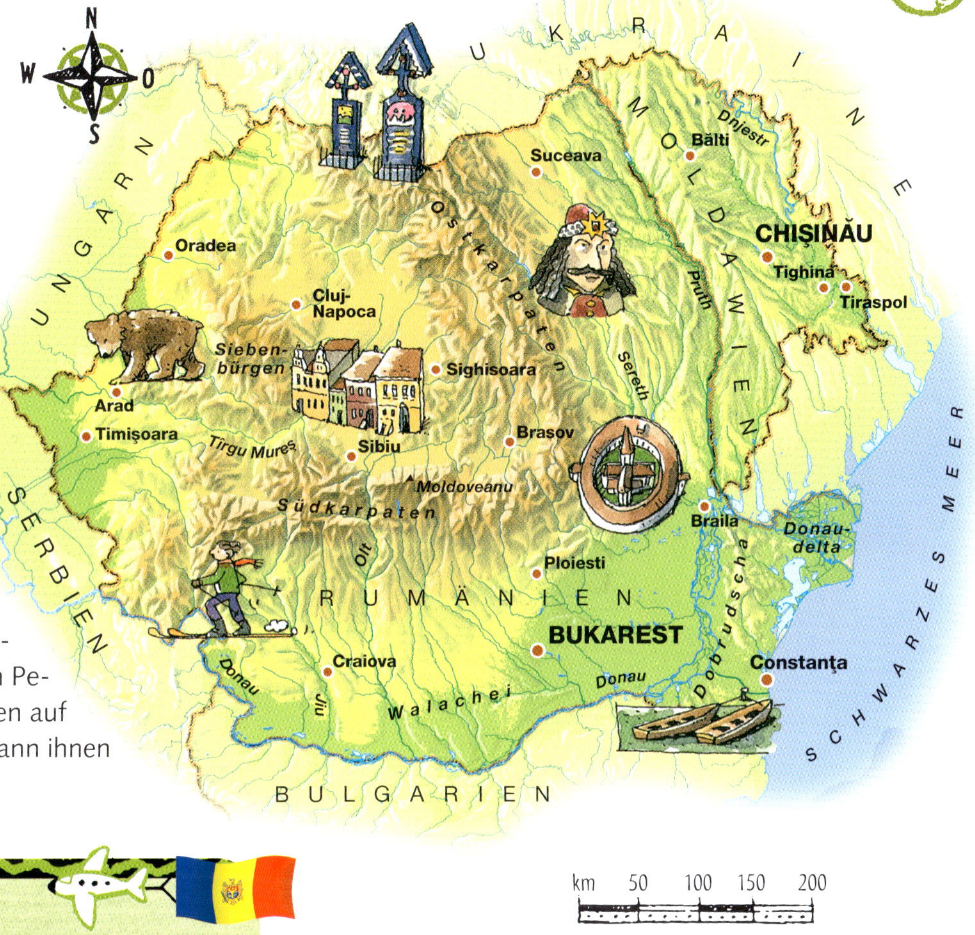

Moldawien

Fläche:	rund 33 800 km²
Einwohner:	rund 4,3 Millionen
Hauptstadt:	Chişinău mit rund 660 000 Einwohnern
Sprache:	Moldawisch
Währung:	Moldawien-Leu

Moldawien ist ein hügeliges Land im südlichen Osteuropa, das keinen eigenen Zugang zum Meer hat. Das Klima dort ist sehr mild, so dass viele Weintrauben wachsen, aus denen ein guter Wein gemacht wird. Die meisten Menschen leben noch auf dem Land, wo sie etwas Vieh halten sowie Getreide, Gemüse, Obst und Tabak anbauen.

Außer den Moldawiern, die in ihrer Sprache und Kultur mit den Rumänen verwandt sind, leben auch Ukrainer, Russen und Gagausen in Moldawien. Die Russen und Ukrainer wohnen überwiegend in einem schmalen Gebiet östlich des mächtigen Stroms Dnjestr.

Manche Familien in Rumänien haben nicht genug Geld, um neue Schuhe zu kaufen. Die Kinder tragen dann gebrauchte Schuhe, die sie von Geschwistern, Freunden oder Verwandten bekommen.

Bulgarien liegt zwischen Rumänien und Griechenland und hat Anteil am Schwarzen Meer. Dort laden die Namen der Ferienorte wie Goldstrand und Sonnenstrand geradezu zum Baden ein. Der Norden Bulgariens ist ziemlich flach und grenzt an die Donau. Im Süden liegen Gebirge, die fast 3 000 m Höhe erreichen. Hier kannst du noch Geier, Steinadler, Kolkraben, Bären und Wölfe sehen.

Bulgarien

Fläche:	rund 111 000 km^2
Einwohner:	rund 7,8 Millionen
Hauptstadt:	Sofia mit rund 1,1 Millionen Einwohnern
Sprache:	Bulgarisch
Währung:	Lew

Es gibt ein Tal in Bulgarien, bei der Stadt Kazanlak, da riecht es wie im Märchen. Wohin man auch blickt, stehen duftende Rosensträucher. Die Bulgaren pflücken im Mai und Juni die Rosenblüten vor Sonnenaufgang und fahren sie in Säcken auf Eselskarren zu einer Fabrik. Dort gewinnt man aus den farbigen Blütenblättern das stark duftende Rosenöl. Man verwendet es als Zutat vor allem für unser Marzipan. Rosenöl ist übrigens teurer als Gold! Aus den Rosenblättern kochen viele Bulgaren auch leckere Marmelade.

Die Alexander-Newskij-Kathedrale ist eine berühmte orthodoxe Kirche in der Hauptstadt Sofia.

Bevor die Sonne aufgeht, pflückt eine Bulgarin im „Tal der Rosen" bei Kazanlak die noch geschlossenen Rosenblüten.

In Bulgarien gibt es zahlreiche Volksfeste. Die Menschen treten dabei in bunten Trachten auf. Oft singen sie Volkslieder. Kinder begleiten sie dann auf dem Dudelsack – den gibt es nicht nur in Schottland! Der Dudelsack, auch Sackpfeife genannt, ist ein merkwürdiges Instrument. Man bläst über eine Röhre andauernd Luft in einen Ledersack. Gleichzeitig presst man diese Luft über die Spielpfeifen nach außen, wobei man den Druck durch Einklemmen unter dem Arm erzeugt. Der Dudelsack klingt eigentümlich

Städte als Museen

Bulgarien hat als Besonderheit viele Städte aus alter Zeit. Man bezeichnet sie auch als Museumsstädte. Die Menschen leben darin ganz normal. Aber es kommen viele Touristen. Sie sehen Handwerkern bei der Arbeit zu und gucken sich auch die alten Häuser an. Die sind wirklich wunderschön und ganz anders als bei uns. Das Erdgeschoss ist meistens aus Stein mit dicken Mauern. Der erste Stock ragt weit nach außen und ist weiß getüncht. Im ersten Stock hat man also viel mehr Platz als im Erdgeschoss. Das ganze Haus sieht damit von außen ein bisschen wie ein Pilz aus. Das schönste und bedeutendste Gebäude in Rumänien ist eine Abtei im Gebirge, das Rila-Kloster.

In den Gebirgen Bulgariens fließen wilde Bäche ins Tal.

schnarrend und quietschend – manche meinen, daran müsse man sich erst gewöhnen. Doch trotz der Feiern und Volksfeste: Bulgarien ist eines der ärmsten Länder in der europäischen Union. Besonders die Kinder leiden unter den schlechten Lebensbedingungen: Viele Kinder haben nicht genug zu essen und keine vernünftige Kleidung. Und von Spielsachen können sie häufig nur träumen.

Griechenland

Griechenland ist eine der ältesten Nationen der Welt. Das Land liegt im Süden des Balkan und sieht ein bisschen wie eine Hand aus, die ins Mittelmeer reicht. Griechenland besteht aus drei Teilen: dem Festland, der Halbinsel Peloponnes und rund 3 000 Inseln. Die beiden größten Inseln sind Kreta und Rhodos. Die Griechen sind vor allem als Seefahrer berühmt. Auf allen Weltmeeren fahren Schiffe unter griechischer Flagge.

Griechenland

Fläche:	rund 132 000 km²
Einwohner:	rund 11 Millionen
Hauptstadt:	Athen mit rund 3,1 Millionen Einwohnern (mit Vororten)
Sprache:	Griechisch
Währung:	Euro

In ganz Griechenland kannst du Reste von uralten Städten, Tempeln und Theatern finden. Sie stammen aus der Antike und sind über 2 000 Jahre alt. Die Griechen waren damals große Künstler, Dichter und Wissenschaftler. Mitten in der Hauptstadt Athen liegt auf einem Hügel die Akropolis mit Palast- und Tempelanlagen. Die alten Griechen glaubten an viele Götter. Sie erzählten sich Sagen von Gottvater Zeus, seiner Frau Hera und den anderen Göttern. Diese lebten auf dem höchsten Berg, dem meist schneebedeckten Olymp (2 917 Meter). Zu Ehren des Zeus wurden in der Stadt Olympia alle vier Jahre sportliche Wettkämpfe durchgeführt. Männer aus ganz Griechenland nahmen daran teil. Vor über 100 Jahren nahm man diese olympischen Spiele wieder auf. Sie haben sich zum größten Sportereignis der Welt entwickelt.

Vom Leben in einer griechischen Großfamilie

Besonders die griechischen Kinder, die außerhalb von Großstädten leben, wachsen oftmals in einer Großfamilie auf. Sie leben nicht nur mit ihren Eltern und Geschwistern unter einem Dach, sondern auch mit ihren Großeltern und manchmal sogar mit ihren Urgroßeltern. Wenn die Eltern dann arbeiten gehen, passt die Oma auf sie auf. Geht die ganze Familie am späten Abend essen, kommen die Kinder selbstverständlich mit.

Auf den Straßen begegnet dir in Griechenland oft ein schwarz gekleideter Mönch mit runder Mütze und Vollbart. Er ist ein Mönch der orthodoxen Kirche von Griechenland. Die → orthodoxen Kirchen sind christliche Kirchen im Osten Europas und Teilen Asiens.

Sie rennen fröhlich durch das ganze Lokal, bis sie völlig erschöpft auf einer harten Bank einschlafen. Warum sind sie abends überhaupt noch so fit? Während der Mittagshitze schläft in Griechenland die ganze Familie. Und die Kinder haben im Sommer genug Zeit, um sich auszuruhen: Sie haben nämlich drei Monate Ferien!

Erntezeit ist Familienzeit

Im Spätherbst ist es wieder soweit. Mütter, Väter, Kinder, Onkel und Tanten aus der Stadt drängeln sich in Busse, die sie aufs Land bringen. Denn jedes Jahr im Oktober oder November beginnt in den ländlichen Gebieten Griechenlands die Olivenernte.

Ein uraltes Rätsel

In Griechenland soll es vor langer Zeit einmal ein Ungeheuer gegeben haben, das jeden verschlang, der folgendes Rätsel nicht lösen konnte:

Am Morgen auf Vieren,
Am Mittag auf Zweien,
Am Abend auf Dreien.

Was ist das?

Das Ungeheuer hatte einen Frauenkopf und einen Löwenkörper. Es hieß Sphinx. Letztendlich fand dann doch noch Ödipus die Lösung. Blind vor Wut stürzte sich die Sphinx daraufhin kopfüber vom Felsen zu Tode. Kannst du das Rätsel lösen?

Antwor: Ödipus antwortete der Sphinx: „Es ist der Mensch. Er geht auf allen vieren, wenn er ein Kleinkind ist, als Erwachsener geht er auf zwei Beinen und im Alter stützt er sich auf einen Stock."

Da wird jede Hand gebraucht. Auch die Kinder helfen mit bei der Ernte. Sie klettern auf die Bäume und schlagen mit langen, dicken Stöcken auf die Zweige ein, damit die Oliven herunterfallen. Am Boden sammeln sie die Oliven dann auf und füllen sie in Körbe. Nun werden die Oliven zur Presse gebracht. Heraus kommt das Olivenöl, das „grüne Gold" des Mittelmeeres.

Malta ist eine Inselgruppe im Mittelmeer. Die größte Insel der Gruppe heißt Malta, von der das ganze Inselreich auch seinen Namen hat. Die Touristen schauen sich auf den Inseln gerne die Tempel aus der Vorzeit an. 23 davon haben sich erhalten. Es sind die ältesten Bauwerke Europas, und man nennt sie Megalithen. Das bedeutet so viel wie „große Steine“.

Malta

Fläche:	rund 316 km²
Einwohner:	rund 396 000
Hauptstadt:	Valletta mit rund 7 200 Einwohnern
Sprachen:	Maltesisch, Englisch
Währung:	Maltesische Lira

Aus Malta kommen viele kleine Figuren, die du bestimmt kennst. Sie haben keine Knie und runde Köpfe. Es sind die Playmobilfiguren. Du kannst in der Fabrik zusehen, wie Plastikkrümel zu Spielzeug werden. Und du kannst dort so lange mit Playmobil spielen, wie du willst.

Die Kirchen auf Malta

Heute gibt es auf Malta über 365 Kirchen. Du darfst dich aber nicht von falsch gehenden Kirchturmuhren verwirren lassen. Manche Uhren sind nur aufgemalt und ticken nicht. Andere gehen immer falsch. Das soll den Teufel durcheinanderbringen, damit er nicht zur richtigen Zeit in den Gottesdienst kommt und die Menschen stört. Fast jede Nacht wird irgendwo auf Malta zu Ehren eines Heiligen ein Feuerwerk abgebrannt. Nirgendwo auf der Welt gibt es gefährlichere Feuerwerke. Deswegen danken die Männer nach getaner Arbeit Gott in der Kirche, dass ihnen auch diesmal nichts passiert ist. Und für Kinder sind diese Spektakel natürlich eine wunderbare Entschuldigung, um lange aufzubleiben. Die Menschen auf Malta sind Christen. Trotzdem nennen sie Gott *Allah* und die Fastenzeit *Ramadan*. Das hängt mit der maltesischen Sprache zusammen. Sie ist eine Mischung aus dem Arabischen und Englischen, und auch das Italienische spielt noch eine große Rolle. Bis vor 200 Jahren gab es auf Malta noch echte Ritter. Dann wurden sie vertrieben. Die letzten Reste dieses Ritterordens sind die katholischen Malteser und die evangelischen Johanniter mit ihren Rettungsdiensten.

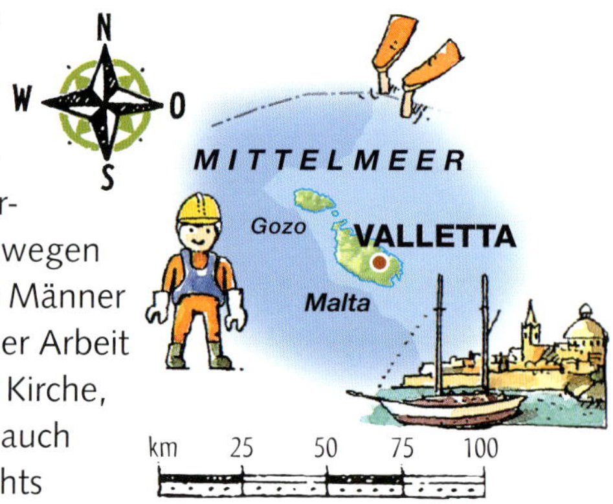

Die meisten maltesischen Schulkinder tragen wie die britischen Schulkinder eine Schuluniform. Malta gehörte früher zu Großbritannien. In der Schule wird auf Maltesisch und Englisch unterrichtet.

Zypern liegt im östlichen Mittelmeer. Seit jeher lebten dort Griechen und Türken. 1974 kam es aber zu einem Bürgerkrieg. Seitdem gibt es ein türkisches Nordzypern und ein griechisches Südzypern. Im Norden leben sehr viele arme Menschen. Im Süden sind die Menschen wohlhabender, weil viele Touristen Südzypern besuchen.

Zypern

Fläche:	rund 9 251 km²
Einwohner:	rund 808 000
Hauptstadt:	Nikosia (Lefkosia) mit rund 206 000 Einwohnern
Sprachen:	Griechisch, Türkisch
Währung:	Zypern-Pfund

Auf Zypern kannst du sehen, wie die Menschen in der → Jungsteinzeit lebten. Bei Khirokitia liegt die besterhaltene Siedlung aus dieser Zeit. Schon vor 8 000 Jahren lebten hier Menschen in komfortablen Steinhäusern. Das größte Haus hatte einen Durchmesser von fast zehn Metern! Das Dorf war von einer schützenden Mauer umgeben. Die Menschen aßen damals Schweine, Schafe, Ziegen, Hirsche, Muscheln und Fische, Feigen, Oliven, Weizen, Linsen und Erbsen.

Wenn du dir gerne Kunst anschaust, wirst du staunen! Die Kirche von Asinou sieht von

Ein zypriotischer Priester verkauft Orangen. Auf Zypern werden viele Orangen und Zitronen angebaut.

außen aus wie eine Scheune. Innen ist sie vollständig ausgemalt. Die ältesten Malereien stammen aus dem Jahr 1105 und leuchten trotzdem noch in prächtigen Farben. Abgebildet sind vor allem Heilige der → orthodoxen Kirche. An einer Stelle siehst du zwei angebundene Jagdhunde und zwei Schafe mit dicken Hörnern. Das sind wilde Schafe, zyprische Mufflons! Leider leben in freier Wildnis nur noch wenige Tiere. Aber es ist durchaus möglich, dass du bei Wanderungen in lichten Bergwäldern einer Herde begegnest.

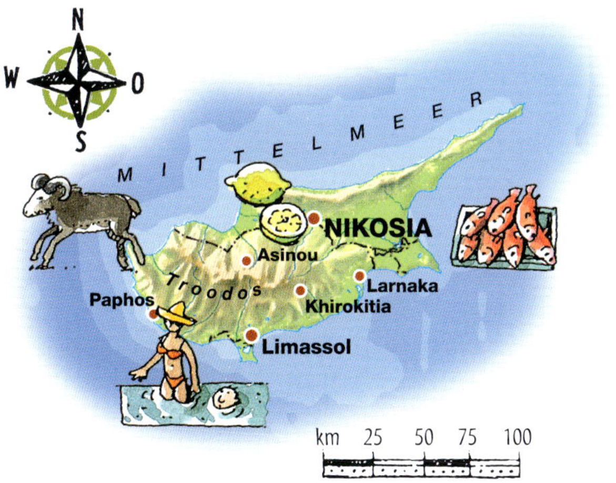

Tschechien und Slowakei heißen zwei Länder, die bis Ende 1992 ein einziges Land bildeten, die Tschechoslowakei. Tschechien grenzt an Deutschland und Österreich. Das Land ist von Gebirgen umgeben: Im Westen ist es der Böhmerwald, im Norden das Erzgebirge, im Osten die Sudeten. Dazwischen liegt flaches Land. Die durchwegs gebirgige Slowakei liegt zwischen Ungarn und Polen.

Tschechien

Fläche:	rund 78 900 km²
Einwohner:	rund 10,2 Millionen
Hauptstadt:	Prag mit rund 1,2 Millionen Einwohnern
Sprache:	Tschechisch
Währung:	Tschechische Krone

Mein Lieblingsort

Seit ein paar Jahren können tschechische Kinder zwischen 6 und 14 Jahren an einem großen Zeichenwettbewerb teilnehmen. Unter dem Motto „Der Ort, wo ich zu Hause bin“ malen sie tschechische Landschaften, Sehenswürdigkeiten oder beliebte Orte. Die schönsten Kinderzeichnungen werden dann im Internet und sogar in verschiedenen Museen gezeigt. Was würdest du von deiner Heimat zeichnen? Vielen Kindern aus der Stadt Prag fällt natürlich sofort der Vergnügungspark ein. Dort steht ein altes Spiegelkabinett. Wenn du dich da im Spiegel siehst, bist du plötzlich ganz dünn oder ganz dick. Oder du hast eine fürchterliche Knubbelnase. Andere tschechische Kinder zeichnen die Karlsbrücke, die über die Moldau führt und Prag in zwei Hälften teilt. Auf ihr stehen viele große Steinfiguren, vor allem der Brückenheilige Nepomuk. Überhaupt ist Prag auch für Kinder eine interessante Stadt, uralt, verwinkelt und voller Geheimnisse. Eines

Die Karlsbrücke in Prag wurde von dem deutschen Baumeister Peter Parler gebaut. Sie führt über die Moldau zur Altstadt.

davon ist der Golem. Die Menschen erzählen, er sei ein stummer Mensch, der aus Lehm künstlich geschaffen wurde. Er soll im jüdischen Viertel von Prag wohnen. Dort steht auch die alte Synagoge, das Gebetshaus der Juden.

Guten Appetit!

Palatschinken klingt, als handle es sich um Schinken. Dabei ist es ein Pfannkuchen, den besonders die Kinder gerne mit Eis essen. Wenn du dann auch noch köstlichen Krautsalat, gebackenen Käse und Buttercremetörtchen probiert hast, wirst du von der tschechischen Küche schwärmen. Doch das Land hat nicht nur wunderbare Gerichte zu bieten. Man sagt, dass das Wasser in Karlsbad oder Karlovy Vary sehr gesund ist. Deswegen wurde die Stadt berühmt. Die Gäste trinken hier Heilwasser aus kleinen, bemalten Porzellantassen.

Slowakei

Fläche:	rund 49 000 km²
Einwohner:	rund 5,4 Millionen
Hauptstadt:	Bratislava oder Pressburg mit 428 000 Einwohnern
Sprache:	Slowakisch
Währung:	Slowakische Krone

In der Slowakei gibt es noch viele Bauern. Das Land ist ziemlich arm und hat wenig Industrie. Aber hier gibt es noch viele schöne Gebirgsdörfer, Burgen und Städte mit alten Mauern. Die Kinder lieben die Puppentheater. Die Puppenspieler bewegen die Marionetten so geschickt, dass die Kinder gar nicht merken, dass die Puppen an langen Fäden hängen. In der Slowakei leben viele Roma. Früher hießen sie auch Zigeuner. Die Roma leben häufig entweder nomadisch und ziehen umher oder wohnen in Slums, in Elendssiedlungen ohne Strom oder fließendes Wasser. Nur wenige Roma-Kinder besuchen regelmäßig die Schule. Viele Dörfer in der Slowakei haben einen Teil, wo die Einheimischen leben, und einen Teil, wo die Roma wohnen.

Polen *grenzt im Westen an Deutschland. Es ist ein durchweg flaches Land und es gibt zahlreiche Seen. Nur ganz im Süden ist es gebirgig. Dort kannst du in dem bekannten Skiort Zakopane Ski laufen oder Snowboarden. Nördlich von Polen liegt die Ostsee.*

Polen

Fläche:	rund 313 000 km²
Einwohner:	rund 38,6 Millionen
Hauptstadt:	Warschau mit rund 1,7 Millionen Einwohnern
Sprache:	Polnisch
Währung:	Złoty

Früher, als es in Polen noch Könige gab, war die Hauptstadt Krakau. In der Kathedrale wurden sie gekrönt. Im Turm der Marienkirche in Krakau lebt noch wie vor 700 Jahren ein Turmwächter. Jede Stunde bläst er mit der Trompete eine kurze Melodie. Früher hielten die Turmwächter Wache. Sie sahen von oben, ob Feinde auf die Stadt zukamen oder ob es irgendwo brannte. Seit Polen keine Könige mehr hat, ist Warschau die Hauptstadt – und das seit immerhin rund 500 Jahren.

Das Schiff segelt auf einem masurischen See. Man kann hinter dem Schilf noch das Segel sehen. So sieht es aus, als würde es über Land fahren.

Mit dem Schiff über Land?

In Polen fahren Schiffe auch über Berge. Ein Kanal im masurischen Seengebiet in Nordpolen verbindet fünf Seen, die verschieden hoch liegen. Zwischen den Seen werden die Schiffe auf große Karren geladen und zum nächsten See weitergezogen. So können sie bergauf und bergab zur Ostsee gelangen.

Eine Kirche im Salz

Nahe der Stadt Krakau liegt der Ort Wieliczka. Dort wird seit Jahrhunderten unter der Erde Salz abgebaut. Durch das Salz wurden die polnischen Könige sehr reich. Im 19. Jahrhundert schlugen die Bergleute in 100 Metern Tiefe aus dem grün schimmernden Salz eine riesige Kirche heraus: 35 Meter lang, 18 Meter breit, 12 Meter hoch. In die Wände hackten sie Darstellungen von Szenen aus der Bibel. Selbst die Kopie eines berühmten Bildes von Leonardo da Vinci, „Das Abendmahl", meißelten sie aus dem Salz heraus. Wieliczka ist heute eines der bekanntesten Ziele in Polen, weil man die Kirche im Salz und das Salzbergwerk besichtigen kann. Allerdings zerstören die vielen Besucher mit dem Wasserdampf in ihrem Atem die Salzskulpturen – denn Salz löst sich bekanntlich in Wasser.

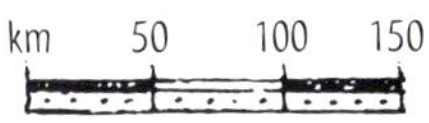

Oder besser mit dem Pferdewagen?

Überall in Polen fahren auf den Straßen noch Pferdewagen. Pferde sind in Polen sehr beliebt. Viele Gestüte liegen in alten Schlössern oder wunderschönen Gutshäusern.

Verantwortung übernehmen

In vielen polnischen Familien sind heute beide Eltern berufstätig. Darum machen sich die Kinder ihr Frühstück oft selbst und gehen alleine zur Schule. Ältere Kinder helfen im Haushalt mit und passen häufig auf jüngere Geschwister auf. Früher gingen die meisten polnischen Kinder auf staatliche Schulen. Heute besuchen immer mehr Mädchen und Jungen Schulen, deren Träger beispielsweise die Gemeinde oder die Kirche ist. Anders als bei den staatlichen Schulen müssen die Eltern bei diesen Schulen in der Regel Schulgeld bezahlen.
Das können sich die Eltern vieler Kinder nicht leisten. Darum können fast nur Kinder wohlhabender Eltern in diese Schulen gehen und lernen.

In Polen gehen die Kinder erst mit sieben Jahren zur Schule. Aber die meisten Kinder besuchen mit sechs Jahren eine Vorbereitungsklasse.

Ukraine *heißt das zweitgrößte Land Europas. Die Ukraine ist fast doppelt so groß wie Deutschland. Bis auf den äußersten Südwesten ist sie flach und hat eine lange Küste am Schwarzen Meer. Ein Großteil des Landes besteht aus Steppen. Für den Baumwuchs regnet es dort zu wenig. Dafür wachsen viele hohe Gräser, zum Beispiel das wunderschöne Federgras. In der Steppe leben besondere Tiere, etwa Ziesel, Steppeniltis, Steppenhuhn und Steppenadler.*

Ukraine

Fläche:	rund 604 000 km²
Einwohner:	rund 48 Millionen
Hauptstadt:	Kiew mit rund 2,6 Millionen Einwohnern
Sprache:	Ukrainisch
Währung:	Griwna

Wo liegt die Mitte Europas?

Der Punkt liegt im Westen der Ukraine. Dort befindet sich auch das einzige Gebirge des Landes, ein Teil der Karpaten. Hier lebt ein buntes Gemisch an Völkern. Alte Leute können dort noch mindestens fünf Sprachen, neben Ukrainisch auch Ungarisch, Russisch, Tschechisch, Deutsch und Rumänisch.
Nördlich der Karpaten, wo das Land schon ganz eben ist, liegt die Stadt Lwiw oder auf Deutsch Lemberg. Sie hat ein großes Freilichtmuseum mit Bauernhöfen, Schmieden, Windmühlen, Kirchen und Schulen. Dort kannst du sehen, wie die Kinder früher lernten. Das Apothekenmuseum von Lwiw zeigt, wie die Apotheker früher ihre Pülverchen und Tropfen mischten. Noch heute kauft man Heilmittel in der Ukraine nicht in Schachteln, sondern zu zehn Stück in Tütchen.
Vor rund 2 500 Jahren lebten in der Steppe die Skythen. Das Reitervolk verstand es, aus Gold wundervollen Schmuck herzustellen. Steinböcke, Hirsche und Vögel bildeten sie in Gold ab. Dieses Skythengold kannst du in einem Kloster in Kiew besichtigen. Das Kloster ist in eine Höhle hineingebaut und hat Kuppeln aus Gold. In den unterirdischen Gängen liegen die gruseligen ➔ Mumien längst verstorbener Mönche.

Gutes Essen – großer Hunger

Borschtsch ist ein typisches ukrainisches Essen. Borschtsch ist eine Suppe aus Roter Beete, Kohl, saurem Rahm und ganz selten einem Stück Fleisch. Der Borschtsch ist dann richtig gut, wenn man den Boden des Tellers nicht sieht. Leider können sich nur wenige Ukrainer eine derart dicke Suppe leisten. Viele Menschen leben in bitterer Armut.

Dieser Bauer in der Ukraine bringt mit dem Pferdewagen die Heuernte nach Hause. Seine Familie hilft ihm dabei.

Manchmal können Eltern sogar ihre Kinder nicht mehr versorgen. Häufig laufen diese dann von zu Hause fort, leben auf der Straße und gehen nicht mehr zur Schule. Eine Zukunft gibt es für diese Kinder meist nicht!

In der großen Ukraine gibt es viele weit entlegene, kleine Dörfer. Viele Kinder dort wohnen immer noch in solchen ursprünglichen Holzhäusern mitten in der Natur.

Die Folgen der Katastrophe

In Tschernobyl ereignete sich am 26. April 1986 eine Katastrophe. In einem Kernkraftwerk explodierte ein Reaktorblock. Dabei wurden radioaktive Strahlen freigesetzt und verseuchten ganze Landstriche. Der Unfall hatte und hat auch für die ukrainischen Kinder schlimme Folgen: Einige Mädchen und Jungen sind durch die Spätfolgen der Reaktorkatastrophe erkrankt oder haben dadurch ihre Eltern verloren. Und noch immer erkranken Kinder und Jugendliche neu. Zudem haben manche neugeborenen Kinder körperliche Missbildungen.

Estland *ist der nördlichste der drei baltischen Staaten, die alle nebeneinander an der Ostsee liegen. Die Esten sprechen eine Sprache, die dem Finnischen nahe steht. Jedes Jahr kommen viele Touristen nach Tallinn, vor allem wegen der mittelalterlichen Häuser.*

Estland

Fläche:	rund 45 000 km²
Einwohner:	rund 1,3 Millionen
Hauptstadt:	Tallinn mit fast 400 000 Einwohnern
Sprache:	Estnisch
Währung:	Estnische Krone

Noch vor 20 000 Jahren herrschte in Europa eine ➔ Eiszeit. Ganz Nordeuropa lag unter mächtigen Gletschern. Ihre Eisschicht war viele hundert Meter dick. Vor 10 000 Jahren erwärmte sich das Klima aber wieder. Das Eis verschwand langsam. Die Gletscher lagerten dabei in Estland riesige Blöcke ab, die sie über viele hundert Kilometer von Skandinavien herantransportiert hatten. Diese Steinblöcke heißen Findlinge. Im Lahemaa-Nationalpark liegen sie wie die Spielsteine auf einem Brett. Und wenn du Glück hast, siehst du dort auch noch einen Schwarzstorch. Er brütet nur in Gebieten, wo er ganz ungestört ist. Bei uns ist er fast ausgestorben.

In Estland gibt es in einsamen Wäldern noch Schwarzstörche. Der Storch hat bis auf die weiße Unterseite schwarze, metallisch glänzende Federn und einen orangeroten Schnabel.

Kinder mit Spaß am Singen

Viele Esten singen gerne. Auch ein großer Teil der estnischen Kinder singt in Chören. Alle paar Jahre treffen sich die Kinder und ihre Familien dann zum ganz großen Gesang, zu einem Sängerfest. Daran nehmen Tausende von Sängern und Musikern teil. Diese Sängerfeste haben in Estland eine lange Tradition.

Lettland ist das mittlere der drei baltischen Länder an der Ostsee. Es liegt zwischen Estland und Litauen. Die Hauptstadt Riga ist schon 800 Jahre alt.

Lettland

Fläche:	rund 64 600 km^2
Einwohner:	rund 2,3 Millionen
Hauptstadt:	Riga mit rund 764 000 Einwohnern
Sprache:	Lettisch
Währung:	Lats

Lettland hat ein ➔ Parlament, und doch gibt es dort Könige, nämlich Wachtelkönige. Der Wachtelkönig ist etwas größer als die Amsel. Sein Gefieder ist gelbbraun, die rotbraunen Flügel und der untere Teil des Schwanzes haben kastanienbraune Querstriche. Der Vogel läuft flink und versteckt sich in hohem Gras. Du kannst ihn also nur selten beobachten. Es heißt, dass der Wachtelkönig zu seinen Überwinterungsplätzen am Mittelmeer und in Afrika zu Fuß läuft. Doch das stimmt nicht. Er fliegt jedoch nur in der Nacht, wenn ihn niemand sieht. Bei uns ist der Wachtelkönig eine Seltenheit geworden. In Lettland brüten noch Tausende davon.

Von Irrlichtern und Zaubersprüchen

In Lettland gibt es sehr viele ➔ Moore. Viele Kinder finden Moore gruselig, nicht nur, weil der Boden weich ist und man darin versinken kann. An manchen Stellen flackern unerklärliche Lichter auf. Es sind die Irrlichter. Sie haben schon manchen in die

Diese beiden lettischen Kinder angeln in einem kleinen See. In Lettland und Estland leben auch viele russische Kinder.

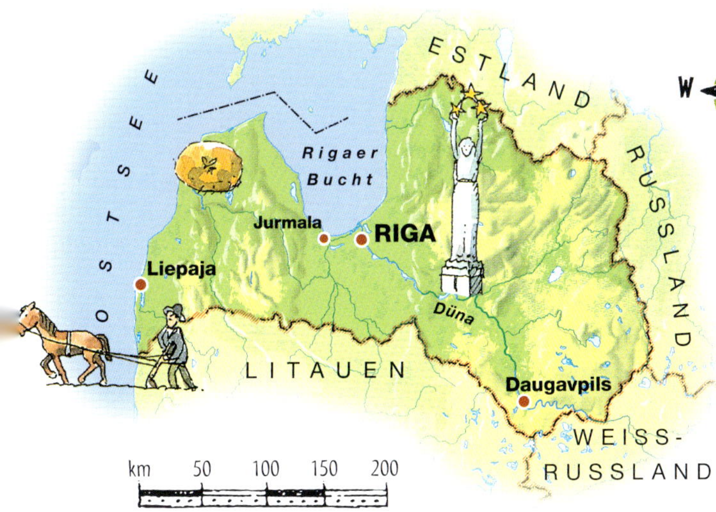

Irre geführt. Früher dachten die Letten, Irrlichter seien die Seelen verstorbener Kinder. Irrlichter sind in Wirklichkeit aber kleine Flämmchen aus Erdgas. Heute noch lernen viele lettische Kinder Volkslieder auswendig. Ihre Eltern singen sie ihnen vor. Und in der Schule lernen sie die Lieder im Musik- und Literaturunterricht. Ein Teil dieser meist kurzen Volkslieder ähnelt Sprichwörtern oder Zaubersprüchen.

Litauen ist das südlichste der drei baltischen Länder. Einst war es ein mächtiges Reich, das sich bis zum Schwarzen Meer erstreckte. Die Litauer sind im Gegensatz zu den Esten und Letten katholisch. Sie unternehmen gerne Wallfahrten, etwa zum Berg der Kreuze bei Šiauliai.

Litauen

Fläche:	rund 65 300 km²
Einwohner:	rund 3,4 Millionen
Hauptstadt:	Vilnius mit rund 540 000 Einwohnern
Sprache:	Litauisch
Währung:	Litas

Das Gold der Ostsee

Überall am Strand der litauischen Küste kannst du Bernstein sammeln. Das ist eigentlich kein Stein. Er ist so leicht, dass er auf dem Wasser schwimmt. Bernsteine waren früher einmal Baumharz. Als das Harz aus dem Baum quoll, war es sehr klebrig. Nach Millionen von Jahren wurde das Harz aber fest wie Stein. Es versteinerte. Manchmal sind im Bernstein Insekten und Spinnen zu finden. Sie sind am Harz kleben geblieben, als es noch dickflüssig war. Bernstein ist hellgelb bis rotbraun gefärbt. Man stellt aus ihm Schmuck her. Bei der russischen Stadt St. Petersburg gibt es ein Zarenschloss, in dem ein großes Zimmer mit kostbarstem Bernstein ausgelegt ist.

Diese litauischen Kinder treffen sich draußen zum Spielen.

Ein Stück Russland

Auch sonst ist die Küste Litauens ganz ungewöhnlich. Von der Stadt Klaipeda aus gelangt man mit dem Schiff auf eine Landzunge. Das ist die Kurische Nehrung. Nur von der Luft aus erkennst du, dass sie wie eine ganz schmale Sichel aussieht. Sie ist 1 bis 2 km breit und gut 100 km lang und zieht sich an der Küste entlang nach Süden. Die Wasserfläche dahinter ist das Kurische Haff. Die Nehrung beginnt übrigens in der Nähe der Stadt Kaliningrad. Sie befindet sich auf einem Stück Russland, das zwischen Polen und Litauen liegt.

Weißrussland hat keinen Zugang zum Meer. Das Klima ist kontinental. So nennt man es, wenn die Sommer zwar warm werden, die Winter aber lausig kalt sind. In den Wäldern in Weißrussland wachsen deswegen hauptsächlich Nadelbäume.

Weißrussland

Fläche:	rund 208 000 km^2
Einwohner:	rund 10 Millionen
Hauptstadt:	Minsk mit rund 1,7 Millionen Einwohnern
Sprachen:	Weißrussisch, Russisch
Währung:	Belarus-Rubel

Der berühmteste Künstler aus Weißrussland ist der Maler Marc Chagall. Hier kannst du ein Bild des Künstlers sehen, das er „Ich und mein Dorf" nannte.

Beim Reaktorunfall von Tschernobyl in der Ukraine wurden 1986 auch große Teile Weißrusslands durch radioaktive Strahlen verseucht. Radioaktive Strahlen sind für Mensch und Natur äußerst gefährlich (➔ Kernkraftwerk). Die Menschen dort leiden bis heute unter den Folgen. Die Bauern konnten zum Beispiel auf den verseuchten Feldern kein Getreide oder Gemüse mehr anbauen. Seit dieser Zeit sind viel mehr Kinder an Krebs erkrankt. Für diese kranken Kinder gibt es aber nicht genug Krankenhausbetten, Ärzte und Medikamente. Die Weißrussen sind noch ziemlich arm. Ihr liebstes Essen sind *Draniki*, eine Art Reibekuchen aus Kartoffeln. Sie essen dazu Sauerrahm, eingelegte Beeren und Rote Beete. Fleisch kommt nur ganz selten auf den Teller. Und das Geld für Spielwaren fehlt natürlich auch.

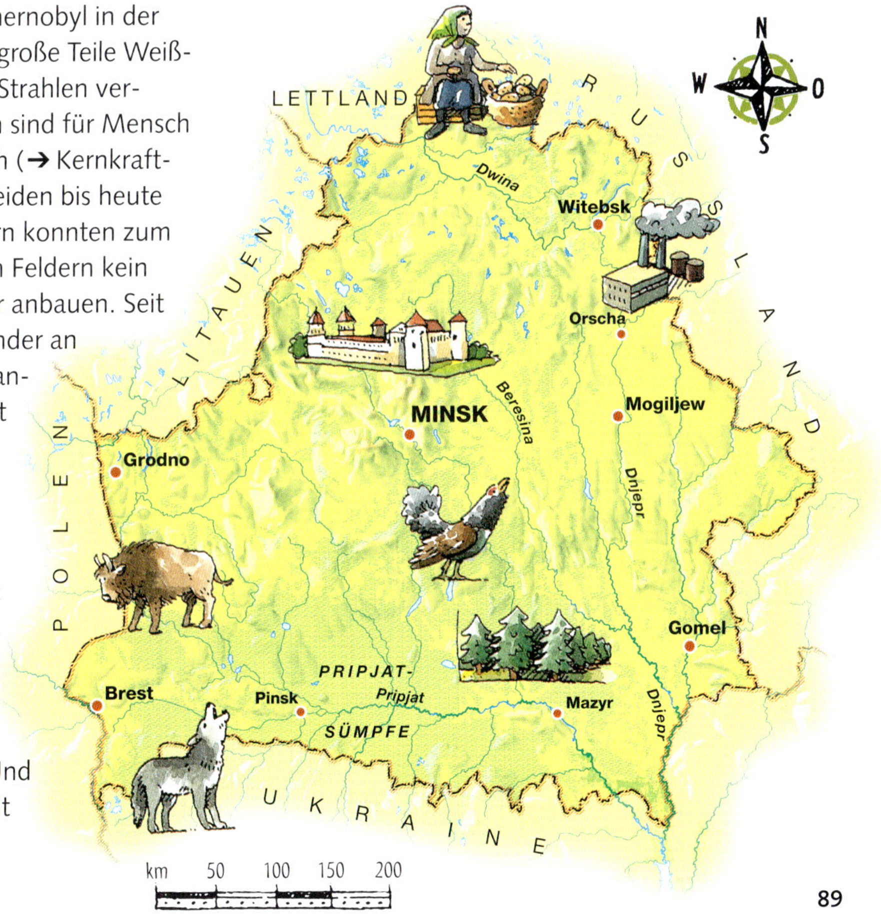

Russland

Russland ist das größte Land der Welt. Rund ein Viertel des Landes liegt in Europa, drei Viertel in Asien. Russland bildet so den Übergang von der europäischen zur asiatischen Kultur. In Sibirien leben rund 100 asiatische Völker.

Russland

Fläche:	rund 17 Millionen km²
Einwohner:	rund 142,4 Millionen
Hauptstadt:	Moskau mit rund 8,3 Millionen Einwohnern
Sprache:	Russisch
Währung:	Rubel

In den großen Städten leben viele russische Kinder in Plattenbauten. So nennt man vorgefertigte mehrstöckige Mietshäuser. Es gibt nur wenige unterschiedliche Modelle davon. So kommt es, dass viele russische Familien in ähnlich aussehenden Wohnungen leben. Sogar die Schränke stehen manchmal an derselben Stelle. Teppiche werden oft als Schmuck an die Wand gehängt. Die Lebensmittel werden häufig auf dem Balkon aufbewahrt, so zum Beispiel Einmachgläser mit der süßen *Warenje* für den Winter. Diese flüssige Marmelade geben die Russen in den Tee, statt Zucker. Die Kinder trinken gerne Kompott mit Wasser aufgegossen. Kompott ist eingelegtes Obst. Es schmeckt dann wie Saft mit Fruchtstückchen.

Eine 5 in Sternkunde

Der Unterricht an russischen Schulen verläuft oft streng. Wenn der Lehrer in den Klassenraum kommt, müssen alle Schüler aufstehen. Sie dürfen sich erst wieder hinsetzen, wenn der Lehrer sie dazu auffordert. Im Unterricht braucht man sich nicht zu melden, weil der Lehrer ständig Schüler aufruft. Und dann muss man wieder aufstehen und die Frage möglichst richtig beantworten. Sonst bekommt man noch eine 2. Ist doch gar nicht so schlecht, denkst du? Weit gefehlt, denn in Russland werden die Noten ganz anders vergeben: Die schlech-

teste Note ist die 2, die beste Note die 5. Die Kinder können schon in den ersten Klassen Fremdsprachen lernen und Computerkurse belegen. Und sie haben so wundervoll klingende Schulfächer wie Algebra oder Sternkunde. Meistens bekommen sie aber viele Hausaufgaben auf. Und samstags ist auch noch Schule. Doch dafür haben sie in den Monaten Juni, Juli und August frei!

Die russischen Kinder kommen im September in die Schule. Die Mädchen tragen zur Einschulung häufig eine Schürze und eine weiße Schleife im Haar.

Sibirische Kälte

Russland und vor allem Sibirien gelten als extrem kalte Länder. Der Winter beginnt mitten in Sibirien spätestens im Oktober und dauert bis Ende Mai. Dann bricht das Eis auf den Seen und Flüssen. Sofort herrschen sommerliche Temperaturen. Der Sommer in Russland und Sibirien ist wunderschön: Der Himmel ist blau, und die Luft meist richtig heiß. Im Winter sind minus 35 Grad aber keine Seltenheit. Schulfrei gibt es ab minus 40 Grad. Die Kinder müssen dann in der Wohnung bleiben und können nicht mehr auf der Straße spielen.

In der Weihnachtszeit hacken einige Russen gerne das Eis auf und gehen dann baden.

Auf dem Schulweg kann es den russischen Kindern im Winter sehr kalt werden.

Zwölf Stöckchen

Das russische Spiel macht großen Spaß, wenn viele Kinder mitspielen. Man braucht dazu ein langes Brett, einen großen Stein und zwölf Stöckchen. Die Kinder legen den Stein mitten unter das Brett und bauen so eine Art Wippe. Die zwölf Stöckchen kommen auf ein Ende der Wippe. Ein Kind fängt an und springt auf das andere Ende der Wippe. Dabei werden die Stöckchen hochgeschleudert und überall verstreut. Das Kind muss jetzt alle Stöckchen suchen und wieder einsammeln. In der Zwischenzeit haben sich die anderen Kinder in der Umgebung versteckt. Sie versuchen jetzt, die Wippe zu berühren und sich so freizuschlagen. Das Kind, das die Stöckchen einsammelt, passt auf, dass es den anderen Kindern nicht gelingt, die Wippe zu berühren. Das Kind, das es nicht schafft, sich freizuschlagen, muss als nächstes springen.

Für Kinder ist das aber zu gefährlich. Es ist so kalt, dass man sehr schnell erfrieren kann. Ein Hecht, den Fischer beim Eisangeln gefangen haben, ist nach 15 Minuten schon wie Stein gefroren!

Manche Bauern verkaufen ihre Milch gefroren am Stiel – wie einen riesigen Eislutscher. Ganz besonders kalt ist natürlich der Norden Sibiriens. Dort leben nur noch wenige Menschen. Die Pflanzendecke ist sehr dünn und besteht nur noch aus Moosen, Flechten und Kräutern. In dieser Tundra ziehen Rentierherden umher. Da der Boden schon seit vielen Tausend Jahren gefroren ist, haben sich

Viele russische Kinder kennen Matrjoschkas. Das sind Spielpuppen aus Holz, die innen hohl sind. Machst du eine auf, so steckt darin eine weitere, kleinere und immer so weiter.

dort sogar die Überreste von Mammuts erhalten. Und nicht selten findet man im Moos der Tundra einen richtigen Mammutzahn!

Eine Reise mit der Transsibirischen Eisenbahn

Weißt du, dass man von Deutschland aus mit der Eisenbahn durch ganz Russland bis in den äußersten Osten fahren kann? Wir steigen in Berlin in den Zug. Bald darauf passierst du die polnische Grenze. In 30 Stunden fährt der Zug über Warschau und die weißrussische Hauptstadt Minsk nach Moskau. Und dann kommen scheinbar unendliche, flache Gebiete.
Du solltest unbedingt in Moskau halten. Das Zentrum der Stadt bildet der Kreml, der befestigte Kern. Hier wohnten früher der Zar, der russische Herrscher, die Großfürsten und die hohen Geistlichen. Neben dem Kreml liegt der Rote Platz mit der Basiliuskathedrale. Sie sieht sehr bunt aus und hat zwiebelförmige Dächer. 60 Museen kannst du in Moskau besuchen. Aber auch die Welt unter der Erde ist bemerkenswert. Die Untergrundbahn oder Metro ist sehr gut ausgebaut. Die Bahnhöfe sehen wie Luxushotels aus. Überall sieht man Kronleuchter, Marmor und auch Gold. Ähnlich edel ist das Kaufhaus GUM. Hier kann man etwa ein Döschen Kaviar für 1 000 Euro kaufen! Doch reich sind nur wenige Russen. Viele sind arm und manche sogar bettelarm.
Als nächstes musst du den Jaroslawler Bahnhof *(jaroslawskij wagsal)* suchen. Das ist gar nicht so einfach, denn Moskau hat acht Bahnhöfe (und fünf Flughäfen!). Am Vor-

Die Transsibirische Eisenbahn auf ihrem langen Weg quer durch Russland.

Feuer und Eis

Auf die Halbinsel **Kamtschatka** im äußersten Osten Russlands führt keine Eisenbahn mehr. Man muss das Flugzeug nehmen. Beim Landeanflug ahnst du, was dich erwartet: sattgrüne Wiesen, schneebedeckte Berge, darunter 200 Vulkane, riesige wilde Flüsse. Auf Kamtschatka leben Bären, die bis zu drei Metern lang werden können. Sie fressen sehr gerne Lachse. Im Herbst wimmeln die Flüsse auf Kamtschatka vor roten Lachsen. In vielen Orten liegen warme Quellen. Nur Menschen gibt es hier nicht mehr viele. Die meisten haben Kamtschatka verlassen, und die Zurückgebliebenen führen ein bitterarmes Leben.

mittag fährt dort die Transsibirische Eisenbahn ab, kurz Transsib. Sieben Tage und sieben Nächte wirst du unterwegs sein bis nach Wladiwostok. Nun beginnt die fast unendliche Weite Russlands. Immer wieder kommt die Schaffnerin vorbei und fragt, ob du nicht Tee willst, russisch *tschaj*. In Russland trinken alle Tee, auch die Kinder. Das Essen musst du dir mitnehmen. Wenn alles aufgegessen ist, wartest du einen größeren Bahnhof ab. Dort kannst du aussteigen. Am Gleis stehen meist ältere Frauen mit einem Kinderwagen. Darin liegt aber kein Baby, sondern das Essen: gebratene Kartoffeln und Hühner, geräucherte Fische, Roggenbrot, Schweineschmalz, Sauerrahm, Himbeermarmelade und *piroschki*, das sind mit Kartoffeln oder Fleisch gefüllte Teigtaschen. Die *katljeti* solltest du allerdings nicht mit Koteletts verwechseln: Es sind Fleischklöße.

Am zweiten Tag türmt sich plötzlich ein Gebirge auf, der Ural. Er trennt Europa von Asien. Der Ural ist und bleibt eine der Schatzkammern Russlands. Hier findet man Gold und alle möglichen Edelsteine, zum Beispiel tennisballgroße grüne Smaragde.

Wenn Zeit zum Schlafen ist, macht dir die Schaffnerin das Bett. Am dritten Tag läufst du in Nowosibirsk ein. Das liegt mitten in Sibirien. Wohin du auch guckst – überall das gleiche Bild: Wiesen und Birkenwäldchen und Nadelwälder. Das ist die Taiga.

Am Abend des 5. Tages hält der Zug in Irkutsk. Du kannst aussteigen und dir die hübschen Holzhäuser der Stadt angucken.

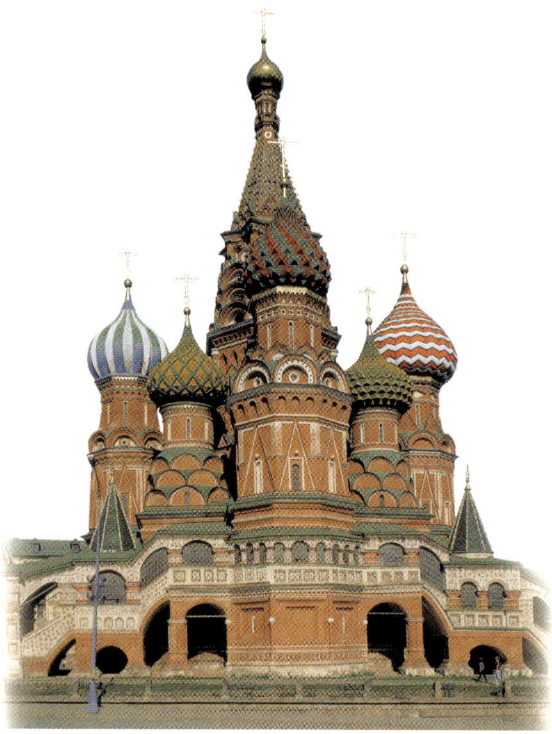

Auf dem Roten Platz in Moskau steht die Basiliuskathedrale mit ihren neun Türmen. Der russische Zar Iwan der Schreckliche ließ sie in den Jahren 1555 bis 1561 bauen.

Die orthodoxe Kirche

Die Russen sind → Christen und gehören der → orthodoxen Kirche an. Ihre Lehre unterscheidet sich kaum von der der katholischen Kirche. Aber die Gottesdienste sind ganz anders, noch prunkvoller, und dauern viele Stunden. Die gewöhnlichen Gläubigen sind dabei durch eine Wand von den Priestern getrennt. An dieser Wand befinden sich in alten Klöstern wundervolle Ikonen. Das sind Darstellungen von Heiligen und von Szenen aus ihrem Leben. Die Ikonen werden von den orthodoxen Russen sehr verehrt und während des Gottesdienstes immer wieder geküsst. Die Geistlichen in Russland tragen einen langen Bart und sind schwarz gekleidet. Sie heißen Popen.

Der Bahnhof von Wladiwostok ist die letzte Station der Transsibirischen Eisenbahn. Wladiwostok ist eine bedeutende russische Hafenstadt am Pazifischen Ozean.

Der Zug hält ohnehin einige Stunden. Wenn du am anderen Morgen in deinem Abteil aufwachst, siehst du die Perle Sibiriens, den Baikalsee. Es ist der größte und tiefste Süßwassersee der Welt. Die Eisenbahn fährt direkt an dem Ufer entlang. Man könnte vom Zug aus angeln. Im Baikalsee leben sogar Robben. Es kann passieren, dass der Zug mitten in der Natur stehen bleibt und etwas kaputt ist. Jeder Zug führt aber einen Handwerker mit, der die Lok reparieren kann.

Der vielleicht interessanteste Teil der Reise kommt ganz am Ende, im russischen Fernen Osten. Du fährst dann an den Flüssen Amur und Ussuri entlang, zwischen den Städten Chabarowsk und dem Endziel Wladiwostok. Dort ist alles noch einmal üppiger als in Sibirien. Und hier lebt noch der Sibirientiger, die größte und schönste aller Tigerrassen.

Die Sowjetunion und der Kommunismus

Nach der Oktoberrevolution im Jahr 1917 wurde Russland kommunistisch. In der Theorie sollten dabei alle Menschen gleich werden. Es sollte keine Armen und keine Reichen mehr geben. In Wirklichkeit bestimmten die Regierenden, was das Volk tun musste. Das war keine Demokratie. Die persönliche Freiheit war gering. Im Lauf der Jahre ging aus dem kommunistischen Russland und weiteren Ländern die → Sowjetunion (UdSSR) hervor. 1991 zerfiel sie wieder in 15 unabhängige Staaten, darunter Russland, Estland, Lettland, Litauen, Ukraine, Georgien, Turkmenistan, Usbekistan und Tadschikistan. Zwölf dieser Staaten schlossen sich später zur Gemeinschaft unabhängiger Staaten (GUS) zusammen.

Der Sibirische Tiger ist die größte Katze der Welt. Das Männchen kann bis über drei Meter lang werden. Diese Raubkatzen leben vorwiegend im Gebiet zwischen den Flüssen Amur und Ussuri im Osten Russlands.

Asien ist der größte Kontinent der Erde. Weit über die Hälfte aller Menschen sind Asiaten, und jeder fünfte Mensch lebt in China. Auf einer Weltkarte sieht Europa im Vergleich zu Asien winzig aus. Es ist fast eine Halbinsel am westlichen Ende von Asien. Als Grenzen zwischen Europa und Asien gelten zwei Gebirge, der Ural und der Kaukasus.

In Asien liegt das höchste Gebirge der Erde, der Himalaya. *Himalaya* bedeutet „Schneewohnung". Das Gebirge ist schwindelerregend hoch. Das ist ernst gemeint, weil der Mensch ab 5 000 Meter Höhe nicht dauernd leben kann. Er bekommt dort zu wenig Sauerstoff und kann höhenkrank werden. Die meisten Menschen leben daher etwas niedriger, in den Flusstälern, in denen es auch Wasser für die Landwirtschaft gibt. In Kalkutta am Ganges zum Beispiel leben indische Kinder mit ihren Familien auf engstem Raum.

Kinder in Asien

Die Lebensbedingungen sind in den Ländern Asiens sehr verschieden. Im Norden Sibiriens herrscht fast das ganze Jahr über strenge Kälte. Nicht selten sind die Temperaturen so eisig, dass die Schulen schließen und die Kinder Kälteferien bekommen. In Indonesien hingegen ist das → Klima tropisch, sehr warm und sehr feucht. Die Kinder dort kennen keine mit Fell gefütterten Winterschuhe. Japan, Singapur und die Staaten am Persischen Golf sind reich. Die Kinder, die in diesen Ländern leben, besuchen meist moderne Schulen.

In Laos oder Bangladesch dagegen ist das Leben ärmlich. Dort können viele Kinder gar nicht zur Schule gehen. Oft müssen sie schon in jungen Jahren hart arbeiten.

Doch es gibt noch zahlreiche andere Gründe, warum viele asiatische Kinder nicht in die Schule gehen. Einige Kinder sind zum Beispiel ständig unterwegs. So leben etwa viele Mädchen und Jungen in der Mongolei oder in Kirgisistan mit ihren Familien als umherziehende → Nomaden. Wiederum andere Kinder wohnen in ganz entlegenen Dörfern auf dem Land, weit weg von der nächsten Schule. Denn in Asien gibt es nicht nur laute, geschäftige Großstädte wie Peking oder Tokyo, sondern auch ganz entlegene Orte.

In China und anderen asiatischen Ländern essen die Kinder nicht mit Messer und Gabel, sondern mit Stäbchen oder Löffeln aus Schälchen.

So müssen beispielsweise viele Kinder aus dem Berggebiet von Myanmar oder aus Bhutan weite Strecken marschieren, um zu einer Schule zu gelangen. Und außerdem gibt es in Asien noch die Kinder, die in Ländern wie Kambodscha oder Afghanistan leben, deren Wirtschaft nach ➔ Bürgerkriegen noch völlig zerstört ist.

Asien

Fläche:	rund 44,3 Millionen km^2
Einwohner:	rund 3,7 Milliarden
Anzahl der Länder:	47
Größte Stadt:	Tokyo in Japan, rund 12 Millionen Einwohner
Höchster Berg:	Mount Everest im Himalaya, 8 846 m
Längster Fluss:	Chang Jiang, 6 300 km

Die Türkei

Die Türkei liegt zu einem kleinen Teil in Europa. Der größere Teil befindet sich in Asien und heißt auch Kleinasien oder Anatolien. Im Norden des Landes liegt das eher kühle Schwarze Meer, im Süden das warme Mittelmeer. Direkt an der Küste erheben sich hohe Gebirge. Dazwischen erstreckt sich eine Ebene auf einer Höhe von rund 1 000 m. Hier sind die Sommer heiß und die Winter kalt.

Türkei

Fläche:	rund 780 000 km^2
Einwohner:	rund 72,3 Millionen
Hauptstadt:	Ankara mit rund 3,2 Millionen Einwohnern
Sprache:	Türkisch
Währung:	Türkische Lira

Eine sehr alte Stadt in der Türkei heißt Istanbul. Als sie um 330 nach Christus zur Hauptstadt des Römischen Reiches wurde, hieß sie Konstantinopel, später Byzanz. Als einzige Großstadt der Welt liegt sie auf zwei Kontinenten. Die Meerenge Bosporus trennt den europäischen Teil vom asiatischen. Istanbul ist eine schöne und turbulente orientalische Stadt mit vielen Märkten, Basaren und Bauwerken. Viele darunter stammen noch aus der Zeit, da Byzanz christlich war. Am berühmtesten ist die Hagia Sophia. Sie wurde 532 gebaut und diente erst als Kirche, dann als Moschee. Heute ist sie ein Museum. Der frühere Palast der türkischen Sultane, *Topkapı Sarayı* genannt, enthält prächtige Schätze.

Wie Kinder in der Stadt und auf dem Land leben

Warum ist aber Istanbul nicht die Hauptstadt des Landes? Bis 1923 war Istanbul es auch. Dann gründete Kemal Atatürk die Republik Türkei und wurde ihr erster Präsident. Er verlegte die Hauptstadt der neuen Türkei nach Ankara. Istanbul und Ankara sind auch heute die beiden größten Städte der Türkei. Hier leben die meisten Kinder mit ihren Familien in Mietwohnungen. Die Städte sind laut und hektisch – und es gibt eher zu wenig Spielplätze für Kinder. Also wie in fast allen großen Städten! Ungefähr 25 Prozent der Bevölkerung der Türkei leben aber auf dem Land. Hier wohnen die Menschen meist in eigenen Häusern. Sie leben überwiegend von der Landwirtschaft. Die Kinder wachsen hier zwar in einer ruhigeren, grüneren Umgebung auf, sie müssen dafür aber kräftig mithelfen. So hüten sie zum Beispiel die Ziegen und Schafe oder helfen bei der Baumwollernte.

Viele türkische Kinder haben drei oder sogar mehr Geschwister. In den ländlichen Gebieten leben sie häufig zusammen mit den Eltern, Großeltern, Onkeln und Tanten und vielen anderen Kindern in einer Großfamilie.

Fünfmal täglich

Die Türken sind fast durchwegs ➔ Moslems. Ihre Gotteshäuser sind die ➔ Moscheen. Diese haben meist eine Kuppel und einen schlanken Turm daneben, das *Minarett.* Von dort ruft der *Muezzin* die Gläubigen fünfmal täglich zum Gebet. Auch Kinder, die älter als zwölf Jahre sind, nehmen daran teil. Sie und die anderen Gläubigen beten nicht wie viele Christen mit gefalteten Händen im Sitzen. Nein, sie beten mit dem ganzen Körper: Sie stehen, verbeugen sich in Richtung der heiligen Stadt (Mekka), sie knien und stehen wieder auf. Männer und Frauen, Jungen und Mädchen beten in der Moschee getrennt. Du kannst Moscheen durchaus besuchen, musst dir aber die Schuhe ausziehen. Und die Mädchen sollten sich ein Kopftuch umbinden.

Die prächtige Sultan-Ahmed-Moschee in Istanbul hat gleich mehrere Minarette. Sie steht auf einem Hügel oberhalb des Bosporus. Von hier hast du einen tollen Blick über die Stadt. Da das Innere der Moschee mit blau-grünen Kacheln geschmückt ist, wird sie auch Blaue Moschee genannt.

Der Feiertag der Kinder

Es gibt viele Feiertage in der Türkei. Doch das vielleicht schönste Fest für die türkischen Kinder findet jedes Jahr am 23. April statt. Dann wird nämlich im ganzen Land das Kinderfest *(Çocuk Bayramı)* gefeiert. An diesem Tag dürfen die Kinder in die Rolle der Erwachsenen schlüpfen und laut sagen, was ihnen nicht passt. Überall finden Feiern statt, natürlich besonders in den großen Städten Istanbul und Ankara. Es werden Kinder aus der ganzen Welt eingeladen: Sie zeigen dann die Tänze ihres Landes. Die türkischen

Der Anblick der Terrassen von Pamukkale ist wunderschön. Baden darfst du in den Becken aber nicht mehr.

Kinder ziehen die Kostüme an, die in ihrer Stadt und in ihren Dörfern üblich sind. Jedes Gebiet in der Türkei hat seine eigenen → Trachten. Viele dieser Kostüme sehen fantastisch bunt aus. Und da oft schon die Eltern und Großeltern der Kinder diese Sachen getragen haben, kommt ihnen natürlich eine ganz besondere Bedeutung zu. Damit die Kinder am 23. April auch richtig feiern können, ist der darauffolgende Tag in der Regel sogar schulfrei!

Reisen im Land

Die Türkei ist ein wundervolles Land. Deswegen kommen auch so viele Touristen. Die meisten liegen am Strand und lassen sich von der Sonne verwöhnen. Die größten Sehenswürdigkeiten gibt es jedoch im Landesinneren. In Pamukkale bei Denizli tritt eine 35 Grad warme Quelle an die Erdoberfläche. Ihr Wasser enthält sehr viel gelösten Kalk. Beim Abkühlen fällt dieser Kalk wieder aus und wird zu schneeweißem Kalksinter. Er überzieht in zahlreichen Terrassen einen ganzen Berg. Im Lauf der Jahrtausende sind dort flache schneeweiße Becken entstanden.

Ein zweites ebenso märchenhaftes Gebiet liegt weit weg von Pamukkale in Zentralanatolien. Am besten fährst du mit dem Bus dorthin. Die Busreise bringt dich nach Kappadokien. Hier sind die Berge aus Tuffstein. Der ist so weich, dass Wind und Wasser an ihm nagen und ihn verformen. So entstanden zum Beispiel schmale hohe Berge, die Feendome oder Kamine. An manchen Stellen sind in den Stein Taubenhäuser geschlagen. Die Bauern benutzen den Kot der Vögel als Dünger in der Landwirtschaft. Doch nicht nur Vögel leben in den Felsen. Auch Menschen gruben ihre Wohnungen in den weichen Stein und lebten in Höhlen, um sich vor Feinden zu

Wir lernen Türkisch

Türkisch ist für uns schwierig, weil die Sprache ganz anders aufgebaut ist als das Deutsche oder etwa das Englische. Die Türken schreiben mit unseren Buchstaben, haben aber einige Sonderzeichen. Wir schreiben hier gleich so, wie es der deutschen Aussprache entspricht. Die Zahlen von 1 bis 10 solltest du können, denn in der Türkei kannst du um manche Preise feilschen: **bir, iki, ütsch, dört, besch, alte, jedi, sekis, dokus, on.**

Merhaba = Guten Tag

Tschok teschekkür = Vielen Dank

Evet = Ja

Hayer = Nein

Lütfen = Bitte.

verbergen. Berühmt ist Kappadokien aber auch für seine christlichen Höhlenkirchen, die innen ganz bunt bemalt sind. Noch viel weiter im Osten, praktisch an der Grenze zu Armenien, liegt der höchste Berg der Türkei, der Ararat (5 197 m).
In der Bibel steht, dass dort ein Schiff gelandet ist, als die ganze Welt bei der Sintflut unter Wasser stand. Der Mann, der dieses Schiff gebaut hatte, hieß Noah. Und in seinem Schiff, der Arche, führte er von jeder Tierart je ein Männchen und ein Weibchen mit. Sie sollten nach der Sintflut wieder die Erde besiedeln.
In der ganzen Türkei kann man vor allem Frauen zusehen, wie sie Teppiche knüpfen. Es gibt Teppiche in allen Farben und Größen. Besonders schön sind alte Stücke, weil ihre Wolle noch mit Pflanzen gefärbt wurde.

Der wichtigste Tag für islamische Jungen

Nach islamischer Vorstellung gehört Allah eine kleine Stelle am Körper des Mannes, die Vorhaut an der Spitze des Penis. Der Mensch hat kein Anrecht auf sie. Deswegen wird sie zwischen dem fünften und zwölften Lebensjahr bei den Jungen abgeschnitten. Diese Beschneidung ist ein ganz wichtiges Familienfest. Die Operation tut zwar ziemlich weh, schließlich ist man da empfindlich. Doch am Tag der Beschneidung werden die Jungen gefeiert wie kleine Prinzen. Sie tragen glänzende Anzüge und auffallende Mützen. Sie werden mit einem großen Pferd abgeholt oder fahren in einem offenen Auto. Nach der Beschneidung folgt eine große Feier, bei der es viel Leckeres zu essen gibt.

Die Kurden sind ein Volk, das vorwiegend in den Bergen im Südosten der Türkei lebt, in der Nähe der Grenze zu Iran und Irak. Sie haben eigene Gebräuche und eine eigene Sprache. In der Schule müssen die kurdischen Kinder aber Türkisch sprechen.

Der Imam (Vorbeter) fiel um …

… weil das Essen ihm so gut schmeckte, und seither heißt dieses Auberginengericht tatsächlich so: nämlich „Der Imam fiel in Ohnmacht“, auf Türkisch **Imam bayıldı.** Die Türken sind berühmte Köche und noch berühmtere Konditoren. Kinder sollten sich unbedingt das Wort **Tatlı** oder **Tatlılar** merken. Es bedeutet Süßigkeiten. An erster Stelle kommen die berühmten Nussschnitten oder **Baklava,** die man mit Honigsaft übergießt. Die **Tulumba** sind ein Spritzgebäck, das man ebenfalls in flüssigen Honig legt. Andere Leckermäuler ziehen Milchreis in kleinen Tontöpfen **(muhallebi)** oder Mandelpudding **(kekül)** vor, und dann gibt es noch die **Lokum.** Man versteht darunter eine Art Gelee, den Gummibärchen ähnlich. Es gibt 20 oder 30 Sorten. Und ganz wichtig für Kinder: **dondurma** ist der türkische Name für Eis!

Jordanien, Syrien und Libanon bilden zusammen mit Israel den Nahen Osten.

Die drei erstgenannten Länder sind überwiegend moslemisch. Zu einem großen Teil bestehen sie aus trockenen Steppen oder Wüsten. Die Meeresküste entlang zieht sich von Syrien bis nach Jordanien ein langes Gebirge. Das Klima im ganzen Nahen Osten ist sehr warm und sehr trocken.

Jordanien

Fläche:	rund 89 300 km²
Einwohner:	rund 5,6 Millionen
Hauptstadt:	Amman

Bei Hochzeiten, Geburten und wenn besondere Gäste kommen, wird in Jordanien *Mansaf* von einem riesigen runden Tablett gegessen. Um den Kopf eines geschlachteten Lamms liegen in Joghurt gekochte Fleischstücke auf Reis. Alle sitzen um die Riesenplatte. Mit der rechten Hand darfst du Reis und Sauce zu einer Kugel formen und dann in den Mund stecken. Diese Feiern finden heute meist im Haus statt. Denn fast alle jordanischen Kinder leben mit ihrer Familie in festen Unterkünften. Ihre Väter sind häufig in der Landwirtschaft, im Bergbau oder im Handel beschäftigt. Früher gab es in Jordanien viele → Beduinen. Da lebten die Kinder mit ihrer Familie in Zelten und waren ständig auf Wanderschaft. Doch heute sind die meisten Beduinen sesshaft, haben einen festen Wohnsitz. Darum können die Kinder regelmäßig zur Schule gehen, ohne dass sie in ein Internat müssen. Jungen und Mädchen sitzen allerdings nicht zusammen in einer Klasse. Sie werden in der Regel getrennt unterrichtet.

Diese Grundschüler werden in einem Flüchtlingslager in Beirut unterrichtet. Im Bürgerkrieg mussten viele Kinder und ihre Familien die Gegend verlassen, in der sie vorher gewohnt haben.

Syrien

Fläche:	rund 185 000 km²
Einwohner:	rund 18,2 Millionen
Hauptstadt:	Damaskus

Syrien ist das größte Land des Nahen Ostens. Die meisten Menschen wohnen dort in der Nähe des Meeres. Dahinter liegt die → Wüste. Durch sie zieht allerdings der große Fluss Euphrat. Er spendet so viel Wasser, dass dort Menschen leben und Gemüse anbauen können. Die syrische Stadt Aleppo oder Haleb ist schon 6 000 Jahre alt und damit eine der ältesten der Welt. Typisch für sie sind die verwinkelten Gassen. Hier herrscht ein geschäftiges Treiben. Händler und Handwerker bieten ihre Waren feil. Es gibt zahlreiche Märkte, die *Basare* oder *Suks* heißen.

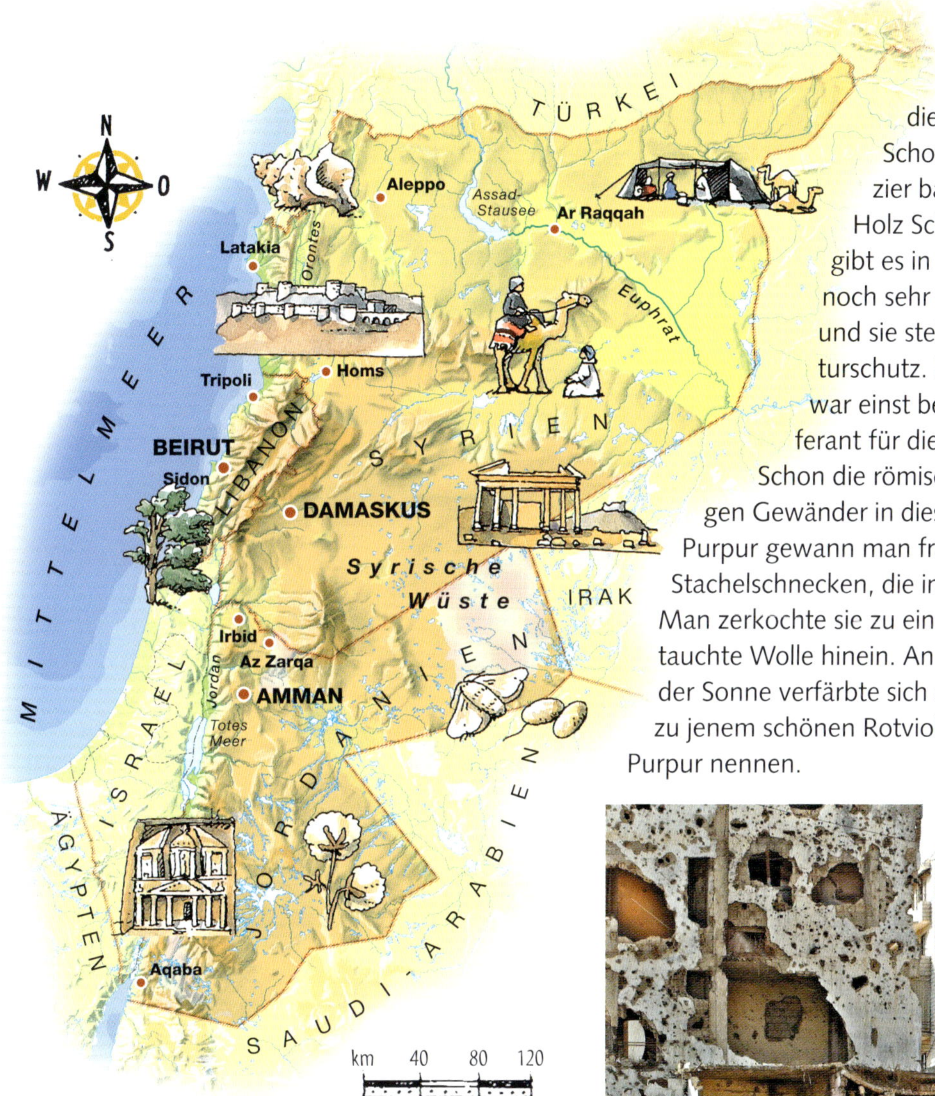

Libanon

Fläche:	rund 10 500 km²
Einwohner:	rund 3,7 Millionen
Hauptstadt:	Beirut

Der Libanon war früher ein blühender Staat, doch 1975 kam es zu einem ➔ Bürgerkrieg zwischen Moslems und Christen. Nach 14 Jahren legte man ihn bei. Doch sind heute noch Teile der Hauptstadt Beirut verwüstet. Auf der Staatsflagge ist ein Baum abgebildet, die Libanonzeder. Schon die ➔ Phönizier bauten aus ihrem Holz Schiffe. Heute gibt es in Libanon nur noch sehr wenige Zedern, und sie stehen unter Naturschutz. Der Libanon war einst berühmt als Lieferant für die Farbe Purpur. Schon die römischen Kaiser trugen Gewänder in dieser Farbe. Den Purpur gewann man früher aus den Stachelschnecken, die im Meer leben. Man zerkochte sie zu einer Brühe und tauchte Wolle hinein. An der Luft und der Sonne verfärbte sich die Wolle dann zu jenem schönen Rotviolett, das wir Purpur nennen.

Während des Bürgerkriegs im Libanon wurden viele Häuser zerstört. Diese Jungen spielen Fußball auf dem Hof einer Kirche.

Israel

Israel ist ein lang gezogenes Land an der Küste des Mittelmeers. Die Nachbarländer sind Ägypten, Jordanien, Libanon und Syrien. Die Landschaft in Israel ist sehr vielfältig mit fruchtbaren Tälern, Gebirgen, Seen und Wüsten. Israel wurde 1948 gegründet und ist ein Industriestaat.

Israel

Fläche:	rund 22 100 km^2
Einwohner:	rund 6,6 Millionen
Hauptstadt:	Jerusalem mit rund 690 000 Einwohnern
Sprachen:	Hebräisch, Arabisch
Währung:	Neuer Schekel

In Israel leben hauptsächlich → Juden. Sie sind aus aller Welt nach Israel gekommen. Die Großeltern israelischer Kinder sind oft in Russland, Polen, Syrien, Marokko oder auch Deutschland geboren und wurden dort benachteiligt oder gar bedroht. Bevor diese Menschen nach Israel einwanderten, lebten hier überwiegend arabische Palästinenser. Sie wurden zu einem großen Teil in die Nachbarländer vertrieben und leben dort nun schon jahrzehntelang in → Lagern. Zwischen den israelischen Juden und den islamischen Palästinensern kam es bald zu einem Krieg. Beide Völker wollen das Land für sich allein haben und bekämpfen sich gegenseitig. Frieden ist bisher noch nicht eingekehrt.

Ein feierliches Ereignis ist es für die jüdischen Jungen, wenn sie mit ihrem 13. Geburtstag zum „Bar Mizwa" werden. Sie legen dann Gebetsschals an, lesen aus der Thora und sind von nun an verpflichtet, die religiösen Vorschriften zu beachten. Die Mädchen feiern mit zwölf Jahren.

Bombenangst

Schon wenn jemand nur eine Papiertüte mit *Burekas,* den israelischen Blätterteigtaschen, versehentlich im Zug vergisst, kommt die Feuerwehr. Die Männer legen sich Bleiplatten um und tragen Helme und Plexiglashauben. Alle Menschen gehen in sicheren Abstand, dann sprengt die Feuerwehr den vergessenen Gegenstand. Es könnte in der Brötchentüte ja eine Bombe versteckt sein. Davor fürchten sich in Israel alle Kinder und Erwachsenen. Auf dem Weg zur Schule müssen die Kinder meist an bedrohlichen Panzern vorbeigehen.

Das Judentum

Der Begründer der jüdischen Religion ist Moses. Ihm werden fünf Bücher zugeschrieben, die für die Juden das Gesetz, die *Thora,* bilden. Darin finden sich auch die zehn Gebote. Die Juden glauben an einen einzigen Gott, den sie *Jahwe* nennen. Strenggläubige Juden müssen viele Regeln beachten. Am Samstag oder *Sabbat* dürfen sie nicht arbeiten, nicht einmal ein Licht anzünden. Die

Juden essen nur bestimmte reine Dinge, die sie *koscher* nennen. Manche eigentlich *koschere* Speisen dürfen nicht zusammen genossen werden, zum Beispiel Fleisch und Milch. Deswegen hat jedes Restaurant zwei Küchen, eine für Fleischgerichte und eine für Milchspeisen.
Der wichtigste jüdische Feiertag ist *Yom Kippur*, das Versöhnungsfest. Der Vater schwenkt ein weißes Huhn oder einen Hahn über seinen Kindern und der Mutter. Man sagt, dass alles Böse, was man getan hat, auf das Huhn geladen wird. Dann schlachtet man das Huhn, und die Schuld ist vergessen.

Purim – ein Fest für Kinder

Das Kinderfest Purim, das im Februar/März gefeiert wird, hat einen ernsten Hintergrund. Der persische König Ahaschwerosch (Xerxes) verstieß vor 2500 Jahren seine ungehorsame Frau und heiratete an ihrer Stelle die schöne Esther. Sie war Jüdin. Von ihrem Onkel erfuhr Esther, dass Ministerpräsident Haman alle Juden in Persien töten wollte. Obwohl es gefährlich für sie werden konnte, erzählte sie ihrem Mann davon. Haman wurde gehängt, und die Juden waren gerettet. Am Purimfest wird diese Geschichte in der Synagoge, dem jüdischen Gotteshaus, vorgelesen. Die Kinder verkleiden sich und spielen die Handlung nach. Jedes Mal, wenn dabei der Name Haman fällt, erhebt sich ein ohrenbetäubender Lärm aus Pfeifen, Stampfen und Rasseln. An Purim gibt es ein besonderes Festessen und für die Kinder die süßen Hamantaschen zum Naschen.

Kinder im Kibbuz

Ein *Kibbuz* ist ein kleines Dorf, das von allen Bewohnern gemeinschaftlich verwaltet wird. In einem Kibbuz verzichten die Menschen auf privates Eigentum. Sie stellen ihre Arbeitskraft zur Verfügung und erhalten dafür Unterkunft, Verpflegung, Ausbildung, Taschengeld und medizinische Versorgung. In einem Kibbuz leben Menschen aus den verschiedensten Ländern. Sie bleiben in der Regel mindestens ein Jahr dort. Die Kinder, die in einem Kibbuz leben, gehen wie du in den Kindergarten oder in die Schule. Abends sitzen sie vor dem Fernseher, spielen oder lesen. Doch sie tun das selten allein, denn alle Kinder wachsen gemeinsam auf. Überhaupt ist die Gemeinschaft in einem Kibbuz sehr wichtig. So werden die Kinder von klein auf an gemeinsame Arbeit gewöhnt. Alle Kinder essen mit ihren Familien gemeinsam in großen Speiseräumen. Und auch die religiösen Feste werden gemeinsam gefeiert. Die Kibbuze spielten bei der Gründung des Staates Israel eine große Rolle. Heute haben sie zwar an Bedeutung verloren, es gibt aber immer noch circa 250 Kibbuze in Israel.

Weltreligionen

Weltreligionen sind weltweit verbreitet und erheben den Anspruch, für alle Menschen zu gelten. In diesem Sinne gibt es nur drei Weltreligionen, nämlich das Christentum, den Islam und den Buddhismus. Alle diese Weltreligionen sind in Asien entstanden – auch die beiden weiteren Religionen, die man gelegentlich dazuzählt, nämlich der → Hinduismus und das → Judentum.

Im Christentum feiern die Kinder Kommunion oder Konfirmation

Die am weitesten verbreitete Religion der Erde ist das Christentum. Ihm gehören rund 2 Milliarden Menschen an. Die Christen glauben, dass Gott seinen Sohn Jesus Christus auf die Erde gesandt hat. Jesus Christus starb für die Menschen am Kreuz. Er erlöste sie dadurch von allen Sünden. Das Christentum ist vor allem in Europa, Nordasien, Australien, Teilen Afrikas sowie Nord- und Südamerika verbreitet. Wenn du einer christlichen Kirche angehörst, wurdest du wahrscheinlich als Baby oder als kleines Kind getauft. Weitere wichtige religiöse Feste im Leben der Kinder sind die Kommunion und die Konfirmation. Jetzt werden sie in die kirchliche Gemeinschaft aufgenommen. Die Kinder katholischen Glaubens erhalten mit acht oder neun Jahren ihre erste Kommunion. Die Mädchen und Jungen evangelischen Glaubens werden mit etwa 14 Jahren konfirmiert. An diesem besonderen Tag beten, singen und feiern die Kinder zusammen mit ihren Familien und mit ihren Freunden.

Das Christentum ist aus dem Judentum hervorgegangen, denn Jesus Christus war als Jude groß geworden. Dieser jüdische Junge steht an der heiligen Klagemauer in der Stadt Jerusalem in Israel.

Die christlichen Religionen

Es gibt im Wesentlichen drei christliche Kirchen, die katholische, die protestantische oder evangelische und die orthodoxe, die vor allem in Osteuropa verbreitet ist. Zwischen Katholiken und Orthodoxen bestehen kaum Unterschiede in der Lehre. Beide verehren die Heiligen und die Gottesmutter Maria. Das Oberhaupt der Katholiken ist der Papst. Die Orthodoxen erkennen ihn nicht an. Sie haben kein Oberhaupt, das für alle sprechen kann, dafür wird jedes Kirchengebiet durch eine Art Bischof vertreten. Die protestantischen Kirchen sind aus der Reformation hervorgegangen. Sie akzeptieren nur das Evangelium, die Heilige Schrift, als Richtschnur für den Glauben.

Im Islam verehren die Kinder Allah

Der Begründer des Islam ist Mohammed (um 570 bis 632 nach Christus). Er erfuhr in einem Traum, dass er zum Propheten der Araber ausersehen sei,

und begann, in Mekka eine neue Religion zu lehren. Sie ist von jüdischen wie von christlichen Gedanken beeinflusst. Die Anhänger Mohammeds heißen Moslems oder Muslime. Die Moslems glauben an einen einzigen Gott, Allah. Ihr heiliges Buch ist der Koran. Der Islam verlangt von seinen Anhängern, dass sie einige Vorschriften beachten: Sie müssen fünfmal am Tag beten und dabei die Richtung nach Mekka einnehmen. Am Freitag findet ein Gottesdienst in der Moschee statt. Vom Minarett, einem Turm aus, ruft der Geistliche meist mit einem Lautsprecher zum Gebet auf. Jeder Gesunde muss den Fastenmonat *Ramadan* einhalten und sollte einmal im Leben nach Mekka pilgern. Der Genuss von Schweinefleisch und von alkoholischen Getränken ist untersagt. Die Moslems sind verpflichtet, Arme und Bedürftige zu unterstützen. Der Islam ist von Marokko über große Teile Afrikas und Asiens bis nach Indonesien verbreitet.

Der Felsendom in Jerusalem ist eine islamische Moschee. Der Berg, auf dem er steht, ist aber nicht nur für die Moslems, sondern auch für die Juden ein heiliger Ort.

Auch viele Menschen in Afrika sind Christen. Die Gottesdienste werden hier manchmal draußen und immer mit viel Musik und Gesang gefeiert.

Im Buddhismus glauben die Kinder an die Wiedergeburt des Menschen

Der Buddhismus geht auf den Königssohn Siddharta Gautama (um 560 bis um 480 vor Christus) zurück. Dieser wurde später *Buddha,* der Erleuchtete genannt. Seine Lehre entstand aus der alten indischen Vorstellung, dass jeder Mensch nach seinem Tod wiedergeboren wird. In welcher Form dies erfolgt, wird von den guten und schlechten Taten des vorangegangenen Lebens bestimmt. Gutes wird dabei mit Gutem, Schlechtes mit Schlechtem vergolten. Wer also schlecht gelebt hat, kommt vielleicht als Tier zurück auf die Welt. Buddha fand einen Ausweg aus diesem ewigen Kreislauf der Wiedergeburten. Er lehrte, dass die Ursache aller Leiden in den drei Grundübeln Begierde, Hass und Unwissenheit liegt. Wenn man sie überwindet, findet man selbst den Weg zur Erlösung. Der Buddhismus war früher in Asien viel weiter verbreitet als heute. Große Gemeinschaften gibt es noch in Sri Lanka, Tibet und Bhutan, in Thailand und teilweise auch in China und Japan.

Zwei junge buddhistische Novizen beten vor einer Statue, die den liegenden Buddha zeigt.

Irak und Kuwait

sind Nachbarländer. Der Irak ist ein fast durchweg flaches Land. Nur ganz im Norden ist er gebirgig. Im Irak leben arabische Moslems. An den Ufern der beiden großen Flüsse Euphrat und Tigris liegen fruchtbare Ebenen mit genügend Wasser. Sonst besteht der Irak aus Steppen oder kargem Bergland, in dem höchstens Schafe weiden. Kuwait liegt südlich des Irak und ist fast nur Wüste. Beide Länder haben sehr viel Erdöl.

Irak

Fläche:	rund 438 000 km^2
Einwohner:	rund 25,9 Millionen
Hauptstadt:	Bagdad mit rund 5,8 Millionen Einwohnern
Sprache:	Arabisch
Währung:	Irak-Dinar

Das Gebiet zwischen den beiden Flüssen Euphrat und Tigris heißt auch Mesopotamien oder Zweistromland. Hier entstanden die ersten ➔ Hochkulturen. Die wichtigsten Völker waren damals die Sumerer, die Babylonier und die Assyrer. Die Sumerer lebten vom 4. Jahrtausend vor Christus an in Mesopotamien. Sie erfanden zum Beispiel die ➔ Keilschrift. Im Irak gibt es noch viele Zeugen dieser alten Kulturen, zum Beispiel die Stufentempel.
1980 griff der Irak unter Saddam Hussein seinen Nachbarn Iran an. Hunderttausende von Soldaten sind dabei auf beiden Seiten gestorben. Dann überfiel der Irak 1990 Kuwait. Daraufhin griff eine internationale Truppe ein und verjagte die irakischen Soldaten. Schließlich kam es 2003 zu einem

Während des Kriegs konnten die irakischen Kinder nicht zur Schule gehen oder draußen spielen. Bei Luftangriffen haben sie sich mit ihrer Familie im Haus oder in Bunkern versteckt.

Die Kurden

Im Norden des Irak leben rund 4 Millionen Kurden. Weitere Kurden leben im Südosten der Türkei und im Nordiran. Die Kurden leben wie viele Araber in Großfamilien zusammen. Jede Familie hat ein Oberhaupt, aber diese konnten sich bisher nicht auf einen gemeinsamen Staat einigen. Da die Kurden nach Unabhängigkeit streben, sind sie nirgendwo willkommen und werden oft verfolgt. Die meisten Kurden sind ➔ Moslems. Eine kleine Gruppe unter ihnen jedoch hat eine ganz andere Religion. Es sind die Jesiden. Ihr Glaube geht teilweise noch auf die alten Babylonier zurück.

weiteren Krieg der Amerikaner und Briten gegen den Irak. Sie eroberten alle wichtigen Orte im Irak und beendeten die Herrschaft Saddam Husseins.

Kinder im Irak und in Kuwait

Von einem wirklichen Frieden im Irak kann man noch nicht sprechen. Die irakischen Kinder haben immer noch Angst. Beim Spielen können sie zum Beispiel durch ➔ Landminen verletzt werden. Einige Kinder wurden im Krieg verwundet und brauchen Medikamente. Da Wasserpumpen durch den Krieg zerstört wurden, gibt es in vielen Häusern kein sauberes Wasser mehr. Wenn die Kinder aber schmutziges Wasser trinken, bekommen sie Durchfall und werden krank. An vielen Schulen im Irak hat der Unterricht wieder begonnen. Doch die Schulgebäude sind oft in einem schlechten Zustand. Es fehlt das Geld, um die Kinder mit genügend Stiften, Heften, Büchern und Taschen auszustatten.

Kuwait

Fläche:	rund 17 800 km²
Einwohner:	rund 2,6 Millionen
Hauptstadt:	Kuwait mit rund 29 000 Einwohnern
Sprache:	Arabisch
Währung:	Kuwait-Dinar

Während der Irak durch die Kriege der letzten Jahre verarmt ist, ist Kuwait ein sehr reiches Land. Kuwait verfügt über große Mengen an Erdöl. Deswegen müssen die Kuwaiter keine Steuern und auch keine Krankenkassenbeiträge bezahlen. Auch der Schulbesuch ist kostenlos. Wenn die Kinder sechs Jahre alt sind, beginnt die Schulpflicht. In den öffentlichen Schulen werden Jungen und Mädchen getrennt unterrichtet.

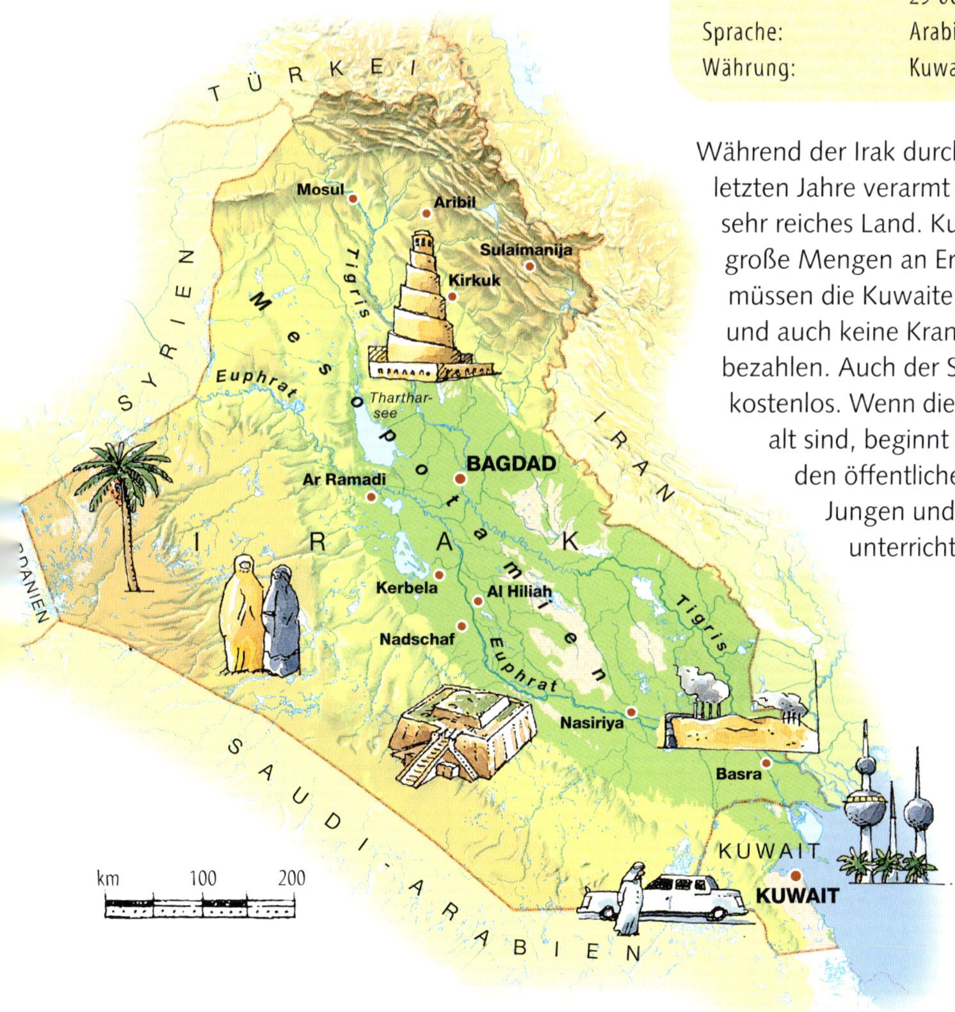

Saudi-Arabien, Jemen, Oman, Vereinigte Arabische Emirate, Bahrain und Katar

bilden zusammen die Arabische Halbinsel. Diese besteht aus kargem Bergland und Wüste. Hier leben moslemische Araber. Saudi-Arabien ist die Heimat Mohammeds, der den Islam begründete. Jedes Jahr findet dort die größte Wallfahrt der Welt statt, die Hadsch. Die Pilger kommen aus der ganzen Welt. Ihr Hauptziel ist die Kaaba. Das ist ein schwarzes, würfelförmiges Gebäude in Mekka.

Saudi-Arabien

Fläche:	rund 2,2 Millionen km²
Einwohner:	rund 24,9 Millionen
Hauptstadt:	Riad

Auf der ganzen Arabischen Halbinsel hat man viel Erdöl gefunden. Dadurch sind diese Länder und die meisten ihrer Bewohner sehr reich geworden. Manche ihrer Städte sind ganz modern und wurden erst vor kurzem gebaut mit vielen Hochhäusern, etwa Riad in Saudi-Arabien oder Dubai. Sanaa im Jemen hingegen ist eine märchenhafte alte Stadt. Ihre Häuser sind aus Ziegeln und mit weißen Mustern verziert. Da es auf der Arabischen Halbinsel so wenig regnet, kann man auch Häuser aus Lehm bauen. Das Klima dort ist immer warm, im Sommer sogar extrem heiß bis über 40 Grad. Die Männer tragen weite hemdartige Gewänder bis zum Boden und auf dem Kopf ein weißes oder gemustertes Tuch. Das wird von einer schwarzen Kordel am Kopf festgehalten. Die Frauen gehen meist schwarz verschleiert, besonders in Saudi-Arabien. Dort dürfen sie nicht einmal selbst ein Auto fahren. In den Vereinigten Arabischen Emiraten und in Oman haben sie aber viel mehr Freiheiten.

Jemen

Fläche:	rund 528 000 km²
Einwohner:	rund 20,7 Millionen
Hauptstadt:	Sanaa

In der Oasenstadt Schibam im Jemen stehen Hochhäuser aus Lehm statt aus Glas, Stahl und Beton. Sie können bis zu acht Stockwerke haben.

In den Vereinigten Arabischen Emiraten gibt es wertvolles Erdöl. Viele Menschen dort sind sehr reich und können ihren Kindern tolles Spielzeug schenken. Dieser Junge fährt mit seinem Vater eine Rallye durch den Wüstensand.

Oman

Fläche:	rund 309 500 km²
Einwohner:	rund 2,9 Millionen
Hauptstadt:	Maskat

Essen und spielen nach Sonnenuntergang

Dass ein Junge im Jemen schon mehr Mann als Kind ist, zeigt er mit einer *Dschambia* vor dem Bauch. Der Krummdolch steckt in einer verzierten silbernen Scheide an einem bestickten Gürtel. Aber ihre Datteln schneiden die Jungen nicht mit der *Dschambia*. Dazu ist sie zu stumpf. Im Monat *Ramadan* ist es im ➔ Islam Sitte, von Sonnenaufgang bis Sonnenuntergang nichts zu essen. Die

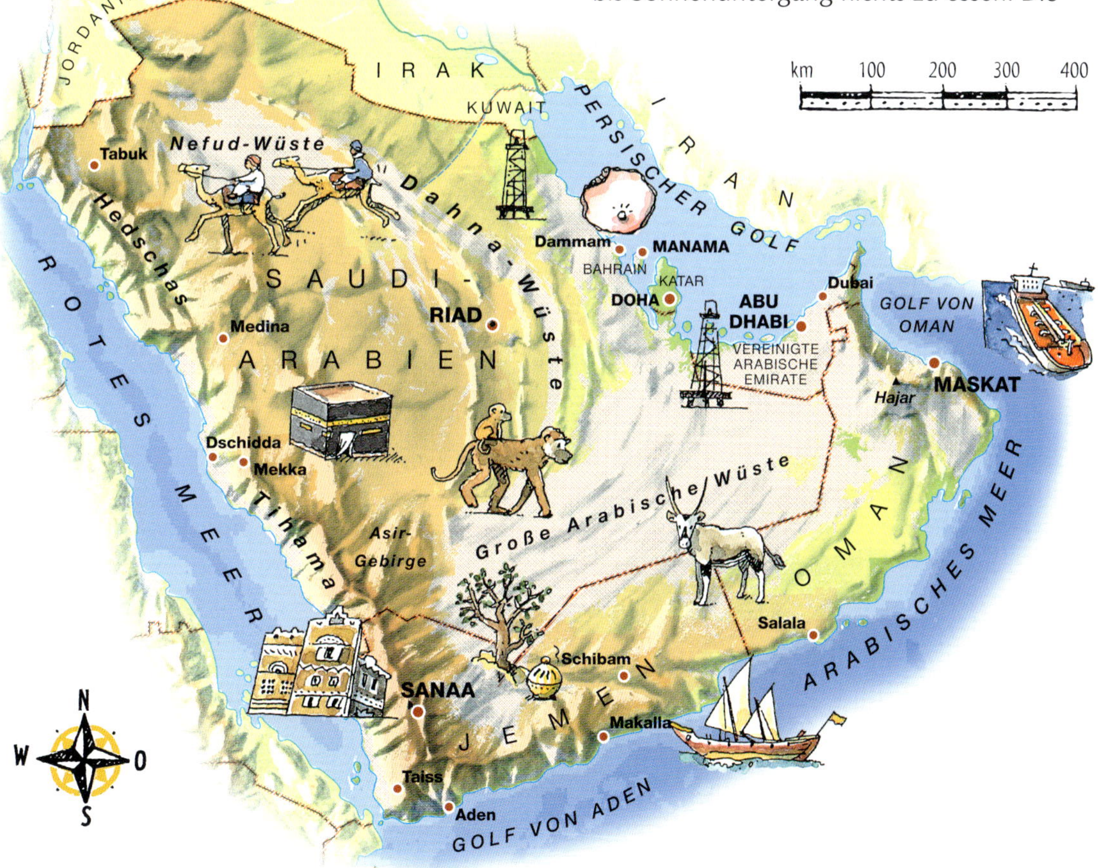

Vereinigte Arabische Emirate

Fläche:	rund 83 600 km^2
Einwohner:	rund 3,1 Millionen
Hauptstadt:	Abu Dhabi

Moslems fasten. Nachts wird gegessen und *Adhm* (Knochen) gespielt. Ein Tierknochen wird bei diesem Spiel auf ein Feld oder freies Gelände hinausgeworfen. Die Kinder suchen im Mondschein den Knochen. Der Finder rennt mit dem Knochen zum vereinbarten Punkt. Die anderen verfolgen ihn und versuchen, ihm den Knochen zuvor noch abzujagen. Wer dem Finder den Knochen aus den Händen reißt, wird selbst zum Gejagten.

In Saudi-Arabien, Oman und Katar besteht keine Schulpflicht. Die meisten Kinder gehen zwar trotzdem zur Schule, aber es gibt auch viele, die nie lesen oder schreiben lernen.

Sport mit Tieren

Fußball ist der Nationalsport auf der Arabischen Halbinsel. Auch die Jagd, vor allem die Jagd mit Falken, ist bei wohlhabenden Männern sehr beliebt. Falken sind der ganze Stolz ihrer Besitzer. Die Vögel jagen für sie. Man nennt diese Art Jagd auch Falknerei. Es gibt sie auch im übrigen Asien und in Europa. Doch nicht nur Falken, sondern auch die Pferde- und Kamelrennen in Dubai sind sehr beliebt. Die Rennen finden zwischen Oktober und Mai statt und es wird ein Preisgeld in einer Höhe von mehreren Millionen US-Dollar ausgesetzt, das sich auf die verschiedenen Rennen verteilt.
An den Wochenenden finden die Kamelrennen statt. Sie gehen über 10 oder 15 Kilometer. Es ist unglaublich, wie die Tiere losziehen – elegant und kraftvoll und unheimlich schnell. Beim Laufen spritzt ihnen der Schaum vom Mund. Sie lassen jedes Pferd hinter sich. Um die Spannung auf das „Dubai World Cup-Finale" weiter zu erhöhen, wurde der „Winter Racing Challenge" eingeführt. Das sind Pferdeeinzelrennen auf einer Strecke von 1200, 1600 und 2200 Meter.

Sindbad der Seefahrer

Der Oman hat eine lange Küste am Indischen Ozean. Dort werden seit Jahrhunderten Segelschiffe aus Tropenholz handwerklich gebaut. Sie heißen Dhau. Die schönsten sind mit Schnitzereien verziert. Je nach Schiffsgröße dauert es mindestens ein halbes Jahr, bis ein Schiff fertig ist. Früher galten die Omaner als sehr gute Seefahrer. Sindbad, der in vielen Märchen aus 1001 Nacht vorkommt, soll der Legende zufolge aus Oman stammen. Heute fahren nur noch wenige Dhaus. Das omanische Öl wird natürlich nicht von Holzschiffen transportiert, sondern von Riesentankern aus Stahl.

Beschränkte Möglichkeiten

Fußball ist zwar sehr beliebt auf der Arabischen Halbinsel. Spielen dürfen ihn aber nur Männer und Jungen. Die Frauen und Mädchen treiben in diesen Ländern in der Öffentlichkeit meist gar keinen Sport. In Saudi-Arabien beispielsweise dürfen sie draußen noch nicht einmal Rad fahren. In der Schule haben die Mädchen aber schon die Möglichkeit, sich zu bewegen. Da spielen sie zum Beispiel Volleyball. Für Kinder von vier bis sechs Jahren gibt es eine Vorschule, die Mädchen und Jungen gemeinsam besuchen. Im Alter von sechs Jahren kommen sie dann in getrennte Schulen. Es ist noch gar nicht so lange her, da durften Mädchen gar nicht in Schulen gehen. Heute studieren dagegen schon viele junge Frauen an Universitäten. Was machen die Mädchen nach der Schule? In ein Fußballstadion werden sie auch nicht zum Zuschauen gelassen. An den meisten Freizeitaktivitäten dürfen sich Mädchen und Frauen nicht beteiligen. Sie haben nach westlichen Maßstäben nur wenige Möglichkeiten. Viele von ihnen besuchen sich gegenseitig, gehen mit ihrer Familie ins Museum oder in Freizeitparks.

Bahrain

Fläche:	rund 694 km^2
Einwohner:	rund 740 000
Hauptstadt:	Manama

Katar

Fläche:	rund 11 400 km^2
Einwohner:	rund 619 000
Hauptstadt:	Doha

Im Jemen sind die Säulen eines alten Sonnentempels bis heute erhalten geblieben.

Perlen und Weihrauch

Aus Bahrain kommen die wertvollsten Perlen. Sie entstehen in Muscheln. Wenn eine Muschel merkt, dass ein Sandkorn eingedrungen ist, umhüllt sie den Fremdkörper mit Perlmutt. So nennt man die glänzende, weiße Schicht an der Innenseite der Schale. Perlentaucher sind nur mit einem Messer, einer Nasenklammer und einem Korb ausgerüstet, um nach den Muscheln zu suchen. Heute werden die Perlen aber immer weniger, weil das Meerwasser zu schmutzig ist.
Nicht ganz so kostbar wie die Perlen ist der Weihrauch aus dem Jemen. Die Körner stammen von einem niedrigen Baum. Man ritzt die Rinde an. Harz tritt aus und trocknet an der Luft. Man legt den Weihrauch auf glühende Kohlen, so dass er verdampft. Bei Gottesdiensten in der katholischen Kirche findest du zum Beispiel Weihrauch.

Iran

Iran und Persien sind dasselbe. Das Land liegt zwischen dem Kaspischen Meer und dem Indischen Ozean. Es ist riesengroß. Eigentlich ist der Iran ein einziges riesiges Gebirge, das bis 5 604 Meter in die Höhe reicht. Im Osten befindet sich die größte Salzwüste der Welt. Der Iran gehört zu den erdölreichsten Ländern der Erde.

Iran

Fläche:	rund 1,6 Millionen km²
Einwohner:	rund 69,8 Millionen
Hauptstadt:	Teheran mit rund 6,8 Millionen Einwohnern
Sprache:	Persisch
Währung:	Rial

In Persien gibt es wundervolle Städte mit einzigartigen orientalischen Palästen, Moscheen und Basaren – wie aus 1001 Nacht. Wenn du über einen quirligen Basar bummelst, wirst du von der Fülle des Angebots überwältigt sein: Dort siehst du dann zum Beispiel die berühmten Perserteppiche, Stoffe in allen Farben, leckere Feigen und Pistazien, Tee sowie die köstlichsten Süßigkeiten. Die Kinder im Iran feiern nicht Weihnachten, sondern *Noruz*, das persische Neujahrsfest im März. Zum ➔ Noruz-Fest bekommen sie neue Kleider, Geschenke und Süßigkeiten.

Fast alle Iraner sind Moslems. Sie versammeln sich in der ➔ Moschee, um dort zu beten. Die Moschee in Isfahan hat eine prächtige Kuppel.

Starke Männer und Jungen

Viele Iraner trinken gerne ein Joghurtgetränk mit Minze. Sie glauben, dass das stark macht. Besonders gilt das für die Kraftathleten, die in den „Häusern der Stärke" *(Surchane)* trainieren. Sie nennen sich selbst *Pahlawan* und üben Keulenschwingen, Gewichtheben und Ringen. Die Turner tragen dabei bunt bestickte Lederhosen. Die iranischen Jungen üben aber auch gerne moderne Sportarten aus. Überall siehst du sie Fußball spielen. Beliebt bei ihnen sind zum Beispiel auch Volleyball, Radfahren und Leichtathletik. Wusstest du, dass es im Iran viele sehr gute Schachspieler gibt? Schon viele Jungen und Mädchen lieben es, Schach oder Backgammon zu spielen.

Im Iran tragen die islamischen Frauen ein dunkles Tuch, das den ganzen Körper und Teile des Gesichts bedeckt, den Tschador.

Verhüllte Frauen und Mädchen

Da iranische Frauen und Mädchen sich nur verhüllt zeigen, haben sie zwei Möglichkeiten, Sport zu treiben: entweder in der Öffentlichkeit mit entsprechender Bekleidung oder in geschlossenen Räumen, zu denen die Männer keinen Zutritt haben. So können sie zum Beispiel Ski fahren, wandern oder bergsteigen, wenn sie dabei die Bekleidungsvorschriften befolgen. Ebenfalls mit der verhüllenden Kleidung können die Mädchen in Parks Federball oder Volleyball spielen. Die Sporthallen, Schwimmbäder und Fitnessstudios können zu bestimmten Zeiten von Jungen, zu anderen Zeiten von Mädchen benutzt werden.

Sport macht hungrig

Kräftig wird man aber nicht nur durch Gewichtheben oder Fitness, sondern auch durch das richtige Essen. Die iranischen Kinder und ihre Familien essen gerne *Abguscht.* Diesen Eintopf aus Fleisch, Kartoffeln, Hülsenfrüchten und Gemüse zerstampft die Mutter mit einem Stößel. Ansonsten lieben viele Iraner vor allem Reis. Oft kommt er sattgelb auf den Tisch, weil er mit Safran gefärbt wurde. Häufig wird auch Reiskuchen gegessen. Damit der Reis die knusprige Kruste bekommt, verwendet man im Iran spezielle Reiskochtöpfe.

Getrennter Unterricht

Im Iran gibt es staatliche, private und religiöse Schulen. Doch ganz egal, welche Schulen Mädchen und Jungen besuchen: Sie werden immer getrennt unterrichtet. Und bei den Mädchen steht vor der Tafel immer eine Lehrerin, bei den Jungen immer ein Lehrer. Im Gegensatz zu den Jungen müssen die Mädchen Schuluniformen tragen, zu denen auch Kopftücher gehören. Zu den religiösen Schulen gehören die Koranschulen. Hier lernen die Kinder den Koran, die heilige Schrift des → Islam, zu lesen. Oft lernen sie lange Kapitel daraus auswendig. In Koranschulen werden aber auch andere Fächer wie zum Beispiel Grammatik oder islamisches Recht unterrichtet.

Georgien, Armenien und Aserbaidschan

Georgien, Armenien und Aserbaidschan sind drei Staaten, die im Kaukasus liegen. Dieses Gebirge zieht sich vom Schwarzen Meer zum Kaspischen Meer. Sein höchster Berg, der Elbrus, ist 5 642 m hoch. Alle drei Länder gehörten früher zur Sowjetunion. Deswegen spricht man dort auch noch Russisch. Jedes Land hat seine eigene Sprache und Kultur. Armenien und Aserbaidschan zählen zu den ältesten Kulturzentren der Welt.

Georgien

Fläche:	rund 69 700 km^2
Einwohner:	rund 5,1 Millionen
Hauptstadt:	Tiflis

Georgien liegt direkt südlich des Kaukasus. Im Westen grenzt das Land an das Schwarze Meer. Das Klima ist dort feucht und warm, so dass Tee und andere tropische Pflanzen wachsen. Die Hauptstadt Tiflis hat einen alten Stadtkern. Dort stehen viele niedrige Häuser. Die alten Häuser haben fein geschnitzte Balkone aus Holz. Oft sind mehrere Gebäude um einen Hof gebaut, in dem die Kinder spielen und die Wäsche aufgehängt wird.
In Georgien leben viele Völker mit ebenso vielen Sprachen. Und die meisten Jungens sind fußballbegeistert. In Tiflis gibt es ein großes Stadion, das Boris-Paichadse-Stadion. In dieser Arena spielt Dynamo Tiflis. Diese Fußballmannschaft ist schon unzählige Male in Georgien Meister geworden.

Dieser kunstvolle Pferdekopf aus Eisen wurde in Armenien gefunden. Er stammt etwa aus dem 8. bis 7. Jahrhundert vor Christus.

Armenien ist ein kleines, gebirgiges Land. Die Sommer sind hier meist heiß und trocken. Diese badenden Kinder genießen die kühlen Fluten eines Bergsees in der sommerlichen Hitze.

Armenien

Fläche:	rund 29 700 km^2
Einwohner:	rund 3,1 Millionen
Hauptstadt:	Jerewan

Armenien war der erste christliche Staat der Welt. Etwa ein Drittel der Einwohner Armeniens lebt in der Hauptstadt Jerewan. Jerewan ist eine der ältesten Städte überhaupt. Es ist eine grüne Stadt mit vielen Parks. Für Kinder gibt es sogar einen eigenen Park mit einer kleinen Eisenbahn.
Eines der berühmtesten Gebäude Jerewans ist das Matenadaran. In dieser Bibliothek gibt

Nahe der aserbaidschanischen Hauptstadt Baku wird vor der Küste mit Hilfe zahlreicher Bohrtürme Erdöl gefördert.

es eine der größten Handschriftensammlungen der Welt. Hier findet man Informationen zur Geschichte, Wissenschaft und Kultur Armeniens und vieler anderer Länder. Das Matenadaran lockt Menschen aus der ganzen Welt an. In Jerewan gibt es auch eine Kindergalerie. Hier kannst du sehen, was für tolle Bilder armenische Mädchen und Jungen mit Pinsel und Buntstiften gemalt haben. Malerei und Kunsthandwerk sind in Armenien sehr beliebt. Schon im Kindergarten werden die Mädchen und Jungen im Malen, Zeichnen und Basteln gefördert. Jedes armenische Kind geht mindestens neun Jahre zur Schule. Hier lernen viele Kinder dann gleich mehrere Sprachen und Schriften. Seit der Unabhängigkeit Armeniens 1991 ist Armenisch die erste Unterrichtssprache neben Russisch und westeuropäischen Sprachen. Das Armenische hat eine eigene Schrift, die aus 39 Zeichen besteht. So kommt es, dass die Mädchen und Jungen das armenische, kyrillische und lateinische Alphabet lernen.

Aserbaidschan

Fläche:	rund 86 600 km²
Einwohner:	rund 8,4 Millionen
Hauptstadt:	Baku

Aserbaidschan verfügt über viele Bodenschätze, zum Beispiel Erdöl und Erdgas. In der Altstadt der Hauptstadt gibt es enge Gässchen mit vielen Teppichläden. Seit Jahrhunderten werden in Aserbaidschan Teppiche hergestellt. Das Weben und Knüpfen von Teppichen ist ein wichtiger Teil der Kultur des Landes. Wenn du eine Wohnung in Aserbaidschan betrittst, so findest du meist wunderschöne Teppiche am Boden und an den Wänden. Viele aserbaidschanische Mädchen und Jungen sind sehr gute Schachspieler. Oft haben sie das Spiel in einer Schachschule gelernt.

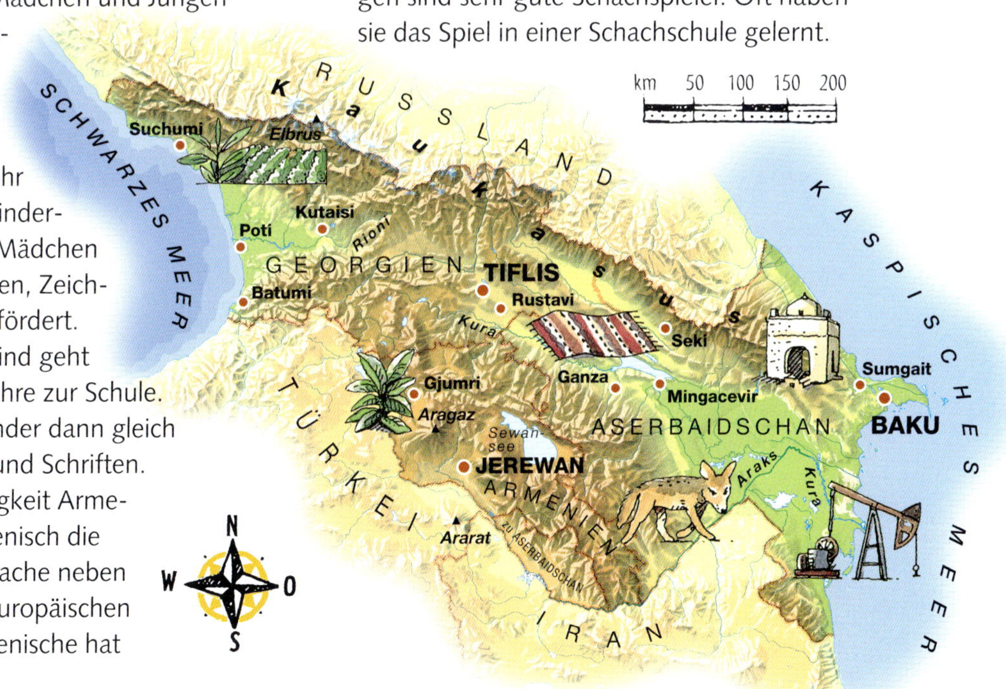

Kasachstan und Kirgisistan gehören zu Zentralasien. Der Islam ist hier die vorherrschende Religion. Beide Länder waren lange Zeit sowjetisch und damit kommunistisch. Man versteht also noch fast überall die russische Sprache. Kasachstan allein ist so groß wie ganz Westeuropa und fast durchweg flach. Kirgisistan hingegen ist sehr gebirgig und heißt deswegen auch die „Schweiz Zentralasiens".

Kasachstan

Fläche:	rund 2,7 Millionen km^2
Einwohner:	rund 15,4 Millionen
Hauptstadt:	Astana

Die Kasachen waren ursprünglich → Nomaden. Sie zogen mit ihren Herden in der Steppe umher. Pflanzen bauten sie nicht an. Deswegen besteht das klassische kasachische Essen auch heute noch nicht aus Gemüse, sondern aus gekochtem Fleisch. Es ist eine besondere Ehre, einen gekochten Hammelkopf serviert zu bekommen. An den Anblick musst du dich bestimmt erst gewöhnen und auch an die Vorstellung, dass sehr viel Pferdefleisch gegessen wird. Die Kasachen melken die Pferdestuten und gewinnen aus ihrer Milch den *Kumys.* Das ist in Zentralasien ein beliebtes, leicht alkoholhaltiges Getränk. Das Reiten liegt vielen Kasachen im Blut. Man sagt, kasachische Kinder wachsen auf dem Rücken eines Pferdes auf. Darum ist das Nationalspiel der Kasachen auch ein Reitspiel. Es heißt *Kokper,* was so viel wie „Wolf" bedeutet. Das Leben der Kinder und ihrer Familien war früher ständig durch Wölfe bedroht.

Hightech in Kasachstan

Immer wenn die Russen ein Raumschiff zur Internationalen Raumstation (ISS) starten, kommt Kasachstan in den Nachrichten vor. Dort liegt nämlich Baikonur – und das ist der Weltraumbahnhof der Russen. Baikonur liegt etwa in der Mitte des Landes in einem fast unendlichen Steppengebiet.

Wenn Wissenschaftler beispielsweise zu der Internationalen Raumstation fliegen sollen, wird eine Rakete nach Baikonur gebracht und aufgestellt. Von dort aus starten sie in den Weltraum. Von Baikonur aus ist auch der Russe Juri Gagarin im Jahr 1961 gestartet. Er war der erste Mensch, der in das Weltall geflogen ist.

Ein zweites technisches Versuchsgelände liegt bei Semipalatinsk. Heute ist es völlig verlassen. Früher haben dort die Russen viele Atombomben für Tests gezündet. Ihre Hitze war so groß, dass das Gestein schmolz und glasartige Krater zurückblieben. Durch den radioaktiven Abfall ist die Gegend verseucht, und viele Menschen sterben dort an Krebs, auch kleine Kinder.

Kirgisistan

Fläche:	rund 200 000 km^2
Einwohner:	rund 5,2 Millionen
Hauptstadt:	Bischkek

Die Kirgisen stammen von den Kasachen ab. Sie leben heute noch teilweise als ➔ Nomaden und sind ebenfalls hervorragende Reiter. Nomadenkinder lernen von klein auf die Aufgaben zur Lebensbewältigung kennen: die tägliche Sorge um das Wasser, der Schutz vor Sonne und Kälte sowie die Sorge um das Vieh. Das Zuhause dieser Mädchen und Jungen ist die *Jurte* (Filzzelt), und ihre Eltern sind immer in der Nähe.

Die als Nomaden lebenden kirgisischen Familien halten viele Schafe. Hat die Herde die Pflanzen in einer Gegend abgefressen, so ziehen die Menschen und die Tiere weiter.

Usbekistan

Usbekistan hat von allen Ländern Zentralasiens am meisten Einwohner. Ein großer Teil des Landes besteht aus Steppen und Wüsten. Aber es gibt auch fruchtbare Gebiete und Hochgebirge. In Usbekistan wird vor allem Baumwolle angebaut.

Usbekistan

Fläche:	rund 447 000 km^2
Einwohner:	rund 26,5 Millionen
Hauptstadt:	Taschkent

Baumwolle wächst in kleinen Büscheln an Sträuchern. In Usbekistan wird so viel davon geerntet, dass ganze Berge aus der weichen Wolle zusammenkommen. Wegen der Bewässerung der Baumwollfelder trocknet allerdings der Aralsee langsam aus.

Der orientalische Till Eulenspiegel

In Buchara steht das Denkmal des schlauen und scharfsinnigen Witzboldes **Hodscha Nasreddin.** Alle Kinder dort kennen ihn, er ist der Held vieler Volksmärchen. Willst du eine Geschichte von ihm hören?
Einmal wollte ein Nachbar einen Esel von Hodscha Nasreddin ausleihen. Hodscha antwortete: „Er ist nicht da“. Gleich danach fing der Esel im Stall an zu schreien. Der Nachbar meinte: „Hodscha, der Esel ist ja doch da. Du gönnst mir also nicht einmal deinen Esel“. Da schrie Hodscha ihn an: „Glaubst du mir oder meinem Esel!“

Usbekistan liegt an der alten Seidenstraße. Auf ihr zogen schon vor 2 000 Jahren Händler in großen Karawanen von China bis ans Mittelmeer. Sie brachten vor allem Seidenstoffe in den Westen. Eine Reise hin und zurück dauerte sechs Jahre. Die beiden berühmtesten Städte an der Seidenstraße sind heute noch Buchara und Samarkand. Der mongolische Herrscher Timur Leng lebte um 1400 in Samarkand. Seither stehen dort viele Moscheen, Paläste und Koranschulen. Die schönste unter ihnen hat Dächer aus hellblau glasierten Ziegeln.

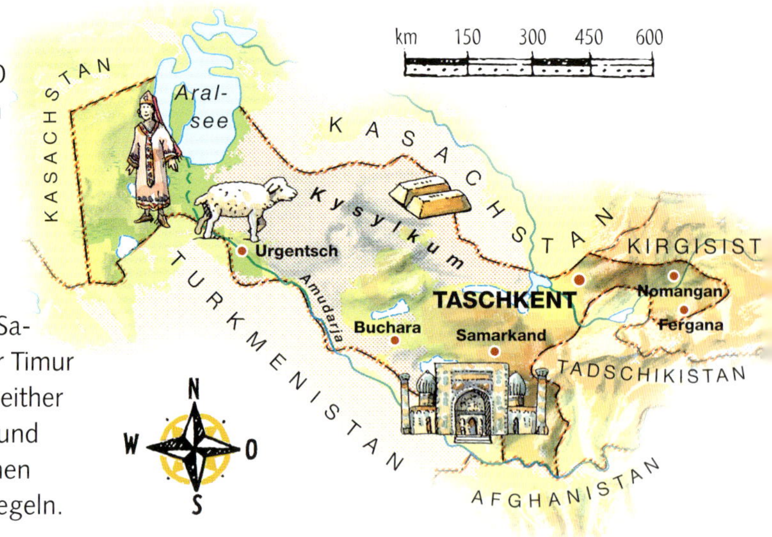

Turkmenistan

Turkmenistan liegt östlich vom Kaspischen Meer, in Zentralasien. Nur der äußerste Süden ist gebirgig, der ganze Norden ist flach. Dort liegt die riesige Sandwüste Karakum, die Schwarze Wüste. Es ist heiß und trocken in Turkmenistan. Turkmenistan hat viel Erdgas und Erdöl.

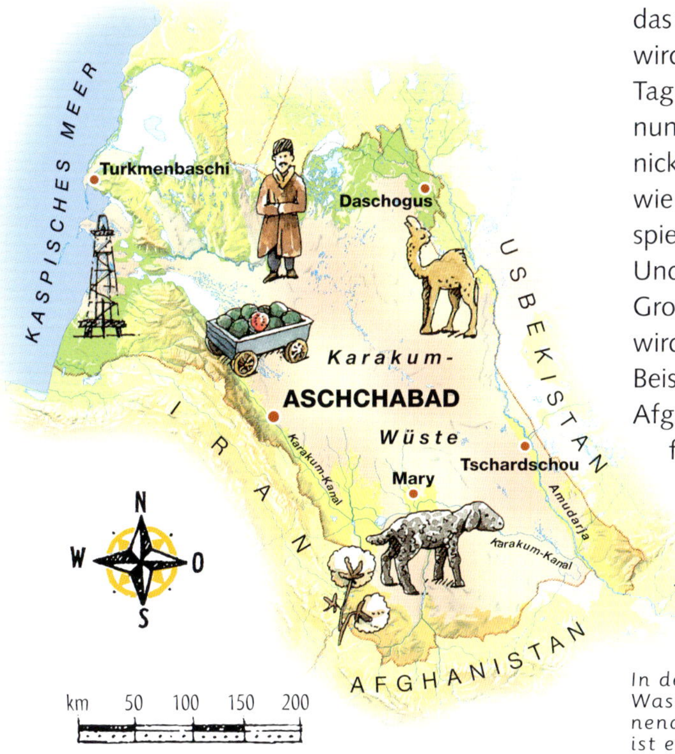

Turkmenistan	
Fläche:	rund 488 000 km²
Einwohner:	rund 4,9 Millionen
Hauptstadt:	Aschchabad

Noruz bringt den Frühling

Im März springen die turkmenischen Kinder und ihre Eltern über kleine Feuer, die sie draußen entfacht haben. Das Feuer soll alles Böse des alten Jahres verbrennen. Mit diesen „heißen Sprüngen" beginnt in Turkmenistan das Neujahrsfest zum Frühlingsbeginn. Es wird *Noruz* genannt, was so viel wie „neuer Tag" bedeutet. Die Familien besuchen sich nun gegenseitig. Sie fahren zu einem Picknick ins Freie und essen leckeres Gebäck wie Kringel oder Kokosplätzchen. Die Kinder spielen zusammen, lassen Drachen steigen. Und sie bekommen von ihren Eltern und Großeltern Geschenke. Das ➔ Noruz-Fest wird nicht nur in Turkmenistan, sondern zum Beispiel auch im Iran, in Tadschikistan oder Afghanistan gefeiert. Die Turkmenen lebten früher als ➔ Nomaden. Viele Familien ziehen aber heute nicht mehr umher, sondern leben an festen Orten. Sie sind bekannt für ihre schönen geknüpften Teppiche und ihre Pferdezucht.

In der großen Wüste Karakum gibt es kaum Wasser. Den ganzen Sommer über ist es brennend heiß, bis zu 70 Grad! Im Winter dagegen ist es eisig kalt. Nur wenige Tierarten, wie die Dromedare, können hier überleben.

Tadschikistan

Tadschikistan ist ein wunderschönes Land. Das liegt vor allem am mächtigen Pamir-Gebirge im Osten des Landes. Den Pamir bezeichnet man auch als Dach der Welt. Die höchste Bergspitze erreicht 7 495 Meter. Die Hälfte Tadschikistans liegt auf über 3 000 Metern Höhe.

Tadschikistan

Fläche:	rund 143 000 km²
Einwohner:	rund 6,3 Millionen
Hauptstadt:	Duschanbe

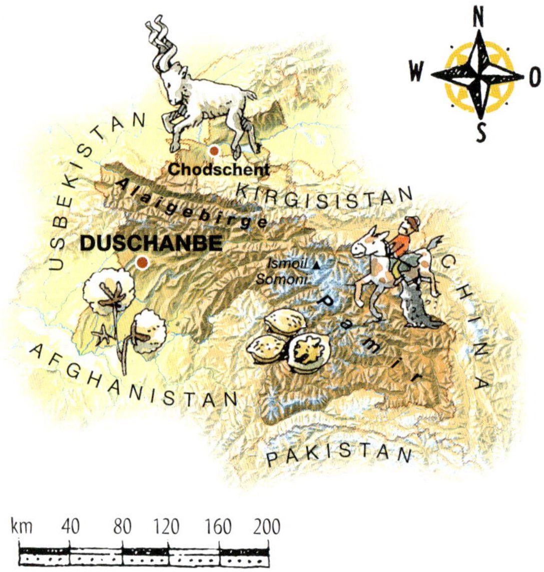

Tadschikistan ist aber auch ein wildes und gefährliches Land. Sechs Jahre lang herrschte → Bürgerkrieg. Durch den Bürgerkrieg und lang anhaltende Dürren gibt es nicht genügend Lebensmittel in Tadschikistan. Darum leiden viele Kinder an Mangelernährung.

Spiel der Steppenreiter

Die Tadschiken sind → Moslems. Die Männer tragen bestickte Kappen, die *Tupis*. Ihr Lieblingsspiel ist *Buskaschi*, ein spannendes Reiterspiel. Dazu legen sie einen Schafbalg ohne Kopf in einen Kreis. Nun kommen Reiter aus festgelegter Entfernung um die Wette angeritten. Der Balg wird aus dem Kreis aufgehoben und um einen Posten transportiert. Dann wird er zurück in den Kreis gelegt. Da die Reiter um den Balg auch rangeln, ist das Spiel gefährlich. Oft kommt es zu verstauchten Schultern oder gebrochenen Nasen. Also nichts für Kinder! Doch die Jungen haben ihr eigenes *Buskaschi*. Statt auf Pferden reiten sie auf den Schultern anderer Jungen. Von dort oben aus müssen sie ebenfalls einen Gegenstand aufheben und zu einem Zielkreis bringen. Und wie bei den Erwachsenen darf auch gestoßen und geschubst werden!

Im Norden des Landes liegt die Stadt Chodschent. In der Umgebung dieses bedeutenden Handelszentrums an der Seidenstraße wird Baumwolle angebaut, und es werden Seidenraupen gezüchtet.

Afghanistan

Afghanistan ähnelt von einem Satelliten aus gesehen einem Blatt. Seine Adern sind die hohen Gebirgszüge des Hindukusch. Er nimmt rund zwei Drittel des Landes ein. Im Süden und Südwesten liegen Hochebenen, auf denen kaum etwas wächst. Der Norden hingegen ist sehr fruchtbar.

Afghanistan

Fläche:	rund 652 000 km²
Einwohner:	rund 24,9 Millionen
Hauptstadt:	Kabul

Durch den Bürgerkrieg sind in Afghanistan viele Gebäude zerstört worden: Diese Kinder in Kabul haben Unterricht in einem Klassenraum ohne Dach. Aber bestimmt sind alle froh, dass sie überhaupt wieder zur Schule gehen und lernen können.

In Afghanistan leben seit jeher mehrere Völker zusammen, vor allem Paschtunen, Tadschiken, Hazara und Usbeken. Sie sprechen verschiedene Sprachen, haben aber alle die gleiche Religion: den ➔ Islam. Sie sind nie richtig miteinander ausgekommen, so dass es in ihrem Land selten friedlich zuging. Besonders schlimm war die Zeit der Besetzung durch die kommunistische ➔ Sowjetunion 1979 bis 1989 und des anschließenden ➔ Bürgerkriegs. Die danach regierende Gruppe der Taliban unterdrückte ab 1994 die Menschen, besonders die Frauen und Mädchen. Erst Ende 2001 konnten die Taliban gestürzt werden. Afghanistan ist heute vom Krieg verwüstet. Überall liegen ➔ Landminen versteckt. Es herrschen Hunger und Gewalt. Tausende von Menschen sind auf der Flucht. Um ein bisschen Geld zu verdienen, pflanzen die Bauern immer mehr Schlafmohn an. Aus den unreifen Kapseln dieser Pflanze gewinnen sie rohes Opium. Dieses verkaufen sie an Verbrecherorganisationen. Sie stellen aus dem Opium vor allem Heroin her. Dann schmuggeln sie diese gefährliche Droge nach Europa und Amerika.

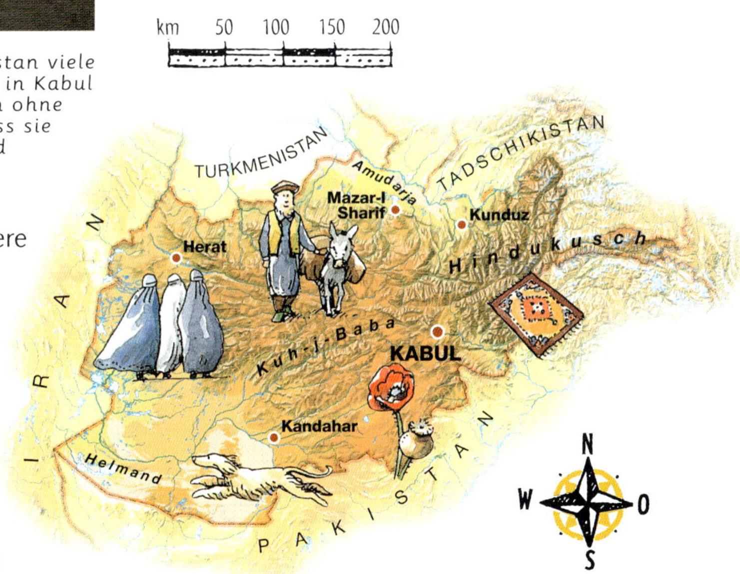

Wie leben afghanische Kinder nach dem Krieg?

Seit Jahren herrschen in Afghanistan Krieg und Bürgerkrieg. Bei einem Bürgerkrieg kämpfen die Bürger ein und desselben Landes gegeneinander. Dabei streiten sie um Macht und Geld und um Religion.

Flüchtlinge verlieren meist alles, was sie haben: ihre Wohnung, ihr ganzes Hab und Gut und vor allem ihre Heimat. Manche Kinder werden auch zu Waisenkindern.

Auch heute kommt das verwüstete Land nicht zur Ruhe, es wird an vielen Stellen gekämpft. Ein Aufbau kann nur ganz langsam beginnen. Am meisten leiden unter einem Krieg die Kinder, die völlig unschuldig sind und die noch nicht einmal wissen, warum eigentlich gekämpft wird. Krieg bedeutet immer Tod, Verletzung, Verwüstung, Hunger und Flüchtlinge. Die Schwächsten trifft es am härtesten, und das sind vor allem die Kinder.

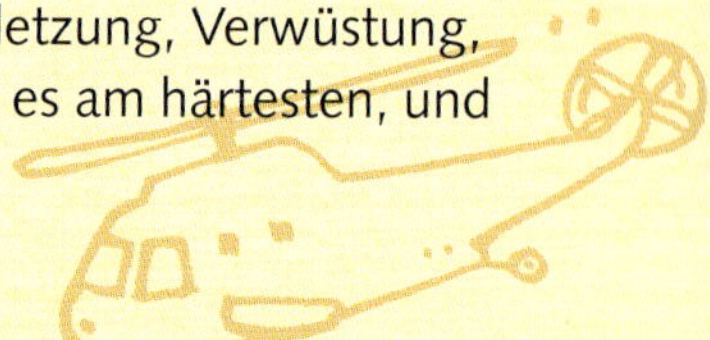

Afghanische Flüchtlingskinder

Mehrere Millionen Afghaner haben in den letzten Jahren ihre Dörfer verlassen. Sie wurden von Truppen vertrieben oder suchten einfach nach Wasser und Nahrung. Denn wegen der Kriegswirren konnten sie kein Getreide und kein Gemüse mehr anbauen. Die meisten Flüchtlinge sind Frauen und Kinder. Ihre Männer gingen freiwillig in den Krieg oder wurden dazu gezwungen. Die afghanischen Flüchtlinge leben in Lagern in den Nachbarländern Pakistan, Iran und Tadschikistan. Dort hoffen sie auf internationale Hilfe. Ihre Lage ist verzweifelt. Rund die Hälfte aller afghanischen Kinder hat nicht genug zu essen oder bekommt nicht das Richtige zu essen. Jedes Jahr sterben fast 300 000 afghanische Kinder unter fünf Jahren. Das bedeutet, dass jedes vierte Kind seinen fünften Geburtstag nicht erlebt. Wenn Kinder durch Hunger geschwächt sind, werden sie auch viel leichter krank, und selbst eher harmlose Krankheiten können sich tödlich auswirken. Sehr viele Kinder sterben an einem einfachen Durchfall. Fast keine afghanische Familie hat nämlich Zugang zu wirklich sauberem Trinkwasser.

Die Menschen in den Flüchtlingslagern leben in einfachen Lehmhütten ohne Heizung und Strom. Leider wa-

Von Flugzeugen aus wurden Nahrungspakete abgeworfen. Die afghanischen Kinder und Erwachsenen sammelten sie auf, um etwas zu essen zu haben.

Terror: Die unschuldigen Opfer

In Afghanistan gibt es viele Terroristen: Das sind Menschen, die ihre Interessen mit rücksichtsloser Gewalt durchsetzen wollen. Sie scheuen nicht davor zurück, Sprengsätze gerade an den Orten explodieren zu lassen, wo viele Menschen sind. So manche afghanische Mutter ist vom Einkauf auf dem Markt nie mehr zurückgekommen, weil sie Opfer eines solchen Sprengstoffanschlags wurde. Die Menschen leben in ständiger Angst und verlassen ihre Häuser möglichst selten. Das gilt auch für die Kinder: Auf der Straße zu spielen oder mit dem Bus zu fahren, ist nicht ungefährlich. Auch Ausländer, die gekommen sind, um dem armen Land beim Wiederaufbau zu helfen, sind in Gefahr. Die Terroristen haben einige von ihnen, darunter auch Deutsche, als Geiseln genommen. Sie drohen damit, diese unschuldigen Geiseln zu töten, wenn ihre Forderungen nicht erfüllt werden.

ren auch die letzten Winter extrem kalt. Es fehlt den afghanischen Kindern an allem: Kleidung, Nahrung, Medikamenten, Wasser. Und jeden Tag kommen in diesen Lagern neue Kinder auf die Welt. Viele überleben nicht, denn auch ihre Mütter sind geschwächt. Sie haben selbst nicht genug zu essen und können somit auch ihre Neugeborenen nicht stillen. Und wenn die Babys doch durchkommen, haben sie nie etwas anderes erlebt als Flüchtlingselend.

Khans Leben im Lager

Khan floh mit seiner Mutter und seinen drei Geschwistern vor einem Angriff und lebt nun schon seit zwei Jahren in einem Lager in Pakistan. Barfuß kam er dort an, völlig ausgehungert, zerlumpt und krank. Khan arbeitet im Lager zusammen mit seinem jüngeren Bruder. Er sammelt Plastikabfälle und Papier und verkauft dieses weiter. Das bringt ihm rund einen halben Euro pro Tag ein. Manchmal geht er in die Schule. Aber die meiste Zeit muss er das bisschen Geld für seine Familie verdienen.

Internationale Hilfe

In Khans Lager in Afghanistan hilft die UNICEF. Das ist die Kinderorganisation der UN, der Vereinten Nationen. UNICEF ist eine englische Abkürzung, die auf Deutsch „Internationaler Kinderhilfsfonds" heißt. Das Geld, das diese Organisation braucht, bekommt sie durch Spenden. Die UNICEF hat rund 5 600 Angestellte, von denen die weitaus meisten in → Entwicklungsländern und Notstandsgebieten arbeiten.
Die UNICEF sorgt in Afghanistan und afghanischen Lagern für Decken, Kleidung, Nahrung, Kochgeschirr, Trinkwasser, Seife, Heizmaterial und Medikamente.

Bei einem → Bürgerkrieg kämpfen bewaffnete Gruppen gegeneinander. Nirgends ist man sicher. Für viele afghanische Kinder war dies jahrelang das alltägliche Bild.

Pakistan erstreckt sich vom zweithöchsten Gipfel der Erde, dem K 2 im Karakorum (8 611 m), bis zum Arabischen Meer. Der Norden und der Westen des Landes sind sehr gebirgig mit einer ausgedehnten Hochebene. Im Südosten liegen flache Talebenen, wie das Industiefland, sowie die Wüste Thar. Pakistan gibt es erst seit dem Jahr 1947, davor gehörte das Land zu Indien.

Pakistan

Fläche:	rund 796 000 km^2
Einwohner:	rund 157 Millionen
Hauptstadt:	Islamabad mit rund 800 000 Einwohnern
Sprache:	Urdu
Währung:	Pakistanische Rupie

Auf dem Land helfen die Kinder mit, Wasser mit Eimern aus Brunnen oder kleinen Bächen zu schöpfen und nach Hause zu bringen. Das ist sehr mühsam. Das Wasser ist oft nicht sauber, und man kann davon krank werden.

Die Pakistaner sind ➔ Moslems. Das Land wurde 1947 für die indischen Moslems gegründet. Die Frauen müssen in der Öffentlichkeit einen Schleier tragen und ihr Haar bedecken. Fremde Männer dürfen ihr Gesicht nicht sehen. Selbst im Haushalt leben die Männer einer Familie getrennt von den Frauen. Auch die Innenräume von ➔ Moscheen dürfen Frauen nicht betreten. Sie können oft nur von einem schmalen Balkon aus einen Blick ins Innere werfen.

Einige Regionen Pakistans sind so arm, dass es keine Schulen gibt. Die Kinder dort haben manchmal etwas Unterricht im Freien.

Am Lauf des Flusses

Der Fluss Indus mit seinen Nebenflüssen läuft quer durch Pakistan. Man entnimmt ihm Trinkwasser und nutzt ihn zur Stromversorgung und Bewässerung der Felder.

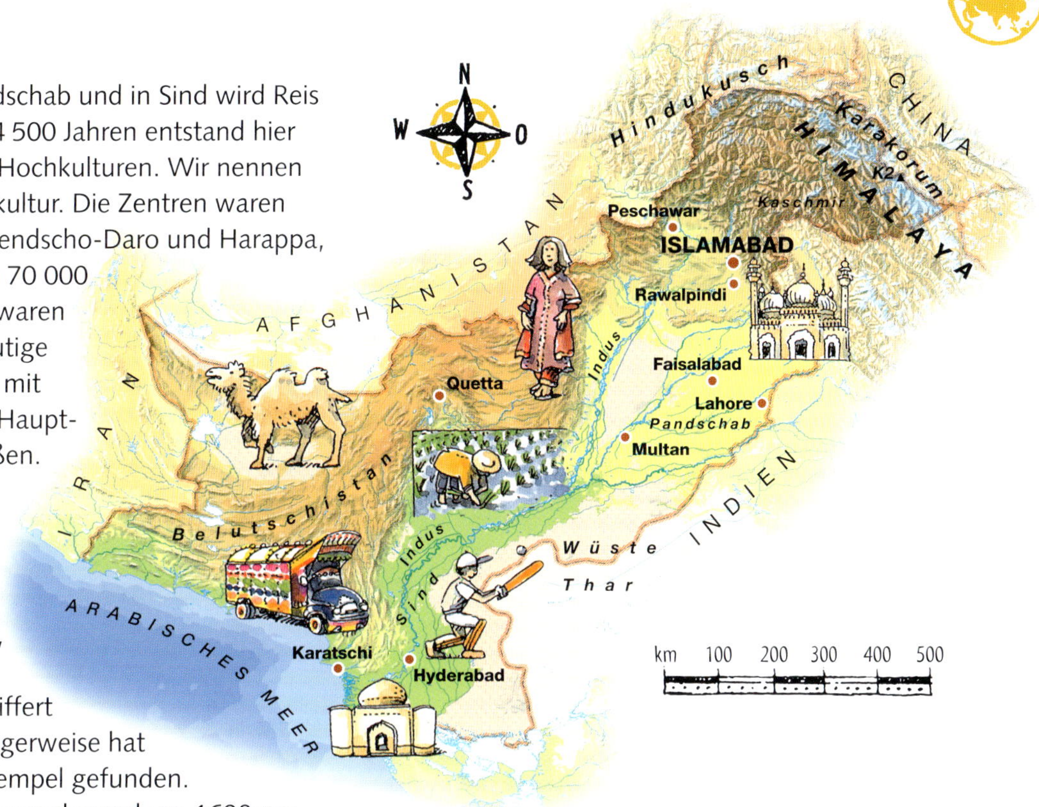

Im flachen Pandschab und in Sind wird Reis angebaut. Vor 4 500 Jahren entstand hier eine der ersten Hochkulturen. Wir nennen sie heute Induskultur. Die Zentren waren die Städte Mohendscho-Daro und Harappa, beide mit bis zu 70 000 Menschen. Sie waren geplant wie heutige Reißbrettstädte mit rechtwinkligen Haupt- und Nebenstraßen. Die Menschen hatten damals schon eine Kanalisation sowie eine Schrift, die man heute noch nicht entziffert hat. Merkwürdigerweise hat man keinerlei Tempel gefunden. Die Induskultur verschwand um 1600 vor Christus, weil der Fluss Indus seinen Lauf änderte.

Keine Zeit zum Spielen

Fast alle deutschen Fußballer treten heute pakistanische Bälle! In der Stadt Sialkot bei Lahore werden die meisten Bälle hergestellt. Man näht sie von Hand zusammen. Da die Erwachsenen dafür schlecht bezahlt werden, müssen ihre Kinder mitarbeiten. Diese Jungen und Mädchen wissen meist gar nicht, dass in anderen Ländern dann Kinder mit diesen Bällen spielen werden. Sie treffen sich zum Beispiel am Nachmittag auf einer Wiese und spielen Fußball. Die Kinder in Pakistan haben zum Spielen meist keine Zeit, weil sie arbeiten müssen. Das ist ein Teufelskreislauf: Die Kinder können nicht zur Schule gehen, bekommen keine Ausbildung und haben so auch keine Zukunft.

Das Leben der Kinder auf dem Land

Ein großer Teil der pakistanischen Bevölkerung lebt in ländlichen Gebieten. Die meisten Familien sind dort sehr arm – und sehr groß. Eine pakistanische Familie hat im Durchschnitt fünf Kinder. Viele dieser Kinder leben mit ihren Eltern in einfachen Lehmhütten ohne Strom und fließend Wasser. Die Jungen und Mädchen helfen ihren Eltern im Haushalt oder auf den Feldern. Oder sie müssen in Fabriken arbeiten. Darum gehen viele Kinder nicht oder nur kurz zur Schule. Bei den Mädchen kommt noch hinzu, dass sie oft schon im Alter von 13 Jahren heiraten oder verheiratet werden, denn häufig suchen die Eltern den Partner für sie aus.

Indien, Bangladesch und Pakistan bilden den indischen Subkontinent.

Er ist vom restlichen Asien durch den hohen Himalaya abgeschlossen. Direkt an der indischen Westküste erheben sich gewaltige Gebirge, die Westghats. Daran schließt sich eine Hochebene an, die langsam zur Ostküste abfällt. Indien und Bangladesch haben ein warmes Klima. Die Regenzeit heißt hier Monsun.

Indien

Fläche:	rund 3,3 Millionen km²
Einwohner:	über 1 Milliarde
Hauptstadt:	Neu-Delhi mit rund 300 000 Einwohnern
Sprachen:	Hindi, Englisch sowie weitere 17 Amtssprachen
Währung:	Indische Rupie

Fast alle Inder sind Hindus. Damit bezeichnet man die Anhänger des → Hinduismus. Diese Religion glaubt, dass das Leben eine unendliche Kette von Wiedergeburten ist. Jeder Mensch wird nach seinem Tod wiedergeboren, wobei die guten und schlechten Taten über die Art der Wiedergeburt entscheiden. Der Hinduismus hat sehr viele Götter. An der Spitze der hinduistischen Götter stehen *Brahma, Wischnu* und *Schiwa*.

Die Götter der Hindus

Indien hat über eine Milliarde Einwohner. Das heißt, fast jeder sechste Mensch kommt aus Indien. Die Überbevölkerung ist für das Land ein großes Problem. Die Hauptstadt Neu-Delhi ist ein Stadtteil von Delhi. In ganz Delhi leben rund 9,8 Millionen Menschen.

Ein paar Ziegen sind für indische Familien auf dem Land ein wertvoller Besitz. Auch die Kinder helfen mit, die Tiere zu hüten.

Die Kinder in Indien gehören verschiedenen Kasten an

Der Hinduismus verlangt von seinen Gläubigen, dass sie Maß halten und viel meditieren. Diese Versenkung heißt auch *Joga*. Typisch für den Hinduismus ist auch das Kastensystem. Jeder Mensch wird in eine bestimmte Kaste oder Gesellschaftsschicht hineingeboren. Die höchste Kaste ist die der *Brahmanen*, der Priester. Daneben gibt es drei weitere Hauptkasten und Tausende von Unterkasten. Sehr oft gehören die Angehörigen eines einzigen Berufes zu einer Kaste, etwa die Goldschmiede, die Gerber oder Stoffhändler. Jedenfalls bleibt ein Mensch sein Leben lang Mitglied einer solchen Kaste. Er kann nicht aufsteigen und die Kaste wechseln. Das starre Kastensystem verwehrt vielen Kindern den Zugang zur Bildung. Besonders in den Städten ist der Unterschied zwischen den Kasten, zwischen

Viele Kinder müssen arbeiten, bekommen für ihre Arbeit aber kaum Geld. Da bleibt ihnen oft nichts anderes übrig, als für ihren Lebensunterhalt zu betteln.

Die heiligen Kühe

Wohin man in Indien auch geht, überall sind Kühe. Sie halten den Verkehr auf und fressen sogar den Gemüsehändlern den Kohl weg. Keiner stört sich daran. Die Kühe sind in Indien heilig. Rindfleisch zu essen, ist dort verboten. Die rund 200 Millionen Kühe versorgen die Menschen mit Milch und Butter. Sie dienen auch als Arbeitstiere und ziehen Karren und Pflug. Der Kuhfladen dient als Dünger oder Brennstoff. Die Kühe fressen den Menschen auch nichts weg, sondern sie begnügen sich mit Stroh und sogar Müll.

In Indien gibt es Elefanten, auf denen du reiten kannst. Du sitzt dann in einer Höhe von etwa drei Metern auf dem Elefantenrücken und schaukelst hin und her. Die Elefanten werden auch zum Arbeiten verwendet. Sie ziehen zum Beispiel schwere Lasten oder rollen mit ihrem kräftigen Rüssel Baumstämme vorwärts.

Arm und Reich sehr groß. So leben in Mumbai (Bombay) zum Beispiel viele indische Kinder mit ihren Familien in → Slums. Ein großer Teil dieser Kinder besucht nicht regelmäßig eine Schule. Andere Kinder in Mumbai wachsen dagegen in Villenvierteln auf. Sie erhalten eine ausgezeichnete Schulbildung. Später besuchen sie vielleicht eine der Eliteuniversitäten, die weltweit ein hohes Ansehen genießen. Wer hier studiert hat, kann auch im Ausland gute Jobs bekommen. Besonders begehrt sind indische Computerfachleute.

Land der Dörfer

In Indien gibt es rund 30 Millionenstädte. Trotzdem leben drei Viertel aller Inder auf dem Land in Dörfern. Die meisten sind Bauern. Sie bauen Reis, Gemüse, Kokosnüsse und Zuckerrohr an. Ihre Häuser haben nur zwei bis drei Räume. In den Dörfern wird meist im Freien unterrichtet. Doch viele Kinder gehen gar nicht in die Schule und können weder lesen noch schreiben. Das betrifft vor allem die Mädchen. Der Mittelpunkt jedes Dorfes ist der Brunnen. Dort holen die Frauen jeden Tag Wasser. Ihre Kleidung sieht immer sehr elegant aus. Sie besteht nur aus zwei Stücken: einer kurzen Bluse und einer sehr langen Stoffbahn, dem *Sari.* Der *Sari* wird erst um die Taille geschlungen und dann über die Schulter geworfen.

Licht und Schatten

In kaum einem anderen Land gibt es so viele Feste wie in Indien. Sie sind den vielen Göttern gewidmet und können mehrere Tage

Curry und Süßes

An die indische Küche musst du dich wahrscheinlich erst gewöhnen. Für Kinder sind oft zu viele Gewürze in den Gerichten, etwa scharfer Chili oder Curry. Viele Inder sind Vegetarier. In Indien gibt es neben schmackhaftem Reis auch leckere Brote, etwa **Naan, Tschapati** oder **Paratha.** Und dann die Süßigkeiten! **Barfi** ist eine Art feste Kondensmilch. Man bekommt sie in vielen verschiedenen Geschmacksrichtungen. Übrigens: Vor und nach dem Essen das Händewaschen nicht vergessen! In Indien essen nicht nur die meisten Kinder, sondern auch die Erwachsenen mit der rechten Hand. Löffel nehmen sie nur selten, Messer und Gabel nie. Das Essen wird schon vor dem Kochen klein geschnitten.

dauern. *Diwali*, das Fest des Lichts, wird im Spätherbst gefeiert. Du siehst dann Tausende kleiner Öllampen in den Dörfern flackern. Die Kinder zünden Feuerwerkskörper an, die sie oftmals selbst hergestellt haben. Denn ungefähr jedes vierte Kind in Indien muss arbeiten. Schon frühmorgens werden die Kinder mit Bussen in die Fabriken gebracht. Die Busse sind oft so überfüllt, dass die Mädchen und Jungen während der langen Fahrt stehen müssen. Erst spätabends sind sie wieder zu Hause. Trotz des langen Arbeitstages sind die Löhne erbärmlich. Die Kinder verdienen so wenig, dass sie sich die Feuerwerkskörper für *Diwali* gar nicht leisten können.

Bangladesch

Fläche:	rund 147 600 km²
Einwohner:	rund 150 Millionen
Hauptstadt:	Dhaka

Bangladesch ist eine Tiefebene. Der größte Teil des Landes liegt weniger als 15 m über dem Meeresspiegel. Bangladesch gehört zu den Ländern, die am dichtesten besiedelt sind. Es entstand erst 1971. Die Einwohner sind → Moslems. Bangladesch ist ein sehr armes Land. Nicht alle Kinder können in eine Schule gehen, genug essen, sauberes Wasser trinken oder mit Medikamenten versorgt werden, wenn sie krank sind. Viele Kinder sterben, bevor sie fünf Jahre alt sind. Schuld daran ist oft verunreinigtes Wasser. Da viele Familien keinen Brunnen haben, müssen sie verschmutztes Wasser trinken.

Kampf ums Überleben

In Bangladesch fließen zwei riesige Ströme ins Meer, der Ganges und der Brahmaputra. Beide kommen aus Tibet und bilden zusammen an der Küste ein großes Delta. So nennt man die Mündungsgebiete von Flüssen. Die Bangladescher leben dort auf Schlamminseln und bauen darauf kleine Häuser auf Stelzen. Die Kühe daneben haben oft nur ein winziges Gehege. Die Menschen sind von Haus zu Haus mit dem Boot unterwegs. In der → Regenzeit im Sommer sind viele dieser Inseln überschwemmt. Wenn die Menschen Pech haben, verlieren sie ihr Land und das Haus, das darauf steht. In solchen Zeiten kann für die Kinder auch kein Unterricht mehr erteilt werden. Nach der Regenzeit kehren die Menschen aber wieder zurück, errichten neue Hütten und pflanzen wieder Gemüse an.
Im Golf von Bengalen entwickeln sich jedes Jahr heftige Wirbelstürme, die Taifune. Sie drücken Wasser ins Land hinein. Bei solchen Sturmfluten ertrinken nicht selten Tausende von Menschen. Der Osten des Landes ist sicher vor solchen Überschwemmungen. Hier leben Bergvölker, wie beispielsweise die Murung.

Als „Taxis“ gibt es in vielen asiatischen Ländern solche Fahrrad-Rikschas. Du setzt dich hinten hinein, und der Fahrer tritt in die Pedale. In Bangladesch sind die Rikschas oft bunt bemalt und schön verziert.

Warum Kinder arbeiten.

Auf der Welt leben über sechs Milliarden Menschen. 1,2 Milliarden davon sind Kinder unter 14 Jahren. Und wiederum 250 Millionen davon – so schätzt man – müssen jeden Tag schwere Arbeit verrichten und können deswegen nicht in die Schule gehen. Man nennt das Kinderarbeit. Kinder klopfen Steine, knüpfen Teppiche, nähen T-Shirts oder Fußbälle, pflücken Tee, tragen Lasten oder schuften in Bergwerken, weil sie besser durch die niedrigen Stollen kriechen können.

Lals Arbeit im Steinbruch

Lal in der südindischen Stadt Yeleswaram ist neun Jahre alt. Sein Vater arbeitet in einem Steinbruch und klopft dort Steine, die für den Straßenbau gebraucht werden. Vor einiger Zeit verletzte er sich und musste zu Hause bleiben. Der wöchentliche Verdienst von umgerechnet fünf Euro fiel damit aus. Um nicht zu verhungern, musste Lals Vater Geld leihen – natürlich von seinem Chef. Aber der wollte nicht einfach Geld hergeben. Deswegen musste Lal anstelle seines Vaters im Steinbruch arbeiten. Der Chef zahlte ihm aber nur zwei Euro pro Woche, weil er noch nicht so leistungsfähig war – kein Wunder, er war noch ein Kind wie du. Der Chef wollte für das geliehene Geld aber auch noch hohe Zinsen haben. So kam es, dass sich immer mehr Schulden ansammelten, selbst nachdem Lals Vater wieder arbeiten konnte.

An einem Teppich aus einem fernen Land hat vielleicht ein kleines Mädchen viele Stunden gearbeitet.

Lal ist nichts anderes als ein ➔ Sklave in den Händen seines „Besitzers" geworden. Er ist ein Schuldsklave. 15 Millionen Kinder sollen als solche „Schuldsklaven" in Indien arbeiten. Das ist nur möglich, weil Lals Vater nicht einmal den gesetzlich vorgeschriebenen Mindestlohn bekommt. Man nennt das Ausbeutung. Auch sonst hält sich der Steinbruchbesitzer nicht an die Vorschriften: Kinder unter 14 Jahren dürfen eigentlich nicht in „gefährlichen" Betrieben arbeiten. Auch den 70 Millionen anderen Kindern, die in Indien für Hungerlöhne oder für gar keinen Lohn arbeiten, geht es kaum besser als Lal. Sie stellen alles Mögliche her, von Teppichen bis hin zu Kassettenrekordern. Mädchen pflücken vor allem Tee. Sie haben schmale geschickte Finger und müssen daher Korb um Korb mit

Sogar jüngere Kinder als Lal arbeiten in Steinbrüchen und Ziegelbrennereien.

den feinen Teeblättchen füllen. In Guatemala arbeiten viele Kinder bei der Kaffee-Ernte. Um vier Uhr früh stehen sie auf und arbeiten dann am Stück zehn oder mehr Stunden. Für 50 kg Kaffee bekommen sie umgerechnet nur zwei Euro.

Wunschträume

In manchen Ländern muss jedes zweite Kind zwischen fünf und 14 Jahren hart arbeiten. Diese Kinder haben keine richtige Kindheit, denn sie bräuchten Zeit, um mit Freunden oder Geschwistern ausgelassen spielen zu können. Außerdem können sie, wenn sie arbeiten müssen, nicht zur Schule gehen. Und wer keine Schule besucht, kann am Ende weder lesen noch schreiben oder rechnen – geschweige denn einen Computer bedienen. Diese Kinder werden als Erwachsene weiterhin für einen ungerechten Lohn arbeiten müssen. Kannst du dir vorstellen, dass sich Millionen von Kindern nichts sehnlicher wünschen als zu lernen? Natürlich ist Schule manchmal langweilig, und gelegentlich möchtest du nicht in die Schule gehen, aber es ist sehr wichtig zu lernen.

Damit nicht so viele Kinder in der ➔ Dritten Welt arbeiten müssen, kann jeder von uns etwas unternehmen. Wenn Tee, Kaffee und Kakao besonders billig sind, kann man fast sicher sein, dass für die Ernte und die weiteren Arbeiten Hungerlöhne bezahlt wurden. Deswegen sollten wir Tee oder Kaffee zu fairen Preisen kaufen. Sie liegen etwas höher, weil die Erntearbeiter auch einen höheren gerechten Lohn bekommen. Damit müssen auch ihre Kinder nicht arbeiten und können die Schule besuchen. Solche Produkte zu fairen Preisen gibt es in den Eine-Welt-Läden und im Supermarkt. Sie tragen das Gütesiegel „Transfair". Bei den Teppichen heißt es „Rugmark".

Die Rechte der Kinder

Fast alle Länder dieser Welt haben sich dazu verpflichtet, die Rechte der Kinder zu wahren. Diese wurden in einer so genannten Konvention festgelegt. Ganz allgemein gesagt sollen sich Kinder gut entwickeln können und dabei immer ausreichend Schutz und Hilfe erhalten. Kinder haben eine ganze Menge Rechte. In der Konvention sind unter anderen die folgenden genannt:

- Das Recht satt zu werden
- Das Recht auf ein Dach über dem Kopf
- Das Recht auf Schutz vor Ausbeutung
- Das Recht gehört zu werden
- Das Recht auf Freizeit und Erholung
- Das Recht auf Schutz vor Missbrauch und Gewalt
- Das Recht, von den Kinderrechten zu erfahren
- Das Recht auf eine Privatsphäre

Mädchen müssen häufig in der Landwirtschaft arbeiten. Den ganzen Tag stehen sie mit krummen Rücken auf dem Feld und hacken den Boden oder pflücken mühsam Früchte.

Der Indische Ozean

Der Indische Ozean ist das kleinste der drei Weltmeere. Im Norden wird er ganz von Asien begrenzt, im Westen von Afrika und im Osten von Australien. Ganz im Süden bildet der Indische Ozean zusammen mit dem Pazifik und dem Atlantik das Südpolarmeer. Im Indischen Ozean liegen rund 5 000 Inseln. Bedeutende darunter sind Madagaskar, die Seychellen, die Malediven und Sri Lanka.

Der Indische Ozean hat zwei Nebenmeere, die fast vollständig abgeschlossen sind. Das Rote Meer liegt zwischen Afrika und der Arabischen Halbinsel. Es mündet in den Golf von Aden. Nordöstlich davon liegt der Persische Golf, der seinerseits in den Golf von Oman mündet. Die beiden Golfe gehören zum Arabischen Meer.

Winde und Monsun

Das Wasser im Indischen Ozean ist schön warm. Zwischen Winter und Sommer ist kein großer Unterschied. Dafür gibt es ➔ Regen- und Trockenzeiten. Im Winter weht vom Festland, also von Nordwesten her, ein kühler und trockener Wind. Im Juni dreht sich die Windrichtung. Nun kommen die Winde von Südwesten, vom Meer her. Sie sind warm und feucht und bringen lebenswichtigen Regen. Er heißt hier ➔ Monsun. Bis Oktober kann es tagelang regnen, und in dieser Zeit sind Überschwemmungen die Regel.

Kinder auf Madagaskar

„Wir lagen vor Madagaskar …“ – kennst du dieses Lied, das in vielen von uns die Vorstellung von Freiheit und Abenteuerlust weckt? Doch die Kinder auf Madagaskar können nicht frei wählen: Die meisten Mädchen und Jungen leben in großer Armut. Viele gehen nicht zur Schule. Sie verkaufen Erdnüsse oder Zeitungen am Straßenrand. Mit ihren Eltern und den zahlreichen Geschwistern leben sie oftmals in Sperrholzhütten am Stadtrand. Und viele Kinder haben noch nicht einmal ein festes Zuhause. Sie leben auf der Straße, ohne Hoffnung auf eine bessere Zukunft.

Im Indischen Ozean findest du eine beeindruckende und farbenprächtige Tier- und Pflanzenwelt. Dieser Clownfisch zum Beispiel lebt in den Fangarmen einer Seeanemone. Die Anemone ist auch ein Tier, frisst den Fisch aber nicht auf.

Paradies für Piraten

Der Indische Ozean ist heute das gefährlichste Meer der Welt – nicht etwa wegen der Haie, sondern wegen der Seeräuberei. Die Seeräuber sind dort aber keine alten Haudegen mit Holzbein und Augenklappe. Die Verbrecher sind mit modernen Waffen ausgerüstet und fahren schnelle Boote. Sie überfallen Jachten, Frachter und Tanker und plündern sie. Das Paradies für diese Piraten

ist die Straße von Malakka zwischen Malaysia und Sumatra.
Vor Seeräubern mussten sich schon die ersten Entdecker in Acht nehmen. Im 15. Jahrhundert waren Gewürze aus Indien wie Pfeffer, Muskatnuss und Zimt sehr gesucht und kosteten viel Geld. Sie kamen zunächst auf dem Landweg bis zum Mittelmeer und wurden dann mit Schiffen nach Europa weitertransportiert. 1498 fand der Seefahrer Vasco da Gama einen Seeweg nach Indien: Er musste erst um ganz Afrika segeln und dann den Indischen Ozean durchqueren. Heute ist das nicht mehr notwendig. Die Schiffe fahren durch das Rote Meer. Dann gelangen sie über den Suezkanal direkt ins Mittelmeer. Dieser Kanal wurde um 1860 gegraben.

Indischer Ozean

Fläche:	rund 75,8 Millionen km²
Mittlere Tiefe:	3 936 m
Größte Tiefe:	7455 m im Sundagraben vor Java
Größte Insel:	Madagaskar
Heftigster Niederschlag:	1,8 m in 24 Stunden auf der Insel Réunion

Auch eine ganze Reihe verschiedener Haiarten lebt im Indischen Ozean.

Die Malediven bestehen aus über 1 000 winzigen Inseln im Indischen Ozean bei der Südspitze Indiens. Nur rund 200 dieser Inseln sind bewohnt.

Malediven

Fläche:	rund 300 km²
Einwohner:	rund 330 000
Hauptstadt:	Malé

Die Menschen gehen dort auf Fischfang, ernten Kokosnüsse und leben sonst vom Tourismus. Schulen für die Kinder gibt es auf fast jeder bewohnten Insel. Nur wenn die Kinder später auf eine weiterbildende Schule gehen, wird es etwas schwieriger. Denn dafür müssen sie in die Hauptstadt Malé. Die Mädchen und Jungen werden dann in Internaten untergebracht.

Um die Malediven gibt es eine faszinierende Unterwasserwelt. Man hat dort über 1 000 verschiedene Fischarten nachgewiesen. So ein Teufelsrochen kann bis zu sechs Meter lang und bis zu zwei Tonnen schwer werden. Unter Wasser gleitet er geschmeidig dahin.

Inseln aus Korallen

Die Malediven sind eine Kette von Koralleninseln. Korallen sind altertümliche festsitzende Tiere. Sie leben eng zusammen in Tierstöcken. Man kann sie mit einer Stadt vergleichen, weil jede Koralle um sich herum ein Skelett aus Kalk entwickelt, wie eine Art Haus. Korallenstöcke können die unterschiedlichsten Formen annehmen, etwa von Polstern, Büschen oder Pilzen. Zusammen bilden die Korallenstöcke große ➔ Riffe. Wenn sie über den Wasserspiegel hinausragen, werden daraus Koralleninseln.

Die Inseln der Malediven sind im Schnitt nur zwei Meter hoch. Bei Stürmen werden sie gelegentlich überflutet. Aber es könnte noch schlimmer kommen. Zurzeit erwärmt sich das Klima weltweit. Dadurch schmilzt viel Eis an den Polen ab. Und deshalb könnte der Meeresspiegel dauerhaft steigen. Die Malediven würden dann im Meer verschwinden.

Sri Lanka

hieß früher Ceylon. Die Insel liegt an der Südspitze Indiens. In der Mitte stehen hohe Berge, doch an der Küste ist das Land flach. Sri Lanka gilt als Tropenparadies. Dort wird sehr viel Tee angebaut.

Sri Lanka

Fläche:	rund 65 600 km²
Einwohner:	rund 19,2 Millionen
Hauptstadt:	Colombo

Im Norden herrschte lange Jahre ➔ Bürgerkrieg zwischen den Singhalesen und den Tamilen, den beiden wichtigsten Volksgruppen auf der Insel. Seit Februar 2002 ruhen die Waffen. Und die Menschen hoffen auf Frieden in ihrem Land. Doch der Inselstaat kommt nicht zur Ruhe. Immer wieder gibt es gewalttätige Anschläge.

Um die Prozession farbenfroh geschmückter Elefanten zu sehen, sind viele Kinder und ihre Familien unterwegs.

Funkelnde Kleider für Elefanten

Jedes Jahr im August reisen viele Kinder mit ihren Eltern in die Stadt Kandy. Sie wollen dort an einem zehntägigen Fest teilnehmen. Der Höhepunkt findet am letzten Tag statt und heißt *Esala Perahera*. Dabei treten über 100 Elefanten und Tausende von Tänzern, Akrobaten, Trommlern und Feuerschluckern auf. Der größte Tempelelefant trägt einen goldenen Schrein auf dem Rücken. Darin befindet sich ein Zahn von Buddha (➔ Buddhismus). Der Elefant zieht mit der ganzen Prozession durch die Stadt und besucht dabei vier weitere Tempel, die hinduistischen Gottheiten geweiht sind. Damit er den nackten Boden nicht berühren muss, legt man vor ihm weiße Leintücher aus. Viele Elefanten tragen ein richtiges Kleid, in dem nur Löcher für die Augen ausgeschnitten sind. Auf dem Kleid blinken Tausende von winzigen Glühbirnchen. Den Tieren scheint es ebenso viel Spaß zu machen wie den großen und kleinen Zuschauern.

Nepal und Bhutan

Nepal und Bhutan liegen im Himalaya. Beide Länder sind extrem gebirgig. In Nepal, an der Grenze zu China, liegt der höchste Berg der Welt, der Mount Everest mit 8 846 Metern. Im steilen Himalaya kann man Reis und Gemüse nur auf schmalen Terrassen anbauen.

Nepal

Fläche:	rund 147 000 km²
Einwohner:	rund 25,7 Millionen
Hauptstadt:	Kathmandu

Besonders die Kinder haben unter der Armut in Nepal zu leiden. Viele haben zu wenig zu essen und sind krank. Einige Kinder haben kein Zuhause und müssen auf der Straße leben. Sie decken sich nachts zum Schlafen mit dem zu, was sie im Müll gefunden haben.

Die Sherpa im Bergland Nepals sind erfahrene Bergsteiger. Sie verdienen sich ihr Geld als Träger und Begleiter von Expeditionen in den Himalaya. Die Sherpa sind Buddhisten. Weiter im Süden vermischen sich die Religionen ➔ Hinduismus und ➔ Buddhismus. In einem wundervollen Tempel der Hauptstadt Kathmandu gibt es eine Zeremonie, bei der ein Mädchen die hinduistische Göttin Parwati, die Frau des Shiwa, verkörpert. Jedes Jahr übernimmt ein anderes Mädchen die Rolle der Göttin. Die Mädchen sind gerade mal fünf oder sechs Jahre alt, wenn sie auserwählt werden. Die meisten Nepalesen sind sehr arm. Die Armut treibt viele Eltern dazu, ihre Kinder zur Arbeit in die Städte zu schicken. Die Mädchen und Jungen knüpfen Teppiche oder arbeiten auf Baustellen oder in Steinbrüchen. Lesen und schreiben lernen sie nicht!

Bhutan

Fläche:	rund 46 500 km²
Einwohner:	rund 2,3 Millionen
Hauptstadt:	Thimphu

Bhutan heißt in der Sprache seiner Einwohner *Druk-yul*, „Land der Drachen". Und der König ist der Drachenkönig. Die Bhutanesen sind durchweg Buddhisten. Der größte Teil der Bevölkerung lebt in ländlichen Gebieten, weit entfernt von den Straßen. Kinder und Frauen müssen weite Strecken marschieren, um Wasser von Bächen oder Quellen zu holen. Denn in vielen entlegenen Dörfern in Bhutan gibt es kein sauberes Trinkwasser.

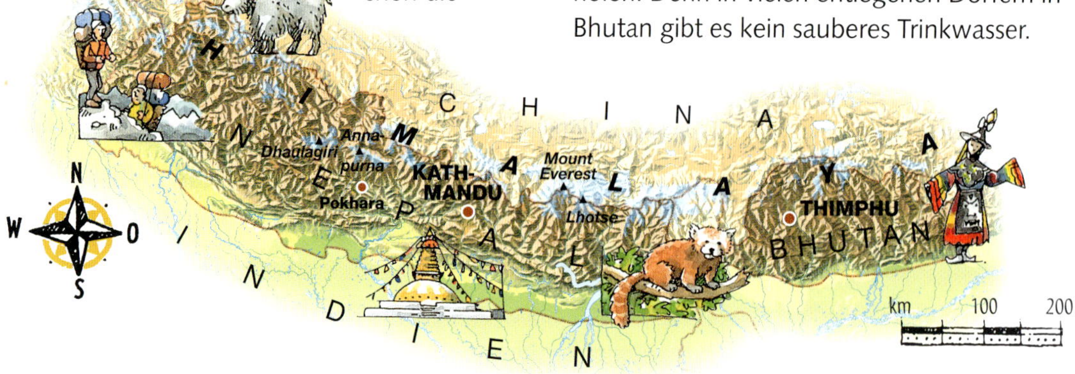

Die Mongolei stellst du dir wahrscheinlich als endlose grasbewachsene Ebene vor. Diese Vorstellung ist gar nicht so falsch. Nur im Norden und im Westen liegen einige höhere Gebirge. Den Süden der Mongolei bildet die Wüste Gobi, in der noch wilde Trampeltiere leben.

Mongolei

Fläche:	rund 1,6 Millionen km²
Einwohner:	rund 2,6 Millionen
Hauptstadt:	Ulan-Bator

Wenn wir „Mongolen" hören, packt uns immer noch ein leichtes Schaudern. Das hängt damit zusammen, dass vor rund 800 Jahren Mongolen unter der Leitung von Dschingis Khan bis nach Mitteleuropa vordrangen und ein Riesenreich eroberten. Man sagt, dass die Mongolen grausame Krieger waren. Die heutigen Mongolen sind ein friedliches, überwiegend buddhistisches Volk. An ihrer alten Lebensweise als umherziehende → Nomaden und Viehzüchter haben die meisten festgehalten. Viele leben in großen kreisrunden *Jurten.* Das sind Gerüstzelte mit Filzdecken darüber. Selbst im kalten Winter ist es darin sehr gemütlich. Fremde sind willkommen und bekommen gekochtes Fleisch und Teigtaschen.

Auch ein Schlafplatz wird leicht gefunden. Vor dem Fernseher sitzen die mongolischen Kinder abends nicht. Ihre Kindersendungen sind die Geschichten der Älteren. Oder sie hören mit ihren Eltern einem Musiker zu. Er spielt auf der alten dreieckigen Pferdekopf-

Die Mongolen sind als das Reitervolk bekannt. Die Kinder lernen von klein auf, mit Pferden durch die weite → Steppe zu reiten.

geige und singt *Höömij.* Das ist eine Art Bauchreden beim Singen. Selbst in der Hauptstadt Ulan-Bator leben viele Leute nicht in Steinhäusern, sondern in Jurten.

China

China ist das Land mit der weltweit höchsten Einwohnerzahl: rund 1,3 Milliarden. Jeder fünfte Mensch auf der Erde ist Chinese. Damit ist das Chinesische mit Abstand auch die meistgesprochene Sprache der Welt. In China gibt es viele verschiedene Landschaften: Ebenen, Wüsten, Gebirge, tropisch warme und sehr kalte Gebiete. China ist ein kommunistischer Staat.

China

Fläche:	rund 9,6 Millionen km²
Einwohner:	rund 1,3 Milliarden
Hauptstadt:	Peking (Beijing) mit rund 11 Millionen Einwohnern
Sprache:	Chinesisch
Währung:	Renminbi Yuan

Viele chinesische Kinder haben keine Geschwister. Denn um das Bevölkerungswachstum einzudämmen, versucht die Regierung, die Geburtenrate niedrig zu halten. Die Menschen müssen ja alle ernährt werden. Jahrelang bemühte sich die Regierung, die „Ein-Kind-Familie" beliebt zu machen. Ein-Kind-Familien werden zum Beispiel bei der Wohnungsvergabe bevorzugt. Diese Familienform setzte sich aber hauptsächlich in den Städten durch. Dort leben die Kinder mit ihren Eltern meist in Hochhäusern und haben nur wenig Platz zum Spielen. Die Wohnungen sind oft sehr klein. Vögel sind beliebte Haustiere. Auch die Kinder kümmern sich natürlich um ihre gefiederten Freunde: Sie machen ihre Käfige sauber oder spielen mit ihnen.

Auf dem Land, wo rund zwei Drittel der chinesischen Bevölkerung leben, haben die Familien häufig mehr Kinder. Die Mädchen und Jungen werden für die Arbeit auf den Feldern gebraucht. Außerdem sind sie die „Altersversorgung" der Eltern. Die erwach-

Die chinesischen Grundschulkinder haben meist den ganzen Tag Unterricht. Mittags essen sie zusammen, und zwischendurch spielen sie im Schulhof oder tanzen gemeinsam.

Tangram

Kennst du das uralte chinesische Legespiel **Tangram?** Das Spiel besteht aus sieben geometrischen Formen: fünf Dreiecken, einem Quadrat und einem Parallelogramm. Hunderte, ja Tausende von Figuren kann man aus diesen sieben Plättchen legen, etwa Tiere, Schiffe, Häuser oder Menschen. Zu jedem Tangram gibt es ein Buch mit Vorlagen, die du nachlegen kannst. Du musst aber immer alle sieben Teile verbrauchen. Und die Plättchen dürfen nicht übereinandergelegt werden. Bestimmt fallen dir auch noch viele eigene Figuren ein!

Die Gegend um Guilin ist berühmt für ihre besondere Landschaft, den Karst. So nennt man Gestein, das vom Wasser zu allen möglichen Formen ausgewaschen worden ist, wie diese Felsberge.

senen Kinder kümmern sich um ihre Eltern, wenn diese alt sind und nicht mehr arbeiten können. Auf dem Land wie in der Stadt besitzen die meisten Chinesen ein Fahrrad.

Sie benutzen es aber nicht nur zur Fortbewegung, sondern auch als Transportmittel. Oft sind die Räder beladen, als wären sie Lastwagen. Da kannst du schon einmal ein Sofa auf dem Gepäckträger sehen!

Mit Stäbchen essen

Die chinesischen Kinder essen wie ihre Eltern ohne Messer und Gabel. Dafür nehmen sie Stäbchen. Sie geben in ihre Schale erst etwas Reis, dann von den anderen Gerichten. Und dann setzen sie die Schale an den Mund und schaufeln mit den Stäbchen! Oft ist das Essen süßsauer

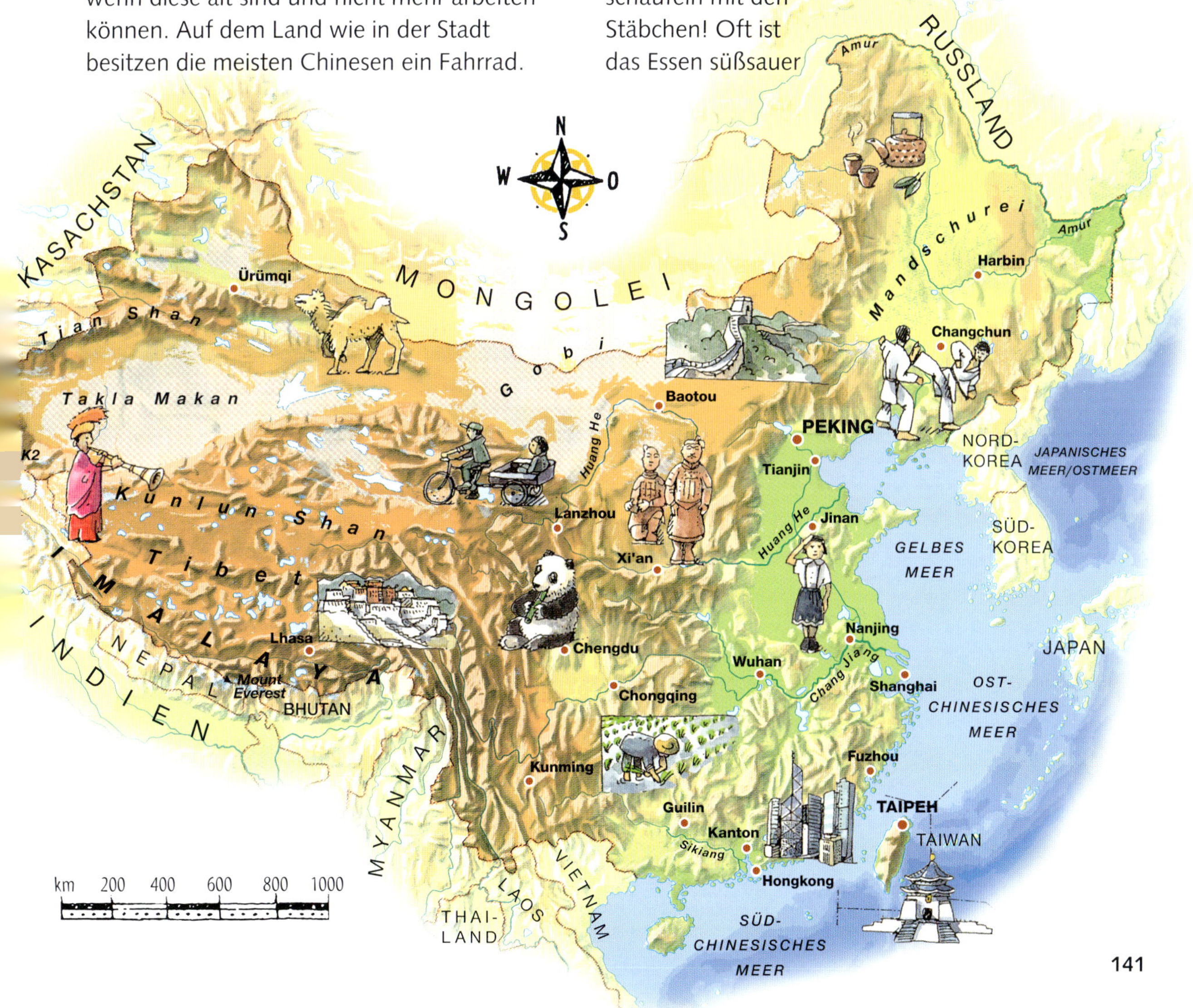

oder scharf gewürzt. Gekocht wird in einem *Wok,* einer tiefen Pfanne über dem Feuer.

Drachen bringen Glück

Drachen sind in China Glücksbringer. Kinder malen und basteln am Neujahrstag bunte Drachen. Das Neujahrsfest wird zwei Wochen lang gefeiert. Ganz wichtig ist dabei, dass es möglichst viel Krach gibt, damit die bösen Geister vertrieben werden. Das neue Jahr beginnt nicht am gleichen Tag wie bei uns, sondern im Januar oder Februar.
Gegen böse Geister sollen auch die Figuren an den Dachkanten der Tempel helfen. In den Tempel geht man, um mit den Göttern in Kontakt zu treten. Viele Menschen schreiben Briefchen an die Götter. Sie werden in Räucherspiralen gebunden und dann angezündet. Die Gebete sollen mit dem Rauch in den Himmel zu den Göttern steigen.

Fengshui in Hongkong

Im Jahr 1898 überließ China die Stadt Hongkong Großbritannien für 99 Jahre. So wurde Hongkong zu einer britischen ➔ Kolonie und zu einem wichtigen Wirtschaftszentrum. Weil kaum Platz ist in der Stadt, entstanden überall Wolkenkratzer. Berühmt ist die Hongkong-Shanghai-Bank. Beim Bau des Riesengebäudes aus Stahl und Beton zog man auch Fengshui-Experten hinzu. Sie sorgen dafür, dass die Naturkräfte und die Geister richtig wirken können. *Fengshui* bedeutet „Wind und Wasser“ und ist eine Methode, die den Menschen Wohlbefinden, Harmonie und Wohlstand bringen soll. Viele Chinesen wenden

Der Potala-Palast ist ein riesiger Tempel in der tibetischen Hauptstadt Lhasa. Dort wohnte früher der Dalai Lama.

auch bei der Einrichtung des Kinderzimmers *Feng Shui* an. So soll der Schreibtisch zum Beispiel so weit wie möglich von der Zimmertür entfernt stehen. Und wenn das Kind am Tisch sitzt, dann sollte es weder Fenster noch Tür im Rücken haben. Diese Maßnahmen sollen zum Beispiel die Konzentration der Kinder fördern.
1997 kehrte Hongkong wieder zu China zurück. Als modernste Stadt Chinas gilt heute aber Shanghai.

Tibet

Chinesen und Tibeter haben sich nie gut verstanden. 1950 eroberten die Chinesen Tibet. Ein Aufstand der Tibeter wurde niedergeschlagen. 1959 floh der Dalai Lama nach Nordindien. Er ist das geistliche Oberhaupt der Tibeter. Sie gehören einem besonderen Zweig der buddhistischen Religion an, dem ➔ Lamaismus. Diese Bezeichnung stammt von den tibetischen Mönchen, den **Lamas.** Tibet ist im Wesentlichen eine Hochebene auf rund 4 000 m. An den Grenzen liegen Hochgebirge wie der ➔ Himalaya oder der Kunlun Shan.

Taiwan und China gehörten bis vor über 50 Jahren zusammen. Auf die Insel Taiwan zogen sich jene Chinesen zurück, die nicht kommunistisch werden wollten. Der Westen der Insel ist eher flach, der Osten schroff und gebirgig.

Taiwan

Fläche:	rund 36 000 km²
Einwohner:	rund 22,3 Millionen
Hauptstadt:	Taipeh mit rund 2,6 Millionen Einwohnern
Sprache:	Chinesisch
Währung:	Neuer Taiwan-Dollar

Taiwan besteht aus einer großen und mehreren kleinen Inseln, die vor China im Pazifik liegen. Fast alle Taiwanesen leben im Westen der Insel, wo es weniger gebirgig ist. Dort gibt es viele Terrassenfelder. Taipeh, die Hauptstadt, liegt ganz im Norden. Es ist eine moderne Stadt, in der ständig neue Hochhäuser und Einkaufszentren entstehen. In Taipeh gibt es auch Schlangenmärkte. Dort kann man Schlangenblut kaufen. Schlangensuppe soll heilsam sein. Die traditionelle Heilkunde in Taiwan heilt mit Arzneien, die uns völlig fremd sind, zum Beispiel getrockneten Seepferdchen, Tigerschwänzen, Schildkrötenfleisch und Hirschgeweihen.

Das Orakel befragen

Überall in Taiwan stehen Tempel. Das äußere Tor wird fast immer von Hunden oder Löwen als Statuen bewacht. Im Tempel kann man die Zukunft erfahren. Du musst zuerst Opfergaben kaufen: Früchte, Getränke und mit Gold überzogenes Opfergeld. Das legst du auf den Altar. Dann zündest du möglichst viele Räucherstäbchen an. Jetzt musst du ein Körbchen mit Holzstäben schütteln, bis ein Hölzchen mit einer Zahl vorsteht. Der Priester sucht den zur Zahl passenden Text und erklärt dir, was deine Zukunft dir bringen wird. So etwas nennt man Orakel.

Das kleinere Neujahr

Zwei Wochen nach dem Chinesischen Neujahr wird in Taiwan das Laternenfest gefeiert. Man nennt es auch das „kleinere Neujahr“. An diesem Tag tragen alle Kinder eine bunte Laterne. Sie haben sie zusammen mit ihren Eltern gebastelt. Die Tempel und Parks sind am Abend von Tausenden von Lichtern erhellt. Diese bunten Lichter sollen den Geistern den Weg weisen.

In der Hauptstadt Taipeh vermischen sich die ursprünglichen asiatischen Traditionen mit dem modernen Leben einer Metropole. Viele junge Leute kleiden sich zum Beispiel wie die Jugendlichen in Amerika, essen wie sie gerne Hamburger und Pommes frites und trinken Cola.

Wie lernen chinesische Kinder schreiben?

Chinesisch ist die meistgesprochene Sprache der Welt. Über 1,3 Milliarden Menschen sprechen Chinesisch. Seit rund 3 500 Jahren kennen die Chinesen bereits die Schrift. Sie ist ganz anders aufgebaut als die unsrige. Die chinesische Schrift verwendet keine Buchstaben für einzelne Laute, sondern ein oder mehr Zeichen für ganze Wörter.

Um einen Brief zu schreiben, müssen die Kinder in China mehr als 2 000 Zeichen kennen. Insgesamt gibt es rund 50 000 verschiedene Zeichen, doch die beherrschen nur wenige. Nachschlagen kann man sie in dicken Wörterbüchern.

Vom Bild einer Schildkröte zur Schrift

Vor rund 3 500 Jahren entwickelten die Chinesen eine so genannte „Begriffsschrift“. Wenn sie „Schildkröte“ meinten, zeichneten sie eine Schildkröte, wenn sie „Schaf“ meinten, ein Schaf. Schon früh einigte man sich darauf, dass man Schildkröte mit einem ganz bestimmten Zeichen und Schaf mit einem anderen Zeichen darstellte. Wenn die Menschen das Zeichen für „Schildkröte“ sahen, wussten sie, dass sie Schildkröte sagen mussten. Aber es stand eben nicht S-c-h-i-l-d-k-r-ö-t-e in Buchstaben da, wie bei uns. Aus der Gestalt des Zeichens konnte ein Chinese, der das Wort für „Schildkröte“ gerade vergessen hatte, nicht ablesen, was für ein Wort er sagen musste.
Im Lauf der Jahrhunderte entwickelte sich die Schrift weiter. Die Schriftzeichen vereinfachten sich. Statt zum Beispiel einen Menschen ganz zu zeichnen, entschied man sich nur noch für zwei Striche. Das Zeichen 人 für „Mensch“ war somit als Mensch überhaupt nicht mehr zu erkennen. So erging es auch dem Zeichen 龟 für „Schildkröte“. Es hat kaum mehr Ähnlichkeit mit einer echten Schildkröte. Zudem wurden einzelne Zeichen zusammengesetzt, und die neuen Schriftzeichen bekamen eine eigene Bedeutung. So wurde zum Beispiel aus dem Zeichen für „Schwein“ unter einem „Dach“ ein neues Schriftzeichen 家 mit der Bedeutung „Familie“.

Von oben nach unten und von rechts nach links

Im Lauf der Zeit entwickelten sich die Sprachen in China auseinander. Die Menschen im Norden sprachen nun anders als die im Süden. Aber beide behielten ihre Schriftzeichen bei. So können heute noch die Nord- und die Südchinesen dieselben Bücher lesen. Früher haben die Chinesen von oben nach unten und von rechts nach links gelesen und geschrieben. Aber heute lesen und schreiben sie wie wir häufig auch von links oben nach rechts unten. Aber Vorsicht: Manche Bücher beginnen hinten. Könnten die Chinesen unsere Schrift einführen? Das haben sie schon getan. Die Umschrift heißt *Pinyin.* Wir können damit auch Chinesisch lernen und wissen, wie ein Wort ausgesprochen wird. *Pinyin* kann auch benutzt werden, um Zeichen in den Computer einzugeben.

Einige chinesische Zeichen und ihre Bedeutung zum Üben:

我 wǒ (:uo) = Ich
你 nǐ = Du
你好 nǐ hǎo! = Hallo, Guten Tag!
谢谢 xièxie (:chie che) = Danke schön
学校 xuéxiaò (:chüe chiao) = Schule
中国 Zhōngguó (:tschung guo) = China

Die Zahlen von 1 bis 10 lauten:
一 yī = 1, 二 èr (:ör) = 2, 三 sān = 3,
四 sì (:ße)= 4, 五 wǔ = 5,
六 liù (:liou) = 6, 七 qī (:tji) = 7,
八 bā = 8, 九 jiǔ (:djiou) = 9,
十 shí (:sche) = 10.

Das Chinesische und andere asiatische Sprachen sind so genannte „Tonsprachen". Das heißt, dass die Zeichen in verschiedenen Tonhöhen ausgesprochen werden. Im Chinesischen gibt es vier Töne: einen ebenen, einen steigenden, einen fallend-steigenden und einen fallenden Ton. Sie werden bei der Umschrift häufig mit angegeben.

In Quadrate schreiben

Die chinesischen Kinder lernen in der Grundschule zunächst einmal ganz einfache Zeichen, wie die Zeichen 日 für „Sonne" oder 月 für „Mond". Wenn man diese beiden Zeichen zusammensetzt, bekommt man das Zeichen 明 für „hell". Doch ganz so einfach ist das nicht. Alle chinesischen Schriftzeichen dürfen nur den Platz eines gleichgroßen Quadrates einnehmen – egal, ob sie mit einem Strich oder 20 Strichen geschrieben werden. So üben die Schüler, wie sie die beiden Zeichen für „Sonne" und „Mond" so schrumpfen und ausgleichen, dass beide in einem Quadrat Platz finden und das Ganze auch gut aussieht. Die ersten Schulhefte sind nicht mit Linien, sondern zur Unterstützung mit Quadraten bedruckt, und jedes Quadrat ist wiederum in vier Quadrate aufgeteilt, so dass die Kinder das Schreiben der Zeichen besser üben können.

Sowohl die einfachen als auch die komplizierteren Schriftzeichen setzen sich aus einzelnen Strichen zusammen. Diese Striche schreiben die chinesischen Kinder nicht nur mit Stiften, sondern malen sie auch mit einem chinesischen Pinsel und Tusche. Es gibt zum Beispiel Punkte, Querstriche, Striche mit einem linken Schwung oder mit einem rechten Schwung oder Haken. Der Lehrer schreibt am Anfang die Striche an die Tafel. Die Kinder bekommen dann zum Beispiel als Hausaufgabe, alle Striche zehnmal zu schreiben. Und am nächsten Tag gibt es einen Test dazu.

Im Kalligraphie-Unterricht üben die Kinder in China und Japan, einzelne Zeichen mit einem großen Pinsel und Tusche schön zu schreiben. Dabei sollte der Pinsel möglichst senkrecht gehalten werden.

Die Halbinsel Korea liegt zwischen China und Japan und ist überwiegend gebirgig. Sie trennt das Japanische vom Gelben Meer. Die Koreaner leben schon seit 2000 Jahren auf der Halbinsel und haben eine ganz eigene Kultur und Sprache. Nord- und Südkorea bildeten bis 1948 ein Land: Korea. Damals trennte sich der Süden vom kommunistischen Nordkorea. Durch diese Teilung sind auch viele Familien auseinandergerissen worden.

Südkorea

Fläche:	rund 99 500 km²
Einwohner:	rund 48 Millionen
Hauptstadt:	Seoul mit rund 9,9 Millionen Einwohnern
Sprache:	Koreanisch
Währung:	Won

Zwei Drittel von Südkorea sind von Wäldern bedeckt. Im Herbst verfärbt sich ihr Laub prächtig. Daran kannst du erkennen, dass in Südkorea ein ähnliches Klima herrscht wie bei uns. In den Waldgebieten wächst die geheimnisvollste Pflanze Koreas, der Ginseng. In ganz Asien gilt er als Allheilmittel!

Koreanische Namen

In Südkorea gibt es nur circa 300 Familiennamen – nicht viel, wenn man bedenkt, dass es in Deutschland Zehntausende sind. Die meisten Koreaner tragen einen der vier Namen Kim, Lee, Pak oder Chong. Warum gibt es nur so wenige Namen? Früher galt der Besitz eines Namens als hohe Auszeichnung. Nur wenige Familien aus der Oberschicht durften einen Namen tragen.
Natürlich besitzt jede Südkoreanerin und jeder Südkoreaner aber auch einen ganz persönlichen Namen. Dieser steht aber nicht vor, sondern hinter dem Familiennamen. Damit wird die große Bedeutung der Familie unterstrichen. Und wenn Kinder und Erwachsene sich vorstellen, dann nennen sie zuerst ihren Familiennamen und dann – nein, nicht ihren Rufnamen, sondern ihren Geburtsort. So sagt das eine Mädchen: „Ich bin Kim aus Seoul". Und das andere Mädchen ebenfalls: „Ich bin Kim aus Seoul". Jedem Koreaner ist dann aber klar, dass es sich trotzdem wohl nicht um Geschwister handelt!

2002 fand die Fußballweltmeisterschaft in Südkorea und Japan statt, und die südkoreanische Mannschaft schaffte es bis zum Halbfinale. Die Fans waren natürlich begeistert!

Farbenfrohe Feste für Kinder

In Südkorea werden viele farbenfrohe Feste gefeiert. Das Neujahrsfest ist eines der wichtigsten Feste im Jahr. Die Kinder erhalten dann kleine Geldgeschenke. Am „Tag des Baumes" im April pflanzen Schulkinder mit ihren Lehrern im ganzen Land Büsche und Bäume. Schon das ganze Jahr über freuen sich die Kinder aber auf den 5. Mai, den Kindertag. Dann besuchen nämlich viele mit ihren Eltern einen der zahlreichen Vergnügungsparks. Und welches Kind fährt nicht gerne Karussell? Die Südkoreaner sind hauptsächlich → Buddhisten und → Christen. Sie verehren aber auch ihre → Ahnen. Es ist Brauch, an den Gräbern der Toten Opfer darzubringen. Dies geschieht vor allem beim Erntedankfest *Chusok*. Dann bricht in Korea der Verkehr für Tage zusammen, weil alle Koreaner unterwegs sind zu ihren Familien auf dem Land.

Nordkorea

Fläche:	rund 120 500 km²
Einwohner:	rund 22,8 Millionen
Hauptstadt:	Pjöngjang mit rund 2,7 Millionen Einwohnern
Sprache:	Koreanisch
Währung:	Won

Nordkorea ist noch gebirgiger als Südkorea. Aber viel weiß man über dieses Land nicht. Es schließt sich völlig vom Ausland ab. Regiert wird Nordkorea von der kommunistischen Partei unter Kim Jong Il. Reisen dorthin sind nicht möglich. Das Volk ist sehr arm und leidet seit Jahren Hunger. In den letzten Jahren sind dort Hunderttausende von Menschen verhungert. Am schwersten betroffen von der Hungersnot sind die Kinder.

Die Kinder in Nordkorea tragen Schuluniformen. Sie verbringen auch nach der Schule viel Zeit gemeinsam. In Jugendverbänden machen sie zusammen Ausflüge, treiben Sport und lernen etwas über die Politik ihres Landes.

Japan

Japan besteht aus mehreren Hundert Inseln. Vier darunter sind größer und heißen Hokkaido, Honshu, Shikoku und Kyushu. Japan erstreckt sich über eine Länge von mehr als 2 500 km. Es ist ein sehr modernes Land und zählt zu den großen Industriestaaten. Die Japaner sind meist sehr gut ausgebildet und fleißig. Sie schätzen die Geborgenheit der Familie und streben nach Harmonie.

Japan

Fläche:	rund 378 000 km^2
Einwohner:	rund 128 Millionen
Hauptstadt:	Tokyo mit rund 12 Millionen Einwohnern (mit Vororten)
Sprache:	Japanisch
Währung:	Yen

Japan ist viel dichter besiedelt als Deutschland, und in vielen Städten leben die Menschen unvorstellbar eng aufeinander. Die Wohnungen der Japaner sind sehr klein. In manchen würden wir Angst bekommen, weil es so eng ist, etwa im „Kapselhotel" in Tokyo. Die Gäste bekommen in diesem Hotel keine richtigen Zimmer mehr, sondern nur so viel Raum, dass sie gerade noch sitzen und liegen, aber nicht mehr stehen können. Am engsten geht es während der Stoßzeiten in der U-Bahn in Tokyo zu.

Morgens, wenn alle zur Schule und zur Arbeit fahren, sind die japanischen Züge immer unglaublich voll. Da wird der Schulweg zu einem einzigen Gequetsche! Zwischen Tokyo, Kyoto und Osaka kannst du mit einem der schnellsten Züge der Welt fahren: Der Zug Shinkansen ist bis zu 300 Stundenkilometer schnell.

Die Kunst des Papierfaltens

Hast du schon einmal einen Papierflieger gefaltet? Die Japaner haben das Falten von Papier zu einer Kunst gemacht. Sie heißt *Origami*. Es wird nur gefaltet, nie geschnitten oder geklebt. So entstehen Vögel, Blumen oder Hunde. Schon kleine Kinder lernen in Japan die ersten Knicke oder Kniffe. Auch in vielen japanischen Kindergärten und Schulen wird Papier gefaltet. Die Kinder können auf diese Weise spielerisch geometrische Formen und Winkel entdecken. Zu den beliebtesten Figuren zählt der Kranich. Er wird in Japan als heiliger Vogel verehrt.

Baseball und Sumo

Eine der beliebtesten Sportarten in Japan ist Baseball. Jede japanische Schule hat eine eigene Baseball-Mannschaft. Das Finale, in dem die besten Schulmannschaften gegeneinander antreten, wird sogar im Fernsehen übertragen. Baseball ist eine Schlagsportart.

Ein Spieler, der Werfer, wirft den Ball einem anderen zu, der ihn mit dem Schläger treffen muss. Schafft der Schlagmann das, muss er um das Spielfeld herumlaufen und hat dann einen Punkt für seine Mannschaft gewonnen. Beliebt in Japan sind aber auch Kampfsportarten wie *Karate* oder *Judo*. Eine der ältesten Sportarten dort ist das *Sumo*-Ringen. Doch obwohl alle *Sumo*-Ringer sehr schwer sind, sind sie nicht schwerfällig. Nur mit schneller Reaktion und mit insgesamt 48 zugelassenen Griffen drängen sie ihren Gegner aus dem Ring. Immer weniger japanische Jungen wollen aber diesen traditionellen Sport ausüben. Die meisten von ihnen träumen eher davon, einmal ein gutbezahlter Fußballstar zu werden.

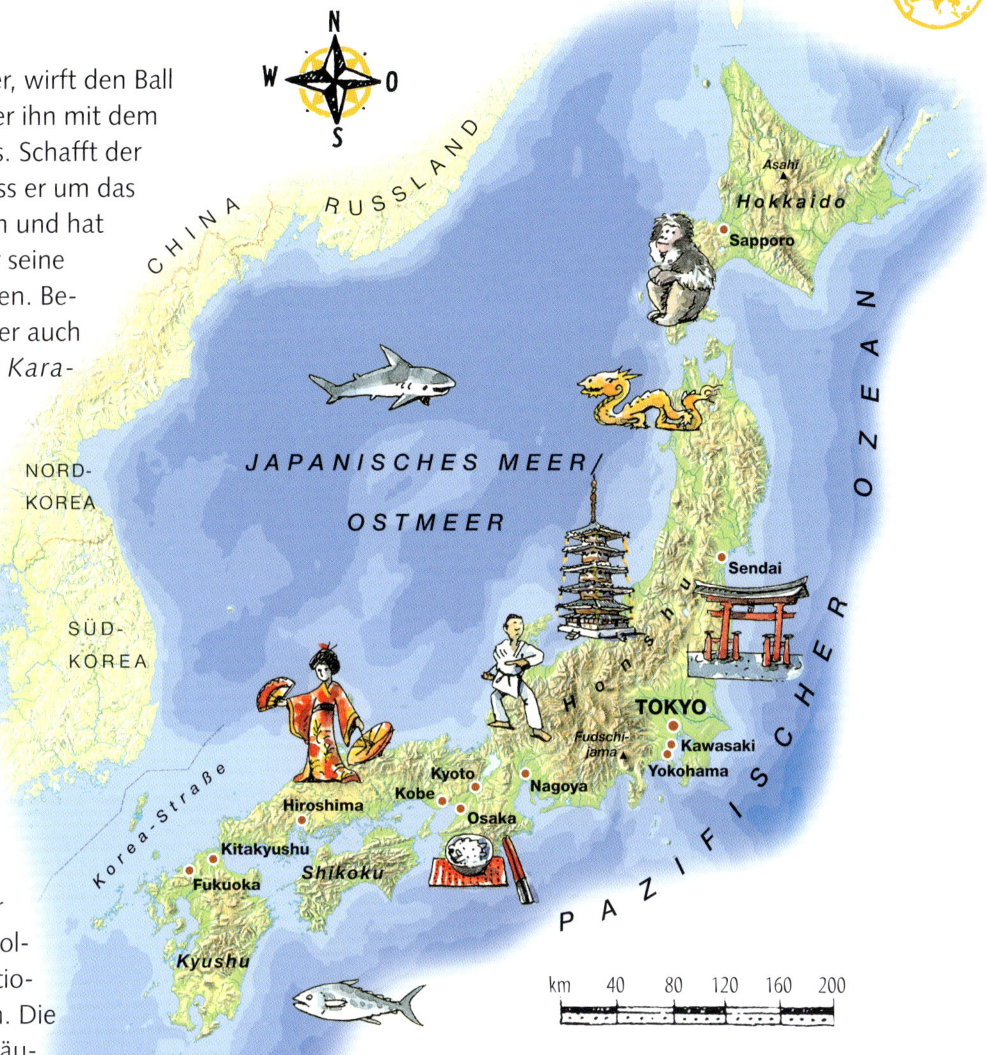

Überhaupt kein Sitzenbleiben

Japanische Kinder kommen mit sechs Jahren in die Schule. Die meisten Schulen schreiben Schuluniformen für ihre Schüler vor. „Sitzenbleiben" gibt es in Japan zwar nicht, aber faulenzen darf trotzdem niemand. Leistung und Erfolg sind vielen Japanern sehr wichtig. Viele Eltern wollen, dass ihre Kinder ange-

Die Schultage sind in Japan normalerweise genau geplant: Morgens treffen sich die japanischen Schulkinder zu einer Morgenversammlung, mittags wird zusammen gegessen, und danach geht der Unterricht weiter.

sehene Schulen besuchen. Um dort auch angenommen zu werden, muss man jedoch harte Prüfungen bestehen. Darum sind schon viele Grundschüler bis spät am Abend in Nachhilfeschulen. Nach dem Unterricht treiben die Mädchen und Jungen noch Sport in Schulmannschaften oder besuchen Musik- oder Kunstgruppen. Danach müssen sie oft sofort ins Bett. Zum Spielen bleibt da nicht viel Zeit!

Drachen steigen lassen

In Japan kannst du Drachen in allen Formen und Farben sehen. Seit eh und je lassen Kinder und Erwachsene dort gegen Jahresende und zum Neujahrsfest ihre Drachen steigen. Besonders stolz sind sie natürlich auf ihre selbst gebauten und selbst bemalten Drachen! Es gibt sogar sportliche Wettkämpfe mit Drachen, so genannte Drachenkämpfe. Oft kämpfen ganze Dorfmannschaften mit riesigen Drachen aus Papier oder Bambus gegeneinander. Sie versuchen, den Drachen des Gegners zu Boden zu bringen. Und das ganze Jahr über finden im Land Drachenfeste statt.

Ein großes Fest findet in Japan statt, wenn im Frühling die Kirschbäume zu blühen beginnen. Die Kinder und Familien treffen sich dann in den Parks und freuen sich über die schönen, vor lauter Blüten rosa und weiß gefärbten Bäume.

Roher Fisch zwischen Reis und Algen

Hast du schon einmal *Sushi* probiert? *Sushi* ist eine ganz beliebte Speise in Japan. Und es ist gar nicht so schwer, *Sushi* herzustellen. Für die gerollten *Sushi (Maki)* brauchst du Algenblätter *(Nori)*, die am besten schon vorgegart sind. Diese Algenblätter musst du mit der glänzenden Seite nach unten auf

Vor Erdbeben gibt es kein Entrinnen

Erdbeben können fast überall auf der Welt und zu jeder Zeit auftreten. Besonders häufig sind sie aber am Rand des Pazifischen Ozeans, also auch in Japan. Das letzte große Erdbeben fand hier 1995 in Kobe statt und zerstörte über 106 000 Gebäude. Ein → Erdbeben dauert nur wenige Minuten, aber schlimmer als die Erdstöße selbst sind die katastrophalen Folgen. Verzweifelte Eltern suchen unter den Trümmern der Häuser nach ihren Kindern und bringen sich dabei selbst in Gefahr. Vom Schutt blockierte Straßen, verbogene Eisenbahnschienen, eingestürzte Brücken und Stromausfall behindern alle Rettungsversuche. Ohne Dach über dem Kopf, ohne Nahrung und Wasser müssen die Überlebenden ausharren, bis Hilfe von außen kommt.

eine Bambusmatte legen. Jetzt kannst du das Algenblatt mit etwas gekochtem Reis bestreichen. Sushi-Reis ist ziemlich klebrig. Den richtigen Reis und auch die Algenblätter und die Bambusmatten bekommst du in Asia-Shops oder in großen Supermärkten. Auf den Reis legst du jetzt eine dünne Scheibe rohen Fisch, zum Beispiel Lachs oder Thunfisch. Nun fehlt noch das Gemüse. Zu den Gemüsesorten, die du für *Sushi* verwenden kannst, gehören unter anderem Auberginen, Gurken, Möhren oder Spargel. Das Gemüse musst du ebenfalls dünn schneiden, bevor du es auf den Fisch legst. Nun rollst du das Ganze mit Hilfe der Bambusmatte fest zusammen. Aber Vorsicht: Die Matte darfst du nicht mit einrollen! Mit einem scharfen Messer schneidest du jetzt die Rolle in etwa 4 cm große Stücke. Wenn du möchtest, kannst du sie vor dem Essen in Sojasauce eintauchen. Die Sushi-Stücke können von Hand oder mit Stäbchen gegessen werden. Lecker, *Sushi* ist wirklich eine Delikatesse!

Drachen werden in Japan schon seit vielen hundert Jahren gebaut. Das Drachenbauen hat sich zu einer großen Kunst entwickelt.

Ein ganz besonderer Tag für Kinder

Der 15. November ist für viele japanische Kinder ein ganz besonderer Tag. Dann besuchen nämlich sieben Jahre alte Mädchen, fünf Jahre alte Jungen und drei Jahre alte Mädchen mit ihren Eltern einen Tempel oder Schrein. Dort danken sie den Göttern, dass sie sie beschützt haben. Und sie bitten sie, sie auch weiterhin gut zu behüten. Die Kinder bekommen eine Tüte mit leckeren Süßigkeiten. An diesem Tag sehen sie auch besonders schön aus. Die Jungen haben weite Hosen an. Die Mädchen tragen einen *Kimono*. Das ist ein weitärmeliges Kleid, das von einem breiten Stoffgürtel zusammengehalten wird. Der traditionelle *Kimono* wird in Japan nur noch zu besonderen Gelegenheiten getragen.

Diese drei Affen sind ein bekanntes Symbol. Sie stellen die buddhistische Lebensweise dar: Böses nicht hören, Böses nicht sagen, Böses nicht sehen.

Die Philippinen

bestehen aus über 7 000 Inseln im südchinesischen Meer. Von ihnen sind aber nur 900 bewohnt. Das Land ist überwiegend gebirgig. Die Philippinen sind nach dem spanischen König Philipp dem Zweiten benannt. Sie waren nämlich von 1565 bis 1898 in spanischem Besitz. Danach gehörten sie rund 50 Jahre zu den Vereinigten Staaten von Amerika. 1946 wurden die Philippinen unabhängig.

Philippinen

Fläche:	rund 300 000 km²
Einwohner:	rund 81,4 Millionen
Hauptstadt:	Manila mit rund 1,6 Millionen Einwohnern
Sprachen:	Tagalog
Währung:	Philippinischer Peso

Es ist der früheren spanischen Herrschaft zu verdanken, dass fast alle Filipinos – so heißen die Einwohner – der katholischen Kirche angehören. Sie spielt im ganzen Leben eine große Rolle. Die Filipinos haben auch viele spanische Sitten übernommen, zum Beispiel Bußfeste von Karfreitag bis Ostersonntag. Im Norden der großen Insel Luzon leben die Igorot. Sie bauen vor allem Reis an Berghängen an. Da aber Reis fast immer im Wasser stehen muss, legten die Menschen das größte Terrassensystem der Welt an. Es ist ungefähr 19 000 Kilometer lang. Um eine Terrasse zu bekommen, muss man erst eine ziemlich hohe Mauer errichten. Dahinter hat dann eine ebene Terrasse Platz, wobei man viel Erde umschichten muss. Nach ein paar Metern folgt schon die nächste Terrassenmauer.

Viele Probleme

Wie in den Nachbarländern Japan und Indonesien gibt es auch auf den Philippinen mehrere → Vulkane. Im Jahr 1991 brach der Pinatubo in der Umgebung von Manila aus. Er war mehrere Jahrhunderte lang ruhig gewesen und galt als erloschen. Zehn Tage lang spie er Asche und Gesteinsteilchen aus dem Krater und deckte damit die Umgebung zu. Die Filipinos sind aber nicht nur von Naturkatastrophen betroffen. Viele Menschen auf den Philippinen haben keine Arbeit. Für die Kinder ist häufig nicht genug zu essen da. Weil sie unterernährt sind, werden sie besonders schnell krank. Viele Mädchen und Jungen gehen nicht regelmäßig zur Schule. Sie müssen arbeiten oder betteln, um zu überleben.

In der Gegend um die philippinischen Inseln leben die Bajau. Das sind Seenomaden, die zum großen Teil auf Booten leben und nicht lange an einem Ort bleiben. Die Kinder und ihre Familien leben vom Fischfang und essen selbst hauptsächlich Fisch und Gemüse, weil sie die Landtiere für unrein halten.

Die Echte Karettschildkröte gibt es nur noch selten in tropischen Meeren. Sie wurde wegen ihres schön gefärbten Panzers viel gejagt. Ihre Eier gräbt die Meeresschildkröte am Strand in den warmen Sand ein.

Wie essen die philippinischen Kinder?

Die philippinischen Mädchen und Jungen essen mit dem Löffel oder der Gabel, oft auch mit den Händen. Als Teller benutzen sie große Bananenblätter oder Plastikteller. Wohlhabende Familien haben eine richtige Küche. Meistens wird das Essen aber am offenen Feuer gekocht. Beim Essen sitzen die Kinder mit ihren Eltern auf dem Boden oder am Tisch.

Nie unter Kokospalmen schlafen!

Die Kokospalme kommt in allen tropischen Ländern der Erde vor. Was wir in Deutschland als Kokosnuss kaufen, ist nur der innere Teil der reifen Frucht mit dem essbaren Fruchtfleisch. Am Baum ist diese Kokosnuss von einer dicken grünen Schicht umgeben. Die enthält lange Fasern, aus denen man zum Beispiel Teppiche herstellt. In der reifen Kokosnuss ist kaum mehr Wasser vorhanden. Die junge Frucht aber enthält fast nur Wasser, das leicht süß schmeckt. Eine reife Kokosnuss mit der dicken grünen Schale wiegt um die 8 kg. Man pflückt sie mit langen Stangen von den bis zu 30 Meter hohen Palmen. Wer da nicht aufpasst, bekommt eine Nuss auf den Kopf und verbringt die nächsten Wochen im Krankenhaus. In manchen Ländern in der Südsee werden viele Unfälle durch herabfallende Kokosnüsse verursacht.

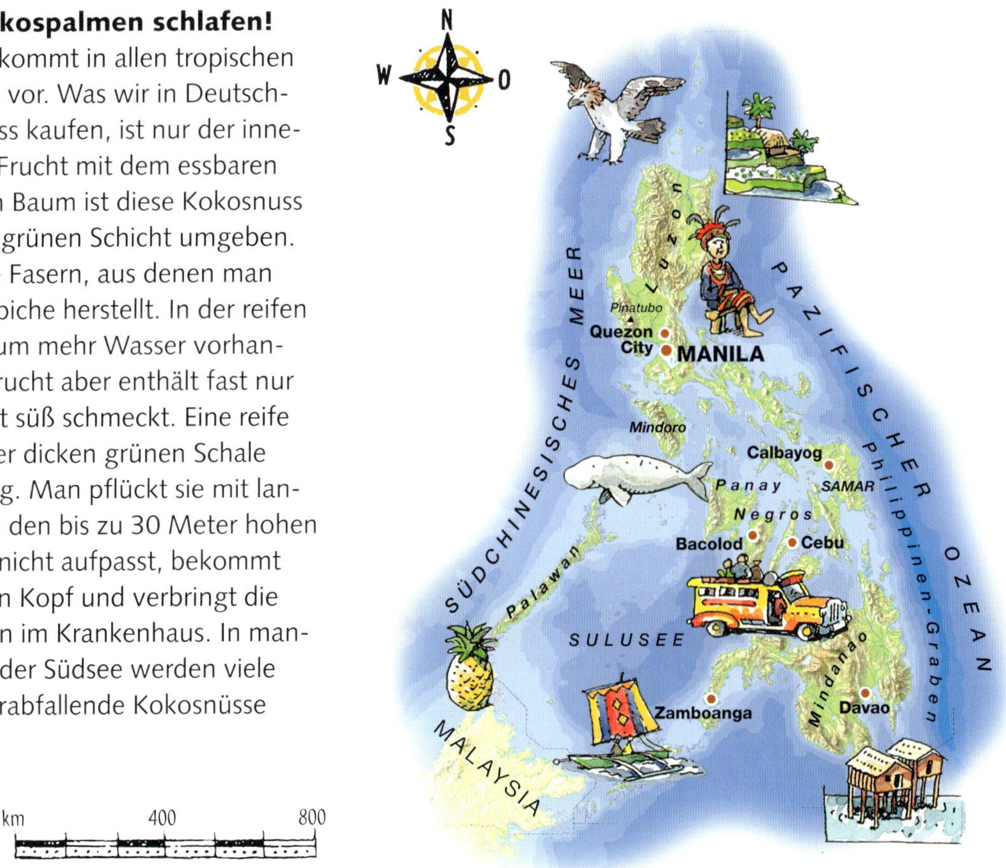

Vietnam, Laos und Kambodscha

nannte man früher auch zusammenfassend Indochina, weil hier indische und chinesische Völker miteinander in Kontakt kamen. Durch alle drei Länder fließt der Mekong, und in allen drei Ländern herrschte bis vor rund 30 Jahren Krieg.

Vietnam

Fläche:	rund 331 700 km^2
Einwohner:	rund 82,5 Millionen
Hauptstadt:	Hanoi

„Tüü tüü tütütü" macht es vorne, „tüü tüü tütütü" macht es hinten und auf den Seiten. Während der Fahrt durch einen Ort hupen die Autos in Vietnam fast die ganze Zeit. Und wie sich die vielen hunderttausend Moped- und Radfahrer zwischen den Autos hindurchschlängeln! Natürlich hupen und klingeln auch sie. Der Verkehr in den vietnamesischen Städten ist ganz anders als bei uns. Kaum einer hält sich an Verkehrsregeln, aber alle sind höflich, voller Rücksicht, und geschimpft wird nie. Eine Straße überquerst du folgendermaßen: Wenn der Verkehr etwas weniger dicht ist, gehst du entschieden über die Straße. Nur nicht zögern oder stehen bleiben! Nur so erkennen alle, was du vorhast, und machen dir Platz. Wenn du bequemer vorwärtskommen möchtest, steigst du in eine Rikscha ein. Das ist ein dreirädriges Fahrrad. Vorne sitzt du, hinter dir strampelt der Fahrer. Viele Kinder kommen mit der Rikscha zur Schule. Mit ihr kann man auch einen ganzen Haushalt transportieren, Bücherregale und eine Waschmaschine obendrauf und natürlich auch mehrere Schweine. Sie stecken in geflochtenen Körben und gucken neugierig und vergnügt hinaus.

Kaum zu glauben: Auf einem Moped hat eine ganze Familie mit drei Kindern Platz.

Auf dem Land gibt es weniger Verkehr. Doch auch hier kann man weiche Knie bekommen. Besonders im ➔ Delta des Flusses Mekong gibt es noch viele so genannte Affenbrücken. Sie sind etwa einen halben Meter breit und an einem Bambusgestell aufgehängt. Man geht in einigen Metern Höhe über Reisfelder voller Wasser. Die Vietnamesen fahren mit dem Rad darüber, begegnen sich in der Mitte und fallen doch nicht herunter.

Ein Zuhause aus Holz

Vor allem in den ländlichen Gebieten leben die vietnamesischen Kinder mit ihren Eltern in Holzhäusern oder Strohhütten. Der Fußboden ist oft aus gestampfter Erde. Die Kinder haben meist kein eigenes Zimmer. Sie schlafen mit ihren Eltern oder mit ihren Geschwistern in einem Bett. Die Mädchen und Jungen müssen ihren Eltern täglich helfen.

Sie arbeiten mit auf den Feldern oder versorgen die Tiere. In entlegenen Orten können daher viele Kinder nur wenige Jahre zur Schule gehen. In den Städten gehen dagegen nahezu alle Mädchen und Jungen bis zur neunten Klasse in die Schule.

Laos

Fläche:	rund 236 800 km^2
Einwohner:	rund 5,8 Millionen
Hauptstadt:	Vientiane

Laos lebte lange Zeit völlig isoliert vom Ausland. Jetzt darf man das Land wieder besuchen. Es ist wie auch Vietnam und Kambodscha kommunistisch. Die Grenze zu Thailand bildet der Mekong. In dieser Gegend kann Landwirtschaft betrieben werden. Der überwiegende Teil des Landes besteht jedoch aus Gebirge. Dort gibt es noch viele Urwälder, in denen seltene Tiere leben, zum Beispiel ein mächtiges wildes Rind mit dem Namen Gaur, Javanashörner und Rothunde.

Kambodscha

Fläche:	rund 181 000 km^2
Einwohner:	rund 14,5 Millionen
Hauptstadt:	Phnom Penh

Im Vergleich mit Laos ist Kambodscha ziemlich flach. Mitten im Land liegt ein großer See, der Tonle Sap. In der ➔ Regenzeit füllt er sich mit Wasser und ist dann fast zehnmal so groß wie in der ➔ Trockenzeit. Der Fluss, der ihn mit dem Mekong verbindet, ändert dabei immer wieder seine Fließrichtung. Zur Regenzeit, im ➔ Monsun, fließt er in den See, bei Trockenzeit in den Mekong. Auf dem See leben Fischer in schwimmenden Häusern. Die Kinder der Fischer paddeln jeden Tag zu ihren schwimmenden Klassenzimmern.

Nördlich des Sees Tonle Sap in Kambodscha kannst du eine Reihe Ruinen alter Tempel entdecken. Sie stammen noch aus dem Reich der Khmer, das es hier vor langer Zeit gegeben hat. Die steinernen Gesichter stellen eine heilige Figur aus dem ➔ Buddhismus dar.

Myanmar hieß früher Burma oder Birma. Das Land liegt zwischen Thailand und Indien. Myanmar ist teilweise sehr gebirgig. Der höchste Gipfel Südostasiens liegt hier, der Hkakabo Razi mit 5 881 Metern. Myanmar war einst ein reiches Land. Doch heute sind die Menschen sehr arm.

Myanmar

Fläche:	rund 676 600 km^2
Einwohner:	rund 50,1 Millionen
Hauptstadt:	Naypyidaw mit rund 100 000 Einwohnern
Sprache:	Birmanisch
Währung:	Kyat

Myanmar wird auch als das Land der Pagoden bezeichnet. Pagoden sind asiatische Tempel. Hier haben sie einen kreisrunden Grundriss. Nach oben werden sie wie Kegel immer schlanker. Solche Tempel nennt man auch *Stupas*. Ursprünglich wurden darin heilige Mönche bestattet. Noch heute sieht man auf den Straßen sehr viele in Roben gekleidete Mönche. Sie gehören dem → Buddhismus an.

In buddhistischen Ländern findest du häufig Statuen, die Buddha darstellen. Es hat eine bestimmte religiöse Bedeutung, wie Buddha seine Hände hält. Es zeigt zum Beispiel, dass er gerade meditiert oder predigt oder die Menschen beschützt.

In der Nähe von Mandalay stehen in der Landschaft verstreut mehrere Tausend Tempel. Die berühmteste Pagode befindet sich jedoch in Rangun. Diese Schwedagon-Pagode ist 106 m hoch und vollständig mit 60 Tonnen Gold überzogen. Sie ist auch mit vielen Edelsteinen geschmückt. Der Norden des Landes ist nämlich berühmt für seine wunderschönen Rubine und Sa-

Bergvölker

Im Berggebiet von Myanmar leben in kleinen Dörfern die so genannten Bergvölker. Sie betreiben meist Brandrodung: Sie roden ein Stück Wald und brennen das Gestrüpp nieder. Dann pflanzen sie Reis und Gemüse dort an. Drei oder vier Jahre lang kann man darauf ernten. Dann sind die Böden erschöpft, und die Bergvölker ziehen weiter, um andere Gebiete zu roden. Wenn viele Menschen in einem Gebiet Brandrodung betreiben, ist dies sehr schädlich, weil die Wälder dadurch schnell verschwinden. Die Bergvölker tragen wunderschön verzierte Trachten. Manche sind über und über bestickt. Vor allem die Frauen tragen viel Silberschmuck. Bergvölker gibt es auch in den benachbarten Ländern, vor allem in Thailand, Vietnam und Laos. Sie heißen zum Beispiel Karen, Meo, Schan oder Akha.

Manche Jungen in Myanmar leben in buddhistischen Klöstern. Dort lernen sie, streng nach den Regeln des → Buddhismus zu leben.

phire. Es ist der Wunsch jedes Burmesen, einmal in der Schwedagon-Pagode beten zu können. Das Gebet gilt hier als besonders wirkungsvoll. Die Menschen holen sich hier auch Rat von den Mönchen.
Myanmar hat noch ausgedehnte Wälder mit vielen Tieren, etwa Schweinsaffen, Schopflanguren und Schabrackentapiren. Ein besonderer Schatz der Wälder sind die Teakbäume. Ihr Holz ist sehr begehrt. Deswegen werden heute sehr viele davon gefällt und abtransportiert. Das geschieht aber nicht mehr schonend mit Arbeitselefanten wie früher, sondern mit riesigen Maschinen, die die Wälder geradezu umpflügen.

Geschminkt in die Schule

In Myanmar kommen viele Kinder in die Schule sogar geschminkt! Eine traditionelle, aus Baumrinde hergestellte Paste wird ihnen kreisförmig auf Wangen und Nase aufgetragen. Diese Paste dient nicht nur als Schmuck, sondern schützt die Haut auch vor der Sonne. Doch längst nicht alle Kinder aus Myanmar besuchen die Schule. Viele Mädchen und Jungen lernen überhaupt nicht lesen und schreiben.

Thailand *ist das bekannteste Land in Südostasien. Der Norden und der Westen sind gebirgig mit Wäldern. Die Hauptstadt Bangkok liegt in einer Tiefebene. Ursprünglich wurde sie an Kanälen errichtet. In der Regenzeit sind oft tagelang die Straßen überschwemmt.*

Thailand

Fläche:	rund 513 000 km²
Einwohner:	rund 63,5 Millionen
Hauptstadt:	Bangkok mit rund 6,3 Millionen Einwohnern
Sprache:	Thai
Währung:	Baht

Neben fast jedem thailändischen Haus – auch den größten Wolkenkratzern mitten in Bangkok – steht ein Geisterhäuschen. Man bringt dort jeden Tag den Hausgeistern Opfer dar, etwa in Form von Essen, Blumen oder Räucherstäbchen, und betet. Die Geisterhäuschen sind kleine Tempel und sehen auch so aus. Viele Thailänder sind ➔ Buddhisten und besuchen regelmäßig auch die großen, reich geschmückten Tempel, um zu beten. Dort sitzt häufig eine große Buddha-Statue aus Gold. Einer der fantastischsten Tempel heißt *Wat Phra Keo.* Es ist der Tempel des Königs in seinem großen Palast. Vor den Treppen zum Tempel stehen wilde Wächterfiguren, die mit Tausenden von Stückchen Spiegelglas besetzt sind.

Viel Spaß!

Sanuk heißt das Zauberwort vieler Thais. *Sanuk* ist alles, was Spaß macht. *Sanuk* sind die vielen Feste im Land. Das schönste ist vielleicht *Loi Krathong* im November. Überall setzen Kinder und Erwachsene auf Weihern, Seen und Flüssen kleine Blätterschiffchen aus. Diese *Krathongs* transportieren Kerzen und Räucherstäbchen. Flackernd gleiten sie durch die Nacht. Im November treffen sich auch Hunderte von Elefanten, begleitet von ihren Führern, den *Mahouts,* in der Stadt Surin. Kinder dürfen auf den Rücken der Elefanten reiten. Die Mädchen und Jungen, die nicht ganz so mutig sind, aber doch Glück haben möchten, gehen unter einem Elefanten hindurch. Und immer ein Elefant tritt im Tauziehen gegen 50 Männer an. Rate mal, wer da gewinnt!

In der Schule

Die Grundschule dauert in Thailand sechs Jahre. Alle Kinder müssen in die Grundschule gehen, selbst die Mädchen und Jungen aus den entlegensten Dörfern. Eltern, die

In der Hauptstadt Bangkok gibt es den so genannten „schwimmenden Markt". Die Händler fahren mit Booten umher, und du kannst Obst, Gemüse, Blumen und noch vieles mehr kaufen.

In den Bergen im Norden Thailands leben einige Völker für sich allein, meist weit entfernt von der nächsten Stadt. Die Kinder und Familien dieser Bergvölker haben eigene Brauchtümer und manchmal auch eine eigene Sprache.

Kinder beim Essen

Die thailändischen Kinder und ihre Familien essen sehr viel Reis. Wenn die Mädchen und Jungen überhaupt frühstücken (was viele gar nicht tun), dann essen sie oft schon zum Frühstück Reis. Der Reis wird direkt auf die Teller ausgeteilt. Gemüse und Fleisch werden dagegen meist in die Mitte gestellt. Mit dem Löffel kann sich nun jedes Kind nehmen, was ihm gerade schmeckt. Ein Messer wirst du am Tisch vergeblich suchen. Alle Speisen wurden schon vorher klein geschnitten. Das Essen in Thailand ist sehr lecker, meist scharf gewürzt. Zum Essen sitzen alle im Kreis auf dem Boden. Die Kinder trinken zum Essen Wasser. Dieses kommt entweder aus einem Brunnen oder es ist Regenwasser, das in der → Regenzeit in großen Tonfässern gesammelt wird.

ihre Kinder nicht zur Schule schicken, müssen eine Strafe bezahlen. Nach der Grundschule können die Kinder eine weiterführende Schule besuchen. Doch vor allem in den ländlichen Gebieten gehen die meisten

Mädchen und Jungen nur sechs Jahre zur Schule. Danach müssen sie arbeiten. Zwar kostet der Schulbesuch kein Schulgeld mehr. Doch die Schulbücher und die Schuluniformen müssen gekauft werden. Für manche Eltern ist das Geld für Bücher und Kleidung nur schwer aufzubringen.

Malaysia, Singapur und Brunei

umfassen die Halbinsel Malakka südlich von Thailand sowie den nördlichen Teil der Insel Borneo. Singapur und Brunei sind Zwergstaaten. Malaysia ist rund 60-mal so groß wie die beiden zusammengenommen. Es ist ein merkwürdig geteiltes Land, denn zwischen der Südspitze der Halbinsel Malakka und dem westlichsten Teil Borneos liegen 600 km.

Malaysia

Fläche:	rund 330 000 km²
Einwohner:	rund 24,9 Millionen
Hauptstadt:	Kuala Lumpur

Viele Malaysier lieben Drachen über alles. Sie heißen *Wau* und sind aus Bambusstäben, mit Papier überzogen und hübsch verziert. Zwei Männer führen einen *Wau.* Es geht darum, ihn so hoch und so lange wie möglich fliegen zu lassen. Für das Drachensteigen begeistern sich in Malaysia auch viele Kinder.

Kick den Rattan

Beim Spiel *Sepak raga,* das auch die Thais kennen, verwendet man einen geflochtenen Ball aus Rattan. Es ist eine Art Volleyball mit den Füßen, die Hände dürfen nicht eingesetzt werden. Das Spiel ist deswegen sehr schwer und akrobatisch. Es war und ist die Freizeitbeschäftigung der Jungen und Männer in den Dörfern. Die besten Spieler schaffen es vom Dorfplatz bis in die Nationalmannschaft. Aus dem alten Kreisspiel ist heute ein moderner Wettkampfsport geworden. Überall im Land kannst du aber auch kleine Jungen beobachten, die ihre Freizeit mit einem „richtigen" Ball, einem Fußball, verbringen. Fußball ist der beliebteste Sport in Malaysia.

Zum malaysischen Nationalfeiertag gibt es eine große Parade, bei der auch die Kinder in Kostümen und Uniformen mitmarschieren.

Endlose Plantagen

Wo immer du auch in Malaysia unterwegs bist, überall siehst du Plantagen. Wenn nur niedere Sträucher wachsen, handelt es sich um Tee. Man erntet die jungen Blätter. Palmen in den Plantagen liefern Früchte, aus denen man Palmöl gewinnt. Große Laubbäume, die in Reih und Glied stehen, liefern Kautschuk. Man ritzt dazu die Rinde V-förmig ein. Den ablaufenden Milchsaft sammelt man in Gefäßen. Nach einer Behandlung wird daraus Rohkautschuk, aus dem man Gummi gewinnt.

Schwimmstar mit großer Nase

Auf der Insel Borneo wachsen noch viele Urwälder. Bei dem Berg Kinabalu gibt es einen Schutzpark für Orang-Utans. An den Küsten der Insel wachsen ➜ Mangroven. Das sind Bäume, die im Meerwasser stehen. Darauf turnen Nasenaffen herum. Die Männchen haben eine lange gurkenförmige Nase. Dank ihrer großen Füße können Nasenaffen auch hervorragend schwimmen und tauchen.

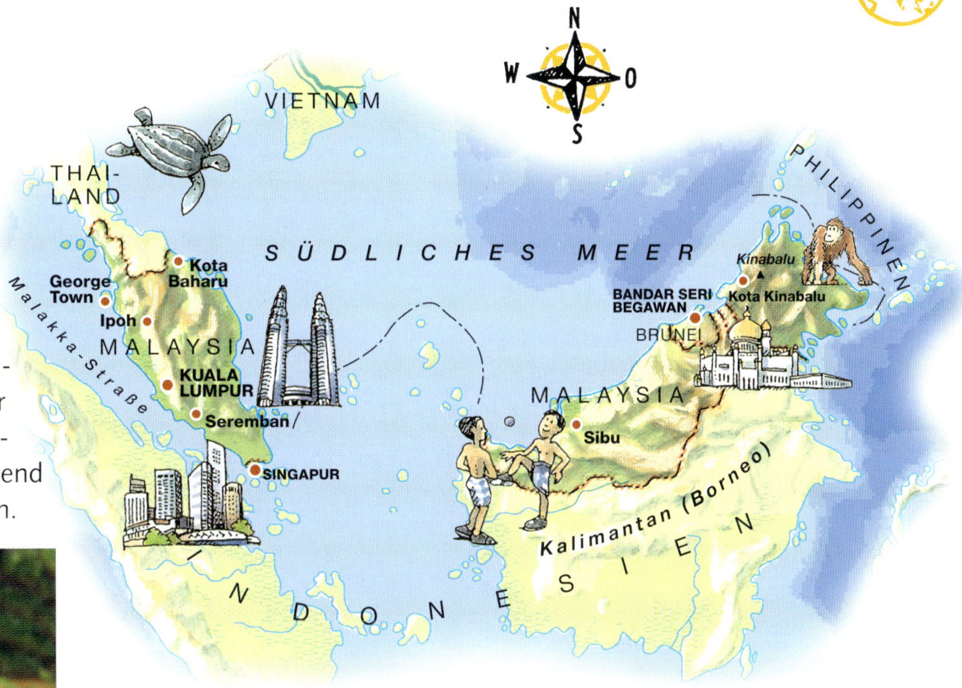

Das kleine Land Brunei besteht zum größten Teil aus Urwald.

Brunei

Fläche:	rund 5 765 km²
Einwohner:	rund 351 000
Hauptstadt:	Bandar Seri Begawan

Brunei und Singapur

Brunei wird von einem Sultan regiert. Seitdem dort 1929 Öl gefunden wurde, zählt der Staat zu den reichsten der Welt. Hier gibt es nur Superlative. Die ➜ Moschee von Brunei ist eines der luxuriösesten Bauwerke der Welt.
Singapur besteht aus einer großen Stadt auf einer Insel direkt vor der Küste der Halbinsel Malakka. Ein Engländer gründete hier 1819 einen Handelsposten. Daraus wurde der größte Hafen der Welt. In Singapur kann man alles bekommen. Rund zwei Drittel der Menschen sind Chinesen. Wenn du in Singapur unterwegs bist, musst du dich an einige Grundregeln halten. So ist das Wegwerfen von Abfall verboten. Auch das Spucken auf die Straße, wie zum Beispiel von Kaugummi, ist nicht erlaubt. Wer dagegen verstößt, muss Strafgelder bezahlen. All diese Verbote machen Singapur zu einer auffallend sauberen Stadt.

Singapur

Fläche:	rund 682 km²
Einwohner:	rund 4,3 Millionen
Hauptstadt:	Singapur

Indonesien

Indonesien ist ein riesiges Land in Südostasien. Es bedeckt eine Fläche fast so groß wie Europa und besteht aus genau 13 677 Inseln. Nur rund 1 500 davon sind aber bewohnt. Die größten heißen Sumatra, Java, Borneo, Celebes und Neuguinea. Indonesien hat ein tropisches Klima und eine einzigartige Tierwelt. Auf vielen Inseln gibt es noch aktive Vulkane.

Indonesien

Fläche:	rund 1,9 Millionen km^2
Einwohner:	rund 222,6 Millionen
Hauptstadt:	Jakarta mit rund 9,3 Millionen Einwohnern
Sprache:	Indonesisch
Währung:	Rupiah

Von der Sojasauce zum Ketschup

Ein Essen aus Indonesien ist in der ganzen Welt bekannt: *Nasi goreng*. Das ist gebratener Reis mit Gemüse und vielleicht etwas Fleisch und sogar einem Spiegelei obendrauf. Auf der ganzen Welt kennt man auch Ketschup. Wenn du in einem indonesischen Restaurant *Kecap* verlangst, wirst du gefragt: *manis* oder *asin?* Süß oder salzig? *Kecap* ist nämlich Sojasauce, und die gibt es süß und salzig. Die Engländer übernahmen vor 300 Jahren die Bezeichnung und versuchten, die Sauce selber herzustellen. Es kam aber etwas ganz anderes heraus, eine ziemlich saure Sauce. Da sie auch den Amerikanern nicht schmeckte, fügten diese Tomaten hinzu. So entstand der Ketschup, den du kennst. Seither ist er auch *manis* geblieben!

Dass das Essen den Kindern in Indonesien so gut schmeckt, liegt nicht nur am *Kecap*. Schließlich liegen hier die so genannten „Gewürzinseln" (Molukken). Sie liefern bis heute vor allem Nelken, Zimt und Muskat.

Verschiedenste Völker

Von Westen nach Osten ist Indonesien circa 5 000 km lang. In diesem Riesenreich leben rund 350 verschiedene Völker mit fast ebenso vielen Sprachen. Darunter sind Seefahrer und Piraten, Händler und Reisbauern, Fischer und in den Urwäldern sogar noch einige Jäger und Sammler. Auf der Insel Borneo beispielsweise leben Dajaken. Sie lebten viele Jahrhunderte in Langhäusern. Das größte war damals über einen Kilometer lang. Jede Familie hatte ihre eigenen Zimmer. Mit den Freunden und Nachbarn traf man sich in der überdachten Veranda.

Auf Sumatra gibt es einen großen See, den Toba-See. Er ist entstanden, als ein Vulkan ausgebrochen ist und sich anschließend in dem Krater Wasser gesammelt hat. Heute fahren dort Boote und Schiffe umher wie auf jedem anderen See.

Tsunami, die Riesenwelle

Indonesien leidet oft unter Vulkanausbrüchen und Erdbeben. Erdbeben, die vor der Küste mitten im Meer stattfinden, gelten als besonders gefährlich. Dadurch entstehen nämlich Wellen, die sich mit der Geschwindigkeit eines Flugzeugs im Meer ausbreiten. Auf der Hochsee nimmt ein Schiff sie kaum wahr. Aber kaum gelangen sie in flachere Küstengebiete, türmen sie sich zu Wellen auf, die eine Höhe von 30 Metern erreichen können. Sie fegen dann mit unvorstellbarer Wucht über die Küste weg und rasen kilometerweit ins Landesinnere. Solche Wellen heißen mit einem japanischen Wort Tsunami. Am Indischen Ozean, vor allem auf der indonesischen Insel Sumatra, riss eine solche Welle Weihnachten 2004 Hunderttausende Menschen in den Tod.

Die Buginesen der Insel Sulawesi sind heute noch Seeleute. Mit eleganten Segelschiffen transportieren sie vor allem Holz. Im Hafen der Hauptstadt Jakarta liegen oft Hunderte solcher Schiffe, die noch ganz aus Holz bestehen. Wie können aber so viele Völker, die noch nicht einmal miteinander sprechen können, eine Nation bilden? Entscheidend dafür war und ist eine Sprache, die ursprünglich Fischer und Kaufleute auf den Inseln vor Singapur sprachen. Sie verbreitete sich mit diesen Seefahrern über ganz Indonesien und auch Malaysia. Diese Sprache ist sehr einfach und wird heute von fast allen Kindern verstanden. Es ist das Indonesische oder *Bahasa Indonesia*.
In Malaysia heißt die Sprache *Bahasa Malaysia*.

Die Insel Java

Die wichtigste indonesische Insel ist Java. Hier kannst du in der Hauptstadt Jakarta Kinder sehen, die selbst im Dunkeln noch auf der Straße Badminton spielen. Indonesien gehört zur Weltspitze in dieser Sportart. Die Ebenen Javas sind sehr dicht besiedelt und bestehen fast nur aus Reisfeldern. In den Gebirgen hingegen halten sich noch Urwälder mit einigen Nationalparks. Java hat mehrere aktive Vulkane. Am gefährlichsten ist der Merapi. Java war lange Zeit ein Fürstenreich mit weit entwickelter Kultur. Hier liegt zum Beispiel der größte buddhistische Tempel der Welt. Der Borobudur ist

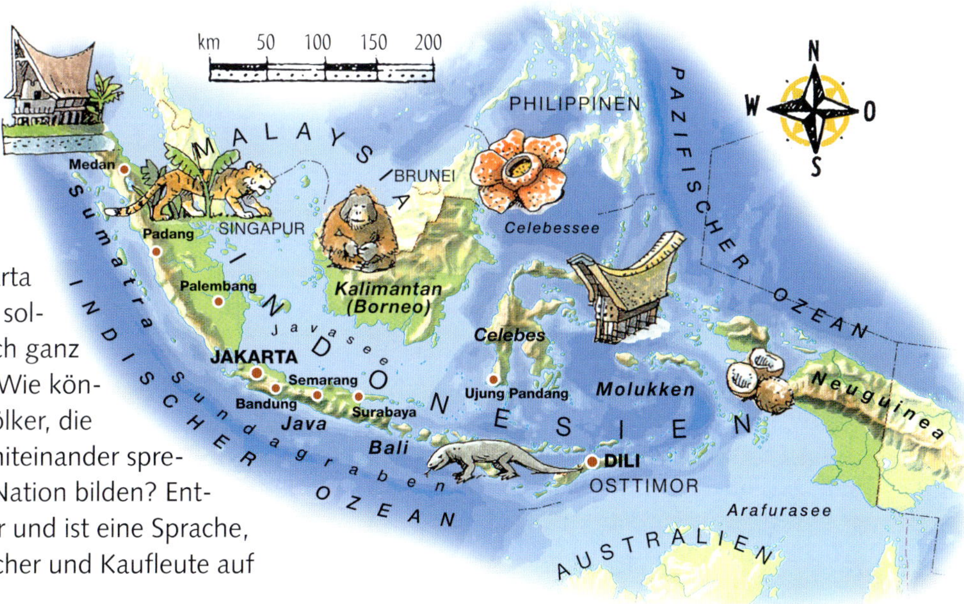

Auf den zahlreichen indonesischen Inseln findet vieles am Wasser statt. Da wird Wäsche gewaschen, geangelt, gebadet und gespielt und alles gleichzeitig und nebeneinander.

wie eine flache Pyramide angelegt. Auf mehreren Terrassen findest du über 1 500 Darstellungen aus Stein. Der Tempel wurde 850 nach Christus fertig gestellt und sofort danach aufgegeben. Der Dschungel verschlang ihn und gab ihn erst 1830 wieder frei. Warum aber wurde das Bauwerk aufgegeben? Die Indonesier gingen damals zur Religion des ➔ Hinduismus über. Später wurden sie ➔ Moslems. Nur die Insel Bali ist weiterhin rein hinduistisch geblieben.

Reis ist in Indonesien das wichtigste Nahrungsmittel. Deshalb wird viel davon angebaut. Für die indonesischen Kinder gehört zu vielen Mahlzeiten Reis dazu.

Reiche Tierwelt, arme Menschen

Indonesien ist ein Tierparadies. Das fängt damit an, dass überall schwarze Büffel mit ellenlangen Hörnern stehen. Diese Wasserbüffel oder *Kerabaus* werden für die Arbeit auf den Feldern eingesetzt, und sie lassen gerne Kinder auf ihrem Rücken reiten.

Auf Schritt und Tritt begegnen dir auch Wildtiere. Überall fliegen bunte Schmetterlinge, so groß wie Suppenteller. An hohen Bäumen hängen Flughunde. In den Urwäldern leben noch Tapire, Riesenschlangen, Papageien und große Pfauen. In Indonesien gibt es

Eins, zwei, drei – ein indonesisches Märchen

Vier Männer gingen einmal gemeinsam auf Fischfang. Als sie genügend Fische gefangen hatten, machten sie sich auf den Heimweg. Da blieb einer von ihnen stehen und sagte: „Freunde, es scheint, dass wir einen von uns verloren haben. Als wir losgingen, waren wir doch zu viert. Und jetzt sind wir nur noch drei!" Dabei zählte er seine Freunde – eins, zwei, drei – ohne sich selbst mitzuzählen. Auch die anderen Männer zählten nun und kamen immer zu dem gleichen Ergebnis. Ein Mann namens Kabayan kam zufällig vorbei und hörte sich ihr Problem an. Er glaubte nicht, dass der vierte Freund im Fluss ertrunken sei. Er sei vielmehr kein Mensch, sondern ein Geist, der sich in einen der Freunde verwandelt habe. „Gespenster, Gespenster" – da rannten die Freunde Hals über Kopf davon. Kabayan aber nahm sich die Fische und gab sie seiner Frau zum Braten.

In den gebirgigen Gegenden in Indonesien gibt es noch viel Urwald, in dem die Kinder gerne spielen. Leider werden immer mehr dieser Wälder gefällt, um das Holz zu verkaufen oder um dort Nahrungsmittel anzubauen.

Indonesisch

In Indonesien ist man überall freundlich zueinander und lächelt selbst in schwierigen Situationen. Wenn du dazu noch einige Wörter Indonesisch kannst, bewundern dich viele. Zum Handeln auf dem Markt brauchst du die Zahlen: **satu, dua, tiga, empat, lima, enam, tujuh** (:tudschu), **delapan, sembilan, sepuluh.**

Und noch ein paar Ausdrücke zum Höflichsein:

Selamat siang = Guten Tag
Selamat malam = Guten Abend
Selamat tidur = Gute Nacht
Terima kasih = Danke
Apa kabar? = Wie geht's?
Selamat datang = Willkommen
Sampai bertemu lagi = Auf Wiedersehen

einige reiche Menschen und sehr viele arme Menschen. Bildung und ärztliche Versorgung sind für viele Kinder dort ein Luxus. Die Kinder müssen von klein auf als Zeitungsverkäufer oder Schuhputzer arbeiten und zum Familieneinkommen beitragen. Zwar besteht in Indonesien Schulpflicht. Doch die Mädchen und Jungen haben oft gar keine Zeit, um in die Schule zu gehen. Sie müssen jeden Tag ums Überleben kämpfen!

Osttimor

Fläche:	rund 18 900 km²
Einwohner:	rund 820 000
Hauptstadt:	Dili mit rund 56 000 Einwohnern
Sprachen:	Tetum, Portugiesisch
Währung:	US-Dollar

Osttimor wurde erst 2002 unabhängig und war eine portugiesische ➔ Kolonie. Dann eroberten die Indonesier das Land. 1998 wurde es fast vollständig zerstört. Der Wiederaufbau wird Jahre dauern. Osttimor hat noch keine richtige ➔ Wirtschaft und gehört – trotz internationaler Hilfe – zu den ärmsten Ländern der Erde.

Besonders die Kinder haben unter der Armut und den schlechten Verhältnissen in Osttimor zu leiden. Sehr viele Kinder haben nicht genügend zu essen, und viele sterben schon ganz jung.

Australien und Ozeanien

Fläche:	rund 8,5 Millionen km²
Einwohner:	rund 33 Millionen
Kleinstes Land:	Nauru mit rund 21 km²
Größtes Land:	Australien mit fast 7,7 Millionen km²
Höchster Berg:	Mount Wilhelm, Papua-Neuguinea, 4 509 m

Australien und Ozeanien erstrecken sich über den ganzen Südpazifik, die Südsee. Das größte Stück Land ist dabei der Kontinent Australien. Um ihn herum liegen die größeren Inseln Neuguinea, Tasmanien und Neuseeland. Die weiter entfernten winzigen Inseln nennt man Ozeanien.

Fahrt ins Ungewisse

Vor rund 7 000 Jahren wanderten Menschen aus Südostasien über Neuguinea in die Südsee ein. Sie besiedelten erst Fidschi und fuhren dann weiter ostwärts über Samoa und Tonga bis nach Polynesien. Doch wie fanden sich diese Polynesier bei ihrem Aufbruch ins Unbekannte zurecht? Sie verwendeten die Sterne als Hilfe bei der Navigation. Und sie konnten ferne Inseln schon von weitem erkennen. Etwa an der Form der Wellen, der Farbe des Wassers und des Himmels. Ohne Messgeräte fanden sie so selbst winzige Inseln im weiten Pazifik.

Französisch-Polynesien

Kinder tauchen ab

Wie die Kinder in Australien und Ozeanien heute leben, das hängt ganz entscheidend davon ab, in welchem Land sie zu Hause sind. In Australien zum Beispiel sind alle Mädchen und Jungen im Alter von sechs bis 15 Jahren schulpflichtig. Die meisten Kinder gehen aber bereits mit fünf Jahren zu einer Vorschule. In Australien gibt es auch Kinder, die ihre Lehrer nur ganz selten sehen. Diese Mädchen und Jungen leben weit draußen im Buschland. Doch auch sie erhalten regelmäßigen Unterricht über Internet oder Funk. Australien ist ein wohlhabendes Land. In einigen Ländern Ozeaniens sind die Menschen viel ärmer. Hier gehen viele Kinder nicht regelmäßig zur Schule. So besuchen etwa in Papua-Neuguinea nur circa zwei Drittel der Kinder sechs Jahre lang eine Schule. Doch etwas verbindet alle Kinder in Australien und Ozeanien: die Nähe zum Wasser. Die meisten Kinder leben mit ihren Familien nämlich in Küstennähe. Deshalb schwimmen, tauchen, surfen oder rudern viele Mädchen und Jungen gerne.

Die Datumsgrenze

Wenn in Deutschland die Mittagsglocken schlagen, ist es in Moskau schon 14 Uhr. Die Kinder dort haben dann schon längst Mittag gegessen. Wenn du immer weiter nach Osten fliegst, wird es immer später (➔ Zeitzonen). Schließlich kommst du an eine Grenze, und von ihr an ist sozusagen nicht heute, sondern gestern: Das Datum wird um einen Tag zurückgestellt. Diese Datumsgrenze verläuft mitten durch Ozeanien, zwischen Tonga und Samoa.

Australien

Australien ist der kleinste Kontinent. Er wurde als letzter vor rund 400 Jahren entdeckt. Später kamen Siedler aus Großbritannien und Irland. Doch dann wanderten auch Europäer aus den verschiedensten Nationen ein, vor allem Italiener, Griechen und Ungarn, ferner Vietnamesen, Chinesen, Inder. Sie bilden heute ein modernes Land mit einer multikulturellen Gesellschaft. So sagt man, wenn Menschen ganz verschiedener Herkunft friedlich zusammenleben.

Australien

Fläche:	rund 7,7 Millionen km²
Einwohner:	rund 19,9 Millionen
Hauptstadt:	Canberra mit rund 321 000 Einwohnern
Sprache:	Englisch
Währung:	Australischer Dollar

Einzigartige Tierwelt

Weltmeister im Weitsprung sind die australischen Riesenkängurus. Sie können 12 Meter weit springen. Kängurus sind Beuteltiere. Ihre Kinder werden ganz winzig geboren und bleiben im Beutel der Mutter, bis sie groß genug sind, um mit ihr mitzuhüpfen. So ist es auch bei den Koalabären, die die australischen Kinder gerne im Streichelzoo ansehen.

In Tierparks gibt es zahme Kängurus, die du füttern und streicheln kannst. Bei frei lebenden Tieren musst du aber vorsichtig sein, denn bei Angriffen wehren sie sich mit kräftigen Tritten und Boxhieben!

Sie trinken erst Milch in Mutters Beutel, bis sie alt genug sind, Eukalyptus zu fressen. Australien hat viele interessante Tiere. Sie stammen aus früher Zeit. Australien ist nämlich seit mindestens 30 Millionen Jahren von den anderen → Kontinenten abgeschnitten. Alle Säugetiere, die in dieser Zeit anderswo

Ein giftiger Kontinent

Keiner weiß, warum es gerade in Australien so viele Gifttiere gibt. Aber du musst überall aufpassen. Beim Schwimmen im Meer kann dich eine Würfelqualle stechen. Sie gilt als das giftigste Tier der Erde. Gefährlich ist auch ein wunderschöner kleiner hellblauer Krake: er beißt zu und ist kein Spielzeug. Auf dem Festland lauern die giftigsten Spinnen, die durchaus in einen Menschenfinger beißen können. Es gibt in Australien auch Giftschlangen, etwa den 3 Meter langen schwarzen Taipan. Er ist allerdings ziemlich friedlich. Gebissen werden fast nur Menschen, die unbedingt eine solche Schlange am Schwanz ziehen wollen. Nicht giftig, aber ebenso gefährlich ist das Leistenkrokodil. Es ist mit 7 Metern die größte lebende Echse.

entstanden, kamen deswegen nie bis nach Australien. Darum gibt es hier keine Igel, keine Hirsche, keine Affen oder Elefanten – dafür aber altertümliche Beuteltiere wie den Wombat, den Beutelteufel, den Beutelmull und den Gleitbeutler – oder gar das Schnabeltier. Es hat ein Fell und legt doch Eier. Es hat einen Biberschwanz und einen weichen Entenschnabel. Wenn Schnabeltiere schlafen, dann träumen sie die halbe Nacht. Nicht alle Tiere können träumen.

Direkt am Wasser steht das Opernhaus von Sydney. Die Dächer sehen ein bisschen aus wie Muschelschalen.

In Tangalooma bei Brisbane füttern die Kinder am Strand gern die Delfine. Sie schauen sich auch gerne Fische in den verschiedenen Unterwassertunnels in Sydney, Perth oder Mooloolaba (an der Nordostküste) an. Dabei werden sie noch nicht einmal nass! Natürlich kann man im Wasser auch schwimmen oder schnorcheln. Die meisten Fische siehst du im Großen Barriereriff. Es ist rund 2 000 km lang und besteht nur aus bunten ➔ Korallen.

Leben in Australien

Viele Australier lieben es, am Strand zu liegen. Doch das ist nicht ungefährlich. Die meisten australischen Kinder tragen einen Sonnenhut und sind mit Sonnencreme eingeschmiert. Über Australien hat der Himmel ein Loch. Die Sonnenstrahlen kommen ungebremst zur Erde. Die Krankheit, die man bekommen kann, wenn man zu viel in der Sonne spielt, heißt Hautkrebs.
Viele Australier treiben gerne Sport, zum Beispiel spielen sie Kricket, Tennis oder Rugby. Sport spielt auch für die meisten australischen Mädchen und Jungen eine große Rolle. Sogar in der Schule gibt es Sportangebote wie Klettern, Surfen und Segeln. Fast alle Kinder lernen ganz früh schwimmen. Viele wandern auch gerne. Das kann man besonders gut in den ➔ Nationalparks.
Im Norden Australiens gibt es ➔ Regenwälder. Der Süden ist trockener. Die Kinder leben hier mit ihren Familien überwiegend an den Küsten. Das zentrale Australien nennen sie *Outback* (:autbäck) oder Busch. Hier gibt es riesige Schaffarmen. Die reicheren Besitzer haben ein Kleinflugzeug, um beispielsweise zum Einkaufen zu fliegen. Auch die Ärzte kommen mit dem Flugzeug. Jede Farmer-

Wie die Aborigines heute leben

Die Ureinwohner Australiens heißen Aborigines. Sie sind dunkelhäutig, haben aber oft blonde Haare. Noch rund 400 000 leben in Australien. Es geht ihnen nicht gut. Sehr viele haben keine Schulbildung, sind arbeitslos und deswegen in die Sucht abgerutscht. Aborigines sterben im Durchschnitt etwa zwanzig Jahre früher als die weißen Australier. Ihr Gesundheitszustand ist viel schlechter, es sterben fünfmal so viele Kinder. Viele Kinder werden auch wegen der Armut nicht richtig ernährt. In der Vergangenheit wurden Zehntausende von Aborigines einfach getötet – ähnlich wie die Indianer in Nordamerika. Und noch bis vor 30 Jahren nahm man schwarzen Müttern einfach ihre Kinder weg und verfrachtete sie in Waisenhäuser oder Missionsstationen. Manche weißen Australier anerkennen das Unrecht, das den Aborigines geschah und weiterhin geschieht.
Trotzdem ist die Versöhnung mit den einstigen Besitzern Australiens schwierig.

Der Uluru oder Ayers Rock ist ein riesiger, bis 350 Meter hoher Berg mitten im Land. Im Licht der Sonne erscheint er in unterschiedlichen Rottönen. Zum Sonnenuntergang leuchtet er richtig knallrot.

familie hat dafür ein Funkgerät, um Hilfe zu rufen. Und wo gehen die Kinder im *Outback* zur Schule? Viele gehen gar nicht, denn die Entfernungen im *Outback* sind ungeheuer groß. Die Kinder bekommen Unterricht über das Internet oder über Funk. Die Mädchen und Jungen sprechen so zwar jeden Tag mit ihren Lehrern, sehen sie aber nur wenige Male im Jahr. Während der Ferien besuchen viele Lehrer die Schulkinder per Flugzeug oder Geländefahrzeug und geben manchmal auch für einige Tage Nachhilfeunterricht. Etwa zweimal im Jahr treffen sich alle Kinder, Eltern und Lehrer. Und dann wird ein großes Fest gefeiert!

Traumzeit

Bevor die Weißen nach Australien kamen, lebten dort schon die *Aborigines.* Sie haben das Musikinstrument *Didgeridoo* (:didscheridu) und den *Bumerang* erfunden. *Bumerangs* sind Wurfhölzer. Manche sind so geformt, dass sie in der Luft wenden und zurückkehren. Die Aborigines haben nie eine Landwirtschaft entwickelt. Manche leben noch heute als → Jäger und Sammler. Sie kennen die Natur wie sonst niemand in Australien. Ihre Kultur ist mindestens 30 000 Jahre alt. Zu Beginn,

Wir bauen einen Bumerang

Bumerangs aus Holz zu bauen, ist ziemlich schwierig. Wir können uns aber mit einem Bumerang aus einem dünnen und sehr festen Karton behelfen. Wir schneiden aus einem gleichseitigen Dreieck die unten abgebildete Form (Durchmesser rund 20 cm) aus und knicken die Flügelränder leicht nach unten. Das Werfen will geübt sein und geht bei diesem Typ nur im Zimmer. Du hältst den Bumerang beim Wurf ziemlich senkrecht, wobei die abgekanteten Flügel von dir weg sehen. Beim Werfen musst du dem Bumerang eine möglichst kräftige Drehbewegung erteilen. Nur so kehrt er zu dir zurück.

so sagen sie, war die Erde absolut kahl und flach. In dieser Traumzeit sollen sich aus der Erde riesenhafte Geisterwesen in Gestalt von Pflanzen, Tieren und auch Menschen erhoben haben. Sie formten alle auffälligen Punkte in der Landschaft und gaben jedem Ort eine Bedeutung. Deswegen ist den Aborigines der *Uluru* oder *Ayers Rock* so heilig. Teile dieses Berges wurden für sie zu Göttern. Die *Aborigines* hinterließen an vielen Stellen Australiens wundervolle Felszeichnungen, die von der Traumzeit erzählen.

Wie Kinder auf der ganzen Welt Weihnachten feiern.

„Stille Nacht, heilige Nacht, alles ruht, einsam wacht ..." Dieses Lied singt man zum ersten Mal am Weihnachtsabend. In der Nacht vom 24. auf den 25. Dezember ist das Jesuskind in einem Stall in Bethlehem auf die Welt gekommen. Noch heute, rund 2 000 Jahre danach, feiern Christen auf der ganzen Welt dieses Fest.

Natürlich sind die Kinder am Weihnachtsabend fürchterlich aufgeregt. Sie haben den ganzen Tag gewartet. Und dann kommt endlich das Wichtigste für sie, die Bescherung unter dem festlich geschmückten Weihnachtsbaum. Später gehen viele Kinder in die Weihnachtsmette, den Gottesdienst in der Kirche mitten in der Nacht. Auf dem Heimweg knirscht in der Kälte manchmal der Schnee unter den Schuhen. So feiern die Kinder in Deutschland, Österreich und der Schweiz.

Der „Santa Claus" oder Weihnachtsmann kommt meistens rot gekleidet und mit einem Rentierschlitten daher.

Kaspar, Melchior und Balthasar

Die Kinder in Italien und Spanien bekommen am Weihnachtstag nur wenige Geschenke. Der große Rest folgt am 6. Januar, dem Fest der Heiligen Drei Könige. Diese besuchten vor 2000 Jahren das Jesuskind in seiner Krippe. Kaspar brachte ihm Weihrauch mit, Melchior schenkte ihm Gold und Balthasar Myrrhe, ein Räuchermittel. Die drei Könige beschenken an diesem Tag auch die spanischen Kinder. In der Stadt Madrid findet abends ein Umzug statt. Kaspar, Melchior und Balthasar fahren auf großen Wagen durch die Straßen und haben auch ihre Kamele dabei. Sie werfen Süßigkeiten unter die wartenden Kinder. Danach gehen alle nach Hause und essen einen süßen Ringkuchen, den *Roscón*. Darin ist eine kleine Figur als Überraschung eingebacken.

Am Dreikönigstag verkleiden sich Kinder in Deutschland, Österreich und der Schweiz als „Magier aus dem Morgenland": Sie ziehen mit einem Stern singend von Haus zu Haus.

Woher kommt der Weihnachtsmann?

Die amerikanischen Kinder bekommen ihre Geschenke am Weihnachtstag, aber nicht vom Christkind, sondern von

Santa Claus (:säntaklos), dem Weihnachtsmann. Wir kennen ihn als Nikolaus. Er besucht am 6. Dezember die Kinder und hat einen wilden Gesellen bei sich, den Knecht Ruprecht oder Krampus. Der Nikolaus, der wie ein Bischof aussieht, gilt als Schutzheiliger der Kinder. Er bringt ihnen Nüsse, Früchte und Süßigkeiten. Manchmal schimpft er auch mit den Kindern, wenn sie nämlich etwas zu frech waren. Woher er das wohl alles weiß?

In Russland brauchen sich die Kinder anders als bei uns keine Sorgen zu machen, ob an Weihnachten auch Schnee liegt. Denn der fehlt nie. Die Kinder bekommen ihre Geschenke am Neujahrstag von Väterchen Frost. Er heißt auf Russisch *Djed Marós* und ist eine Art Weihnachtsmann. Er hat immer seine Enkelin dabei, Schneeweißchen oder *Snegúrotschka*. Sie ist wie das Christkind gekleidet. Allerdings bringen die beiden den russischen Kindern meist nur ein paar Süßigkeiten und vielleicht Socken. Die Menschen sind zu arm, um viel schenken zu können.

Post vom Christkind

Manche Kinder bekommen sogar Post vom Christkind. Der Stempel auf der Briefmarke zeigt, dass der Brief in Christkindl abgeschickt wurde. Einen solchen Ort gibt es in Österreich. Zur Weihnachtszeit hat dort ein eigenes Postamt geöffnet. Kinder und Eltern aus aller Welt schicken Briefe an dieses Postamt. Dort werden sie mit einer Briefmarke versehen, schön abgestempelt und dann den Kindern zugesandt.

Weihnachten und hitzefrei

Weihnachten liegt überall im Dezember oder Januar, und dann herrscht tiefster Winter. Überall? Nein, das gilt nur für die Nordhalbkugel der Erde. Südlich des Äquators, auf der Südhalbkugel, sind die Jahreszeiten gerade umgekehrt. In Paraguay, Südafrika und Australien ist im Dezember Hochsommer. In Australien klettert das Thermometer bis auf 40 Grad Celsius. Die Kinder schwitzen und haben hitzefrei. Sie spielen im kühlen Swimmingpool. Am Rand steht ein Weihnachtsbaum, aber keine Tanne wie in Deutschland, sondern vielleicht ein Eukalyptusbaum. In der Hitze sind die Kerzen schon matschig, bevor man sie angezündet hat. Und wie kommt der Schnee auf den Baum? Man sprüht weiße Farbe darauf oder hängt Wattefetzen an die Zweige. Und wer schwitzt in dieser Zeit am allermeisten? Es ist der Weihnachtsmann mit Perücke, Bart, Stiefeln und rotem Wintermantel.

In Australien ist es zu Weihnachten so warm, dass der Weihnachtsmann auch gerne im Meer surft.

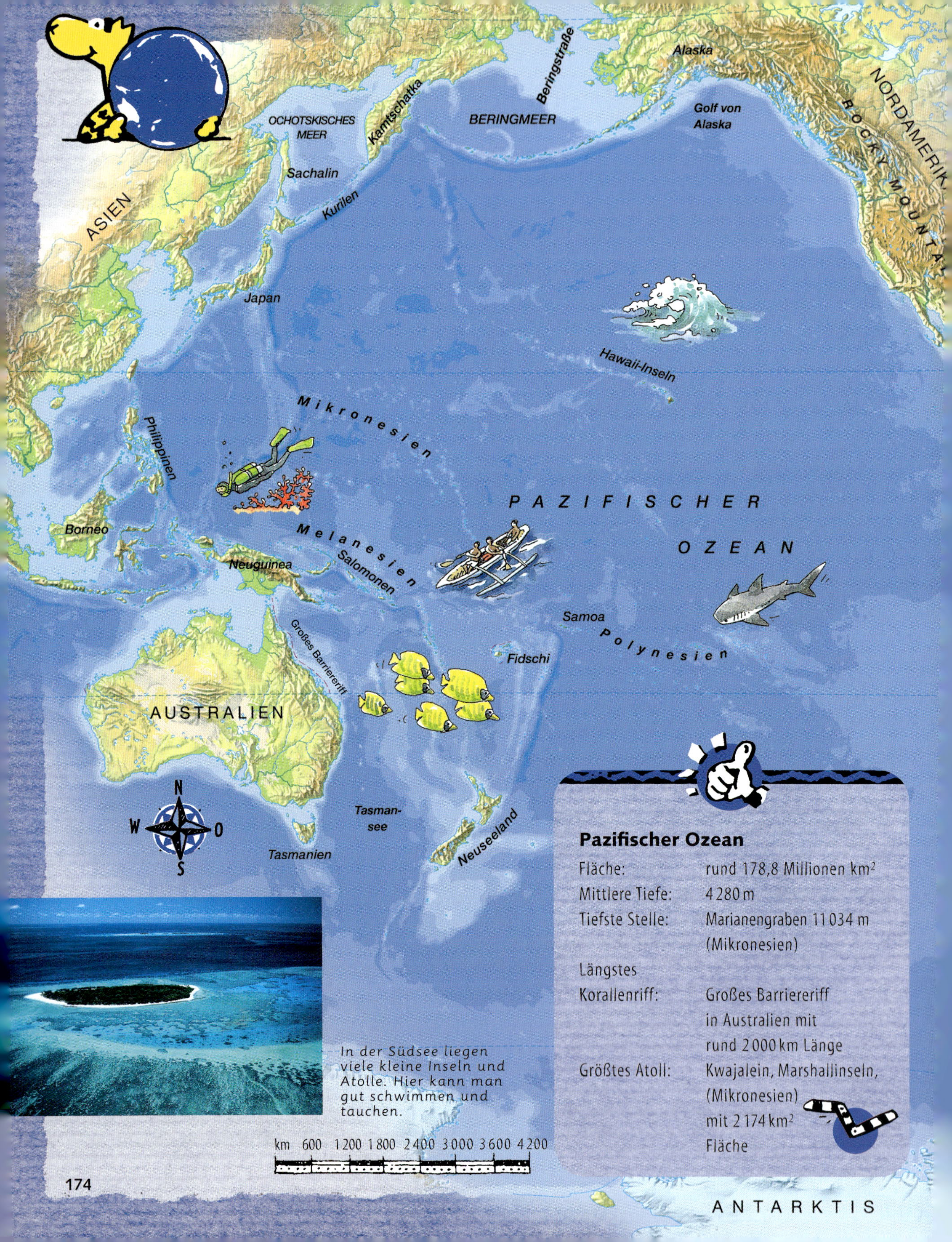

In der Südsee liegen viele kleine Inseln und Atolle. Hier kann man gut schwimmen und tauchen.

Pazifischer Ozean

Fläche:	rund 178,8 Millionen km²
Mittlere Tiefe:	4 280 m
Tiefste Stelle:	Marianengraben 11 034 m (Mikronesien)
Längstes Korallenriff:	Großes Barriereriff in Australien mit rund 2 000 km Länge
Größtes Atoll:	Kwajalein, Marshallinseln, (Mikronesien) mit 2 174 km² Fläche

Der Pazifische Ozean ist der größte Ozean der Erde.

Er ist doppelt so groß wie der Atlantik. Er bedeckt ein Drittel der Erdoberfläche und erstreckt sich von Australien und Asien bis nach Amerika und von der Arktis (durch die Beringstraße) bis in die Antarktis.

Die Kruste der Erde besteht nicht aus einem Stück, sondern aus ungefähr zehn großen Platten. Auf ihnen liegen die Kontinente. Die Platten schwimmen auf heißem honigartigen Gestein – ein bisschen wie die Fettaugen auf der Suppe – und wandern langsam umher. Zwei Platten können sich dabei aufeinander zu bewegen und zusammenstoßen. Dabei schiebt sich der Rand der einen Platte unter die andere Platte und taucht ins Erdinnere ab. Auf diese Weise entstehen Tiefseegräben. Daneben schmilzt durch den Druck viel Gestein, und es entstehen ➔ Vulkane. Die gesamte pazifische Platte ist von solchen Gräben und Vulkanen umgeben.

Wie Atolle entstehen

Im Pazifik liegen über 20 000 Inseln. Die meisten sind aus Vulkanen entstanden, auch wenn sie heute aus ➔ Korallen bestehen. Das kam so: In dem warmen Wasser wachsen die Korallen um den kreisförmigen Kraterrand der Vulkane. Wenn dann der Vulkankegel langsam in der Tiefe versinkt, entwickeln sich die Korallen immer weiter nach oben. Am Ende ist er völlig verschwunden. Das kreisförmige Riff bleibt übrig und bildet eine runde Insel. Das nennt man ein Atoll.

Lange Winde und Christuskinder

Man nennt den Pazifik auch Stillen Ozean. Der Name geht auf den Entdecker Ferdinand Magellan zurück. Er überquerte in seinen Segelschiffen den Pazifik, ohne auf Stürme zu stoßen. Aus Dankbarkeit nannte er ihn daraufhin den „Friedfertigen", lateinisch *pacificus.* Nur: Da täuschte sich Magellan. Im Äquatorgebiet des Pazifiks entstehen immer wieder mächtige Wirbelstürme. Sie heißen Taifune und können Inseln und Küstengebiete völlig zerstören. Ganz im Westen des Pazifiks fließt ein kalter Meeresstrom. Merkwürdigerweise verschwindet er ungefähr alle zehn Jahre: Etwa zur Weihnachtszeit erscheint dann dafür ein warmer Meeresstrom. Die Peruaner nennen ihn *El Niño* (:elninjo), das „Christuskind". Er verändert das Wetter auf der ganzen Welt.

Neuseeland liegt südöstlich von Australien. Wenn man in Deutschland ein senkrechtes Loch durch die Erde bohren würde, käme man ungefähr bei Neuseeland wieder an die frische Luft. Neuseeland besteht aus zwei großen Inseln, der eher flachen Nordinsel und der gebirgigen Südinsel. Das Wetter ist ziemlich ähnlich wie bei uns, aber es regnet viel mehr.

Neuseeland

Fläche:	rund 271 000 km²
Einwohner:	rund 3,9 Millionen
Hauptstadt:	Wellington mit rund 166 000 Einwohnern
Sprachen:	Englisch, Maori
Währung:	Neuseeland-Dollar

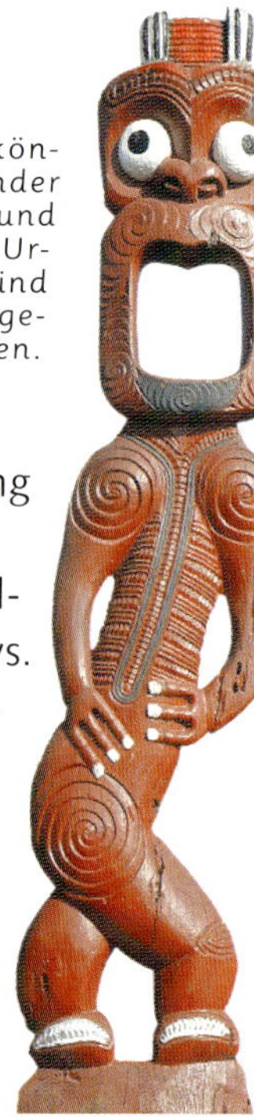

In den höheren Schulklassen können die neuseeländischen Kinder die Maori-Sprache lernen und etwas über die Kultur der Ureinwohner erfahren. Typisch sind zum Beispiel solche kunstvoll geschnitzten Holzfiguren.

Auf Neuseeland leben über 50 Millionen Schafe. Die Schafe werden von Hütehunden bewacht. Manche schaffen es, die Schafe zusammenzuhalten, ohne zu bellen. Sie schauen die Schafe nur streng an. Beobachten kannst du das bei einer der vielen Landwirtschafts- und Hirtenshows. Da gibt es auch Wettbewerbe im Holzfällen und Schafscheren. Ein echter Spitzenscherer schafft bis zu 350 Tiere am Tag. Denen tut die Schur nicht weh. Die Wolle wächst nach wie bei uns die Haare.

Im Südwesten gibt es einen großen → Nationalpark mit hohen Bergen, wundervollen Seen und einem → Regenwald. Hier findest du seltene Vogelarten. Der Park heißt Te Wahipounamu, das ist in der Sprache der Maori die Bezeichnung für die Südinsel Neuseelands.

Lauter Kiwis

Die Neuseeländer nennen sich *Kiwis.* Kiwi heißt auch ein nachtaktiver Vogel in Neuseeland, der aber nicht fliegen kann. Die sehr scheuen Vögel leben in den Wäldern und ernähren sich von Würmern und Larven. Keas sind graugrüne, sehr verspielte Papageien. Sie haben keinerlei Angst vor den Menschen, fliegen dir auf die Schulter und treiben jede Menge Schabernack. Kiwis sind auch Früchte, die aussehen wie große Stachelbeeren. Sie werden in großer Zahl in Te Puke angebaut. Dort kannst du durch Kiwihaine wandern.

Gedränge um einen ovalen Ball

Viele Neuseeländer sind große Sportfans. An mindestens einem Nachmittag in der Woche tauschen die neuseeländischen Mädchen und Jungen ihre Schuluniform gegen Sportbekleidung. Sie spielen Baseball oder Kricket oder lernen segeln. Die meisten Kinder sind aber verrückt nach Rugby.

Im neuseeländischen Frühling, also etwa im Oktober, finden in vielen Städten große Blumenfeste statt. Die Kinder schmücken sich mit den schönen bunten Blumen, die dann überall blühen.

Das Ansehen einer Schule steigt mit der Zahl der Siege der Schulmannschaft gegen andere Schulen. Und für ein wichtiges Spiel wird sogar der Unterricht unterbrochen. Uns kommt Rugby manchmal ein bisschen wie eine Schlägerei um einen eiförmigen Ball vor. Es ist eine Art Mischung aus Fußball und Handball. Die beiden Mannschaften bestehen aus jeweils 15 Spielern. Sie versuchen, den Ball in ein bestimmtes Feld hinter den Toren zu tragen oder zu werfen oder ihn über die Torlatte zu treten. Vor Länderspielen führen die Kiwis den alten Kriegstanz *Haka* der Maori auf: Sie rollen mit den Augen und strecken dem Feind die Zunge heraus. Das soll ihn das Fürchten lehren!

Die Maori

Bevor die Europäer nach Neuseeland kamen, lebten dort schon die Maori. Sie wanderten vor 1 000 Jahren aus Polynesien ein. Heute leben auf Neuseeland noch rund 350 000 Maori. Früher tätowierten sie den ganzen Körper mit Spiralmustern. Auch die Versammlungshäuser sind über und über mit Schnitzereien verziert. Oft stellen sie Gottheiten dar, die Wassermännern ähneln. Viele Maori treffen sich gerne zum Essen. Sie lieben Fladenbrote und getrockneten Haifisch. Eine Gruppe lädt eine andere ein. Man begrüßt sich, indem man die Nasen aneinanderreibt. Dann wird gesungen und gemeinsam gebetet. Schon als kleines Kind lernt ein Maori singen und tanzen.

Melanesien ist eine Gruppe von Inseln östlich von Indonesien. Die größte Insel ist Neuguinea. Östlich davon liegen die Salomonen, noch weiter östlich und südlich Vanuatu, Fidschi und Neukaledonien, das zu Frankreich gehört. Melanesien ist sehr gebirgig. Das Klima ist durchweg angenehm warm.

Papua-Neuguinea

Fläche:	rund 462 000 km^2
Einwohner:	rund 5,8 Millionen
Hauptstadt:	Port Moresby

Bei religiösen Zeremonien oder wenn sie gegen andere kämpfen, schmücken sich einige Völker auf Papua-Neuguinea auf besondere Weise: Der Körper und vor allem das Gesicht werden mit Lehm und verschiedenen Farben bemalt. Auch ein spezieller Kopfschmuck gehört dazu.

Die Insel Neuguinea ist in zwei Hälften geteilt. Die westliche Hälfte gehört zu Indonesien, die östliche bildet einen eigenen Staat, Papua-Neuguinea. Neuguinea ist eines der großen Tierparadiese der Welt. In den ➔ Regenwäldern leben Tiere und Pflanzen, die es nur hier gibt, zum Beispiel tellergroße bunte Vogelfalter oder Rüsselkäfer in den schillerndsten Farben. Am berühmtesten sind aber die Paradiesvögel. Besonders die Männchen haben ein fantastisches Gefieder und stellen ihre Schönheit an besonderen Balzplätzen zur Schau. Die Einwohner Neuguineas, die Papua, jagen seit jeher diese Vögel und nutzen deren Federn als Schmuck.

Etwa ein Drittel der Melanesier kann nicht lesen und schreiben. Auf Papua-Neuguinea besteht zwar eine Schulpflicht, aber in den ländlichen Gebieten gibt es manchmal gar keine Schule. Die Kinder müssen in der Familie auch viel mithelfen, zum Beispiel Brennholz sammeln.

Kinder lernen Sprachen

Ein Volk der Papua gibt es nicht. Allein in Papua-Neuguinea leben rund 1 000 verschiedene Völker. Fast jedes Volk hat eine eigene Sprache, eigene Bräuche und eine besondere Kultur. Die meisten Kinder wachsen mehrsprachig auf und lernen beim Heranwachsen noch weitere Sprachen. In manchen Gebieten tauschen benach-

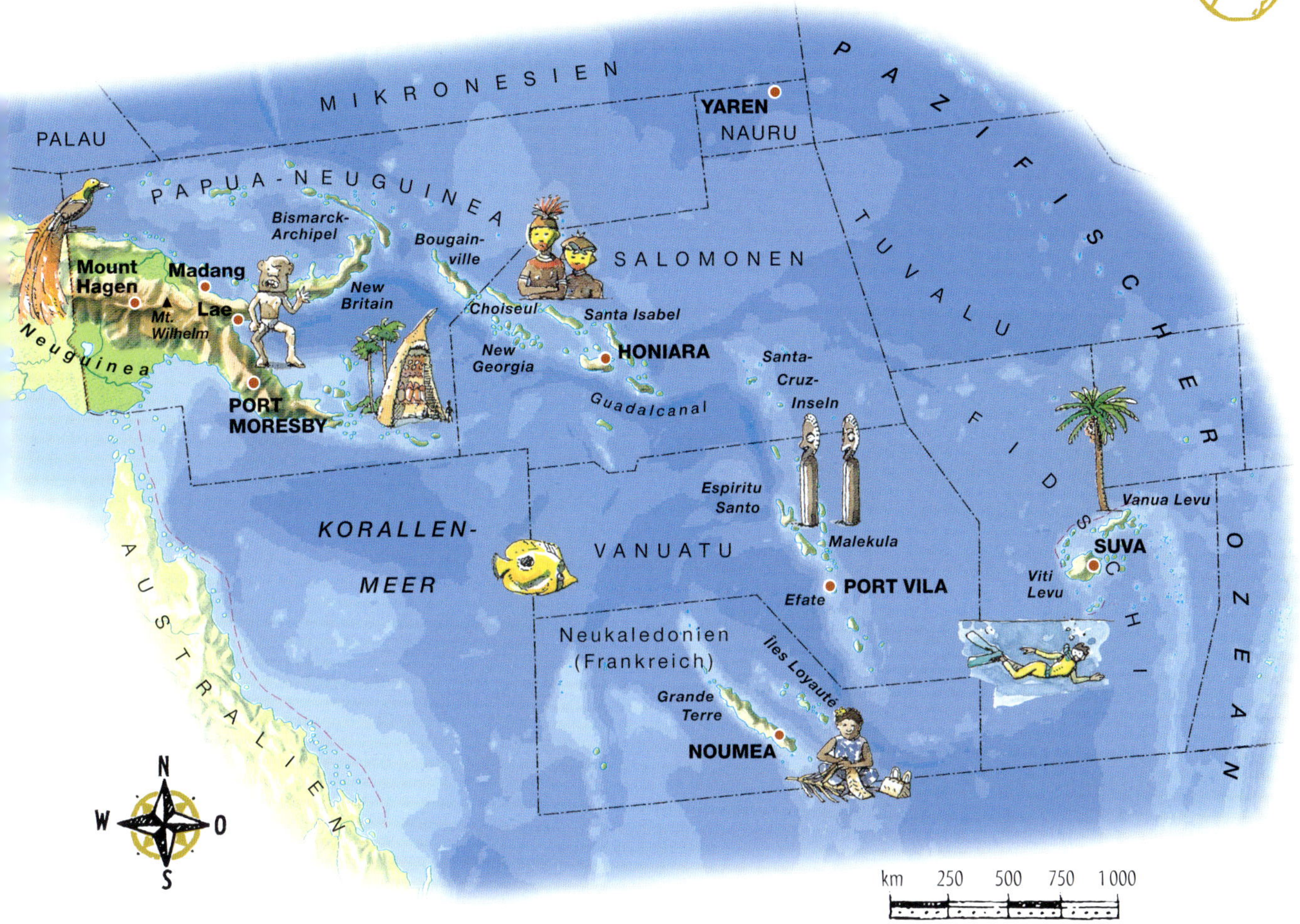

barte Völker sogar ihre Kinder aus. Die Mädchen und Jungen sollen die Sprache der Nachbarn lernen und dann als Dolmetscher bei der Verständigung helfen. Da es auf Papua-Neuguinea über 800 Sprachen gibt, entstand eine Art Hilfssprache. Es ist ein stark vereinfachtes Englisch mit viel Indonesisch.

Mutproben

Auf einigen Inseln muss man, wenn man erwachsen werden will, Mutproben bestehen. Auf den Salomonen springen Jungen von einem 20 m hohen wackligen Turm ins Wasser. Noch gewagter sind die „Land-

Salomonen

Fläche:	rund 28 400 km^2
Einwohner:	rund 491 000
Hauptstadt:	Honiara

taucher" von Pentecost in Vanuatu. Männer springen von einem hohen Turm – aber nicht etwa ins Wasser. Sie binden sich vorher Lianen um die Beine. Diese bremsen den freien Fall. Und wenn der tollkühne Springer mit den Haaren den Erdboden berührt, bekommt er sozusagen die Höchstnote.

Die Papua-Völker leben meist in Clans, in Großfamilien zusammen. Dazu gehören die Kinder, die Eltern, die Großeltern und auch viele Tanten, Onkel, Cousins und Cousinen.

Vanuatu

Fläche:	rund 12 100 km²
Einwohner:	rund 212 000
Hauptstadt:	Port Vila

Denn die meisten Kinder wohnen nicht mehr unter einem Dach aus Palmblättern, sondern unter einem Wellblechdach. Die Häuser, in denen sie mit ihren Familien leben, sind sehr einfach. Doch die meiste Zeit halten sie sich sowieso draußen auf. Eine sehr beliebte Sportart auf Fidschi ist Rugby.

Fidschi

Fläche:	rund 18 300 km²
Einwohner:	rund 847 000
Hauptstadt:	Suva

In den meisten Dörfern gibt es ein so genanntes Geisterhaus. Das ist eine Hütte, in der religiöse Gegenstände, Figuren von → Ahnen und andere, den Menschen besonders wichtige und wertvolle Dinge aufbewahrt werden.

Leben auf Fidschi

Die Menschen auf Fidschi sind bekannt für ihre ungeheuere Freundlichkeit und Wärme. Schon die Kinder lernen, wie wichtig Familie und Freunde sind. Immer seltener siehst du die traditionellen Häuser der Fidschianer, die *Bures*.

Viele Jungen wollen später nicht wie ihre Väter Fischer werden, sondern träumen davon, einmal berühmte Rugby-Spieler zu sein.

Auf den melanesischen Inseln gibt es wunderschöne weiße Sandstrände mit Palmen. Da kannst du herrlich im Sand spielen und im warmen blauen Meer baden.

Mikronesien heißt übersetzt „kleine Inseln". Tatsächlich besteht Mikronesien aus winzigen Inseln. Sie liegen nördlich von Melanesien, mitten im Westpazifik. Hier findet man einige der kleinsten Staaten der Welt, etwa Palau, Nauru, das eigentliche Mikronesien, Kiribati, Tuvalu und die Marshallinseln. Dazu kommen Guam und die Nördlichen Marianen, die zu den USA gehören.

Mikronesien

Fläche:	rund 700 km^2
Einwohner:	rund 110 000
Hauptstadt:	Palikir

Die kleinen Inseln Mikronesiens sind teils gebirgig und mit ➔ Regenwald bedeckt, teils haben sie flache Korallenriffe (➔ Korallen). Nur auf wenigen Inseln gibt es Strom und folglich elektrisches Licht. Fernsehen und Computer kennen die meisten Kinder nicht!

Tuvalu

Fläche:	rund 27 km^2
Einwohner:	rund 11 000
Hauptstadt:	Vaiaku

Die Kinder von Tuvalu werden ihre Heimat verlieren

Tuvalu ist in mehrerer Hinsicht eines der ärmsten Länder der Erde. Zum einen fehlt es den Menschen dort an vielem. Auch für die Müllabfuhr ist nicht genug Geld da. Darum müssen die Kinder oft inmitten von Müllbergen spielen. Und was noch schlimmer ist: Bald werden dort wohl alle Kinder und ihre Familien ihre Heimat verlieren. Denn Tuvalu versinkt nach und nach im Meer. Durch den langsam ansteigenden Wasserspiegel wird Tuvalu immer kleiner. Die Kinder und ihre Familien haben schon jetzt immer häufiger mit Überschwemmungen zu kämpfen. Dabei werden auch die Bäume und Felder zerstört. Darum fällt es den Menschen auf Tuvalu immer schwerer, genug Nahrungsmittel anzubauen. Dieser langsame Anstieg des Meeresspiegels wird durch die weltweite Klimaerwärmung (➔ Klima) hervorgerufen.

Um sich zwischen den vielen Inseln fortbewegen zu können, braucht man ein stabiles Boot. Diese an den Seiten angebrachten Ausleger geben dem schmalen Boot Halt. Du kannst mit solch einem Boot rudern, aber auch ein Segel aufziehen und den Wind nutzen.

Auf Yap sind Kinder und Erwachsene steinreich

Auf der Insel Yap findest du das schwerste Geld der Welt. Die Menschen dort sind wirklich „steinreich". Sie besitzen nämlich zwei bis drei Meter hohe, aus Stein gemeißelte Münzen. Sie lehnen einzeln an Häusern und Grundstücksgrenzen: Die Münzen können schließlich nicht so leicht gestohlen werden. Die Steinmünzen gewinnt man aber nicht auf Yap, sondern auf der 600 km entfernten Insel Palau. Die Steine sind umso wertvoller, je mehr Opfer der Transport gekostet hat.

Die vielen einzelnen Inseln von Palau sind durch Vulkanausbrüche im Meer entstanden.

Am meisten gelten Münzen, die im Meer gesunken sind und dann wieder geborgen wurden. Taschengeld brauchen die Kinder auf Yap auch gar nicht. Ihr Frühstück wächst an den Bäumen. Das Meer liefert ihr Mittagessen. Und Winterjacken tragen die Mädchen und Jungen bei dem warmen Klima sowieso nie. Die Alltagswährung, den US-Dollar, müssen die Kinder wirklich nur in die Hand nehmen, wenn sie sich eine Cola oder Süßigkeiten im Supermarkt der Insel kaufen wollen.

Auf Bikini leben keine Kinder

Bikini ist eigentlich ein schönes Wort. Doch zu jener Zeit, als ein Modeschöpfer diesen

Palau

Fläche:	rund 490 km²
Einwohner:	rund 21 000
Hauptstadt:	Melekeok

Namen für seine Badeanzüge auswählte, war das Bikini-Atoll (➔ Atoll) bereits unbewohnbar. Es war radioaktiv verstrahlt. 23 Atombomben wurden hier nämlich gezündet. Bevor die Amerikaner Bikini als Testgelände nutzten, brachten sie deren Bewohner 1946 auf die Nachbarinsel Rongerik. Alle Kinder

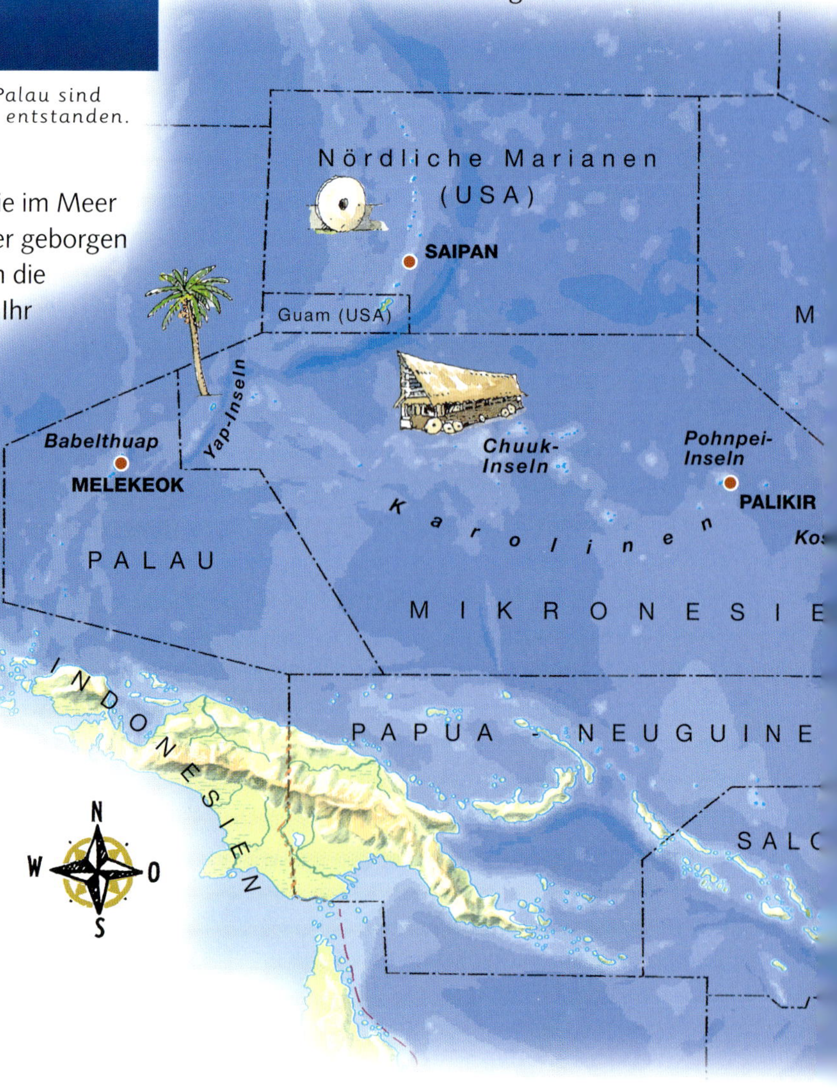

Kiribati

Fläche:	rund 717 km²
Einwohner:	rund 89 000
Hauptstadt:	Bairiki

und Erwachsenen mussten damals ihre Heimat verlassen. Und noch immer können keine Menschen auf Bikini leben. Die Strahlenbelastung ist immer noch zu hoch. Kinder könnten hier nicht gesund groß werden.

Marshallinseln

Fläche:	rund 181 km²
Einwohner:	rund 54 000
Hauptstadt:	Dalap-Uliga-Darrit

Eine reiche kleine Insel

Nauru war einst das reichste Land im Südpazifik. Dort wurden nämlich Phosphate abgebaut. Das sind Düngemittel. Sie entstanden aus Jahrtausende altem Kot von Vögeln.

Nauru

Fläche:	rund 21,3 km²
Einwohner:	rund 13 000
Hauptstadt:	Yaren

Doch der Abbau der Phosphate verwüstete die ganze Insel. Und den Menschen auf Nauru hat das viele Geld auch nicht nur Glück gebracht. Obwohl die medizinische Versorgung auf der Insel kostenlos ist, sterben viele Menschen dort viel zu früh. Ein großer Teil der Bevölkerung ernährt sich nämlich ungesund und leidet unter Übergewicht. Auch viele Kinder sind zu dick. Das ist eine Kehrseite des Reichtums.

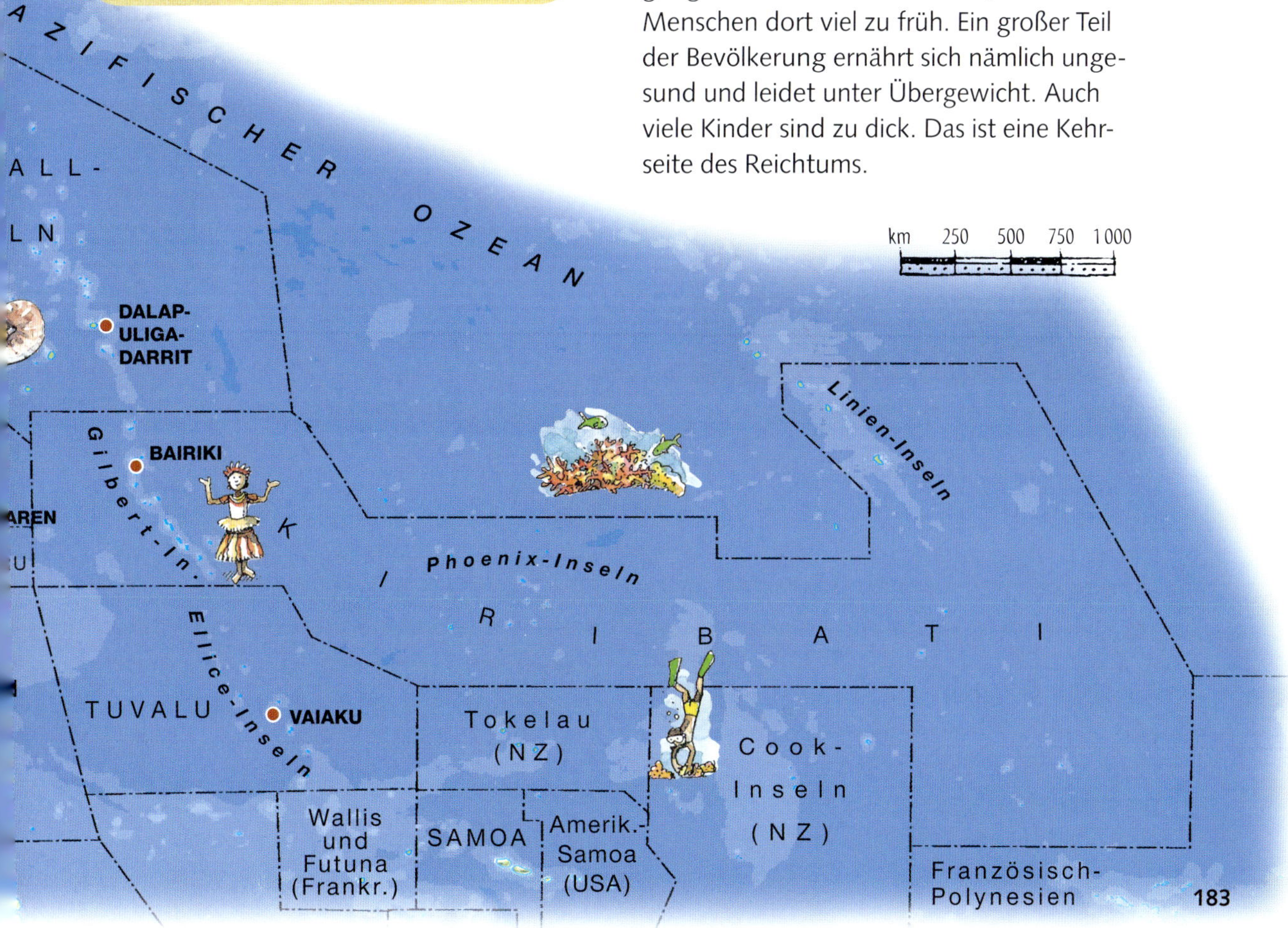

Polynesien heißt übersetzt „viele Inseln“. Sie liegen weit verstreut im zentralen Pazifik, der Südsee. Zu Polynesien zählen die Länder Samoa und Tonga sowie viele abhängige Gebiete. Das bedeutet, dass sie zu einem anderen Staat gehören: zum Beispiel Ostsamoa und Hawaii zu den USA, Tahiti zu Frankreich, die Cook-Inseln zu Neuseeland, die Osterinsel zu Chile.

Auf Westsamoa leben die Menschen noch in traditionellen Wohnhäusern, die auf Holzpfählen erbaut werden. Auch ihre Auslegerboote haben sich als stabile Fahrzeuge bewährt.

Die Inseln Polynesiens sind die Spitzen von ➔ Vulkanen. Am besten sieht man das auf Hawaii. Der Berg Mauna Kea hat seinen Fuß in 6 000 Metern Tiefe. Sein Gipfel liegt in rund 4 200 Metern Höhe. Insgesamt ist er also über 10 000 Meter hoch und damit eigentlich viel höher als der Mount Everest, der höchste Berg der Erde. Zusammen mit dem Mauna Loa ist der Kilauea einer der aktivsten Vulkane der Welt. Er spuckt flüssige ➔ Lava aus. Wenn er sie in die Luft wirft, erstarrt sie zu feinen glasartigen Fäden. Diese „Zuckerwatte“ nennt man Pelés Haar. Man findet es überall. Pelé ist die hawaiische Göttin des Feuers. Jahrelang grollt und brummelt sie nur vor sich hin. Doch dann wird sie richtig wütend und explodiert. So erklären die Hawaiianer einen Vulkanausbruch. Hawaii ist der letzte und damit 50. Bundesstaat der USA.

Samoa

Fläche:	rund 2 935 km²
Einwohner:	rund 180 000
Hauptstadt:	Apia

Samoa besteht aus neun teilweise ganz kleinen Inseln. Die Bewohner der Inseln erleben mehrmals im Jahr Erdbeben. Wie auf allen polynesischen Inseln spielt auch auf Samoa die Religion für die Menschen eine wichtige Rolle. Fast alle Samoaner sind Christen. Wenn um 18 Uhr die Kirchenglocken läuten, steht alles still. Nicht nur die Erwachsenen, auch die Kinder gehen dann in die Kirche. Wer doch in seiner gewohnten Tätigkeit fortfährt, bricht ein ➔ Tabu. So nennt man in Polynesien – und ebenfalls bei uns – alles, was verboten ist. Auch der Kirchgang am Sonntagmorgen ist für die Menschen dort selbstverständlich. Die Kinder tragen dann ihre

Auf Samoa leben sehr viele Kinder: Etwa ein Drittel der Menschen ist unter 14 Jahren alt! Vier oder fünf Geschwister sind für die Kinder dort keine Seltenheit. Damit hat Samoa eine der jüngsten Bevölkerungen der Welt. Dies kommt aber auch daher, dass viele Erwachsene in andere Länder auswandern.

besten Kleider. Die Mädchen und Jungen hören in der Kirche aber nicht nur zu. Sie gestalten auch den Gottesdienst mit Gesängen und Vorträgen. Die Inselgruppe von Samoa ist zweigeteilt: Die westliche Hälfte bildet eine eigene Nation, die östliche gehört zu den USA.

Wenn auf Ostsamoa Silvester gefeiert wird, ist auf Tonga bereits Neujahr. Zwischen den beiden Inselgruppen verläuft nämlich die Datumsgrenze (➔ Zeitzonen). Nur hier kannst du zweimal im Jahr Silvester feiern: erst auf Tonga

Tonga

Fläche:	rund 649 km²
Einwohner:	rund 105 000
Hauptstadt:	Nuku'alofa

und dann auf Samoa! Auf der ersten Silvesterparty wirst du dann viele Männer und Jungs sehen, die einen Rock tragen. Denn der Wickelrock, *vala* genannt, ist auf Tonga die traditionelle Kleidung sowohl bei den Frauen als auch bei den Männern. Dieser Wickelrock reicht bei den Männern und Jungen bis zum Knie, bei den Frauen und Mädchen bis zum Knöchel. Zu dem Rock tragen die Menschen oft einen reich verzierten Hüftgürtel oder eine breite geflochtene Matte. Auch die Schulkinder, die je nach Schule eine einheitliche Schuluniform anhaben, tragen diese Gürtel. Fast alle Kinder auf Tonga besuchen die Klassen eins bis sechs, denn die Grundschulerziehung ist kostenlos. Doch über die 6. Klasse hinaus gehen nur noch wenige Mädchen und Jungen auf eine weiterführende Schule. Für diese müssen ihre Eltern dann nämlich Schulgeld bezahlen, und das können sich nur die wenigsten leisten.

Zu festlichen Gelegenheiten schmücken sich die Kinder auf Tahiti mit schönen Ketten aus bunten Blüten.

Wir kochen polynesisch

Die Polynesier haben eine besondere Art des Kochens in Erdöfen. Dazu graben sie im Boden eine Vertiefung und verbrennen darin größere Mengen Kokosfasern. Wenn alles richtig brennt, legen sie Korallensteine darüber. Dann wickeln sie Fleisch, Fisch, Süßkartoffeln, Taro, Yams und Maniok in Bananenblätter und legen sie auf die Steine. Schließlich wird alles mit weiteren Blättern und Steinen bedeckt. Die ganze Kocherei kann mehrere Stunden dauern. Wer einen Garten hat, kann das mal selbst ausprobieren. Taro, Yams und Maniok sind stärkehaltige Knollen. Bei uns bekommt man sie oft nicht. Aber als Ersatz kannst du auch Kartoffeln nehmen.

Auch die Kinder sind gute Ruderer

Die Polynesier waren und sind ein Seefahrervolk. Mit dem Meer kennen sie sich aus. Und nicht nur die Erwachsenen können hervorragend segeln und rudern, sondern auch die Kinder! Ihre Kanus bauen sich die Polynesier aus ausgehöhlten Baumstämmen. Damit diese nicht in der Brandung kentern, befestigen sie einen Ausleger daran. Das ist wie ein kleiner zweiter Rumpf. Die Segel sind so

Die großen steinernen Statuen auf der Osterinsel sind aus Vulkangestein hergestellt worden. In der Landessprache heißen die Statuen Moai.

geschickt gestaltet, dass man mit den Kanus auch hart gegen den Wind fahren kann – ähnlich wie mit unseren modernen Segelbooten. Mit solchen Kanus machten sich die Polynesier schon vor Jahrhunderten auf die Suche nach neuen Inseln. Im Lauf der Zeit entdeckten sie so auch die kleinsten Koralleninseln (➔ Korallen) im weiten Pazifik – eine unvorstellbare Leistung!

„Tattoo" kommt von „Tatau"

Sehr viele Völker dieser Erde kannten das Tätowieren, das nach einem samoanischen Wort eigentlich „Tatauieren" heißen müsste. Die Meister dieser Kunst waren nämlich die Polynesier und besonders die Bewohner der Marquesasinseln in Französisch-Polynesien. Mit einer Nadel oder einem zugespitzten Knochen sticht man Muster in die Haut und verreibt darin einen Farbstoff, der aus Ruß und Pflanzensäften besteht. Die Zeichnung verschwindet nie mehr und erscheint blau. Tätowieren ist sehr schmerzhaft. Für komplizierte Muster wie bei den neuseeländischen Maori braucht man Jahre.

In Hanga Roa lernen die Kinder Rapa Nui

Die östlichste polynesische Insel gehört schon zu dem südamerikanischen Land Chile. Es ist die Osterinsel. Sie wurde am Ostertag 1722 entdeckt. Auffällig sind dort viele Hundert, teils bis acht Meter hohe, schwarze Statuen aus Stein. Sie stehen an der Küste und blicken über das Wasser. Wahrscheinlich stellen sie ➔ Ahnen oder Götter dar. Der Hauptort auf der Insel heißt Hanga Roa. Hier leben die meisten Kinder mit ihren Familien. Die Insel ist sehr kahl. Obst, Konserven oder Süßigkeiten müssen per Flugzeug herangeschafft werden. Pflichtfach in der Inselschule ist Spanisch. Seit kurzem lernen die Kinder aber auch *Rapa Nui*, den eigenen polynesischen Dialekt. Möchten die Mädchen und Jungen eine weiterführende Schule besuchen, werden sie in die chilenische Hauptstadt Santiago de Chile geflogen und in Internaten untergebracht.

Wimmelndes Meer

Einmal im Jahr, im Oktober, rund sieben Tage nach Vollmond, feiern die Samoaner eine große Bescherung. Morgens um drei Uhr wimmelt dort das Meer plötzlich von grün schillernden, braunen Palolowürmern. Sie sind weitläufig mit unseren Regenwürmern verwandt. Hunderte von Menschen stehen dann im tiefen Wasser und sammeln mit Netzen die Würmer ein und legen sie in Körbe. Viele probieren die zappelnde Masse auch mal roh. Die Würmer schmecken ein bisschen wie Kaviar – ziemlich lecker. Die Palolos werden auch in Butter gebraten oder im Bananenblatt gebacken. Ihre Hochzeit dauert nur zwei bis drei Stunden. Bei Sonnenaufgang ist alles schon wieder vorbei.

Nordamerika ist ein reicher Kontinent und liegt zwischen dem Atlantik und dem Pazifik. Der Kontinent besteht aus den beiden Ländern Kanada und Vereinigte Staaten von Amerika (USA). Nordamerika ist über eine Landbrücke mit Südamerika verbunden.

Der Entdecker Amerikas
Der Seefahrer Christoph Kolumbus hat im Jahr 1492 Amerika entdeckt. Eigentlich wollte er auf seiner Reise Indien finden. Deswegen nannte er die Menschen, die er dort antraf, Indianer. Aber der erste Europäer, der nordamerikanischen Boden betrat, war der Wikinger Leif Eriksson um das Jahr 1000. Er kam aus Grönland.

So leben die Kinder heute
In Kanada und den USA leben die Kinder heute ganz ähnlich. So wohnen in beiden Ländern die meisten Kinder mit ihren Familien in Mehrfamilien- oder in Einfamilienhäusern. Einige Kinder leben in Wolkenkratzern. In beiden Ländern gilt die Schulpflicht für alle Mädchen und Jungen. Die Kinder Nordamerikas besuchen in der Regel Ganztagsschulen, der Unterricht geht bis mindestens drei Uhr nachmittags. Die Mädchen und Jungen essen auch gemeinsam in der Schule. Sowohl in Kanada als auch in den USA sind die meisten Kinder sportbegeistert: Sie spielen Eishockey, Basketball, Baseball oder auch Softball. In ihrer Freizeit gehen auch viele gerne ins Kino, surfen im Internet oder amüsieren sich in Freizeitparks. Die Bräuche und Feste ähneln sich ebenfalls in diesen beiden Ländern. So lieben viele Kinder dort die Nacht, in der die Gespenster heulen und die Skelette klappern: *Halloween* natürlich! Am Erntedankfest *(Thanksgiving)* kommt häufig die ganze Familie einschließlich Großeltern, Tanten, Onkel, Cousinen und Cousins zum Essen zusammen. Die Kinder dürfen auch Freunde einladen. In vielen Familien gibt es dann gefüllten Truthahn, Maiskolben oder Kürbisauflauf. Und damit alle viel Zeit miteinander verbringen können, haben die Kinder an diesem Tag Thanksgiving-Ferien!

So lebten die Kinder früher
Früher gab es dagegen in Nordamerika Kinder, die ganz unterschiedlich aufgewachsen sind. So lebten in Nordamerika zum Beispiel viele Hundert Indianerstämme. Diese Kinder und ihre Familien passten sich in ihrer Lebensweise dem Klima an. Sie lebten in Holzhäusern oder auch *Wigwams,* Hütten aus Fellen oder Rinde. Ganz im Norden lebten die ➔ Inuit oder Eskimo. Im Winter lebten diese Kinder oft in runden Schneehütten, in *Iglus.* Im Nordosten lebten Waldindianer, zum Beispiel die Irokesen. Sie waren Jäger, Fischer und Kleinbauern. Und durch die großen Ebenen zogen vor allem die Sioux. Deren Kinder lebten mit ihren Familien in Indianerzelten, den *Tipis.* Mit ihren *Tipis* folgten die Indianer den großen Bisonherden, die sie jagten.

Nordamerika

Fläche:	rund 21,5 Millionen km²
Einwohner:	rund 329 Millionen
Der höchste Berg:	Mount McKinley (Denali) mit 6 198 m
Der größte See:	Oberer See mit 82 103 km²
Der längste Fluss:	Mississippi mit 3 766 km

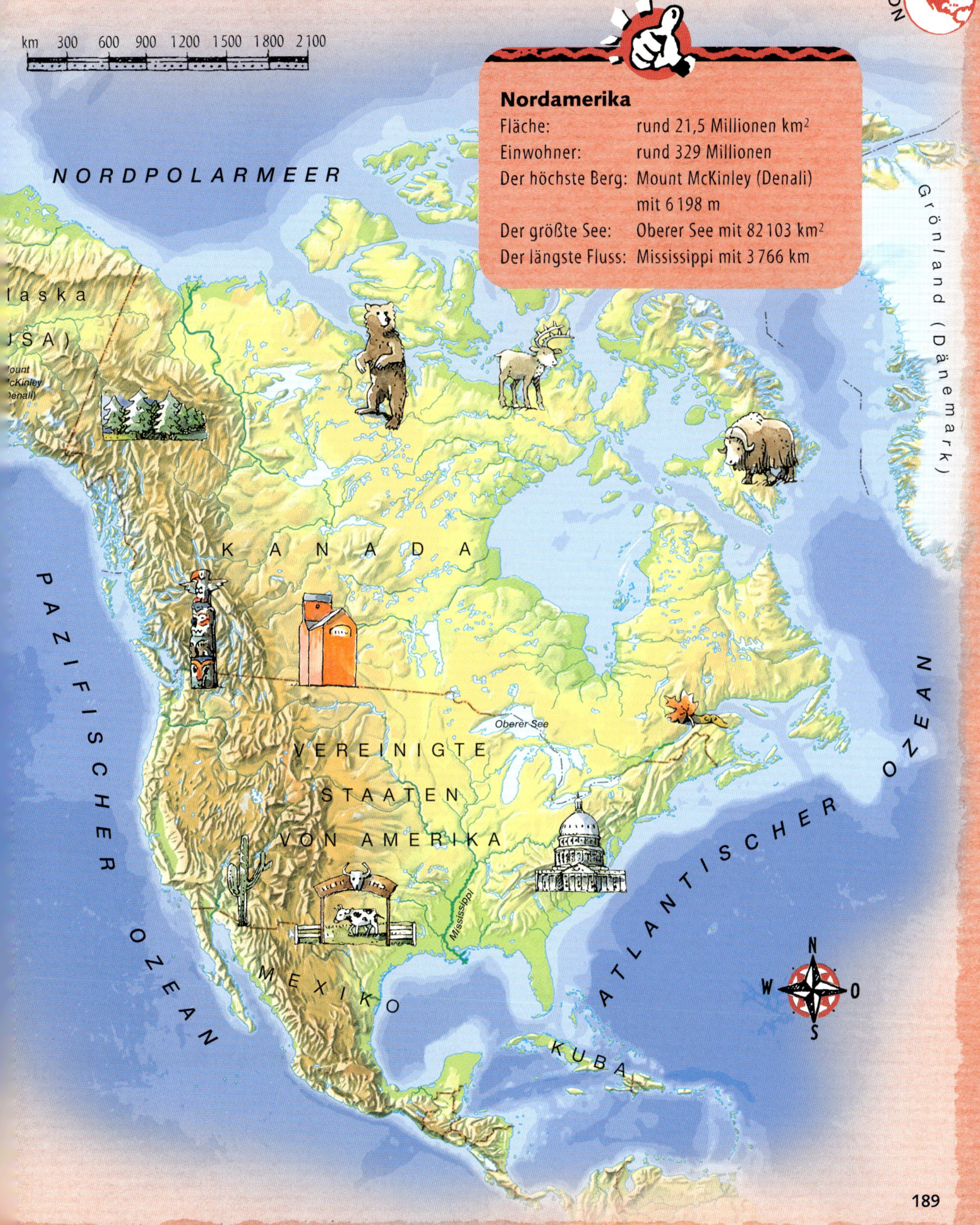

Die Vereinigten Staaten von Amerika sind eine Weltmacht.

Wir nennen sie auch USA, nach der englischen Bezeichnung United States of America (:junaitid steits). Sie sind die größte Wirtschaftsmacht der Erde und nehmen die südliche Hälfte des Kontinents Nordamerika ein. Der Bundesstaat Alaska liegt ganz weit im Norden, an der Westküste. Der Bundesstaat Hawaii hingegen liegt in Polynesien, mitten im Pazifik.

Vereinigte Staaten von Amerika

Fläche:	rund 9,6 Millionen km²
Einwohner:	rund 297 Millionen
Hauptstadt:	Washington mit rund 563 000 Einwohnern
Sprache:	Englisch
Währung:	US-Dollar

Unterwegs in einem großen Land

Viele Amerikaner finden es ganz normal, eine Stunde mit dem Auto zu fahren, um abends Freunde zu treffen oder um zur Arbeit zu kommen. Zu den Großeltern oder Tanten ist man oft mehrere Tage unterwegs. Das Land ist riesengroß. In den vergangenen Jahrhunderten wanderten Millionen von Menschen aus allen Ländern dieser Welt in die USA ein. Die verschiedensten Kulturen leben hier nebeneinander. Die Menschen wechseln auch öfter den Wohnort als wir. Deswegen müssen viele Kinder immer wieder in einer neuen Stadt in eine neue Klasse gehen. Die Eltern verkaufen das alte Haus und kaufen ein neues. Manche Menschen finden es aber lästig, immer eine neue Wohnung zu suchen. Sie leben in *Mobile Homes* (:mobail houms). Man kann sie an einen LKW hängen und damit anderswohin umziehen.

Lernst du in der Schule, wie man ein Auto repariert?

In den USA bleiben die Schulkinder fast den ganzen Tag über in der Schule. Sie essen auch dort und machen nachmittags gemeinsam Sport. Viele spielen *Baseball*. Man braucht dazu ein Schlagholz, *bat* (:bät) genannt. Der Schlagmann versucht, einen zugeworfenen Ball so weit wegzuschlagen, dass ihn die gegnerische Mannschaft nicht schnell genug fangen kann. Währenddessen läuft er so weit wie möglich um das Spielfeld herum. Jede Schule hat eine eigene Mannschaft. Bei Wettkämpfen

Die Kinder, die außerhalb der Städte wohnen, fahren mit dem Schulbus zur Schule. Sie fahren teilweise lange Strecken über das Land, bis sie in der Stadt und bei ihrer Schule angekommen sind. Aber auch in der Stadt werden sogar kurze Entfernungen meist mit dem Auto zurückgelegt.

feuert die ganze Schule ihr Team an. Einige Mädchen wedeln mit Wuscheln, so genannten *Pompons.* Sie heißen *Cheerleaders* (:tschirliders) und unterstützen ihre Mannschaft mit Tänzen und Sprechgesang. *Cheerleading* ist ein echter Sport, bei dem die Mädchen trainieren müssen.

Während beispielsweise in Deutschland die Schüler einen eigenen Klassenraum haben, hat in den USA jeder Lehrer seinen Raum, in dem er sein Fach unterrichtet. Die Mädchen und Jungen wechseln darum oft das Zimmer. Sie müssen dann aber nicht immer ihre schweren Schultaschen mit sich herumtragen. Es gibt nämlich in den Schulen Schließfächer, in denen sie ihre Schulsachen aufbewahren können.

Nach der Grundschule gehen die Mädchen und Jungen auf eine *Highschool* (:haiskul). Dort können sie sich ihre Unterrichtsfächer aus einem großen Angebot selbst zusammenstellen. Einige Schulen bieten rund 100 Kurse an, darunter auch Fächer wie Landwirtschaft, Architektur oder Krankenpflege. Die Schüler können auch lernen, wie man

Beim Baseball muss manchmal nachgeschaut werden, ob das Kind, das gelaufen ist, rechtzeitig eines der Male erreicht hat, an denen man anhalten darf.

ein Auto repariert. Das ist wichtig, denn Jugendliche dürfen in den USA schon mit 16 Jahren ein Auto fahren. Natürlich sind bestimmte Kurse wie Mathematik für alle Schüler Pflicht. Ein Schulbetreuer hilft den Mädchen und Jungen bei der Zusammenstellung des Stundenplans.

Las Vegas, glitzernde Insel in der Wüste

Vor hundert Jahren begann die Geschichte der Stadt Las Vegas, die mitten in der → Wüste neben dem Grand Canyon liegt. Erst war sie eine verschlafene Bahnstation. Doch dann kam das Glücksspiel. Glitzernde Neonlichter locken die Menschen in die Spielkasinos und die Bars. Rund 37 Millionen Besucher kommen jedes Jahr – und die müssen untergebracht werden. Hier steht eines der größten Hotels der Welt, das Venetian. Es ist der Stadt Venedig nachgebaut und hat 3036 Zimmer. Bei einer Gondelfahrt auf einem täuschend echten Kanal glaubst du wirklich, du seist in Venedig. Viele Liebespaare verbringen im Venetian ihre Flitterwochen.

In den USA lebten früher viele Indianerstämme. Die meisten sind aus ihren Wohngegenden vertrieben worden. Heute leben die Indianer zum Teil in Reservaten. Das sind Gebiete, in denen nur Indianer leben dürfen. Einige der indianischen Sprachen und Teile der Kultur sind erhalten geblieben, aber vieles ist auch verloren gegangen.

Mickey und seine Freunde

Aus den USA kommen viele erfolgreiche Filme. Zahlreiche Studios für Filmproduktionen gibt es zum Beispiel in Hollywood, einem Stadtteil von Los Angeles. Hier hat Walt Disney 1928 auch die beliebteste Maus der Welt erfunden: Mickey Mouse! Aus den Walt-Disney-Studios stammen aber noch viele weitere berühmte Zeichentrickfilme. Vielleicht hast du ja die Geschichte von den Bärenbrüdern im Kino gesehen? Oder kennst du den Waisenjungen Lewis? Er ist eine der Hauptfiguren des neuesten Walt-Disney-Films „Triff die Robinsons". Übrigens kommen auch aus Japan viele fantasievolle Zeichentrickfilme. Diese werden als „Animes" (von „Animation") bezeichnet.

Nicht nur Hamburger

In den USA setzt sich die ganze Familie nicht so oft an einen Tisch wie bei uns. Wer Hunger hat, geht an den Kühlschrank und holt sich etwas zum Essen raus. Vorne ist eine Öffnung, wo man seinen Trinkbecher reinstellen kann. Dann drückt man auf einen Knopf. Sofort fällt gestoßenes Eis in das Getränk. Oft sind an der Kühlschranktür magnetische Wortkärtchen angeheftet, aus denen man Gedichte legen kann. Damit spielen in den USA die Erwachsenen und die Kinder sehr gerne. Fast jeden Tag gibt es einen neuen Reim an der Kühlschranktür, etwa „Joghurt macht gesund und schlank", alles auf Englisch natürlich. Unterwegs essen viele in Fast-Food-Restaurants. Diese liegen oft an großen Straßen. Wer nicht aus-

steigen möchte, fährt mit seinem Auto an einen Schalter und bekommt dort seinen Hamburger. Man kann aber auch in ein Pfannkuchenrestaurant oder ein Familien-Steak-House essen gehen. Keiner schimpft, wenn du kleckerst, und die Desserts sind knallbunt. Es gibt Clowns und eine Spielecke für Kinder.

Im Winter müssen sich die Inuit-Kinder warm anziehen. Dann ist es draußen nämlich sehr kalt, und es fällt viel Schnee. Kein Wunder also, dass die Inuit in ihrer Sprache etwa 50 verschiedene Wörter für „Schnee" kennen sollen!

Kinderleben in Eis und Kälte

In Alaska leben die ➔ Inuit. Im Winter haben sie es sehr kalt. Denn Temperaturen von minus 50 Grad sind in dieser Jahreszeit dort ganz normal. Wie sieht dann das Leben der Inuitkinder aus? Trotz der Kälte leben die Kinder nicht anders als du: Sie gehen regelmäßig zur Schule, sie spielen mit Puppen, Autos oder Bauklötzen, bei ihnen zu Hause steht ein Fernseher und meist auch ein Computer. Bei so viel Eis und Schnee können die Kinder aber tolle Wintersportarten betreiben. Beliebt sind zum Beispiel Skilanglauf, Eislauf, Schlittenfahrten oder Hundeschlittenrennen.

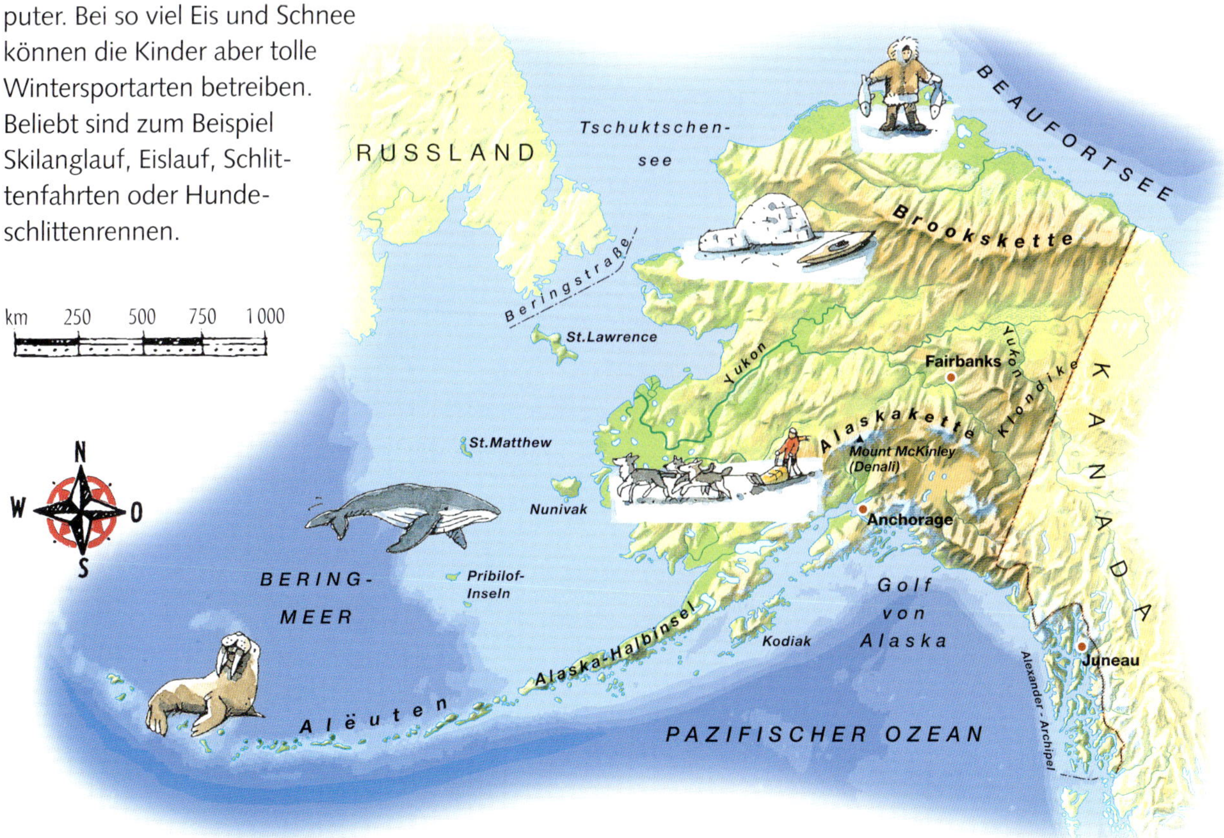

Wie wohnen Kinder überall in der Welt?

Die Indianerkinder in Amerika lebten früher in Tipi-Zelten und bemalten ihr Gesicht. Die Inuitkinder streckten morgens ihre kaltgefrorene Nase aus einem Iglu, einem runden Haus aus Schnee oder Eis. Die Kinder der Sinti und Roma turnten durch bunte, hölzerne Wohnwagen.

Die meisten Kinder wohnen heute in einem festen Haus aus Stein, Ziegeln, Beton oder Holz. Rund die Hälfte der Erdbevölkerung lebt in größeren Städten. Große Wohnblocks wie bei uns findest du in China und Japan ebenso wie in Kairo, Kapstadt, Buenos Aires oder Melbourne. Sie sehen fast überall gleich aus.

Das Haus ist alt

Aber es gibt auch einige Kinder, die in alten Häusern leben wie schon ihre Großeltern. Sepp wohnt in einem alten bayerischen Bauernhof. Die Grundmauern sind aus Stein, alles andere aus Holz. Die Treppen knarzen, wenn er sein Zimmer verlässt und sich heimlich davonschleichen möchte. Aber er hat nur wenige Freunde, weil sein Haus weitab vom nächsten Dorf liegt. Zu Hause muss er mithelfen und zum Beispiel die Kühe auf die Weide treiben. Dafür tollt er viel draußen herum und kann sogar mit dem Stier umgehen. Stadtkinder beneiden ihn, doch er wäre ganz gerne mal ein Stadtkind.

In den Dörfern in Ghana leben die Familien in Rundhütten. Sie bauen sie aus Lehm. Das Dach der Hütten besteht aus Stroh.

In dieser Fischersiedlung auf den Philippinen leben die Kinder mit ihren Familien in Häusern, die auf Pfählen im Wasser stehen. Ihre Kanus liegen gleich daneben.

Das Haus ist rund

Auch Mompati im afrikanischen Botswana lebt in einem Bauernhof. Aber der sieht ganz anders aus. Der Hof besteht aus vier runden Hütten und ist von einer Mauer umgeben. Im Inneren leben auch die Haustiere von Mompatis Familie. In der einen Hütte schlafen die Eltern und die Kinder, in einer der anderen werden Lebensmittel aufbewahrt. Botswana ist heiß und trocken. Trotzdem ist es in den Hütten immer angenehm kühl.

Das Haus steht auf Stelzen

Lolo lebt an einem Fluss auf der Insel Borneo. Bei ➔ Regenzeit tritt der Fluss über die Ufer. Damit das Haus dann aber nicht überschwemmt wird, steht es

Diese Kinder und ihre Familien leben als ➔ Nomaden in Jurten. Das sind runde Filzhütten, die im Inneren mit Teppichen ausgelegt sind.

auf Pfählen. Alles ist aus Holz. Die Haustiere, vor allem Hühner und Schweine, leben unter dem Erdgeschoss. Die Küchenabfälle wirft man einfach durch Spalten im Holzboden. Die Schweine fressen alles. Lolos Eltern bauen Reis an. Ihr Vater geht oft fischen. Er stellt sich in den Fluss und wirft geschickt ein rundes Netz aus. Die gefangenen Fische werden auf Matten getrocknet. Lolo muss viel helfen, geht aber in die Schule.

Das Haus geht auf Wanderschaft

Kong lebt in einem Stamm der ➔ Buschleute in der südafrikanischen Kalahariwüste. In kleinen Gruppen streifen sie umher. Die Frauen sammeln Früchte und Knollen. Die Männer gehen auf die Jagd. Sie sind die besten Jäger der ganzen Welt. Aus Spuren, die wir im Sand noch nicht einmal sehen, können sie ablesen, um welches Tier es sich handelt, wie alt und wie groß es ist und ob es krank ist. Kong geht jedes Jahr sechs Monate in die Schule. Sonst ist er immer unterwegs. Menschen, die ständig umherziehen, heißen ➔ Nomaden. Die Buschleute der Kalahari bauen sich als Schutz höchstens einen Windschirm aus wenigen Zweigen. Andere Nomaden müssen ihr Haus mit sich herumtragen. Die Mongolen haben *Jurten* aus einem Holzgestell mit Filzdecken darüber. Früher besaßen einige Indianerstämme *Tipis,* die sie schnell auf- und abbauen konnten.

Das Tipi ist ein fellbedecktes Zelt der Prärieindianer.

Das „Haus" ist aus Pappe

Überall auf der Welt vergrößern sich die Städte. Die Menschen suchen dort Arbeit. Vor allem in Südamerika und Afrika entstehen in den Städten schnell gebaute „Häuser" aus Blech und Pappe, ohne fließendes Wasser und Abwasserrohre. Die Kinder haben keine Betten, sondern schlafen auf dem harten Fußboden in einem Zimmer mit dem Rest der Familie. Man nennt solch ärmliche Wohngegenden ➔ Slums oder Elendsviertel.

Leben in der Familie

In fast allen Ländern der Erde leben die Kinder mit ihren Eltern und ihrer Familie zusammen. Doch diese Familien sind überall verschieden groß. In Europa, Nordamerika, Japan und Australien besteht diese Familie meistens aus weniger als sechs Personen. Viele Eltern haben nur ein oder zwei Kinder. Manche Mütter und Väter erziehen ihre Kinder alleine. Manchmal lebt noch eine Oma in der Wohnung. Man spricht dabei von Kleinfamilien. In orientalischen Ländern ist eine Familie oft viel größer. Viele Generationen leben zusammen. In der Regel zieht die Braut in das Haus ihres Bräutigams. Dort leben schon seine Eltern. Unverheiratete Onkel und Tanten gehören selbstverständlich mit zur Großfamilie. Fast immer sitzt eine große Gruppe zum Essen zusammen. Und der älteste Mann ist der Chef und hat das Sagen.

Kanada ist das zweitgrößte Land der Welt – nach Russland und noch vor den Vereinigten Staaten von Amerika (USA). Die Nordhälfte Kanadas besteht nur aus Tundra und ist praktisch unbesiedelt. Alle großen Städte befinden sich nahe der Grenze zu den USA, vor allem bei den Großen Seen. Die Natur besteht dort aus Grasland und Laubmischwald.

Kanada

Fläche:	rund 10 Millionen km²
Einwohner:	rund 31,7 Millionen
Hauptstadt:	Ottawa mit rund 1 Million Einwohnern
Sprachen:	Englisch, Französisch
Währung:	Kanadischer Dollar

Weite, unberührte Natur

Kanada ist ein riesiges Land und mit drei Menschen pro Quadratkilometer ganz dünn besiedelt. Viele Kanadier nutzen diese freie Natur und gehen auf die Jagd. Hier leben Wapitis. Das sind Rothirsche – nur viel größer als bei uns. Die Kanadier nennen sie *elk*. Auch der Elch kommt in fast ganz Kanada vor, heißt dort aber mit einem indianischen Wort *moose* (:mus). Die kanadischen Bisons dürfen nicht geschossen werden; sie leben überwiegend in Wäldern. Ein weiterer Riese in der kanadischen Tierwelt ist der Braunbär, der meistens *Grisli* genannt wird. Die größten Tiere werden über 300 Kilogramm schwer.

Und wer ist das: blaue Augen, ausdrucksvolles Gesicht, viel Spaß am Laufen, widerstandsfähig gegen Kälte, Eis und Schnee? Das ist ein ganz besonderer Kanadier, der Husky. Er sieht dem Wolf noch sehr ähnlich. Huskys dienen in Kanada vor allem als Schlittenhunde. Jedes Jahr findet dort das berühmteste aller Schlittenhundrennen statt: 1 600 Kilometer in rund 10 Tagen. Das ist für die Schlittenführer noch viel anstrengender als für die Tiere!

Wilder Ritt

Fast jeder kanadische und amerikanische Junge möchte einmal Cowboy werden. So hießen früher die Kuhhirten. Sie hatten ein hartes Leben. Und da sie wirklich harte Bur-

In den großen Wäldern Kanadas kannst du wochenlang wandern und die wunderschöne, ursprüngliche Natur genießen. Aber hoffentlich begegnest du keinem Bären!

schen waren, erfanden sie einen besonders harten Sport: Rodeo. Es geht im Wesentlichen darum, auf wilden Pferden und Stieren zu reiten. Natürlich versuchen die Tiere, ihre Reiter durch wilde Bocksprünge abzuwerfen. Acht Sekunden müssen sich die Rodeocowboys auf dem Rücken halten. Erst dann beginnt die Uhr für die Wertung zu laufen. Die meisten Reiter landen schon vorher im Dreck und sind froh, wenn sie überhaupt noch heil sind. Das wichtigste Rodeofest findet in der kanadischen Stadt Calgary statt, die Stampede.

Eine der beliebtesten Sportarten der Kanadier ist Eishockey. Das schnelle Spiel auf Schlittschuhen ist in Kanada entstanden, und noch heute spielen es viele kanadische Kinder sehr gerne.

Auf den Spuren der Goldgräber

Ursprünglich gehörte Kanada den Franzosen, weil sie die ersten Europäer dort waren. Doch dann kamen die Engländer und übernahmen

das Land. Nur noch in der Provinz Québec wird viel Französisch gesprochen. Alle anderen Kanadier sprechen Englisch. Sie wanderten aus allen Ländern der Erde ein. Die größten Einwandererwellen kamen, wenn irgendwo Gold gefunden wurde. Das war zum Beispiel 1897 am Fluss Yukon der Fall. Innerhalb kurzer Zeit zogen 100 000 Goldgräber oder *digger* dorthin und versuchten ihr Glück. Einige wurden reich, aber die meisten davon verloren ihr Geld wieder im Spiel. Übrigens kann man heute noch als Goldgräber sein Glück versuchen. Man steckt ein Stück Land ab, einen *claim*, bezahlt eine Gebühr dafür und kann mit Schaufel und Goldwäscherpfanne loslegen.

Süßer Saft

Im Süden Kanadas wachsen riesige Wälder mit Ahornbäumen. Die werden im Frühling angezapft, wenn es am Tag über null Grad warm ist, aber in den Nächten noch friert. Der Saft tropft durch in die Rinde gebohrte

Spiele der Inuit

Die Kinder der Inuit spielen gerne Tauziehen. Zwei Teilnehmer setzen sich hin, stemmen die Füße gegeneinander und versuchen, den anderen am Seilende zu sich herüberzuziehen. Im Winter spielen die Kinder gerne „Alles mir nach". Mehrere Kinder stellen sich hintereinander auf. Alle Kinder müssen versuchen, in die Fußstapfen des Anführers zu treten. Der macht aber keine gewöhnlichen Schritte, sondern tritt mal weit auseinander, mal eng zusammen, mal gedreht, mal gehüpft.

Vancouver im Südwesten ist die wichtigste Hafenstadt Kanadas.

Zapfhähne in Blecheimer. Den gewonnenen Saft kocht man in der Zuckerhütte so lange ein, bis daraus süßer Ahornsirup geworden ist. Für einen Liter Sirup werden vierzig Liter Zuckersaft benötigt. In den Zuckerhütten werden im März und April Speck und Bohnen mit Ahornsirup angeboten. Viele Kinder mögen aber lieber den Sirup als *tire à sucre:* Du gießt dicken Ahornsirup auf Schnee zum Abkühlen und rollst ihn auf ein Holzstäbchen auf. Ein feiner Lutscher!

Das Gruselfest Halloween

In der letzten Oktobernacht feiern die Kinder in Kanada und den USA *Halloween* (:hälowin). Früher glaubte man, in dieser gruseligen Nacht würden Geister und Hexen zur Erde zurückkehren. Um sie abzuschrecken, stellt man ausgehöhlte Kürbisse mit Kerzen darin ins Fenster. Tagsüber spielen die Kinder mit Äpfeln: Sie legen sie in einen Eimer voller Wasser und müssen nun versuchen, sie nur mit den Zähnen zu greifen. Verkleidet gehen sie von Haus zu Haus, erschrecken ihre Nachbarn und bekommen überall Süßigkeiten. Das nennt man auf Englisch „Trick or treat" (:trick oh trit, frei übersetzt: „Streich oder Spende"). *Halloween* wird heute auch in Europa gefeiert. Da stammt es ursprünglich auch her.

Die Bahamas sind eine Gruppe von rund 700 Inseln südöstlich von Florida. Sie liegen schon in der nördlichen Karibik.

Bahamas

Fläche:	rund 13 900 km²
Einwohner:	rund 317 000
Hauptstadt:	Nassau

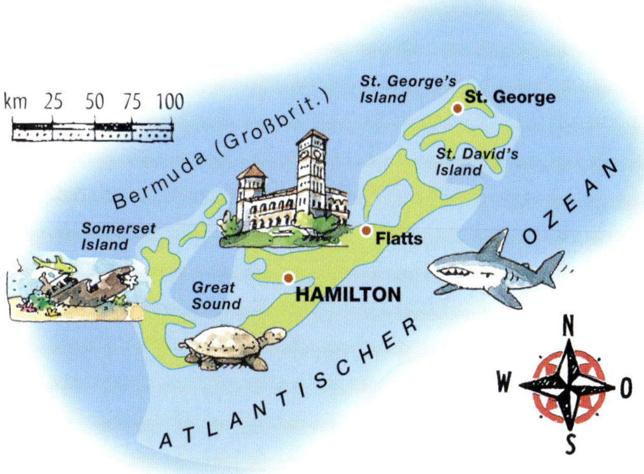

Die Inseln ragen nur wenige Meter über die Wasseroberfläche hinaus und sind meist ganz weiß. Dazu kommt ein wunderschönes türkisblaues Meer. Kein Wunder, dass viele Amerikaner hier Urlaub machen. Trotz der Traumstrände sind die Bahamas für die Kinder dort nicht nur paradiesisch. Eine gute Schulausbildung bekommen nämlich nur die Mädchen und Jungen, die auf Privatschulen gehen. Und die sind sehr teuer. Die meisten Familien mit ihren zahlreichen Kindern können das nicht bezahlen.

Mitten im hellblauen Meer vor den Bahamas gibt es tiefblaue Flecken. Das sind Löcher. Die blauen Löcher sind Eingänge zu Unterwasserhöhlen. Sie entstanden, als die Höhlendecke einstürzte. Durch ➔ Ebbe und ➔ Flut bilden sich dort gefährliche Strudel. Die Einheimischen glauben, dort lauere die Lusca, ein Wesen halb Krake, halb Hai.

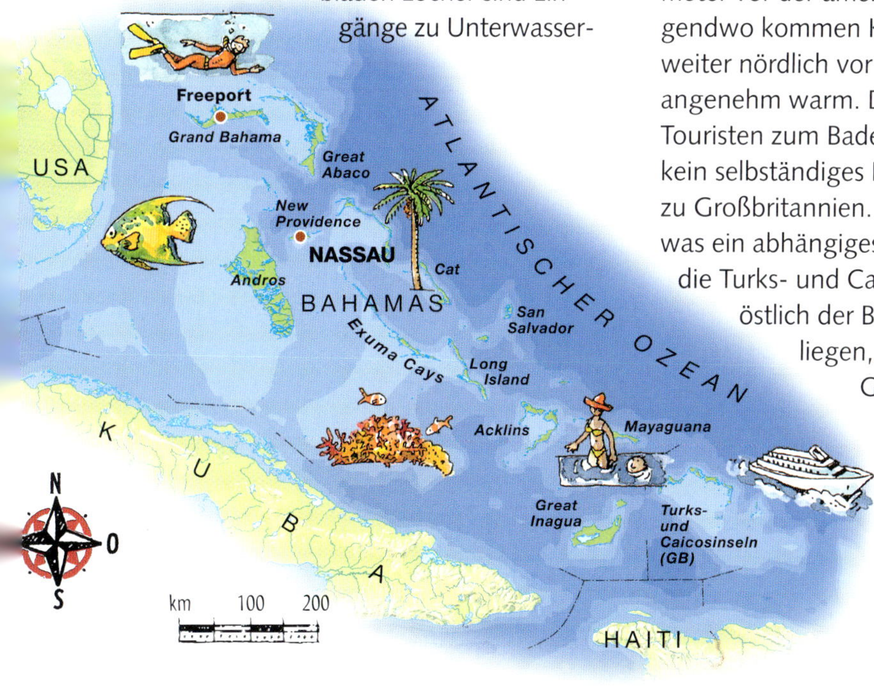

Bermuda

Als Bermuda bezeichnet man eine Inselgruppe im westlichen Atlantik, etwa 1 000 Kilometer vor der amerikanischen Küste. Nirgendwo kommen Korallenriffe (➔ Korallen) weiter nördlich vor als hier. Das ➔ Klima ist angenehm warm. Deswegen kommen viele Touristen zum Baden. Die Bermudas sind kein selbständiges Land, sondern gehören zu Großbritannien. Man nennt so etwas ein abhängiges Gebiet. Auch die Turks- und Caicosinseln, die östlich der Bermuda-Inseln liegen, sind britische Gebiete.

Mittel- und Südamerika

sind durch eine schmale Landbrücke miteinander verbunden. Hier liegt Panama. Diese Verbindung gab es nicht schon immer. Erst als sich vor fast fünf Millionen Jahren Südamerika so weit in Richtung Nordamerika verschob, dass sich die beiden Kontinente verbanden, entstand die Landenge von Panama.

An der Westküste Südamerikas zieht sich ein riesiges Gebirge entlang, die rund 7 300 km langen Anden. In deren Nähe treffen zwei Platten der Erdkruste aufeinander und türmen dieses Gebirge in die Höhe. Die Anden wachsen weiterhin. Deswegen kommt es in Südamerika immer wieder zu ➔ Erdbeben und Vulkanausbrüchen (➔ Vulkan). Auch die Kinder dort müssen mit diesen Naturgewalten leben.

Nicht alle Kinder gehen zur Schule

In Mittel- und Südamerika können viele Kinder nicht zur Schule gehen. Sie müssen stattdessen arbeiten. Oft sind die Eltern arbeitslos oder verdienen so wenig, dass die Kinder mit zum Lebensunterhalt beitragen müssen. Die Mädchen und Jungen arbeiten zum Beispiel während der Erntezeit auf Kaffee- oder Orangenplantagen, putzen Schuhe oder verkaufen Zeitungen. Auf diese Weise lernen sie natürlich nicht lesen und schreiben. Darum werden sie auch später, wenn sie erwachsen sind, nur einfache, schlecht bezahlte Jobs bekommen. Der Alltag vieler Kinder in Mittel- und Südamerika unterscheidet sich aber noch in anderen Punkten stark von dem deutscher oder beispielsweise österreichischer Kinder. Denn viele Kinder dort leben ohne ihre Eltern. Sie wohnen zusammen mit anderen Straßenkindern in Bretterhütten oder Kartons. Viele müssen betteln oder stehlen, um zu überleben.

Die Indianer Mittel- und Südamerikas

Auf der Suche nach dem direkten Seeweg nach Indien landete Christoph ➔ Kolumbus 1492 auf einer kleinen Insel der heutigen Bahamas. Da er aber glaubte, er sei auf einer Insel im Indischen Ozean, nannte er die Bewohner dieser Insel „Indios". Darum bezeichnen wir die Indianer oder Ureinwohner Mittel- und Südamerikas noch heute als Indios. Sie stammen von nordamerikanischen Völkern ab und passten sich im Lauf der Jahrtausende ihrem Lebensraum an. Die Feuerlandindianer an der Südspitze Südamerikas waren zum Beispiel berühmt für ihre Unempfindlichkeit gegenüber kaltem Wasser. Sie konnten stundenlang im eisigen Meer schwimmen und tauchen.

Die ersten Europäer

Die Spanier waren die ersten Europäer, die nach Zentral- und Südamerika kamen. Sie eroberten ab 1519 Mexiko. Auch andere Länder machten sie zu ➔ Kolonien. So kam es, dass man dort überall

Spanisch sprach. Schon 1500 landete der portugiesische Seefahrer Pedro Cabral an der Küste Brasiliens und nahm sie für Portugal in Besitz. Deshalb ist Brasilien das einzige Land in Südamerika, in dem Portugiesisch gesprochen wird. Da Portugiesisch und Spanisch verwandte Sprachen sind und vom Lateinischen abstammen, heißen die Länder Mittel- und Südamerikas auch Lateinamerika.

Mittel- und Südamerika

Fläche:	rund 20,5 Millionen km²
Einwohner:	rund 551 Millionen
Länder:	32
Der höchste Berg:	Aconcagua in Argentinien mit 6 960 m
Der längste Fluss:	Amazonas in Brasilien und Peru mit 6 437 km

Mexiko bildet die Verbindung zwischen den Vereinigten Staaten von Amerika (USA) und Mittelamerika. Durch Mexiko ziehen sich zwei Gebirge. Dazwischen liegt das Hochland, auf dem auch die Hauptstadt liegt. In Mexiko findet man tropische Regenwälder, Steppen, Sümpfe, Schneeberge und die berühmte Sonorawüste. Sie ist voller Säulenkakteen, die bis zu 18 Meter hoch werden. Hier leben Klapperschlangen, Skorpione und Rennkuckucke.

Mexiko

Fläche:	fast 2 Millionen km^2
Einwohner:	rund 104,9 Millionen
Hauptstadt:	Mexico City mit rund 17 Millionen Einwohnern (mit Vororten)
Sprache:	Spanisch
Währung:	Mexikanischer Peso

Der Toten gedenken

Wenn du Mexiko besuchen willst, solltest du Ende Oktober eintreffen. In dieser Zeit feiern die Mexikaner eines ihrer größten Feste, den Tag der Toten. Bäckereien verkaufen dann Totenschädel aus Zuckermasse oder Schokolade. In anderen Geschäften hängen aufblasbare Knochenmänner. Viele Mexikaner glauben, in dieser Zeit würden die Toten für eine Nacht in ihr Heim zurückkehren. Sie richten ihnen deswegen ihre Lieblingsspeisen her. Am Morgen dieses Tages denkt man vor allem an die gestorbenen Kleinkinder, die Angelitos, die „kleinen Engel". Für sie bereitet man das Essen ohne scharfen Chili vor, denn kleine Kinder mögen dieses Gewürz nicht. Die meisten Familien verbringen eine Nacht auf dem Friedhof beim Schein von Fackeln und Kerzen. Natürlich toben die Kinder anfänglich herum. Aber das Totenfest ist doch eher wehmütig.

Die frühen Hochkulturen

Als die Spanier 1519 Mexiko eroberten, glaubten sie, sie würden einheimischen → Indios die Kultur bringen. Heute sehen wir das anders: Die Spanier trafen auf die Hochkultur der Azteken. Ihre Hauptstadt Tenochtitlan hatte 200 000 Einwohner und war damit viermal so groß wie die größte europäische Stadt zu jener Zeit. Im Mittelpunkt lag der große Platz mit seinen mächtigen Tempelan-

Im Dezember feiern alle Kinder und Erwachsenen in Mexiko ein großes Fest zu Ehren der „Jungfrau von Guadalupe". Es erinnert daran, dass die Jungfrau Maria einem Indio erschienen sein soll. An diesem Tag ziehen sich alle festliche Kleidung an.

Essen in Mexiko

Von Chili con carne hast du sicher schon gehört. Das sind Bohnen mit Hackfleisch und Chili, also scharfer Paprika. Das Essen stammt aber aus den USA. Die mexikanische Küche ist ganz ausgezeichnet. Immerhin bauten die Mexikaner als erste Kakao an und machten Schokolade! Typisch mexikanisch sind die **Tortillas**, die Maisfladen. Man isst sie wie Brot. Sind die Maisfladen trocken wie Chips, so heißen sie **Tacos**. Dazu machen wir eine echt mexikanische Sauce, die **Guacamole**: Eine kleine Zwiebel, eine milde Chilischote, eine Fleischtomate und einen Strauß grünen Koriander fein hacken. Das Fleisch einer reifen Avocado dazu geben, salzen und alles mit der Gabel zu einer Paste zerdrücken. Man löffelt die Sauce mit den Tacos.

lagen. Im Tempel des Kriegsgottes Huitzilopochtli sollen jedes Jahr rund 10 000 Menschen geopfert worden sein. Vor den Azteken hatte in Mexiko schon die Kultur der Maya geblüht. Sie wussten viel über die Sterne und hatten einen Kalender, der viel genauer war als der damalige europäische. Die Maya bauten große Städte mit einem pyramidenförmigen Tempel in der Mitte. Ganz oben fanden Menschenopfer statt. Die Maya glaubten, dass die Götter sich von geopfertem Blut ernährten.

Die mexikanischen Schulkinder müssen eigentlich sechs Jahre lang zur Schule gehen. Das macht aber nur etwa ein Drittel der Kinder. Deshalb gibt es immer einige Kinder, die weder lesen noch schreiben können.

Zentralamerika

Zentralamerika ist die Landbrücke zwischen Nordamerika und Südamerika. Hier liegen sieben kleine Länder: Belize, Guatemala, Honduras, El Salvador, Costa Rica, Nicaragua und Panama. Sie haben eine überwiegend spanische Kultur.

Belize

Fläche:	rund 23 000 km²
Einwohner:	rund 261 000
Hauptstadt:	Belmopan

Hurrikan-Warnung: Dann haben die Kinder schulfrei

Jedes Jahr entstehen von Mai bis Oktober in der gesamten Karibik viele kleine Gewitterstürme. Einige unter ihnen entwickeln sich zu mächtigen Sturmsystemen. Auf Satellitenbildern sehen sie wie riesenhafte Wirbel aus. Die Menschen auf den Inseln und an der Küste Zentralamerikas fürchten sich vor diesen Hurrikanen. Sie verrammeln alle Türen und Fenster. Die Kinder können nicht mehr zur Schule gehen, da auch die Schulen und Behörden geschlossen werden. Denn die Winde erreichen Geschwindigkeiten von bis zu 360 km/Stunde und zerstören alles. Dazu kommen unvorstellbare Regenfälle, die stundenlang anhalten und alles unter Wasser setzen. Das bedeutet für die Mädchen und Jungen natürlich auch, dass sie in dieser Zeit nicht draußen spielen können.

Im Jahr 1960 zerstörte ein Hurrikan Belize City, die damalige Hauptstadt des gleichnamigen Landes. Die Einwohner beschlossen daraufhin, die neue Hauptstadt Belmopan weit von der Küste entfernt zu bauen. Wenn Hurrikane auf das Festland gelangen, verlieren sie nämlich sofort an Kraft.

Belize ist zum größten Teil von tropischem → Regenwald bedeckt. Er erstreckt sich auch bis weit in das westliche Nachbarland Guatemala. Einst war hier das Reich der Maya. Und Guatemala hat noch viele Ruinen aus jener Zeit, vor allem in Tikal.

Auf den Märkten in den Städten bieten besonders die Indios zum Verkauf an, was sie selbst hergestellt haben. Hier kannst du alles Mögliche bekommen: Tontöpfe, Stoffe, Lebensmittel, bunte Hängematten und vieles mehr.

Die Indios weben, wie hier dieses Mädchen, schöne bunte Stoffe, aus denen sie auch ihre Kleidung herstellen. Im Bergland im Südwesten des Landes hat teilweise jedes Dorf sein eigenes farbenprächtiges Stoffmuster für die traditionellen → Trachten.

Guatemala

Fläche:	rund 109 000 km^2
Einwohner:	rund 12,7 Millionen
Hauptstadt:	Guatemala

Ostern haben die Kinder in Guatemala schwer zu tragen

In Guatemala leben noch zahlreiche Nachkommen der Maya. Sie sind durch die Spanier aber katholisch geworden. Und als Katholiken pflegen sie den spanischen Brauch, an den Tagen vor Ostern Prozessionen durchzuführen. Das sind religiöse Umzüge. Frauen und Männer tragen auf ihren Schultern übermannshohe Darstellungen durch die Stadt. Sie zeigen, wie Jesus zum Tod verurteilt wird oder wie Maria um ihren Sohn Jesus trauert.

Auch die Kinder tragen solche Darstellungen durch die Straßen. Zwar sind die Teile nicht ganz so groß wie die der Erwachsenen, aber anstrengend ist es für die Mädchen

Etwa ein Drittel der Menschen Zentralamerikas kann nicht lesen und schreiben. Unter den Indios sind es sogar noch mehr. Das bedeutet besonders für die Kinder, dass sie kaum Möglichkeiten haben, eine gute Ausbildung zu bekommen. Nur in Costa Rica und Panama ist die Situation besser.

und Jungen schon. Die Männer, Frauen und Kinder zeigen bei diesen Prozessionen ihre schönsten Kleider. Aber sie sind auch ergriffen von der Leidensgeschichte von Jesus, viele weinen und beten.

Von Puntarenas nach San José, der Hauptstadt Costa Ricas, kannst du mit der Eisenbahn fahren. Die Strecke führt durch die Berge, und rechts und links siehst du das üppige Grün des Regenwaldes.

Honduras

Fläche:	rund 112 500 km^2
Einwohner:	rund 7,1 Millionen
Hauptstadt:	Tegucigalpa

Wie wachsen Bananen?

Die Banane stammt aus Asien. Erst die Spanier führten sie nach Mittelamerika ein. Bananenpflanzen werden mehrere Meter hoch und sehen wie Palmen aus. Doch sie sind keine Bäume, sondern Stauden. Aus dunkelroten Blüten entwickeln sich erst fingerlange Bananen. Wenn sie weiter wachsen, krümmen sie sich nach oben, der Sonne entgegen. Deswegen sind Bananen krumm. Geerntet werden sie ganz grün und hart. Während des Transports nach Europa im Schiffsbauch reifen sie langsam und werden dabei gelb. Besonders in den Ländern Honduras, Costa Rica und auch Ecuador in Südamerika werden sehr viele Bananen in riesigen Plantagen angebaut. Man spricht deswegen auch von „Bananenrepubliken". Doch dieses Wort hat noch eine andere Bedeutung: Man versteht darunter Länder, deren Politik durch das Geld großer ausländischer Firmen beeinflusst wird. Die politischen Ereignisse haben auch die ➔ Wirtschaft in diesen Ländern aus dem Gleichgewicht gebracht. Viele Menschen leben in bitterer Armut. Ein großer Teil der Kinder wohnt mit seinen Familien nicht in stabilen Häusern, sondern in wackligen Bretterbuden. Statt befestigter Straßen führen Schlammwege durch diese ➔ Slums. Hoffnung kann vielleicht der Tourismus bringen.

El Salvador

Fläche:	rund 21 000 km^2
Einwohner:	rund 6,6 Millionen
Hauptstadt:	San Salvador

Costa Rica

Fläche:	rund 51 000 km^2
Einwohner:	rund 4,3 Millionen
Hauptstadt:	San José

Costa Rica – die „reiche Küste"

Costa Rica heißt „reiche Küste". Den Namen verliehen die Spanier diesem Land, als sie sahen, dass die Einheimischen viel Goldschmuck trugen. Der wahre Schatz des Landes sind heute aber große Regenwälder,

Nicaragua

Fläche:	rund 120 000 km^2
Einwohner:	rund 5,6 Millionen
Hauptstadt:	Managua

die unter Schutz stehen und viele Touristen anziehen. Viele möchten gern den Quetzal sehen, den Nationalvogel mit den smaragdgrünen Federn. Überall fallen Pflanzen auf, die auf anderen Pflanzen wachsen. Sie wurzeln auf waagerechten Ästen und den Astgabeln. Man nennt sie Epiphyten, wörtlich „Aufpflanzen". In einem Nationalpark in Costa Rica kannst du sogar mit einer Seilbahn durch die Wipfel des Regenwaldes fahren und die Tiere ganz von nahem betrachten. Anderswo gibt es Hängebrücken hoch oben in den Bäumen, so genannte *Skywalks*. In Costa Rica kannst du dich richtig als Entdecker fühlen. Im ganzen Land verteilt liegen 20 cm bis 2 m große Steinkugeln. Man hat schon Hunderte davon gefunden, aber Tausende warten noch darauf, entdeckt zu werden. Wahrscheinlich stellten frühere Bewohner mit diesen Kugeln die Stellungen der Gestirne am Himmel nach.

Der Bau des Panamakanals hat etwa acht Jahre lang gedauert. 1914 wurde der Kanal eröffnet. Diese Abkürzung mitten durch den Kontinent ist besonders für den Handel wichtig: Die auf Schiffen transportierten Waren kommen so sehr viel schneller an ihr Ziel.

Panama

Fläche:	rund 75 500 km^2
Einwohner:	rund 3,2 Millionen
Hauptstadt:	Panama

Ein Riesenkanal

In Panama ist die Landbrücke zwischen Nord- und Südamerika am schmalsten. Deswegen bauten die USA hier den Panamakanal, der den Atlantik mit dem Pazifik verbindet. Durch diesen Kanal können Schiffe von New York nach San Francisco fahren, ohne die Südspitze Südamerikas, das Kap Hoorn, umfahren zu müssen. Die Strecke um ganz Südamerika herum war nicht nur wesentlich länger, sondern auch recht gefährlich. In den häufigen Stürmen vor dem Kap Hoorn zerschellten nämlich viele Schiffe.

In Panama konnte man nicht einfach einen Kanal zwischen den beiden Meeren graben und so eine Verbindung herstellen. Man musste vielmehr eine Steigung überwinden. Wie macht man das aber mit einer Wasserstraße? Man hat dafür Schleusen gebaut. Das Prinzip ist ganz einfach: Das Schiff fährt in eine Schleusenkammer, die dann mit zwei Toren abgeschlossen wird. Nun lässt man Wasser einlaufen, bis der Höhenunterschied überwunden ist. Dann öffnet man die obere Schleusenkammer, und das Schiff fährt weiter.

Kuba ist die größte Insel der Karibik. Sie liegt am Eingang zum Golf von Mexiko. So nennt man das Nebenmeer des Atlantiks, das zwischen Mexiko, New Orleans und Florida in den USA liegt. Kuba gehört zusammen mit Jamaika, Haiti, der Dominikanischen Republik und Puerto Rico zu den Großen Antillen. Kuba ist ziemlich gebirgig und ein Naturparadies.

Kuba

Fläche:	rund 111 000 km²
Einwohner:	rund 11,3 Millionen
Hauptstadt:	Havanna mit rund 2,2 Millionen Einwohnern
Sprache:	Spanisch
Währung:	Kubanischer Peso

Die Zuckerinsel

Kuba wird oft „Zuckerinsel" genannt. Man gewinnt dort den Zucker aus Zuckerrohr, nicht aus der Zuckerrübe wie bei uns. Das Zuckerrohr ist ein Gras, das bis zu 7 m hoch wird. Der Halm wird rund 5 cm dick. Man schlägt die reifen Halme mit langen Messern, den *Macheten*. Dann presst man sie zwischen Walzen aus und erhält einen feinen süßen Saft für Naschkatzen. In der Fabrik dickt man den Saft ein und bekommt schließlich den festen gelbbraunen Rohrzucker. Daneben fällt auch ein dunkler Sirup an, die Melasse. Aus ihr stellt man durch Vergären Rum her.

Mangel und Armut – aber mit sehr viel Charme

Früher lieferte Kuba den größten Teil seines Zuckers in die USA. Der Politiker Fidel Castro machte Kuba 1959 zu einem kommunistischen Land (➔ Kommunismus). Seither besteht zwischen Kuba und den USA eine offene Feindschaft. Der Wirtschaft geht es seit der ➔ Revolution so schlecht, dass viele Menschen in Armut leben. Die wunderschönen Gebäude in der Hauptstadt Havanna zerfallen. Zwar gibt es genügend Lehrer, doch in den Schulen fehlt es an Tischen, Stühlen, Kreide, Computern und vielem mehr. Es gibt nichts zu kaufen, schon gar nicht neue Autos. Deswegen richten viele Kubaner immer wieder ihre alten Autos aus den 1950er Jahren her: Kuba hat die meisten Oldtimer auf der Welt. Demgegenüber hat das kubanische Gesundheitssystem einen guten Ruf. So werden beispielsweise alle Kubaner kostenlos im Krankenhaus versorgt. Doch fehlt es immer wieder an den notwendigen Medikamenten.

Die kubanischen Schulkinder tragen alle Uniformen. Sie müssen mindestens sechs Jahre lang zur Schule gehen. Danach besuchen viele noch eine weiterführende Schule.

Die Hauptstadt Havanna und auch Santiago de Cuba im Süden der Insel waren einmal recht reiche Städte. Sie handelten sehr viel mit Zucker. Heute ist von dem Reichtum jedoch nicht mehr viel zu sehen.

Sport wird großgeschrieben

Viele kubanische Familien bestehen aus den Eltern und zwei Kindern. Manchmal lebt noch eine Oma oder ein Opa mit in der Wohnung. Doch die Wohnungen sind oft ziemlich klein. Gut, dass es viele Parks und öffentliche Plätze gibt, wo sich Kinder und Erwachsene treffen können. Hier können die Älteren Domino, die Kinder Baseball spielen. Baseball ist die beliebteste Sportart auf Kuba. Viele Jungen spielen schon im Alter von sieben Jahren in einer Baseball-Mannschaft. Ebenfalls beliebte Sportarten sind Boxen, Basketball, Schwimmen, Volleyball und der Radsport. Außerdem tanzen viele Kubaner sehr gerne.

Zutrauliche Fische

Um Kuba leben vor allem in den Korallenriffen (➔ Korallen) ungefähr 1500 Fischarten. Sehr viele darunter sind sehr zutraulich und haben keine Angst vor den Menschen. Das gilt besonders für eine Gruppe von drei Inseln, die im Süden von Kuba liegt. Diese Cayman-Inseln gehören zu Großbritannien. Stingray City liegt hier, die „Stadt der Stechrochen". Das ist eine 4 m tiefe Stelle im Meer. Man hat hier die Fische durch Fütterung an die Menschen gewöhnt. Du schwimmst mit einem Schnorchel, und um dich herum tollen rund 250 große Rochen. Du solltest allerdings einen Taucheranzug tragen, denn die Stechrochen küssen dich gerne: Das hinterlässt einen üblen Knutschfleck, der ziemlich weh tut! Nicht übermütig werden und nicht die Tiere am Schwanz packen, sonst stechen sie dich, und das schmerzt dann furchtbar.

Als Antillen bezeichnet man die vielen Inseln zwischen Südamerika und Florida in den USA. Man kann auch Karibik sagen. Zu den Großen Antillen zählen Kuba, Jamaika, Puerto Rico, die Dominikanische Republik und Haiti. Die Inseln der Kleinen Antillen erstrecken sich von Puerto Rico bis nach Südamerika.

Jamaika

Fläche:	rund 11 000 km²
Einwohner:	rund 2,7 Millionen
Hauptstadt:	Kingston

Reggae kommt aus Jamaika

Auf der Insel Jamaika (:dschamaika) sind viele Menschen sehr arm. Aus Jamaika stammt der Reggae. Bob Marley machte diese Musik auf der ganzen Welt bekannt. Reggae hat viel mit dem Glauben der Gemeinschaft Rastafari zu tun. Er entstand vor 70 Jahren in den schwarzen Armenvierteln der Hauptstadt Kingston. Die Rastafari verehren den verstorbenen äthiopischen Kaiser Haile Selassie als Gott. Sie glauben, dass die Schwarzen, die durch die Sklaverei (➔ Sklaven) nach Amerika verschleppt wurden, eines Tages wieder in ihr heiliges Land Äthiopien zurückkehren. Die Rastafari sind gegen Gewalt. Wie die Juden und die Moslems essen sie kein Schweinefleisch. Sie tragen ihre Haare zu langen Zöpfen geflochten oder auch in verfilzten Strähnen, den *Dreadlocks*. Auch viele Kinder lassen sich diese Zöpfe flechten.

Leuchtendes Wasser auf Puerto Rico

Die Insel Puerto Rico gehört zu den USA, ist stark amerikanisch geprägt und dicht besiedelt. Auf der Insel liegt ein einzigartiger See. Sein Wasser glüht nachts auf, wenn man ein Paddel eintaucht. Auch Fische, die wegschwimmen, hinterlassen eine leuchtende Spur wie von Feuer. Und wenn ein Sturm den ganzen See aufwühlt, wird er vollständig „beleuchtet“. Dafür verantwortlich sind Einzeller, die im See leben. Wenn man sie stört, erzeugen sie wie kleine Glühwürmchen ein kaltes Licht. Man nennt das Biolumineszenz.

Dominikanische Republik

Fläche:	rund 48 400 km²
Einwohner:	rund 8,9 Millionen
Hauptstadt:	Santo Domingo

Obwohl für die Kinder in der Dominikanischen Republik eine Schulpflicht besteht, gibt es hier viele Menschen, die nicht lesen und schreiben können.

Voodoo in Haiti

Haiti und die Dominikanische Republik teilen sich eine gebirgige Insel, die Hispaniola getauft wurde, die „kleine Spanische“. Der Dominikanischen Republik geht es sehr viel besser als Haiti, das auch politisch instabil ist. Viele Kinder dort wissen nicht, was sie mor-

Haiti

Fläche:	rund 27 800 km²
Einwohner:	rund 8,4 Millionen
Hauptstadt:	Port-au-Prince

gen essen können. Nur ungefähr jedes zweite Kind besucht eine Schule. Viele Haitianer sind Anhänger des *Voodoo* (:wudu). Das ist ein afrikanischer Götterglaube. Die Gläubigen bitten bei ihren Zusammentreffen die Geister und Götter, auf der Erde einzugreifen. Man ruft sie durch Trommeln und Tänze herbei. Oft ergreifen die Geister Besitz von einzelnen Menschen: Diese geraten dann in *Trance*. Dabei sprechen sie Prophezeiungen aus. Das *Voodoo* kennt auch die Zombies, die „Untoten". Das sollen lebende Menschen sein, die aber wie tot wirken.

Antigua und Barbuda

Fläche:	rund 457 km²
Einwohner:	rund 73 000
Hauptstadt:	St. John's

Ganz unterschiedliche Inseln

Acht unabhängige Länder liegen in den Kleinen Antillen: Antigua und Barbuda, Saint Kitts und Nevis, Dominica, Saint Lucia, Saint Vincent und die Grenadinen, Barbados, Grenada sowie Trinidad und Tobago. Sie sind ganz unterschiedlich. Barbados gilt beispielsweise als sehr englisch mit Kricket und Fünfuhrtee. Der Name allerdings ist noch spanisch und erinnert an die vielen Luftwurzeln der Feigenbäume, die wie ein Bart (spanisch *barba)* aussehen. Auf Barbados gibt es rund 140 Religionsgemeinschaften für 271 000 Einwohner.

Barbados

Fläche:	rund 430 km²
Einwohner:	rund 271 000
Hauptstadt:	Bridgetown

Kinder mit Stelzenbeinen

Karneval ist ein wichtiges Ereignis in all diesen Ländern. Am buntesten ist er jedoch auf Trinidad. Die Einwohner tanzen auf den Straßen ihre Tänze *Calypso* oder *Limbo*. Dazu spielen die *Steelbands*. Sie heißen so, weil die Musiker anfänglich auf leeren Ölfässern aus Stahl (englisch *steel*) trommelten. Und die

Auf den Antillen herrscht tropisches Klima: Das ganze Jahr über ist es mit etwa 25 Grad herrlich warm. Außer auf Trinidad und Tobago treten auf den Inseln aber bisweilen Hurrikane, gefährliche Wirbelstürme auf.

Kinder sind bei diesem Fest die Größten! Denn sie tanzen auf bis zu zwei Meter hohen Stelzen. Am Karnevalsdienstag verkleiden sich die Mädchen und Jungen als Vogelscheuchen oder Fabelwesen und stelzen so durch die Hauptstadt Port of Spain.

Trinidad und Tobago

Fläche:	rund 5 130 km²
Einwohner:	rund 1,3 Millionen
Hauptstadt:	Port of Spain

Wer kennt die meisten Tricks?

Die meisten Kinder, die auf den Inseln der Kleinen Antillen leben, treiben gerne Sport. Beliebte Sportarten sind zum Beispiel Kricket, Basketball und Fußball. Viele Kinder sitzen auch gerne im Schatten unter großen Bäumen oder auf einer Veranda und spielen Dame. Oder *Wari*. Dieses Spiel wird in den verschiedensten Teilen der Welt gespielt. Die Regeln sind aber nicht immer gleich. Auf den Kleinen Antillen legen die Kinder dafür vier Kugeln oder Obstkerne in zwölf kleine Mulden. Die Mulden scharren sie oft mit ihren Händen einfach in die Erde. Das Kind, das anfängt, leert eine seiner Mulden und verteilt die Kugeln in die nachfolgenden Mulden. Das Spiel ist dann beendet, wenn die Mulden eines Spielers leer sind. Doch um das zu erreichen, sind knifflige Tricks notwendig! *Wari* ist ein sehr

Saint Vincent und die Grenadinen

Fläche:	rund 388 km²
Einwohner:	rund 121 000
Hauptstadt:	Kingstown

Saint Lucia

Fläche:	rund 616 km²
Einwohner:	rund 150 000
Hauptstadt:	Castries

Die Inseln der Antillen wurden früher von Großbritannien, Frankreich oder Spanien regiert. Nach und nach wurden sie wieder zu selbstständigen Staaten. Saint Lucia zum Beispiel wurde am 22. Februar 1979 von Großbritannien unabhängig. Zur Erinnerung daran wird dieser Tag jedes Jahr gefeiert.

altes Spiel. Es wurde vor Tausenden von Jahren bereits in Ägypten gespielt. Früher haben sich nur die Männer mit *Wari* beschäftigt. Heute spielen es aber oft auch Frauen und Mädchen – und sie sind meist sehr geschickt darin!

Dominica

Fläche:	rund 751 km²
Einwohner:	rund 79 000
Hauptstadt:	Roseau

Saint Kitts und Nevis

Fläche:	rund 261 km²
Einwohner:	rund 42 000
Hauptstadt:	Basseterre

Grenada

Fläche:	rund 344 km²
Einwohner:	rund 80 000
Hauptstadt:	St. George's

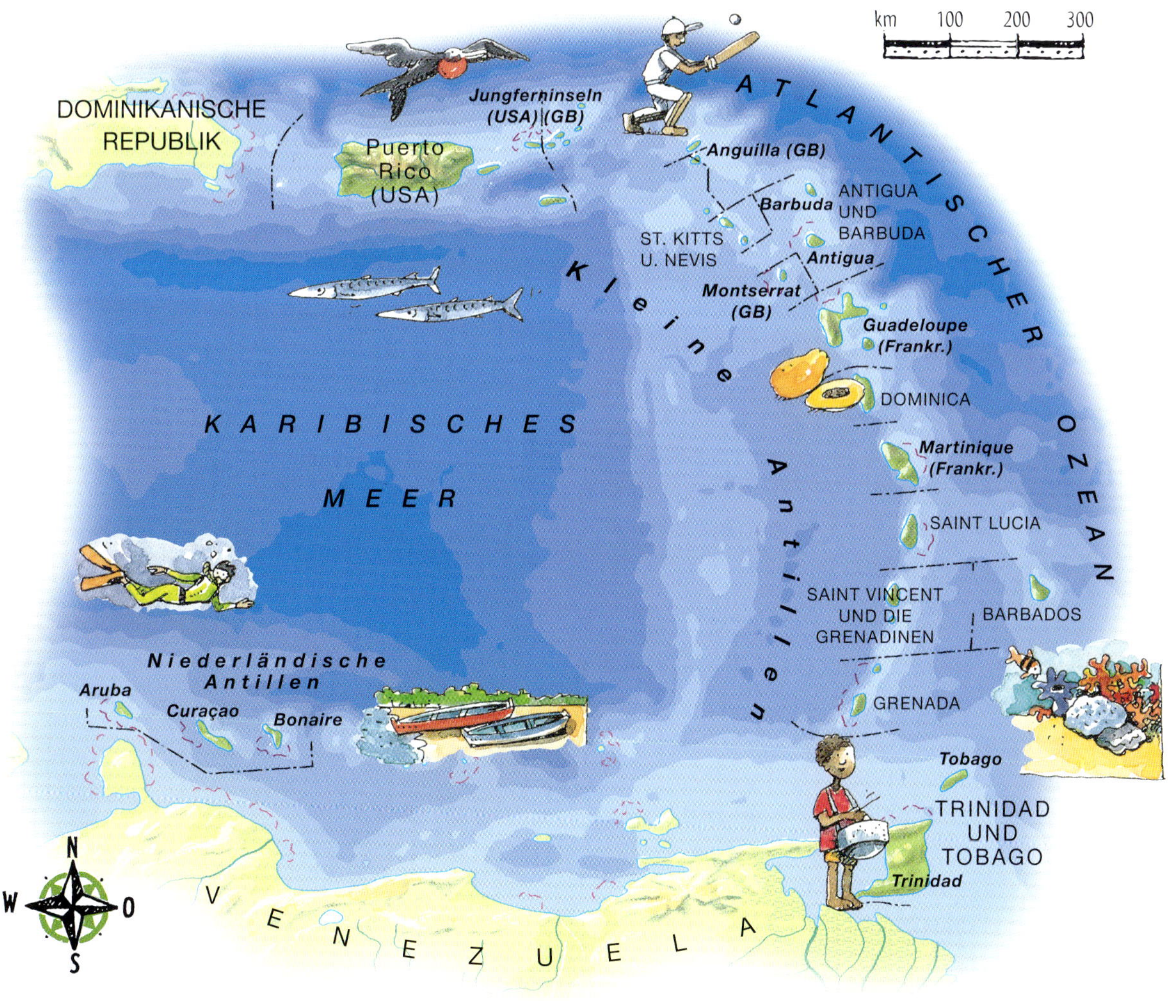

Venezuela liegt im Norden Südamerikas, am Karibischen Meer. Das Land hat Savannen, Hochgebirge und Regenwald. Das Klima ist immer warm und feucht. Im Südosten des Landes liegen merkwürdige tafelförmige Berge, die Tepui. Sie sind von senkrechten Wänden umgeben. Von einer dieser Wände stürzt der höchste Wasserfall fast 1 000 Meter weit in die Tiefe. Er heißt Salto Angel.

Venezuela

Fläche:	rund 912 000 km²
Einwohner:	rund 26, 2 Millionen
Hauptstadt:	Caracas mit rund 2 Millionen Einwohnern
Sprache:	Spanisch
Währung:	Bolívar

Venezuela kennen wir durch sein ➔ Erdöl und durch seine vielen Schönheitsköniginnen. In keinem Land der Welt werden so viele Kosmetika und Schönheitsmittel verbraucht. Viele kleine Mädchen wollen einmal Schönheitskönigin werden – am besten Miss World.

Fast alle Mädchen und Jungen leben mit ihren Familien in Städten: die reichen Venezolaner in großen Häusern inmitten einem Meer von Blumen und Mangobäumen und viele arme Menschen am Rande der Städte unter Wellblechdächern (➔ Slum).

In der Hauptstadt Caracas müssen die Kinder keinen Berg besteigen, um ihre Stadt einmal aus der Vogelperspektive betrachten zu können. Denn viele von ihnen leben in Hochhäusern. Von dort oben können sie auch die achtspurigen Autobahnen bestaunen, die einen endlosen Strom von Autos über- und untereinander durch die Stadt leiten. Gut, dass es zum Spielen viele Parks gibt. In der Woche sausen die Mädchen und Jungen dort mit ihren Fahrrädern oder Skateboards über die Gehwege. Am Wochenende kannst du sie dagegen oft schick gekleidet mit ihren Eltern zwischen den Brunnen und Palmen spazieren gehen sehen.

Musik macht Kindern Spaß

Gemeinsam Musik zu machen, das macht allen Kindern Spaß. Venezolanische Kinder, die musikalisch hoch begabt sind, haben die Möglichkeit, im Nationalen Kinderorchester mitzuspielen. Sie proben dann gemeinsam und geben viele Konzerte im In- und Ausland. Die Mädchen und Jungen spielen die schwierigsten Musikstücke mit großer Begeisterung. Zum Beispiel sinfonische Werke von Tschaikowsky oder Beethoven. Viele von ihnen kommen aus sozial schwachen

Die Kinder in Venezuela gehen im Alter von fünf bis 15 Jahren zur Schule. Für den Schulbesuch müssen die Eltern nichts bezahlen.

Familien, häufig leben sie in den Slums. Sie können bei dem Orchester nur mitmachen, weil der Musikunterricht kostenlos ist und sie das Instrument dort gestellt bekommen. Durch das gemeinsame Musizieren können sie die Armut und Gewalt wenigstens für einige Zeit vergessen. Das Orchester hat einen Leitsatz, der in großen Buchstaben in einem der Proberäume an der Wand steht: „Prohibido decir: no puedo" – „Es ist verboten zu sagen: Ich kann nicht"!

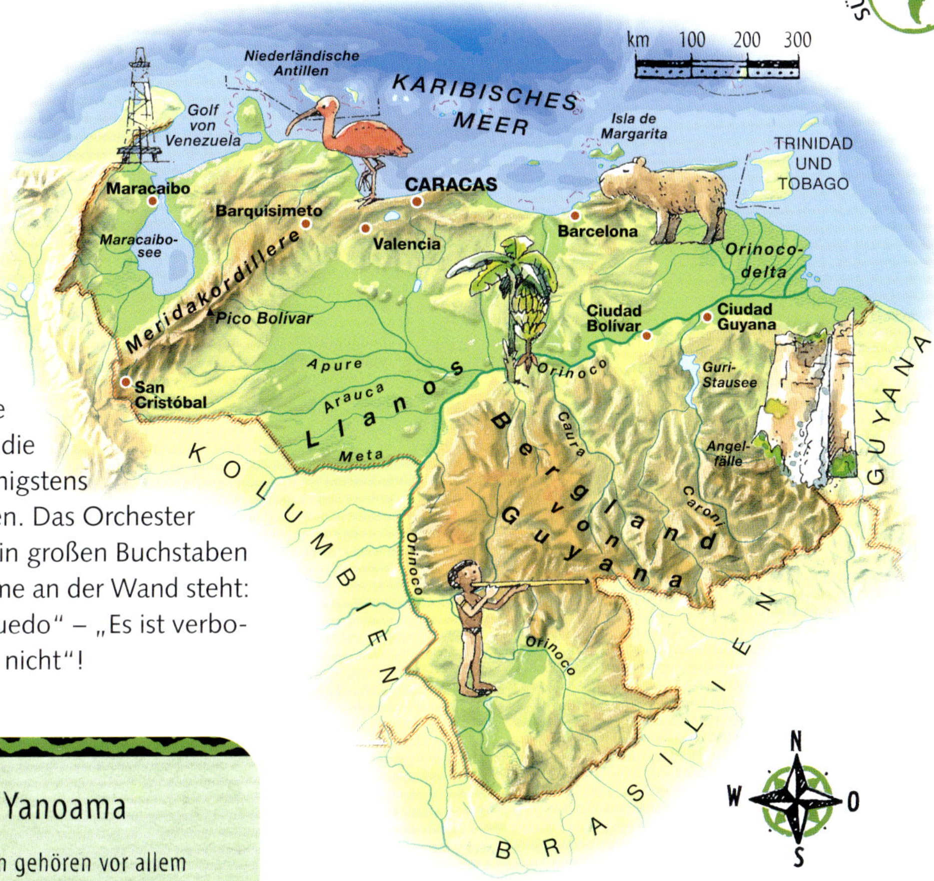

Die Yanoama

Zu den Landbewohnern gehören vor allem ➔ Indios. Das größte Volk heißt Yanoama. Es lebt im Regenwald und errichtet dort besondere Siedlungen. Sie bestehen aus einer großen kreisrunden Palmblatthütte mit einem freien Hof in der Mitte. In der Hütte leben zehn bis 20 Familien nebeneinander. Die Menschen bauen Mehlbananen und eine Palmenart an. Die Pflanzen brauchen wenig Pflege. Deswegen können die Yanoama oft wochenlang durch den Regenwald ziehen. Sie jagen und fischen und sammeln Wildfrüchte. Auf diese Weise kommen die Menschen an lebenswichtige Proteine und Vitamine. Die Yanoama leben ohne Häuptlinge: Alle Menschen haben den gleichen Rang. Einzelne Männer genießen allerdings durch Erfolge im Kampf ein größeres Ansehen.

Die Bevölkerung von Venezuela ist ganz unterschiedlich im Land verteilt. Im Bergland von Guyana zum Beispiel wohnt kaum jemand. Die meisten Menschen leben in den Städten. In den Slums, den Armenvierteln, stehen die einfachen Häuser und Hütten sehr dicht beieinander. Hier gibt es meist kein sauberes Wasser, und viele Menschen sind krank.

Guyana, Suriname und Französisch-Guyana liegen zwischen Venezuela und Brasilien. Nur die Gebiete nahe der Atlantikküste sind besiedelt. Das Land dahinter ist unerschlossen, Wildnis, Regenwald. Hier leben Tausende von Tier- und Pflanzenarten, zum Beispiel Puma, Ozelot und Jaguar, Faultier, Großer Ameisenbär und Anakonda. So heißen die längsten Schlangen der Welt.

Guyana

Fläche:	rund 215 000 km²
Einwohner:	rund 767 000
Hauptstadt:	Georgetown

Die Kinder leben am Wasser

Guyana nennt man auch „Land der vielen Wasser". Mächtige Flüsse fließen nämlich durch Guyana. Der größte Fluss ist der Essequibo. Er soll 365 Inseln haben. Unzählige Wasserfälle donnern an vielen Stellen in die Tiefe. Guyana ist dünn besiedelt, die meisten Menschen leben am Wasser. Viele Wasserwege sind nur mit dem Einbaum befahrbar. Ein Einbaum ist ein Boot, das aus einem ausgehöhlten Baumstamm hergestellt wird. Schon kleine Kinder können geschickt die Boote lenken. Sie wachsen am und mit dem Wasser auf. Die Mädchen und Jungen spielen an den Flüssen, während die Frauen dort Geschirr und Kleider waschen. Viele angeln auch. Fernseher oder Computer kennen die Kinder in Guyana in der Regel nicht. Sie leben sehr einfach und naturverbunden. Nachts schlafen sie wie ihre Eltern und Geschwister in handgewebten Hängematten. Diese werden zwischen zwei Bäumen oder an einem Gestell aus Bambusstangen aufgehängt.
In Guyana wird sehr viel Zuckerrohr in Plantagen angebaut. Am meisten Geld verdient das Land aber mit dem Abbau von Bauxit. Daraus gewinnt man Aluminium.

In den drei kleinen Ländern herrscht ein tropisches Klima (➔ Tropen). Es ist immer etwa gleich warm, und es regnet sehr viel. Daher wachsen dort sehr viele Pflanzen.

Suriname

Fläche:	rund 164 000 km²
Einwohner:	rund 439 000
Hauptstadt:	Paramaribo

In Suriname spricht man Niederländisch

1651 legten die Engländer erste Siedlungen in dem Land an. Doch für Weiße war das Klima zu heiß und zu feucht. Daher überließen sie das Land den Niederländern und erhielten als Ausgleich das kleine nordamerikanische Dorf Neu Amsterdam, die spätere

Mitten im Regenwald von Suriname leben die Maroons. Sie leben vor allem von dem, was ihnen der Wald bietet.

Weltstadt New York. Die Niederländer legten mit Hilfe vieler afrikanischer Sklaven Plantagen in Suriname an. Drei Jahrhunderte lang war es unter dem Namen Niederländisch-Guyana eine ➔ Kolonie. 1975 wurde das Land ➔ unabhängig und nannte sich nach dem größten Fluss Suriname. Noch heute ist dort die Amtssprache Niederländisch. Paramaribo heißt die kleine Hauptstadt Surinames. Niemand fühlt sich hier fremd, denn fast alle Menschen sind irgendwann als Ausländer hierher gekommen. In einer einzigen Straße ist eine Kirche für Christen, eine ➔ Moschee für Moslems und eine ➔ Synagoge für die jüdische Bevölkerung. Ein Drittel der Einwohner sind Inder und somit Hindus, die als Arbeiter ins Land kamen.

In Kourou kannst du Raketen fliegen sehen

Französisch-Guyana ist die letzte Kolonie in Südamerika. Das Land ist ganz französisch, viele Kinder essen dort zum Beispiel auch Baguettes. Einst diente Französisch-Guyana als Gefängnis für Schwerverbrecher aus Frankreich. Berühmt ist es heute für die kleine Stadt Kourou. Dort entstand im Jahr 1964 der französische und europäische Weltraumbahnhof. Von Kourou aus starten die Ariane-Raketen. Warum aber nicht direkt aus Frankreich? Das ist eine Frage der Physik. Wenn du dich am ➔ Nordpol auf eine Waage stellst, wiegst du mehr als am ➔ Äquator. Am Äquator dreht sich nämlich die Erde besonders schnell. Durch die Fliehkraft wirst du leichter. Und mit den Raketen ist es dasselbe. Man muss in Französisch-Guyana deshalb weniger Kraft aufwenden, um sie zu starten.

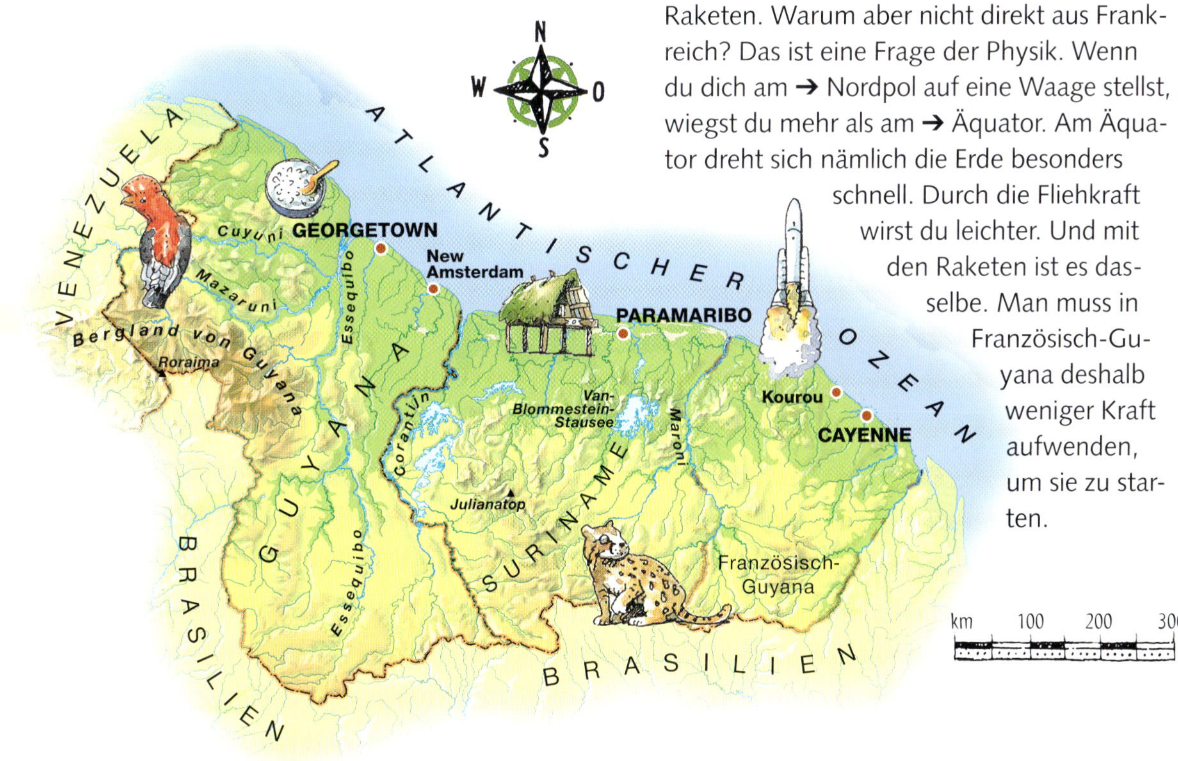

Kolumbien liegt dort, wo Südamerika an Mittelamerika hängt. Damit hat Kolumbien Anteil am Karibischen Meer (Karibik) und am Pazifik. Mitten durch Kolumbien ziehen die Anden. In vielen Tausend kleinen Plantagen bauen die Kolumbianer vor allem Kaffee, aber auch Zuckerrohr und Reis an.

Kolumbien

Fläche:	rund 1,1 Millionen km²
Einwohner:	rund 44,9 Millionen
Hauptstadt:	Bogotá mit rund 6,3 Millionen Einwohnern
Sprache:	Spanisch
Währung:	Kolumbianischer Peso

Gewalt und Armut

Kolumbien gilt bei uns als interessantes, aber auch beängstigendes Land. Kolumbien hat die höchste Mordrate. Gewalt ist an der Tagesordnung, und es herrscht eine Art ➔ Bürgerkrieg. Im Süden des Landes wird viel Kokain, eine gefährliche ➔ Droge, hergestellt. Drogenbanden schleusen es nach Nordamerika. Die Regierung kämpft gegen die Banden und diese kämpfen gegeneinander und gegen die Regierung. Dabei ist Kolumbien das vielleicht reichste Land Südamerikas. Es hat ➔ Erdöl und viele andere ➔ Bodenschätze. Aber in Kolumbien steht dem Reichtum weniger Familien sehr viel Armut gegenüber. Ein großer Teil der Kinder führt ein erbärmliches Leben in den ➔ Slums

Die Kinder in den Slums der kolumbianischen Großstädte wohnen in einfachen Bretterbuden. Ihre Familien haben nicht genügend Geld für Nahrungsmittel und alles, was man sonst zum Leben braucht.

Bananen machen Kinder fit!

In Kolumbien gibt es viele Bananen-Plantagen. Die Bananen werden dort grün geerntet und in großen Kühlschiffen exportiert (➔ Export). Erst in Deutschland und den anderen Empfängerländern reifen sie dann nach. Bananen schmecken lecker und sind auch sehr gesund. Die meisten kolumbianischen Kinder essen ebenfalls gerne Bananen. Und sie freuen sich, wenn es zum Essen Bananen-Pfannkuchen gibt. Die Zubereitung ist ganz einfach. Du brauchst dazu eine Banane, 150 Gramm Vollkornmehl, ein Ei, etwas Milch und etwas Honig. Die Banane zerquetschst du mit einer Gabel. Nun gibst du die anderen Zutaten dazu und verrührst alles zu einem Brei. Diesen Brei brätst du jetzt in etwas Fett von beiden Seiten in einer Pfanne. Mahlzeit!

der Großstädte. Wie wenig ein Menschenleben wert ist, müssen sie dort täglich erleben. Dabei wünschen sich die meisten Jungen und Mädchen nichts lieber, als draußen mit anderen Kindern zu spielen oder in Ruhe zu lernen. Sie sehnen sich nach Frieden und Gerechtigkeit.

Gold und Smaragde

Seit Jahrhunderten ist Kolumbien für sein Gold und für seine Smaragde bekannt. Smaragde sind wunderschöne tiefgrüne Steine. Oft sind sie durchsichtig wie Glas und werden dann geschliffen. Ein anderer kolumbianischer Stein ist das Salz. In der Stadt Zipaquirá bei Bogotá hat man in einem unterirdischen Salzstock eine riesige Kirche gebaut. Alles in ihr ist aus Salz. 10 000 Menschen finden drinnen Platz und können an Gottesdiensten in 218 Metern Tiefe teilnehmen.

El Dorado

Christoph ➔ Kolumbus ist auf keiner seiner vier Reisen je in Kolumbien gewesen. Trotzdem ist das Land nach ihm benannt – doch dies geschah sehr viel später. Die ersten spanischen Entdecker suchten in Südamerika vor allem Reichtümer, besonders Gold. Sie hatten von einem Goldland gehört, das El Dorado genannt wurde. Das ist spanisch und heißt „Das Vergoldete". Was man aber genau darunter verstand, weiß man bis heute nicht. Vielleicht geht die Sage auf das kolumbianische Volk der Muisca zurück. Sie opferten ihren Göttern früher Gold im Guatavitasee. Ihr Häuptling fuhr mit Goldstaub bedeckt auf einem Boot in den See hinaus. Er warf Goldschätze ins Wasser und wusch sich dann den Goldstaub vom Körper. Goldschätze hat man in diesem See aber nie gefunden.

Die angebauten Bananen, Zuckerrohr und vieles mehr werden von den Bauern manchmal auf den Flüssen von hölzernen Booten aus zum Verkauf angeboten.

Straßenkinder leben nur auf der Straße.

Meist haben sie kein richtiges Zuhause mehr und leben ohne ihre Eltern – oft ganz auf sich allein gestellt. Sie halten sich als Schuhputzer, Müllsammler oder Autowäscher über Wasser. Auf der ganzen Welt gibt es rund 100 Millionen Straßenkinder, die meisten davon in den ➔ Entwicklungsländern.

Manche Straßenkinder suchen auf den Müllhalden der Städte nach Dosen oder anderen Dingen, für die sie etwas Geld bekommen können. Oder nach Resten von Nahrungsmitteln, die noch essbar sind. Der Müll stinkt nicht nur ganz schrecklich, sondern die Kinder werden davon auch schnell krank.

Leben auf der Straße

Jeder hat einmal Ärger mit seinen Eltern. Meist geht er schnell wieder vorüber. Es gibt aber auch Kinder, die sich daheim gar nicht verstanden und aufgehoben fühlen. Manche laufen von zu Hause weg. Jedes Jahr sind es allein in Deutschland ein paar Tausend. Die meisten kehren nach einem oder zwei Tagen wieder zurück.

Aber bei uns leben etwa 1 500 bis 2 500 Kinder zwischen 12 und 17 Jahren dauernd auf der Straße. Sie kommen oft aus Familien, in denen zu viel Alkohol getrunken wird oder in denen die Eltern sich nicht um die Kinder kümmern können oder sie sogar schlagen. Den Tag verbringen Straßenkinder oft zusammen in einer Clique in der Nähe von Bahnhöfen und in den Innenstädten. Na klar: Auch sie müssten eigentlich zur Schule. Manchmal kommt die Polizei und bringt sie dorthin. Man bietet ihnen einen Platz in einem Heim an. Aber viele der Straßenkinder haben schlechte Erfahrungen gemacht, trauen den Erwachsenen nicht mehr und laufen auch aus dem Kinderheim bald weg.

Schlafen im Gepäckschließfach

Die Straßenkinder betteln um Geld, um zu überleben, oder machen kleine Hilfsdienste, um etwas zu essen zu bekommen. Manche Kinder werden drogenabhängig (➔ Drogen), weil sie den traurigen Alltag vergessen wollen. Nicht selten stecken sie sich mit gefährlichen Krankheiten an. Die meisten Straßenkinder gibt es in den großen Städten wie Stuttgart, Essen oder Hamburg. Es ist nicht leicht, mitten in einer Stadt einen Platz zum Schlafen zu finden. Manche Kinder kriechen über Nacht in die Gepäckschließfächer in den Bahnhöfen, um ungestört zu sein.

Zum Schlafen decken sich viele Straßenkinder mit schmutzigen Lumpen zu. Meist haben sie auch nicht die Möglichkeit, sich zu waschen.

Die Organisation „terre des hommes"

„Terre des hommes" (:terdesom) ist der Titel eines Buches des französischen Autors Antoine de Saint-Exupéry. Den Schriftsteller kennst du vielleicht: Von ihm stammt auch „Der kleine Prinz". „Terre des hommes" heißt wörtlich übersetzt „Erde der Menschen". 1959 gründete der Schweizer Edmond Kaiser ein Kinderhilfswerk, das er „terre des hommes" nannte. Daraus wurde eine große Organisation. Sie betreut Hunderte von Projekten auf der ganzen Welt. „Terre des hommes" hilft Kindern, sich von Unterdrückung, Ausbeutung und wirtschaftlicher Not zu befreien. Kindern, die auf der Straße leben oder die hart arbeiten müssen, gibt „terre des hommes" zum Beispiel die Gelegenheit, eine Schule zu besuchen. Die Kinder machen gerne mit, weil sie wissen, dass sie sich mit Bildung aus ihrer unglücklichen Lage befreien können.

Gewalt – Hunger – Angst

Nicht nur in Deutschland leben Kinder auf der Straße. In Russland und anderen Staaten in Osteuropa gibt es noch mehr Kinder, die kein Zuhause haben und kein Bett. Im Sommer ist es nicht so schwer, in einem Keller oder auf einem Dachboden einen Schlafplatz zu finden. Im Winter wird es aber in Städten wie Moskau fürchterlich kalt. Die Kinder klettern dann oft in die Kanalisation, weil es dort durch das Abwasser wärmer ist, oder halten sich in U-Bahn-Schächten auf.

In Südamerika gibt es viele Kinder auf der Straße, deren Eltern noch leben und Kontakt zu ihnen haben. Die Kinder sind aber tagsüber auf der Straße, um Geld für die Familie zu verdienen. Sie arbeiten als Schuhputzer, als Verkäufer von Süßigkeiten, Losen, Zeitungen und vielem mehr. Sie putzen die Scheiben der im Stau stehenden Autos oder führen kleine Kunststücke auf. Um den meist mageren Tagesverdienst aufzubessern, wird auch mal gebettelt – und wenn dies nicht hilft, gestohlen. Häufig können die Kinder am Abend nicht nach Hause zurückkehren und verbringen ein paar Nächte auf der Straße. Vielleicht ist der Arbeitstag zu lang und der Weg nach Hause zu weit. Oder es fehlt das Fahrgeld, oder sie werden erst wieder zu Hause aufgenommen, wenn sie einen bestimmten Betrag abgeben können. Sehr viele Straßenkinder in Südamerika sind aber auch für immer von zu Hause weggelaufen. Die Straße ist nicht nur ihr Arbeitsplatz, sondern ihre Heimat geworden. Eine trostlose Heimat in Armut und Not.

Sogar ganz junge Kinder leben manchmal auf der Straße. Diese Kinder geraten schon ganz früh in einen fast ausweglosen Kreislauf: Weil sie sich jeden Tag darum kümmern müssen, etwas zum Essen zu bekommen, können sie nicht zur Schule gehen. Aber ohne Schulbildung werden sie nie einen Beruf erlernen, sondern weiter im Elend leben.

Ecuador

Ecuador ist ein kleines Land an der Westseite Südamerikas. Als Nachbarn hat es nur Kolumbien und Peru. Die Gebirgskette der Anden zieht mitten durch das Land und unterteilt es in ein feuchtes Küstengebiet und in ein Regenwaldgebiet im Osten, dem so genannten Amazonasbecken. In Ecuador brodelt die Erde: Hier gibt es noch zehn aktive Vulkane. Der höchste ist mit 5 897 Metern der kegelförmige Cotopaxi.

Ecuador

Fläche:	rund 284 000 km²
Einwohner:	rund 13,2 Millionen
Hauptstadt:	Quito mit rund 1,4 Millionen Einwohnern
Sprache:	Spanisch
Währung:	US-Dollar

In Ecuador wird viel Landwirtschaft betrieben. Es werden vor allem Zuckerrohr, Bananen, Kaffee und Kakao angebaut, um sie in andere Länder zu verkaufen. Besonders in den höher gelegenen Regionen benutzen die Menschen Ochsen, um die Felder zu bearbeiten.

Ein schöner Panamahut

Ecuador ist die spanische Bezeichnung für den → Äquator, also jene gedachte Linie, die die Erdkugel in der Mitte halbiert. Am Äquator steht die Sonne senkrecht und brennt auf den Kopf. Da nutzt ein Panamahut. Er wird in Ecuador hergestellt und heißt nur Panamahut, weil er von Häfen in Panama aus verschifft wurde. Die fein geflochtenen Hüte verlieren nicht die Form, wenn man sie in den Koffer knüllt. Drei Monate kann es dauern, bis eine Familie einen Hut aus den Fasern einer Palme hergestellt hat. Andere Familien verdienen ihr Geld mit dem Knüpfen von Hängematten aus Sisal. Das ist eine grobe Faser, die man aus stacheligen Agaven gewinnt. Viele Familien in Ecuador betreiben auch eine kleine Landwirtschaft. Die meisten Kinder müssen dort

Auf den Straßen siehst du häufig Kinder, die Getränke, Obst oder Süßigkeiten anbieten. Sie verdienen damit etwas Geld und tragen auf diese Weise oft zum Einkommen ihrer Familie bei.

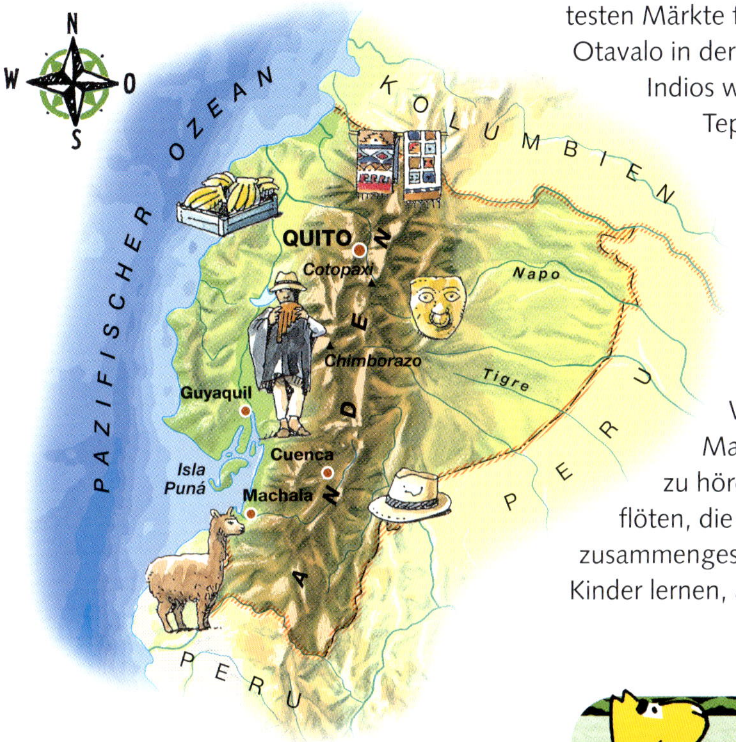

mitarbeiten. Oft reicht es trotzdem nicht, um die Mädchen und Jungen zur Schule zu schicken. Obwohl Schulpflicht besteht, besuchen deshalb viele Kinder keine Schule oder verlassen die Schule frühzeitig.

Farbenprächtiger Indio-Markt

Die ➔ Indios machen in Ecuador rund ein Fünftel der Bevölkerung aus. Sie gehören verschiedenen Stämmen an, sprechen aber alle Ketschua. Das war die Staatssprache des alten untergegangenen Inkareiches. Zum nächsten Indiomarkt ist es nie weit in Ecuador. Alle Menschen, Männer wie Frauen, tragen dort elegant wirkende schwarze oder graue Filzhüte. Einer der buntesten Märkte findet in der kleinen Stadt Otavalo in der Nähe von Quito statt. Die Indios weben dort bunte Decken, Teppiche und Ponchos.

Ponchos sind bequeme weite Umhänge ohne Ärmel. Sie werden in Südamerika viel getragen.

Der Markt in Otavalo ist schon so bekannt, dass Touristen aus der ganzen Welt hinströmen. Auf dem Markt ist auch immer Musik zu hören. Sie stammt von Panflöten, die aus mehreren Bambusröhren zusammengesetzt werden. Schon kleine Kinder lernen, auf den Panflöten zu spielen.

Galápagos-Inseln: Paradies für Tiere

Riesenschildkröten tapsen über das Land und naschen einmal von einem Kaktus. Meerechsen wärmen sich am Ufer und tauchen gelegentlich im Wasser nach Algen. Seelöwen bringen ihre Kinder auf die Welt, und Touristen können dabei zugucken, weil die Tiere keine Scheu haben vor den Menschen. Wir sind auf den Galápagos-Inseln, 1 000 Kilometer von der Küste Ecuadors entfernt. Sie gelten als Paradies für Tiere, und hier leben noch viel mehr Arten als aufgezählt: Haie, Pinguine, Pelikane, knallrote Krabben, Fregattvögel und Tölpel mit hellblauen Füßen. Viele der Tierarten auf den Galápagos-Inseln kommen nur hier vor.

Durch Peru ziehen sich wie ein Rückgrat die Anden. Die Berge reichen bis an die Küste und sind bis über 6 700 Meter hoch. Östlich der Anden hat Peru Anteil am Regenwald des Amazonasgebiets (→ Amazonas). Klima, Tier- und Pflanzenwelt sind in diesem Land sehr vielfältig. Dazu hat Peru Denkmäler aus zahlreichen Kulturen.

Peru

Fläche:	rund 1,3 Millionen km²
Einwohner:	rund 27,6 Millionen
Hauptstadt:	Lima mit rund 7,9 Millionen Einwohnern
Sprachen:	Spanisch, Ketschua, Aymará
Währung:	Neuer Sol

Bunte Schmetterlinge

Schmetterlingsfreunde träumen von Peru. In keinem Land der Erde fliegen mehr Tagfalterarten, besonders im angrenzenden Amazonasgebiet. Die meisten dieser Schmetterlinge sind unvorstellbar bunt und auffällig gezeichnet. Manche haben lange Schwänze oder große Augenzeichnungen oder leuchten in Metallfarben.

Vom harten Leben der Kinder

Ob sich die Peruaner wohl trotz ihrer großen Armut auch noch an den Schmetterlingen erfreuen? Fast die Hälfte der Menschen hat nämlich nicht genug zu essen. Darum müssen viele Kinder mithelfen, das tägliche Brot der Familie zu verdienen. Manche Mädchen und Jungen arbeiten auf dem Markt, andere waschen beispielsweise Autos oder putzen Schuhe. Zum Spielen bleibt diesen Kindern meist keine Zeit. Doch wann immer sie können, schnappen sie sich einen Ball und spielen Fußball, Basketball oder Volleyball. Kleinere Kinder beschäftigen sich gerne mit gestrickten Fingerpuppen in Form von Tieren, etwa Eseln oder Lamas.

Ein beliebtes Instrument bei vielen Kindern in Peru ist die Panflöte. Sie besteht aus mehreren verschieden langen Pfeifen, die meist aus Schilfrohr hergestellt werden. Du bläst oben in die Pfeifen hinein.

Ihre traditionelle Kleidung stellen die Indios aus schönen leuchtend bunten, gewebten Stoffen her. Ein Hut schützt die Menschen gegen die starke Sonne.

Auf den Spuren der Inka und Indios

Im 16. Jahrhundert lag in Peru das Zentrum des Inkareiches. Ein König regierte, und viele Beamte verwalteten das Riesenreich. Die Inka stellten wunderschöne Kunstgegenstände her, kannten aber die Schrift nicht. Dennoch führten sie Statistiken über vieles. Mit Knoten in Schnüren, den so genannten *Quipus,*

Die ehemalige Festungsstadt Machu Picchu liegt etwa 100 km nordwestlich von Cuzco hoch oben auf zwei Bergkuppen. Zur Zeit des Inkareiches lebten hier etwa 10 000 Menschen. Heute kannst du dir noch die Ruinen der Gebäude ansehen.

führten sie Buch über die Kartoffelernte, über Geburten und Todesfälle. Die Hauptstadt des Inkareiches war Cuzco. Die Spanier zerstörten sie 1532. Die Festungsstadt Machu Picchu blieb allerdings verschont, weil die Spanier sie einfach nicht fanden. Erst 1911 wurde diese Anlage wieder entdeckt. Heute ist sie eines der wichtigsten Ziele für die Touristen.

Lange vor den Inka lebten in Peru ➔ Indios mit einer bedeutenden Kultur. Einer der berühmtesten Orte dafür ist Nazca. Wenn du dort über die ➔ Wüste gehst, wirst du aber nichts entdecken. Man sieht die Kunst nur vom Flugzeug aus! Vor rund 1 500 Jahren legten die Bewohner von Nazca Ritzzeichnungen in der Wüste an: Sie hoben dazu flache Gräben aus. Die Zeichnungen sind bis zu 200 m lang. Man erkennt Eidechsen, Hunde, Spinnen, Kolibris und Affen. Aber wozu diese Ritzzeichnungen dienten, weiß man nicht.

Der größte See in Südamerika

In 3 810 Metern Höhe liegt zwischen Peru und Bolivien der Titicacasee. An seinen Ufern leben Indios vom Volk der Uro. Sie bauen Kartoffeln an. Im See fangen sie Fische und in der Umgebung gelegentlich auch Vögel. Ganz wichtig für sie ist aber das Schilf, das am Seeufer wächst. Sie bauen daraus riesige schwimmende Flöße und errichten auf ihnen ihre Häuser – auch sie ganz aus Schilf. Aus Schilfbündeln stellen sie sogar Boote her. Diese halten allerdings nur rund ein halbes Jahr lang, dann gehen sie unter. Und aus den zarten Trieben des Schilfes kochen die Uro ein Gemüse. Sonst bauen sie auch noch eine Pflanze an, die man bei uns nur selten kennt, die *Quinoa*. Sie ist mit unserem Buchweizen verwandt. Gelegentlich kannst du die Quinoakörner im Supermarkt oder in Reformhäusern bekommen.

Brasilien ist das weitaus größte Land Südamerikas.

Brasilien ist das weitaus größte Land Südamerikas. Brasilien liegt in den Tropen und hat somit ein warmes Klima. Im Norden des Landes liegt im Amazonastiefland das größte Regenwaldgebiet der Erde. In diesen undurchdringlichen Wäldern gibt es Stellen, die noch nie ein Mensch betreten hat. Dank reicher Bodenschätze ist Brasilien ein wichtiger Hersteller von Eisen, Stahl und Autos.

Brasilien

Fläche:	rund 8,5 Millionen km^2
Einwohner:	rund 181 Millionen
Hauptstadt:	Brasília mit rund 2 Millionen Einwohnern
Sprache:	Portugiesisch
Währung:	Real

Blauer Himmel mit Sternen

Die brasilianische Flagge sieht ganz anders aus als die Flaggen anderer Länder. Sie enthält keine waagerechten oder senkrechten bunten Streifen, sondern eine richtige Zeichnung. Ein Künstler schuf sie 1889 buchstäblich über Nacht. In der Mitte ist ein blauer Himmel mit Sternen gezeichnet. So sieht der Nachthimmel am 15. November über Rio de Janeiro aus. Ganz im Zentrum steht das Kreuz des Südens. Das ist der hellste Stern des Südhimmels – auf der Südhalbkugel sieht der Sternenhimmel ganz anders aus als bei uns. Die abgebildeten Sterne der Flagge stehen für die 27 Bundesstaaten. Und der Himmel soll an Sehnsucht und Abenteuerlust erinnern. Quer über den Sternenhimmel zieht sich ein Band mit der Aufschrift „Ord-

An der Küste vor Rio de Janeiro erhebt sich auf einer kleinen Insel ein fast 400 Meter hoher Berg, der berühmte Zuckerhut. Er ist das Wahrzeichen der Stadt. Mit einer Seilbahn kannst du zur Bergspitze hochfahren und die tolle Aussicht genießen.

Wir sprechen Portugiesisch

In Brasilien spricht man Portugiesisch – allerdings noch etwas weicher als in Portugal selbst. Typisch für das Portugiesische ist, dass die Silben **-am, -im, -om, -um** und **-ã** etwas näselnd ausgesprochen werden. Das üben wir mal bei den Zahlen: **um, dois** (:doisch), **três** (:tresch), **quatro** (:kuatru), **cinco** (:sinku), **seis** (:seisch), **sete, oito** (:oitu), **nove** (:now), **dez** (:däsch).

Sim = Ja, **Não** = Nein
Obrigado = Danke (Mädchen sagen **Obrigada**)
Desculpe = Entschuldigung
Esta bem (:schtabäi) = In Ordnung
Não compreendo = Ich verstehe nicht
Quanto custa? = Wie viel kostet es?
Bom dia = Guten Tag
Olá = Hallo

nung und Fortschritt“ – das ist eher etwas für Politiker. Der Himmel steht auf einem gelben Feld. Es ist ein Symbol für die ➔ Bodenschätze, an denen Brasilien so reich ist. Das grüne Außenfeld steht für die Tier- und Pflanzenwelt. So grün wie auf der Flagge ist Brasilien allerdings nicht mehr. Zwei Drittel des einstigen Waldbestandes sind abgeholzt – nicht nur im ➔ Regenwald des Amazonasgebiets. Der Amazonas ist einer der längsten Flüsse der Welt. Er fließt durch Peru und Brasilien und mündet in den Atlantik.

In Brasilien wird neben Kaffee, Zucker, Kakao und Baumwolle auch viel Mais, Bohnen und Maniok angebaut. Die Knollen von Maniok enthalten ähnlich wie Kartoffeln viel Stärke. Die Ernte ist eine harte Arbeit, besonders für die Kinder, die dabei mithelfen.

Multikulturelle Gesellschaft

In Brasilien treffen Menschen aus Afrika, Europa und sogar Asien zusammen und bilden eine ➔ multikulturelle Gesellschaft. Nur die Indianer sind fast verschwunden.

In Brasilien leben noch 700 000 ➔ Indios in rund 200 Stämmen. Allein die Anzahl der in Brasilien lebenden Japaner ist fast doppelt so hoch!

Als Menschen aus Afrika zwangsweise als ➔ Sklaven nach Brasilien verschleppt wurden, brachten sie ihren Glauben und ihre Kultur mit. Sie verehrten viele Götter, die *Orixas*. In Brasilien nahmen sie auch Teile des ➔ Christentums an. So entstand eine Mischreligion, die *Candomblé* genannt wird. Nachts treffen sich die Gläubigen in

In den Favelas, den Elendsvierteln der Großstädte, bleibt den Menschen kaum Platz zum Leben. In Recife stellen sie ihre Hütten deshalb direkt am Meeresufer auf. Damit die Häuschen vor Überschwemmungen geschützt sind, bauen sie sie auf hohen Pfählen.

heiligen Häusern. Diese werden symbolisch zu ihrer Heimat Afrika. Die Menschen rufen dort die Götter an. Besonders begabte Männer und Frauen, die Medien, verwandeln sich dabei in die Götter und schlüpfen sozusagen in deren Haut. In einem traumähnlichen Zustand geben sie dann Auskunft und helfen den Gläubigen.

Fußballfieber

Ist Fußballfieber wohl ansteckend? In Brasilien wahrscheinlich schon! Auf jeder Straße, auf jedem Platz, einfach überall kannst du dort Jungen sehen, die Fußball spielen. Sie üben selbst unter den schlechtesten Bedingungen. Viele Kinder aus den ➔ Slums hoffen, durch Fußball aus dem Elend herauszukommen. Sie träumen davon, einmal in der überaus erfolgreichen brasilianischen Nationalmannschaft zu spielen. Brasilien wurde schon mehrfach Fußball-Weltmeister. 2002 schoss Ronaldo Brasilien zum fünften Weltmeister-Titel! Tausende von brasilianischen Männern, Frauen und Kindern lagen sich daraufhin weinend, schreiend und singend in den Armen.

Karneval in Rio

Die berühmteste Stadt in Brasilien ist Rio de Janeiro (:riudeschaneru). Jedes Jahr richtet sie das größte und bunteste Fest der Welt aus, den Karneval von Rio. Er findet wie bei uns vor Aschermittwoch statt. Unvorstellbar reich geschmückte Wagen, Musikgruppen und spärlich bekleidete Tänzerinnen ziehen durch die Stadt. Auch viele Kinder nehmen in tollen Kostümen daran teil. Dabei tanzen

Der Amazonas

Wenn von Brasilien die Rede ist, denken die meisten erst an den Regenwald des Amazonas. Dieser Fluss ist rund 6 500 km lang und hat rund 200 Nebenflüsse. Sein Einzugsgebiet umfasst etwa die Nordhälfte Brasiliens. Einst war das ganze Gebiet von Regenwald überzogen. Die Temperatur liegt tagaus tagein bei 27 Grad. Da es jeden Tag regnet, ist es im Wald sehr schwül. Im Amazonasgebiet leben Hunderte von Baumarten. Manche Bäume werden über 40 m hoch. Die Bäume bilden mehrere Kronendächer. Auf dem Waldboden darunter ist es auch tagsüber schummrig oder so dunkel, dass du eine Taschenlampe brauchst! Der Regenwald des Amazonas ist der artenreichste Lebensraum der Welt. Manche Forscher vermuten, dass man von den Kleintieren noch nicht einmal die Hälfte aller Arten kennt.

Zum großen Karnevalsumzug übertreffen sich die Tänzerinnen und Tänzer gegenseitig mit ihren wunderschönen bunten und fantasievollen Kostümen.

alle Samba. Auch diese Musik ist durch die Sklaven entstanden. Der Umzug führt am Ende in das Sambodrom. Das ist ein eigenes Stadion für die Sambatänze.
Manche Menschen, die in prächtigen Kostümen am Karnevalsumzug teilnehmen, leben in ganz ärmlichen Siedlungen am Stadtrand, den *Favelas*. Die Menschen haben sehr wenig Geld. Aber das ganze Jahr sparen sie auf den Karneval und bereiten sich darauf vor. Sie schneidern Kostüme, bauen die Wagen, komponieren Lieder und proben jede Woche die Tänze. Und wenn der Karneval vorbei ist, denken sie schon an den nächsten.

Brasília – künstlich geschaffene Hauptstadt

Rio de Janeiro war lange Zeit die Hauptstadt Brasiliens. Heute ist es Brasília. Die Stadt liegt mitten im trockenen, fast wüstenhaften Land und wurde vor etwas über 50 Jahren in drei Jahren ziemlich schnell gebaut. Man wollte mit dieser neuen Stadt das menschenleere Landesinnere beleben. Ein Architekt baute die gesamte Stadt, Oskar Niemeyer. Er schuf einige wundervolle Gebäude, etwa die Kathedrale. Doch so richtig wohl fühlen sich manche Bewohner nicht in dieser künstlich geschaffenen und eben nicht langsam gewachsenen Stadt. Deswegen fahren die Touristen auch viel lieber nach Salvador oder nach Ouro Preto bei Belo Horizonte, zwei Städte, die schon 300 Jahre alt sind.

Bohnen, Orangen, Schweineohren

Ein beliebtes Gericht ist in Brasilien die **Feijoada** (:feischoada). Das ist ein Eintopf aus schwarzen Bohnen. Du kannst ihn in Brasilien fast überall essen. In den Eintopf kommen außerdem noch ganz unterschiedliche Sachen hinein: Grünkohl, Orangen und viel Fleisch, zum Beispiel auch Schweinsfüße und Schweinsohren. Wenn du selbst eine Feijoada kochen möchtest, kannst du aber auch anderes Fleisch nehmen. Feijoada war eigentlich ein Essen der Sklaven. Sie hatten nur Reste und billige Zutaten zum Kochen. Heute essen den Eintopf viele Brasilianer gerne. Dazu gibt es eine scharfe Soße mit viel Pfeffer. Für Kinder ist sie manchmal etwas zu scharf.

Die Kinder in Brasilien gehen in der Regel im Alter von sieben bis 15 Jahren zur Schule. Besonders auf dem Land besuchen aber viele Kinder nur kurze Zeit oder gar nicht die Schule, weil sie den Eltern bei der Arbeit helfen müssen.

Das gebirgige Bolivien

ist – neben Paraguay – das einzige Land Südamerikas, das nicht ans Meer grenzt. Bolivien hat zwar viele Bodenschätze, etwa Silber und Zinn. Dennoch ist das Land arm.

Bolivien

Fläche:	rund 1,1 Millionen km²
Einwohner:	rund 9 Millionen
Hauptstadt:	Sucre mit rund 216 000 Einwohnern; Regierungssitz: La Paz mit rund 800 000 Einwohnern
Sprachen:	Spanisch, Ketschua, Aymará
Währung:	Boliviano

Die Familien in Bolivien haben häufig viele Kinder. Ein Spielkamerad fehlt den Kindern daher selten. Aber für die Familien ist es oft schwer, genügend Lebensmittel für alle zu beschaffen.

Rund zwei Drittel der Bewohner sind → Indios, die auf der Hochebene der → Anden, dem Altiplano, in über 3 000 Metern Höhe leben. Dort gibt die Landwirtschaft nicht viel her, weil der Boden im Laufe der Jahre zu stark genutzt wurde und daher immer weniger fruchtbar wurde. Außerdem regnet es nicht sehr häufig. Hier werden vor allem Kartoffeln angebaut, die auch ursprünglich aus den Anden stammen. Die Äcker werden meist nur mit einfachen Geräten wie Hacken bearbeitet. Die Arbeit ist daher recht mühsam. Viele Mädchen und Jungen helfen bei der Arbeit auf dem Feld. Darum beenden sie oftmals noch nicht einmal die Grundschule. Das Leben auf dem Altiplano ist besonders hart. Obwohl das → Klima sehr rau ist, haben die meisten Häuser keine Zentralheizungen. Auch einen Herd findest du nicht überall. Viele Mütter müssen unter einem Kessel mit Hirsebrei ein Feuer entfachen. Sie füttern das Feuer mit Reisig und Holz, so wie es ihre Mütter und deren Mütter auch schon getan haben. Um den fertigen Brei versammeln sich dann die Eltern mit ihren Kindern. Aber viele Kinder sterben sehr früh. Oft gibt es nicht genug zu essen. Und die medizinische Versorgung ist vor allem in den ländlichen Gebieten schlecht.

Auch das Lama ist ein Bergkamel, das im Hochland der Anden lebt. Wie das Alpaka ist es nur als Haustier bekannt. Beide Kamelarten tragen Lasten und liefern Wolle und Fleisch.

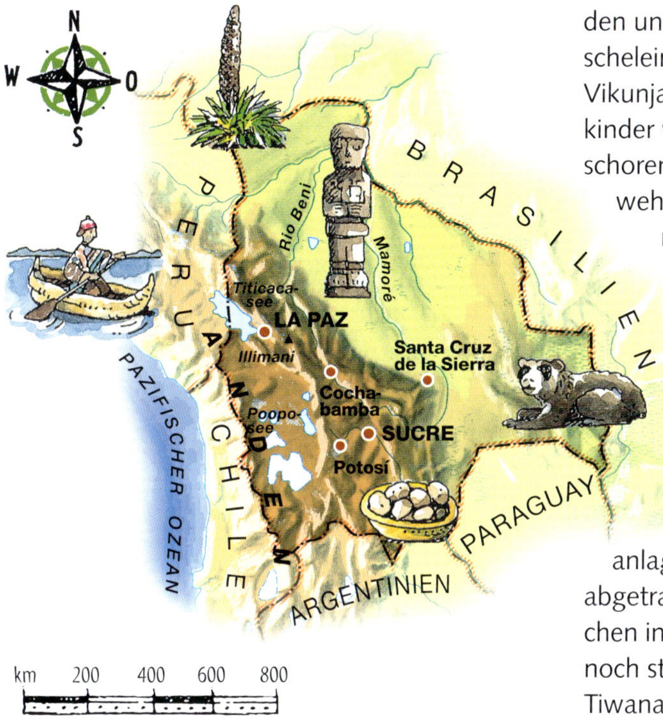

Die Kinder der Indios müssen bei der Feldarbeit mithelfen. Sie sprechen von klein auf Indiosprachen und verstehen kaum Spanisch. Weil aber der Schulunterricht normalerweiser auf Spanisch stattfindet, ist es für die Kinder schwierig, eine Schule zu besuchen. So können viele auch später keine andere Arbeit als solche auf den Feldern ausüben.

Wolle der Bergkamele

In den hohen Lagen der Anden, so um die 3 000 Meter hoch, leben verschiedene Kamelarten. Alle haben die Besonderheit, dass sie sich im Kampf anspucken – sehr unangenehm, wenn du eine Ladung ins Gesicht bekommst. Zwei Arten leben wild, das Guanako und das Vikunja. Die seltenen Vikunja liefern besonders feine und warme Wolle. Einmal im Jahr treiben die Indios sie zusammen. Sie bilden einen Kreis um die Herden und schütteln Jacken, Tücher und Wäscheleinen mit Stofffetzen. So rennen die Vikunja in den aufgestellten Pferch. Die Tierkinder werden freigelassen, ihre Eltern geschoren. Das Scheren tut den Tieren nicht weh. Von jedem Vikunja bekommt man rund 300 g Wolle.

Ruinen von Tiwanaku

Natürlich gehörte auch Bolivien vor 500 Jahren zum Reich der Inka. Davor gab es aber schon die berühmte Tiwanaku- oder Tihuanaco-Kultur. Auf der kargen Hochebene liegen heute noch riesige Tempelanlagen. Ein Teil davon wurde allerdings abgetragen und für den Bau spanischer Kirchen in La Paz verwendet. Aber was heute noch steht, wirkt gewaltig. Die Bauern von Tiwanaku waren große Meister. Sie züchteten zum Beispiel zahlreiche Kartoffelsorten, die in dieser Höhe gut gedeihen.

Simón Bolívar

Bolivien ist nach einem Venezolaner benannt, nämlich Simón Bolívar. Vor 200 Jahren kämpfte er darum, die südamerikanischen Länder von der spanischen Herrschaft zu befreien. Das gelang ihm, auch für Oberperu, das sich später Bolivien nannte. Bolívar träumte von einem großen Reich, den Vereinigten Staaten von Südamerika. Aber darauf konnte man sich nie einigen. Nach Bolívars Tod kam es sogar zu Kriegen zwischen einigen südamerikanischen Ländern. Im Krieg von 1883 musste Bolivien seinen Küstenstreifen an Chile abtreten.

Paraguay ist ein überwiegend flaches Land. Wie sein Nachbar Bolivien hat es keinen Zugang zum Meer. Paraguay hat ein warmes und feuchtes Klima.

Paraguay

Fläche:	rund 407 000 km²
Einwohner:	rund 6 Millionen
Hauptstadt:	Asunción mit rund 560 000 Einwohnern
Sprachen:	Spanisch, Guaraní
Währung:	Guaraní

Manche Kinder putzen die Schuhe anderer Menschen auf den Straßen, um etwas Geld zu bekommen. Da sie mithelfen müssen, damit ihre Familie genug zum Leben hat, können sie nicht zur Schule gehen. Viele Eltern haben auch kein Geld, um ihren Kindern die Schulbücher zu kaufen.

Im Grenzgebiet zu Bolivien liegt der Gran Chaco, eine Art ➔ Steppe mit Dornsträuchern, Gräsern und Kakteen. Dort lebt das Indiovolk der Macá. Auch Weiße haben sich hier als Farmer angesiedelt. Im Gran Chaco wird viel Rinderzucht betrieben. Sonst ist Paraguay ein eher armes Land. Zusammen mit Brasilien besitzt Paraguay allerdings eines der größten Wasserkraftwerke der Welt. Die Staumauer des Itaipú ist bis zu 196 m hoch und 7 km lang!

Besonders die Kinder leiden unter der Armut

Viele Kinder in Paraguay spielen gerne Fußball. Nicht nur die Jungs, nein auch die Mädchen. Manche haben zwar auch Gefallen an Volleyball oder Basketball gefunden. Doch Fußball ist für die meisten Kinder das Größte! Leider sind nicht immer alle dabei. Pablo muss zum Beispiel nachmittags in der Hauptstadt Asunción Bonbons verkaufen. Seine Familie ist sehr arm und auf das Geld, das er verdient, angewiesen. Die kleine Ana muss im Haushalt mithelfen oder ihre jüngeren Geschwister betreuen. Viele Kinder arbeiten auch auf den Feldern. Der wichtigste Wirtschaftszweig Paraguays ist nämlich die Landwirtschaft. Viele Mädchen und Jungen arbeiten den ganzen Tag. Sie werden zwar wie fast alle Kinder in Paraguay eingeschult, gehen aber nur für wenige Jahre zur Schule. Oft reicht die kurze Schulzeit noch nicht einmal, um richtig lesen und schreiben zu lernen.

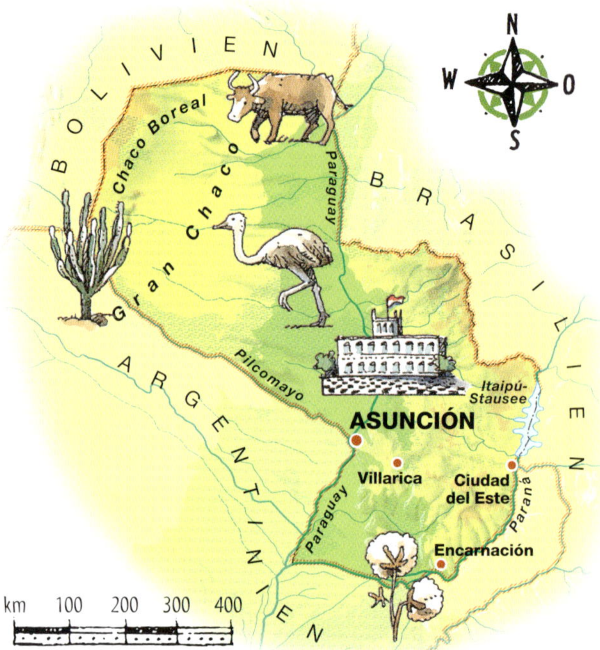

Uruguay liegt zwischen Argentinien und Brasilien und ist ganz flach. Fast die Hälfte seiner Bewohner lebt in der Hauptstadt Montevideo. Zahlreiche grüne Parks unterbrechen das dichte Straßennetz der Stadt.

Uruguay

Fläche:	rund 176 000 km²
Einwohner:	rund 3,4 Millionen
Hauptstadt:	Montevideo mit rund 1,4 Millionen Einwohnern
Sprache:	Spanisch
Währung:	Uruguayischer Peso

Sonntags kannst du in den Parkanlagen viele Kinder sehen: Sie toben herum, scheuchen die Tauben auf oder spielen Fußball.
Ein großer Teil des Landes besteht aber auch aus Weide. Dort grasen sehr viele Rinder, Schafe und Pferde.

Von Gauchos und Nandus

Die vielen Rinderherden, für die Uruguay berühmt ist, werden von *Gauchos* bewacht. Sie sind die Cowboys Südamerikas. Sie tragen breitkrempige Hüte, einen *Poncho,* weite Hosen und Stiefel. Oft sind die *Gauchos* mit den Herden wochenlang unterwegs. Sie gelten als wilde unabhängige Gesellen. Sie essen vor allem Fleisch. Dazu trinken sie meist *Maté,* das Nationalgetränk des Landes. Man brüht dazu die Blätter einer Stechpalme auf. *Maté* ist aber nichts für Kinder. Der Tee enthält Koffein wie unser Kaffee.
Wenn die *Gauchos* draußen leben, begegnen ihnen manche Wildtiere, etwa der Nandu. Das ist ein straußenähnlicher Vogel. Er kann nicht mehr fliegen, sondern flüchtet zu Fuß.

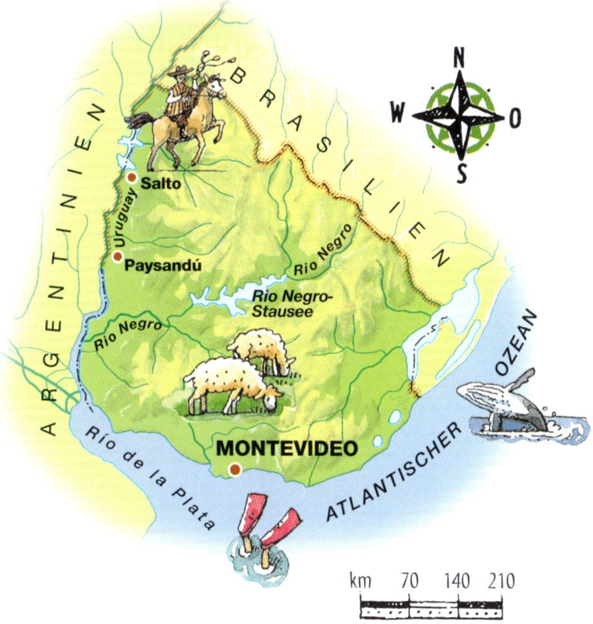

Das geschieht aber so schnell, dass man die einzelnen Schritte nicht mehr voneinander unterscheiden kann. Beim schnellen Lauf steuert der Nandu die Richtung mit seinen Stummelflügeln und kann somit Haken schlagen.

Am Strand zum Atlantischen Ozean kannst du ein Kunstwerk entdecken: Es heißt „Die Hand des Ertrunkenen". Erkennst du die Fingerspitzen, die aus dem Sand herausschauen?

Argentinien ist das zweitgrößte Land Südamerikas. Die ganze Westseite wird von den Anden beherrscht. In Argentinien liegt der höchste Gipfel der Anden, der Aconcagua mit 6 960 Metern. Der südliche Landesteil Patagonien ist ein teilweise gebirgiges, kaltes, unwirtliches und doch schönes Land. Viele Argentinier stammen aus Europa, vor allem aus Italien und Spanien.

Argentinien

Fläche:	rund 2,8 Millionen km^2
Einwohner:	rund 38,9 Millionen
Hauptstadt:	Buenos Aires mit rund 13,8 Millionen Einwohnern (mit Vororten)
Sprache:	Spanisch
Währung:	Argentinischer Peso

Willst du einmal durch eine fast endlose Wildnis reisen? Dann ist Argentinien das richtige Land dazu! Hier gibt es nämlich die *Pampa*. Das Wort aus der Sprache der Ketschua-Indianer bedeutet „flaches Land ohne Bäume". Die *Pampa* ist eine Hochsteppe (➔ Steppe). Früher lebten dort viele Pampashirsche. Heute grasen an ihrer Stelle Rinder. Sie werden von *Gauchos* (:gautschos) beaufsichtigt, den südamerikanischen Cowboys.

Der letzte Tango?
Argentinien taumelte lange Zeit von einer Wirtschaftskrise in die andere. Das Land litt unter einer schweren Inflation. Damit meint man, dass die Preise schnell ansteigen. In einem Jahr war es besonders schlimm. Ein Kaugummi zum Beispiel kostete am ersten Januar einen Peso und am Ende des Jahres 130 Peso! So schnell verlor das argentinische Geld an Wert. Mit ausländischer Hilfe konnte das Land 2005 seine hohen Schulden abbauen. Buenos Aires ist mit insgesamt rund 13,8 Millionen Einwohnern eine der größten Städte der Welt. Vor über 100 Jahren entstand in den armen Vierteln dieser Stadt eine besondere Musik, der *Tango*. Das wichtigste Instrument dazu ist das *Bandoneon*, eine große Ziehharmonika. Die Männer und Frauen tanzen eng umschlungen miteinander. Das galt lange als unfein. Doch heute ist der *Tango* überall bekannt und gesellschaftsfähig.

Argentinisches Rindfleisch wird in die ganze Welt verkauft. In der Hauptstadt Buenos Aires findet jede Woche der größte Viehmarkt der Welt statt.

Eine Schule für die Hirtenkinder

Die Mehrheit der Argentinier wohnt in Städten. Manche wohnen in Dörfern auf dem Land. Doch einige argentinische Kinder leben mit ihren Familien auch in den Bergen. Ihre Väter sind meist Ziegen- und Schafhirten. Die Familien wohnen oft weit voneinander entfernt. Doch auch diese Mädchen und Jungen müssen natürlich zur Schule. Oft müssten sie für den Weg dorthin eine äußerst mühsame und lange Reise zu Pferd, auf dem Maulesel oder zu Fuß auf sich nehmen. Darum leben sie einen Teil des Jahres nicht mit ihren Eltern daheim, sondern mit ihren Lehrern in der Schule. Da in den Bergen im Winter viel Schnee fällt und es eisig kalt wird, findet der Unterricht nur vom Frühjahr bis zum Herbst statt. Das gilt natürlich nicht für die Kinder in den Städten.

Eine Zugfahrt in Argentinien

Du fährst doch sicher gerne Achterbahn? Und Zug? In Argentinien bekommst du beides in einem. Der Zug fährt im Norden des Landes von Salta nach Chile hinüber. Einst galt die Eisenbahnlinie als die gewagteste der ganzen Welt. Eine Brücke liegt 69 m über dem Abgrund und besteht doch nur aus dünnen Metallstützen. Wenn du aus dem Fenster guckst, kann es dir schwindelig werden. Die Bahnlinie führt über 4 000 m hoch in die → Anden zu den „weißen Winden", die so viele Eiskristalle enthalten, dass man davon orientierungslos wird. In dieser Höhe bekommen viele Menschen schon die Höhenkrankheit, vor allem Schwindel und Atemnot. Dagegen kaut man Kokablätter, eine Medizin der → Indios. Allerdings gewinnt man aus diesen Blättern auch eine gefährliche → Droge, das Kokain, das in vielen Ländern verboten ist.

Chile hat eine ganz außergewöhnliche Form: Es sieht aus wie eine Spaghetti-Nudel. Chile ist 4 200 km lang und im Schnitt nur rund 180 km breit. Es reicht von tropischen Gebieten bis zur kalten Südspitze Südamerikas. Chile besteht eigentlich nur aus dem Westhang der Anden und dem vorgelagerten schmalen Küstenstreifen. Im Süden ist die Küste in viele Inseln aufgesplittert.

Chile

Fläche:	rund 757 000 km²
Einwohner:	rund 16 Millionen
Hauptstadt:	Santiago de Chile mit rund 6 Millionen Einwohnern
Sprache:	Spanisch
Währung:	Chilenischer Peso

Das südlichste Ende Chiles heißt Kap Hoorn. Für vorbeifahrende Schiffe ist dies eine gefährliche Gegend, weil es hier oft starke Stürme gibt.
Das ➔ Klima im mittleren Teil Chiles, wo die Hauptstadt Santiago de Chile liegt, ist ähnlich wie bei uns. Hier wachsen Trauben, Pfirsiche, Pflaumen, Äpfel und Birnen. Dieses Obst kommt im Winter oft in unsere Supermärkte. Wenn bei uns nämlich kalter Winter ist, herrscht in diesem Gebiet Chiles schönster Sommer: So ist das auf der Südhalbkugel!

Die Atacamawüste

Ganz im Norden Chiles liegt die trockenste Wüste der Welt, die Atacama. An manchen Stellen hat es seit 100 Jahren nicht mehr geregnet. Trotzdem leben in der Wüste Menschen. Die Atacama ist nicht einfach öde und wertlos, ganz im Gegenteil. In der Wüste liegt eines der größten Kupferbergwerke der Welt. In Chuquicamata nordöstlich von Antofagasta wird Kupfer im Tagebau gewonnen. Das heißt, die Bergarbeiter müssen nicht unter die Erde steigen, sondern haben ein riesiges Loch gegraben. Chuquicamata ist einer der größten Tagebaue der Welt. Außer Kupfer hat man im 19. Jahrhundert in Chile ein Salz namens Salpeter gefunden. Das bisher arme Land konnte damit einiges an Geld verdienen, und viele Europäer, vor allem aus Großbritannien, Deutschland und Frankreich, zogen hierher. Kupfer, Salpeter und auch Eisen wird von Chile aus in andere Länder exportiert (➔ Export). In den Anden südlich der Atacamawüste sind die Nächte fast immer klar.

Die chilenischen Schulkinder tragen Uniformen, auch wenn sie einmal einen Ausflug an einen See machen. Die Schulpflicht, die für alle Kinder von sieben bis 15 Jahren gilt, wird in den ländlichen Gegenden nicht so streng gesehen, weil es hier oft einfach nicht genügend Schulen mit allen Klassenstufen gibt.

Deswegen haben dort acht europäische Länder eine große Sternwarte gebaut, La Silla. Europäische Astronomen gucken dort in den Himmel und beobachten die Sterne und Planeten. Sie müssen dazu aber nicht einmal mehr ihren Schreibtisch in Europa verlassen. Die Riesenteleskope werden ferngesteuert, und die gewonnenen Daten gelangen zurück nach Europa, wo man sie auswertet.

Ein boshafter Vogel

Bücher sind in Chile ziemlich teuer. Darum ist der Verkauf von fotokopierten Büchern verbreitet. Viele chilenische Kinder lesen auch gerne Comics. Die bekannteste Comic-Figur ist „Condorito". Das ist ein Kondor, ein Vogel, der manchmal glücklich und freundlich ist, manchmal aber auch sehr gemein und boshaft sein kann. „Condorito" ist nicht nur in Chile, sondern auch in vielen anderen Ländern Lateinamerikas sehr beliebt.

Indios in Chile

Südlich von Santiago de Chile leben Indios, die man als Araukaner bezeichnet. Der Hauptstamm heißt Mapuche (:maputsche). Sie leisteten schon den Inka und dann den Spaniern Widerstand. Noch heute gelten die Mapuche als rebellisch, weil sie nicht alles tun, was die Zentralregierung von ihnen will. Das südlichste Gebiet Chiles und Argentiniens heißt Feuerland. Der Name stammt von den vielen Lagerfeuern der Indianer. Sie lebten vom Fischfang, sammelten Muscheln und waren fast unempfindlich gegen Kälte. Diese interessanten Völker mitsamt ihren Sprachen und Kulturen sind aber schon lange ausgestorben.

Die Kinder helfen beim Sammeln von Seegras am Strand. Das ist ein grünes Gras, das unter Wasser wächst. Das trockene und dann braune Kraut wird zum Beispiel zum Polstern von Möbeln verwendet.

Der Atlantische Ozean

ist der zweitgrößte Ozean der Erde. Er trennt Europa und Afrika von Amerika. In der Arktis bildet der Atlantik mit dem Pazifik das Nordpolarmeer, im Süden das Südpolarmeer. Der Atlantische Ozean hat einige ziemlich abgeschlossene Nebenmeere: Die Karibik vor Mittelamerika und die Ostsee im Norden Europas. Auch das „Mittelmeer" ist ein Nebenmeer des Atlantiks.

Im Atlantik sind viele Tierarten zu Hause, zum Beispiel auch Wale. Die schwarz-weißen Schwertwale können über neun Meter lang werden. Sie kommen regelmäßig an die Wasseroberfläche, blasen aus einem Loch auf dem Kopf Luft aus und atmen neue Luft ein.

Gebirge unter dem Wasserspiegel

Der Meeresboden unter den Ozeanen fällt meist an den Küsten bis in eine Tiefe von ungefähr 200 m ab. Dort bildet er eine Art Sockel, der die Kontinente umgibt. Dann fällt der Boden weiter bis in eine Tiefe von rund 4 000 m. Hier liegt die Tiefsee, eine schier endlose Ebene. Doch im Atlantik steigt der Meeresboden mitten im Meer wieder stark an. Er bildet ein viele Tausend Kilometer langes Gebirge, den Mittelatlantischen Rücken. In der Mitte steigt aus einer Spalte ständig heißes geschmolzenes Gestein nach oben, die Lava, und erkaltet im Wasser. Der Lavadruck drängt die Platten auf beiden Seiten des Gebirges auseinander. Deswegen entfernt sich Amerika von Europa um rund zwei Zentimeter pro Jahr. Nur an wenigen Stellen erreicht der Mittelatlantische Rücken die Wasseroberfläche, etwa bei den Azoren und bei Island. Man weiß heute, dass es in allen Ozeanen solche Gebirge unter dem Wasserspiegel gibt. Sie sind insgesamt knapp 40 000 km lang.

Die größte Insel der Erde: Grönland

Im Atlantischen Ozean liegen nicht viele Inseln, wenn man einmal von den Antillen vor Mittelamerika absieht. Aber im Atlantik liegt die größte Insel der Welt: Grönland. Der Name bedeutet eigentlich „Grünland". Um das Jahr 1000 war das ➔ Klima auf Grönland nämlich viel wärmer. Die Wikinger, die dort lebten, konnten sogar Getreide anbauen. Seit einer kleinen ➔ Eiszeit liegt aber fast ganz Grönland unter einem dicken Eispanzer. Auf der kalten Insel leben schon seit 5 000 Jahren die ➔ Inuit. An den Rändern der ➔ Gletscher lösen sich große Brocken des Eises. Sie krachen ins Meer und treiben als Eisberge im offenen Atlantik. Die Eisberge schmelzen allmählich weg, wenn sie nach Süden gelangen. Dass es bei uns viel wärmer ist als auf Grönland, verdanken wir dem ➔ Golfstrom. Er bringt warmes Wasser von der Karibik bis nach Frankreich, Großbritannien und Skandinavien. Deswegen können zum Beispiel an der Südküste Englands im Freien Palmen wachsen.

Atlantischer Ozean

Fläche:	rund106 Millionen km^2
Mittlere Tiefe:	3 686 m
Größte Tiefe:	9 219 m beim Puerto-Rico-Graben
Größte Insel:	Grönland
Abgelegenste Insel der Welt:	Bouvetinsel im Südatlantik, rund 1 600 km vom Kap der Guten Hoffnung entfernt

ATLANTISCHER OZEAN
N
W
O
S
Nördlicher Polarkreis
Grönland
NORDPOLARMEER
Island
Färöer
LABRADOR-
SEE
NORDAMERIKA
Irland
NORDSEE
OSTSEE
Neufundland
EUROPA
Große
Seen
Golfstrom
MITTELMEER
Azoren
Bermuda
SARGASSOSEE
Kanarische
Inseln
Nördlicher Wendekreis
Bahamas
Puerto-Rico-Graben
Große Antillen
Kleine Antillen
KARIBISCHES MEER
Mittelatlantischer Rücken
Kapverdische
Inseln
AFRIKA
Äquator
GOLF VON
GUINEA
SÜDAMERIKA
ANDEN
Sankt
Helena
Südlicher Wendekreis
Kap der
Guten Hoffnung
km 500 1000 1500 2000
Falkland-
inseln
Südgeorgien
SÜDPOLARMEER
Kap Hoorn

Afrika

ist der zweitgrößte Kontinent der Erde. Dennoch leben hier nur rund 12 Prozent der Weltbevölkerung. Seine Westküste grenzt an den Atlantik, die Ostküste an den Indischen Ozean. Mitten durch Afrika zieht der Äquator. Viel weiter nördlich liegt die Wüste Sahara. In Nordafrika leben vor allem arabische Völker. Sie haben eine hellere Hautfarbe. Südlich der Sahara sind die Menschen überwiegend dunkelhäutig. In diesem Teil Afrikas leben Hunderte von Völkern mit eigener Sprache und Kultur.

Am Äquator ist es sehr heiß, weil die Sonne den Menschen senkrecht auf den Kopf scheint. Es gibt hier keinen Winter, und alle Tage sind gleich lang. Um sechs Uhr morgens geht die Sonne auf, und um sechs Uhr abends geht sie wieder unter. Am Äquator regnet es sehr viel, und hier wachsen tropische → Regenwälder. Hoch oben in den Wipfeln lärmen Affen und bunte Vögel. Gorillas und Schimpansen suchen Blätter und Früchte.

Millionen von Tieren

Nördlich und südlich des afrikanischen Regenwaldes ist das Klima immer noch sehr heiß. Aber es fällt weniger Regen. Oft gibt es eine → Trockenzeit und eine → Regenzeit. Hier liegen ausgedehnte Grasgebiete mit einzelnen Bäumen und Sträuchern. Wir bezeichnen sie als → Savanne. In der Savanne leben mehr Großtiere als anderswo auf der Welt, etwa Zebras, Büffel, Löwen, Elefanten, Giraffen, Gnus und andere Antilopen. Viele unter ihnen bilden riesige Tierherden. Im Norden Afrikas liegt die größte → Wüste der Welt, die Sahara. Hier regnet es jahrelang nicht. Doch dann geht plötzlich ein mächtiger Wolkenbruch nieder. Auch im Süden Afrikas liegen Wüsten, die Kalahari im Landesinneren und die Namib direkt an der Küste.

Flucht ins Nirgendwo

Heute sind alle afrikanischen Länder unabhängige Staaten. Aber in vielen herrscht Bürgerkrieg. Deswegen sind in Afrika mehr Menschen auf der Flucht als anderswo. Sie verlassen ihre Dörfer aus Angst vor herumstreunenden Truppen und weil sie Hunger haben. Sie fliehen in die Städte oder in Nachbarländer. Die sind aber auch arm. Deswegen geht es den Flüchtlingen, vor allem auch den Kindern, in Afrika besonders schlecht. Oft leben sie in Lagern, können nicht lernen und nicht arbeiten und bekommen Lebensmittel, die ihnen Menschen aus Europa, Asien und Amerika spenden.

Die Kinder haben in Afrika nur wenig Zeit zum Spielen. Sie müssen schon früh arbeiten und können häufig nicht in die Schule gehen.

Ein Kontinent voller Probleme

Jeder zweite Mensch in Afrika ist jünger als 20 Jahre. In Ghana und Tansania ist sogar jeder zweite unter 15. In Burundi und Kenia hat eine Familie im Schnitt über sechs Kinder. Aber viele davon sterben schon, wenn sie noch Babys sind. In den meisten Ländern Afrikas herrscht Armut, und viele Kinder sind krank. Ein Teil wird schon mit der Krankheit → Aids geboren. Man kann sie nicht heilen, und sie haben nur kurze Zeit zu leben.

Afrika

Fläche:	rund 30,3 Millionen km²
Einwohner:	rund 869 Millionen
Anzahl der Länder:	53
Größtes Land:	Sudan
Kleinstes Land:	Seychellen
Höchster Berg:	Kilimandscharo mit 5 895 m
Längster Fluss:	Nil mit 6 671 km
Größter See:	Victoriasee

Und ein Kontinent voller Musik

In Afrika wird viel musiziert, gesungen, getanzt und getrommelt. Auf allen Festen hört man rhythmische Musik. Über 300 Jahre lang wurden Afrikaner als → Sklaven nach Amerika gebracht. In der Fremde spielten sie ihre Musik weiter. Aus ihr ging schließlich all das hervor, was wir Jazz, Reggae, Rock und Pop nennen.

Marokko liegt im Westen Nordafrikas, an der Atlantikküste. Durch den Süden des Landes zieht sich das Atlasgebirge, das bis nach Tunesien reicht. Südwestlich von Marokko liegt das Gebiet Westsahara, auf das Marokko Anspruch erhebt. Die Bewohner dieser Region sehen die Westsahara allerdings als eigenständiges Land.

Marokko

Fläche:	rund 459 000 km^2
Einwohner:	rund 31,1 Millionen
Hauptstadt:	Rabat mit rund 1,4 Millionen Einwohnern
Sprache:	Arabisch
Währung:	Dirham

Fast alle Marokkaner sind → Moslems. In der südlichen Landeshälfte leben vor allem die Berber. Das sind verschiedene Volksstämme, die schon lange in Nordafrika leben. Sie übernahmen zwar den → Islam, haben aber sonst eine ganz andere Kultur als die später eingewanderten Araber. Sie wohnen gerne in verwinkelten Stadtburgen, den *Kasbahs*. Die sind oft aus Lehm und müssen jedes Jahr neu verputzt werden.

Oft sprechen die Berber eigene Sprachen. Eine weit verbreitete Berbersprache ist zum Beispiel das Tamazight. Die Berber leben meist mit mehreren Familien in so genannten Klans zusammen.

Streifzug durch den Souk

Leben denn in Marokko nur Frauen? Das wirst du dich fragen, wenn du zum ersten Mal auf einem marokkanischen Markt stehst. Der zweite Blick zeigt aber, dass in den langen Mänteln auch Männer mit Bärten stecken. Sie tragen die *Djellaba* (:dschellaba). Männer in westlicher Kleidung mit Hosen sind eher selten anzutreffen. Auch Frauen tragen die

Eigentlich müssen in Marokko alle Kinder zwischen sieben und 13 Jahren zur Schule gehen. Manche Kinder auf dem Land werden aber gar nicht zur Schule geschickt.

Djellaba, in der Stadt aber auch einen fein bestickten Kaftan. Die *Djellaba* kauft man im *Souk* (:suk). Das ist ein überdachter Markt, ein Basar. Hier liegen die Geschäfte nicht bunt gemischt wie bei uns. Es gibt vielmehr eine Straße der Teppichhändler, eine für die Juweliere und auch eine andere für Lebensmittelkrämer. Überall sitzen die Händler mit ihren Kunden und trinken süßen Minztee. Im *Souk* gibt es auch das Pflanzenpulver Henna.

Die Berberfrauen rühren es mit Kalk zu einer Paste an und färben sich damit die Hände und Fußsohlen. Manchmal malen sie mit Henna auch Muster auf Gesicht und Arme. Sie sagen, dass das vor Unglück schützt. Abends ist viel los in den großen Städten wie Meknès, Marrakesch, Fès, Casablanca und Rabat. Auch auf dem Platz der Geköpften in Marrakesch herrscht Trubel. Schlangenbeschwörer, Märchenerzähler, Wahrsager und Zauberkünstler bieten ihre Dienste an. Viele Kinder und Jugendliche sitzen unter den Straßenlaternen und machen Hausaufgaben. Daheim ist es ihnen zu eng. Die Geschwister stören, oder es gibt keinen Strom.

Ein Nationalgericht aus Marokko

Ein ganz beliebtes Gericht in Marokko ist **Couscous.** Couscous besteht aus gekochtem Hartweizengries und wird auf vielerlei Art zubereitet. Viele Erwachsene essen das körnige Getreide gerne scharf gewürzt mit Hammelfleisch. An der Küste wird Couscous häufig auch mit Fisch oder Meeresfrüchten serviert. Viele marokkanische Kinder mögen Couscous aber lieber als Süßspeise mit Rosinen, Mandeln, Zimt und Honig vermengt. Zum Essen trinken die Mädchen und Jungen nicht nur Mineralwasser, Saft oder Limonaden, sondern häufig süßen grünen Pfefferminztee. Der Tee wird oft in winzigen Gläschen serviert. Er löscht sehr schnell den Durst.

Bestimmte Pflanzen kannst du wunderbar zum Färben von Stoffen verwenden. Henna färbt rot, und mit der Indigopflanze bekommst du ein schönes Blau. Die Farben werden in großen Bottichen angerührt. Dann werden die Kleidungsstoffe hineingetaucht.

Algerien

Algerien besteht zum größten Teil aus Wüste. Nur an ganz wenigen Stellen in der Sahara können Pflanzen, Tiere und Menschen leben. Fast alle Algerier leben im Norden des Landes, nahe der Küste zum Mittelmeer. Dort liegen alle größeren Städte. Doch weil dort so viele Menschen leben, ist das Land überbevölkert, und es fehlt an Wohnraum. Die Kinder haben kaum Platz zum Spielen.

Algerien

Fläche:	fast 2,4 Millionen km^2
Einwohner:	rund 32,3 Millionen
Hauptstadt:	Algier mit rund 1,5 Millionen Einwohnern
Sprache:	Arabisch
Währung:	Algerischer Dinar

Algerien war einmal eine französische Kolonie. Doch dann wollten die Algerier ➔ unabhängig sein. Nach einem Krieg gegen Frankreich wurde Algerien 1962 unabhängig. Doch das Land kam nicht zur Ruhe. Bis vor kurzem herrschten Zustände wie in einem ➔ Bürgerkrieg.

Leben in der Wüste

Die Sahara besteht überwiegend aus Felsen, Schottern und jeder Menge Steinen. Nur in einem kleinen Teil der Sahara gibt es Sand, der sich zu ➔ Dünen aufhäuft. Wo Wasser in einer Quelle an die Oberfläche der Sahara kommt, entsteht eine Oase. Hier können Menschen mit ihren Tieren leben, hier ist Landwirtschaft möglich. Die Algerier pflanzen in den Oasen vor allem Datteln an. Die süßen Früchte wachsen auf Palmen.

Die Kinder spielen meistens draußen

In Algerien hat sich in den letzten Jahrzehnten einiges geändert. Früher gab es zum Beispiel viele sehr große Häuser. Da lebten nicht nur die Eltern mit ihren Kindern in einem Haus, sondern die ganze Großfamilie mit Cousins und Cousinen. Das findest du heute in den Städten aber immer seltener. Dort leben jetzt viele Kinder nur noch mit ihren Eltern zusammen. Früher gingen auch viele Kinder gar nicht in die Schule. Heute herrscht in Algerien dagegen allgemeine Schulpflicht. In ihrer Freizeit spielen die Kinder – damals wie heute – meistens draußen. Sie überlegen sich zum Beispiel Spiele, die man mit Steinen und Stöcken im Sand spielen kann. Denn

Manchmal bewegen sich die Sanddünen mit dem Wind weiter. Du kannst sie besteigen, solltest allerdings vorsichtig dabei sein. Der Sand ist beweglich, vor allem an den helleren Stellen. Die dem Wind abgekehrte Seite ist steiler. Möglicherweise kommst du hier nicht vom Fleck. Oder du löst eine Sandlawine aus.

Puppen, Autos oder Buntstifte haben die meisten Kinder nicht. Am Strand kannst du immer Jungen sehen, die Fußball spielen. Fußball ist die bei weitem beliebteste Sportart in Algerien. Meist sind die kickenden Jungs barfuß und tragen kurze Hosen. In Algerien ist es nämlich fast das ganze Jahr über sehr warm. Da müssen sich die Kinder ganz selten dicke Pullover anziehen.

Tuareg

Das Volk der Tuareg gehört zu den Berbern. Früher lebten die Tuareg nomadisch (→ Nomaden) als Kamel- und Viehzüchter. Mit ihren Karawanen zogen sie durch die Sahara und bewegten sich dabei im Gebiet von sechs Staaten, nämlich Algerien, Libyen, Mali, Burkina Faso, Niger und Nigeria. Heute sind die meisten Tuareg sesshaft, weil das Nomadenleben immer schwieriger wird. Die Frauen der Tuareg haben eine starke Stellung. Sie können ohne Probleme ihren Mann verlassen. Scheidungen sind häufig. Frauen tragen keinen Schleier – dafür aber die Männer: ein meterlanges Tuch um Mund und Nase. Dieses Tuch schützt die Männer auch vor Sonne und Wind. Die Männer sind sehr fürsorglich zu ihren Kindern. Überhaupt geht es vielen Kindern recht gut: Die ganze Großfamilie kümmert sich nämlich um sie!

So ein in der Wüste liegen gebliebenes altes Auto ist ein tolles Spielzeug für die Kinder der Umgebung. Zur Schule gehen müssen die Kinder in Algerien aber auch. Da die Familien immer ärmer werden, werden Mädchen immer seltener zum Unterricht geschickt.

Tunesien liegt zwischen Algerien und Libyen. Das kleine Land hat im Süden Anteil an der Wüste Sahara und im Norden an der Mittelmeerküste. Dort machen viele Menschen Urlaub, besonders auf der Insel Djerba. Unter den Ländern Afrikas hat Tunesien eine sehr gut entwickelte Wirtschaft.

Tunesien

Fläche:	rund 162 200 km²
Einwohner:	rund 9,9 Millionen
Hauptstadt:	Tunis

Den Touristen wird oft ein Ritt auf dem Kamel angeboten. Gut festhalten! Das Kamel geht im Passgang und bewegt jeweils die Beine der einen und dann der anderen Körperseite. Das ergibt einen schaukelnden Gang.

Nahezu alle Kinder und Erwachsenen in Tunesien gehören dem → Islam an.

Deswegen heißt das Kamel auch Wüstenschiff. Dromedar wird es auch genannt. Es ist hervorragend an die heiße → Wüste angepasst. Sandstürme machen ihm nichts aus, es frisst auch Dornsträucher und kann zehn Tage aushalten, ohne zu trinken. Doch dann säuft es manchmal 100 Liter auf einmal. Wilde Dromedare gibt es nicht mehr. Die Art ist nur als Haustier bekannt. Das Kamel wurde vor ungefähr 2 500 Jahren gezüchtet und stammt wohl aus Arabien.

Schule auf Djerba

In jedem Dorf auf Djerba gibt es eine Grundschule. Morgens kannst du auf den Straßen die Kinder in ihren Schuluniformen in die Schule strömen sehen. Mittags laufen viele Mädchen und Jungen zum Essen nach Hause. Nachmittags geht dann der Unterricht weiter. Doch dafür müssen die Kinder abends nicht mehr über Hausaufgaben brüten. Von Ende Juni bis Ende September haben die tunesischen Schulkinder Sommerferien. Die große Hitze macht ein konzentriertes Lernen dann nämlich fast unmöglich!

Libyen ist eines der reichsten Länder Afrikas. Man hat dort nämlich viel Erdöl und Erdgas gefunden. Seit 1969 regiert Oberst Gaddafi das Land. Er trifft alle wichtigen politischen und wirtschaftlichen Entscheidungen.

Libyen

Fläche:	fast 1,8 Millionen km²
Einwohner:	rund 5,7 Millionen
Hauptstadt:	Tripolis

Die ➔ Oase Ghadames ist ein wichtiger Ort für die ➔ Karawanen, die durch die Wüste ziehen. Hier füllen sie ihre Wasservorräte auf, und die Tiere trinken so viel sie können.

Nur ein kleiner Küstenstreifen am Mittelmeer kann von Menschen besiedelt werden. Der Rest des Landes ist ➔ Sahara. In der riesigen Wüste liegt einer der größten Süßwasserseen der Erde – aber nicht an der Oberfläche, sondern in der Tiefe im Boden. Das Wasser dieses Grundwassersees ist schon viele Tausend Jahre alt. Libyen hat damit begonnen, dieses so genannte „fossile" Wasser an die Oberfläche zu holen. Man bewässert damit Pflanzen. Die Kanäle dazu sind bis 800 km lang! Wenn allerdings dieses Wasser aufgebraucht ist, gibt es keines mehr.

Leben in der Familie

Im Jahr 1981 lebten in einer libyschen Familie noch sieben bis acht Kinder. Heute werden nur noch drei bis vier Kinder pro Familie geboren. Die libyschen Mädchen und Jungen wachsen aber fast immer mit Geschwistern auf. Die Familie spielt in diesem Land eine große Rolle. Die Kinder achten ihre Eltern und Großeltern. Besonders dem Vater wird nicht widersprochen. Was er sagt, das muss gemacht werden. Wenn die Kinder erwachsen sind, dann ist es für sie ganz selbstverständlich, dass sie sich um ihre alten Eltern kümmern.

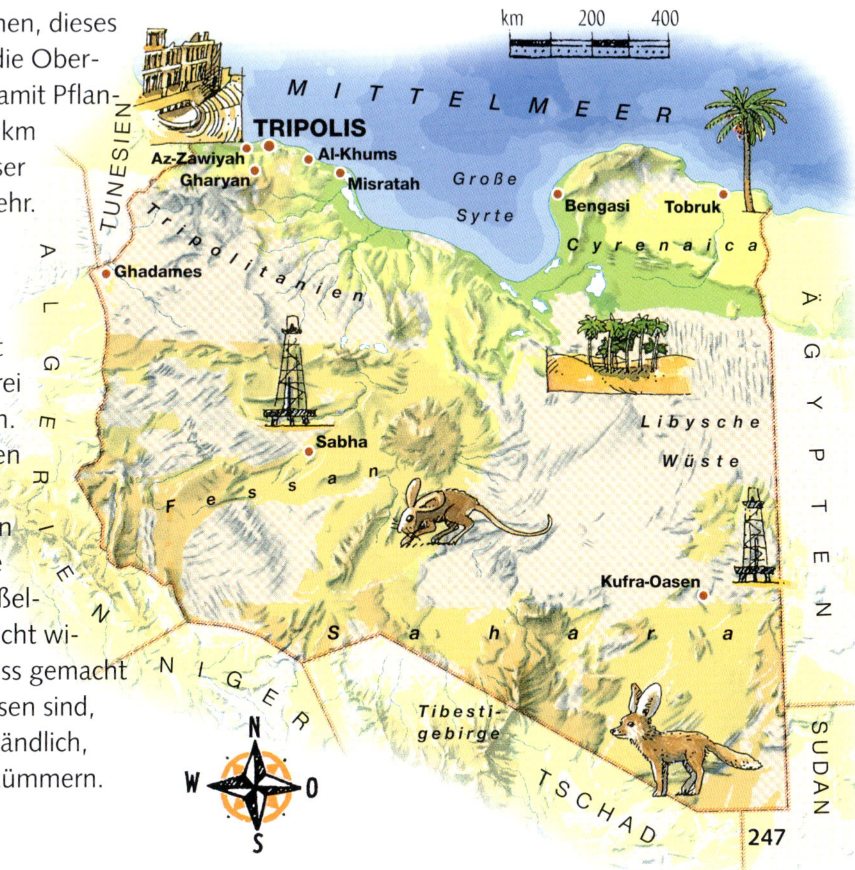

Ägypten

Ägypten bildet die Nordostecke Afrikas. Das Land grenzt an das Mittelmeer und an das Rote Meer, das zum Indischen Ozean zählt. Eigentlich ist Ägypten eine einzige steinige Wüste, wäre da nicht der Nil. Nahezu alle Ägypter leben am Ufer dieses Flusses. Am Mittelmeer bildet er ein großes Delta. Hier kann man Landwirtschaft betreiben und Pflanzen anbauen.

Ägypten

Fläche:	rund 1 Million km²
Einwohner:	rund 73,4 Millionen
Hauptstadt:	Kairo mit rund 9,6 Millionen Einwohnern
Sprache:	Arabisch
Währung:	Ägyptisches Pfund

Der Nil ist mit 6671 km Länge der längste Fluss der Welt. Er entspringt mitten in Ostafrika und fließt nordwärts durch ganz Ägypten. Im Süden des Landes stauten ihn die Ägypter mit einem Damm. So entstand einer der größten Stauseen der Welt, der Nasser-See. Auf dem Nil fahren gelegentlich noch hübsche Segelschiffe, die *Feluken.* Meistens sitzen aber Touristen darin, denn für den Frachttransport wie früher sind diese Schiffe zu altmodisch. An den Masten stehen dreieckige Segel. Man nennt sie Lateinersegel – obwohl sie wahrscheinlich in Ägypten entwickelt wurden.

Land der Pharaonen und Pyramiden

Die ägyptischen Kinder haben es gut: Wenn sie wollen, können sie jeden Tag Pharaonen, Mumien oder Pyramiden angucken. Dabei begegnen ihnen viele Touristen, die nur wegen dieser Altertümer gekommen sind. Ägyp-

Arabisch

In ganz Nordafrika wird Arabisch gesprochen. Das ist keine leichte Sprache. Und man braucht lange, bis man die Schrift beherrscht. Man liest sie von rechts nach links. Arabische Bücher beginnen somit für uns auf der hintersten Seite! Die Zahlen von eins bis zehn lauten: 1 = **wahid,** 2 = **itnen,** 3 = **talata,** 4 = **arba-a,** 5 = **chamsa,** 6 = **sitta,** 7 = **saba-a,** 8 = **tamanya,** 9 = **tisa-a,** 10 = **aschra.**

Einige Ausdrücke, die du jeden Tag gebrauchen kannst:

Aiwa = Ja, **La** = Nein, **Min Fadlak** = Bitte
Schukran = Danke
Merhaba = Herzlich Willkommen
As salamu aleikum = Friede sei mit dir
Aleikum as salam = Auch mit dir sei Friede
Izzayak = Wie geht es dir/Ihnen?
Masa al cher = Guten Tag

Einige Pharaonen ließen sich riesige Grabmale erbauen: die Pyramiden. So sollte auch nach ihrem Tod die ganze Welt an die Pharaonen erinnert werden. In die Pyramiden hinein führen teilweise verborgene Gänge.

ten besaß eine der ersten Hochkulturen der Geschichte. Über 2000 Jahre lang war Ägypten eines der reichsten und mächtigsten Länder der Erde. Deswegen ist das Land übersät von Tempeln, Statuen und Gräbern mit Malereien.
Die meisten ägyptischen Kinder gehen aber nach der Schule lieber spielen. Sie mögen zum Beispiel „Schlangentanz": Ein Kind steht in einem Kreis. Die anderen Kinder knien außerhalb des Kreises und versuchen, die Füße des Schlangentänzers zu fangen. Wer einen Fuß packt, darf als nächster tanzen. Oder die Kinder spielen „Pharaonen tragen": Zwei Kinder tragen auf ihren Schultern ein drittes und müssen dabei ein Rennen gewinnen. Pharao hieß früher der Herrscher.

Die Kinder in Ägypten sprechen Arabisch. In dem Land wird aber auch viel Englisch und Französisch gesprochen.

Suezkanal

Man kann auch Badeferien am Roten Meer machen und tauchen. Wenn du so am Ufer sitzt, siehst du in der Ferne ein Schiff nach dem anderen vorbeiziehen. Wo fahren die alle hin, da ist doch eine Sackgasse! Nicht ganz: Sie fahren durch den Suezkanal direkt ins Mittelmeer. Der Kanal wird 2019 schon 150 Jahre alt. Da er durch ganz flaches Land führt, braucht er keine Schleusen wie der Panamakanal in Mittelamerika.

Mauretanien liegt ganz im Westen Afrikas. Es besteht aus Wüste und Halbwüste, die man hier Sahelzone nennt. Die Wüste breitet sich weiter aus, weil auch die letzten Bäume und Sträucher als Brennholz gefällt werden und hier immer noch zu viele Weidetiere leben. Diese fressen mehr, als nachwachsen kann.

Mauretanien

Fläche:	rund 1 Million km²
Einwohner:	rund 3 Millionen
Hauptstadt:	Nouakchott

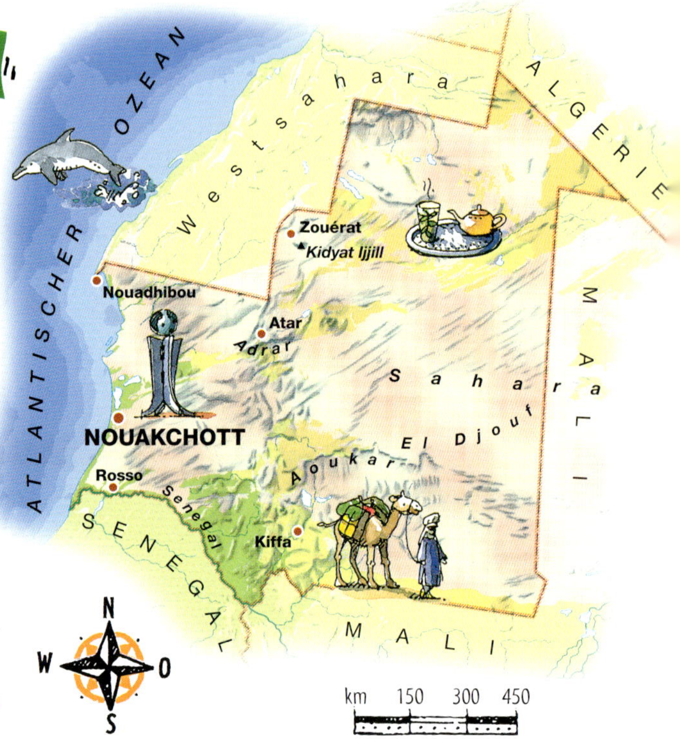

Früher lebten im Norden weiße, arabische → Nomaden, die Vieh züchteten. Im Süden des Landes lebten schwarze Bauern. Durch die Ausbreitung der → Sahara zogen viele nomadische Mauren auf der Suche nach Arbeit in den Süden. Doch es fällt ihnen schwer, sich vom alten Leben zu trennen. Oft steht neben dem Haus in der Stadt noch die *Kaima,* das alte mauretanische Hauszelt, in dem die Familie lebt und schläft. Wenn die Nomaden nun sesshaft geworden sind, hat dies für ihre Kinder auch einen Vorteil: Sie können nun die Schule besuchen. Früher war dies unmöglich. Die Kinder müssen viel lernen, um im Leben eine Chance zu haben. Denn sie können später nicht das gleiche Leben führen wie ihre Eltern.

Gleich hinter einer der wenigen Oasen in der Sahara setzt sich die sandige und steinige Wüste fort.

Entlang der Dünen

Heute bewegen sich die Menschen mit Autos statt mit Kamelen vorwärts. Aber das ist nicht immer leicht. Straßen gibt es nicht. Du fährst auf Wüstenpisten und steinigen Ebenen. Mit einem Geländewagen kommst du über kleine → Dünen, aber nicht über die Grande Dune, die große Düne. Sie liegt direkt am Meer, und du musst → Ebbe abwarten, um auf der dann trockenen Fläche um die Düne herumfahren zu können.

Mali hat keine Küste zum Meer. Dafür fließt der größte westafrikanische Fluss durch das Land, der Niger. Im Norden Malis liegt Wüste, die Sahara, in der Mitte Halbwüste, die Sahelzone, und im Süden Savanne. Mali ist ein sehr armes Land.

Mali

Fläche:	rund 1,2 Millionen km²
Einwohner:	rund 13,4 Millionen
Hauptstadt:	Bamako

Im Norden von Mali liegen die Salzgruben von Taoudenni. Die Arbeiter meißeln aus dem ➔ Salz Platten, die gerade so groß sind, dass Kamele sie rechts und links tragen können. Maschinen für die Arbeit haben sie keine. Dort arbeiten arme Männer, die ihre Familien in der Stadt haben. Von Zeit zu Zeit bringen Karawanen das Salz nach Timbuktu. Dort wird es in Schiffe geladen und den Fluss Niger hinuntergefahren. Timbuktu war früher durch das Salz eine mächtige Stadt. Einige Häuser des alten Stadtkerns erinnern noch an die frühere Pracht.

Besonders die Kinder sind von der Armut des Landes betroffen. Sie sind oft unterernährt, und es gibt viele gefährliche Krankheiten.

Eine Klasse mit 60 Schülern

Die Männer machen die schwere Arbeit in den Salzgruben, damit ihre Kinder etwas zu essen haben. Und trotzdem reicht es oft nicht. Viele Kinder gehen mit knurrendem Magen in die Schule. Dort sitzen sie oft mit 60 und mehr Kindern in einer Klasse. Zudem ist das Alter der Schulkinder in einer Klasse ganz unterschiedlich. Es wird in Mali nämlich nicht wie bei uns jahrgangsweise eingeschult. Manche Kinder werden erst mit neun Jahren eingeschult. Und viel zu viele besuchen leider nie eine Schule. Über die Hälfte der Bewohner Malis kann weder schreiben noch lesen.

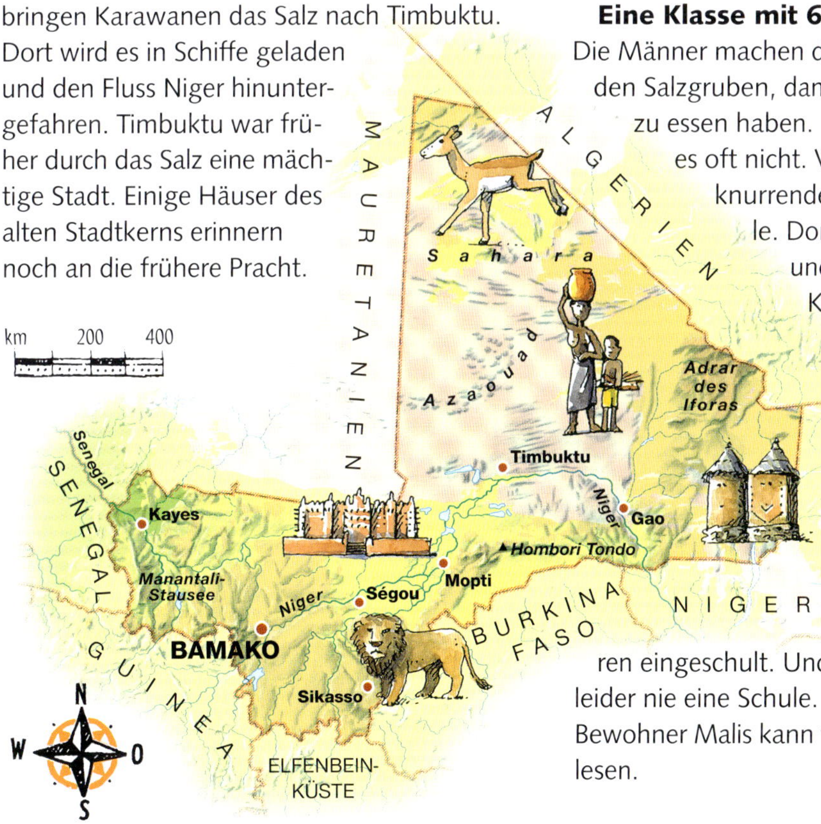

Senegal, Gambia und Kap Verde

bilden den äußersten Westen Afrikas. Der Senegal ist halbwüstenartig. Durch ihn fließen drei große Flüsse: Senegal, Gambia und Casamance. Das Land Gambia besteht aus einem schmalen, dicht bevölkerten Streifen am Fluss Gambia. Kap Verde setzt sich aus 15 trockenen Vulkaninseln weit draußen im Atlantik zusammen.

Senegal

Fläche:	fast 200 000 km²
Einwohner:	rund 10,3 Millionen
Hauptstadt:	Dakar

Zum Mann wird ein Junge bei dem Volk Diola im Senegal erst, wenn er zwei Monate im heiligen Wald verbracht hat. Frauen und Mädchen dürfen diesen Wald nicht betreten. Bevor die Jungen in den Wald geschickt werden, feiern alle ein Fest. Stammesführer schlagen heilige Trommeln. Die Frauen kochen leckeres Essen. Magier legen sich scharfe Messer auf die Zunge, um zu zeigen, dass sie keine Angst haben. Am letzten Tag werden den Jungen die Köpfe geschoren. Dann müssen sie sich im Wald bewähren. Jedes Jahr wandern islamische Gläubige nach Touba, einer kleinen Stadt in der Wüste. Sie kommen, um einen großen Heiligen, einen Marabou, zu verehren. Sein Nachfolger ist mit einem weiten Gewand aus verschiedenen Stoffstückchen in tiefem Blau bekleidet. Man sagt, dass er Gott ganz nah ist. Die Pilger schenken ihm Geld, ein Huhn oder eine Ziege, damit er für sie betet und sie segnet.

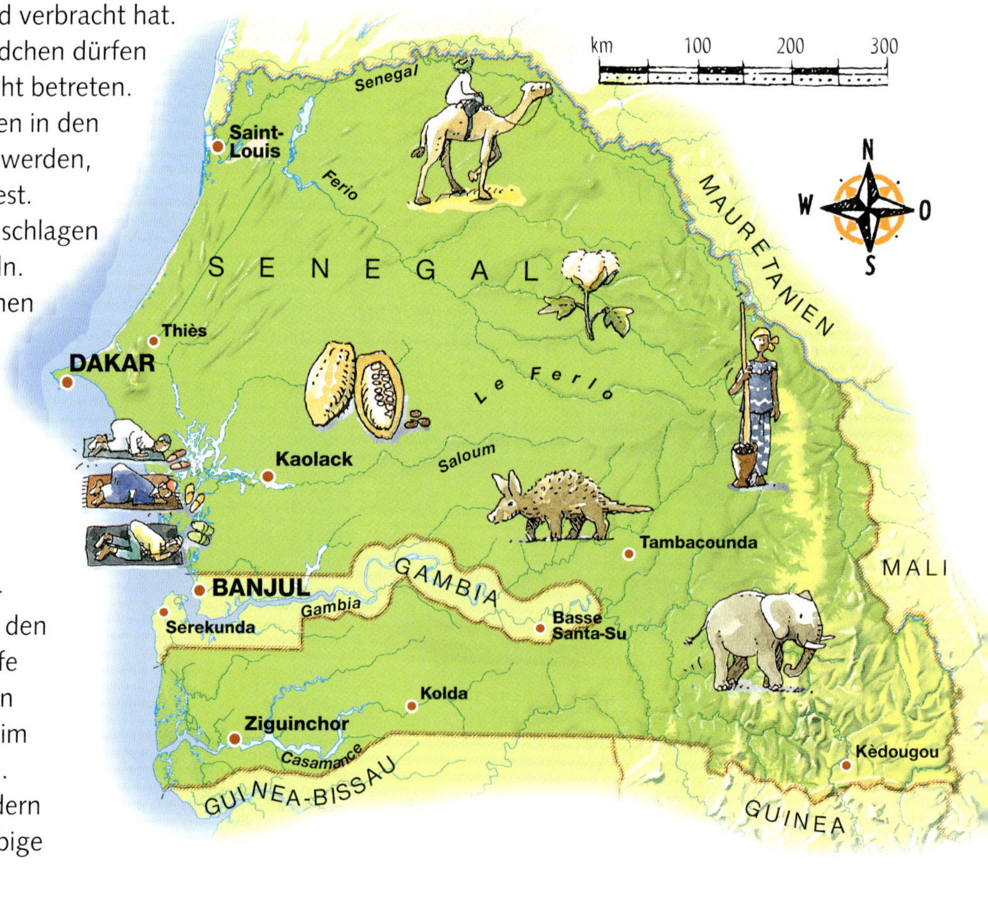

Gambia

Fläche:	rund 11 300 km²
Einwohner:	rund 1,5 Millionen
Hauptstadt:	Banjul

Nur einmal kurz Hallo zu sagen, ist in Gambia nicht höflich. Nachdem man den Gesprächspartner mit *Salama lay kum* („Friede sei mit dir") begrüßt hat, reicht man sich die Hand, und der Partner antwortet mit den Worten *Ma lay kumma salam* („Möge er auch mit dir sein"). Wenn man ältere Menschen begrüßt, nennt man meistens einmal ihren Vornamen und mehrmals ihren Familiennamen. Begrüßungen dauern etwa ein bis zwei Minuten, und man erkundigt sich, wie es dem anderen geht und ob in seiner Familie alle gesund sind. Die Kinder sagen zu allen erwachsenen Frauen „Mutter" oder „Tante", zu Männern „Vater" oder „Onkel". Es gilt als respektlos, wenn man älteren Menschen direkt in die Augen schaut.

Am Nachmittag kommen die Fischer in ihren langen Booten zurück. Die Frauen und Kinder waten ihnen im Wasser entgegen und tragen den Fang in Schüsseln ans Ufer. Dort fädeln sie die goldschuppigen Fischchen auf. In der Räucherei sind Tausende kleiner Fische über glimmendem Holz aufgereiht. Geräuchert sind sie länger haltbar. Die Menschen sitzen beim Essen normalerweise auf einer Matte auf dem Boden.

Die meisten Gambianer benutzen kein Essbesteck. Mit der linken Hand halten sie die Schüssel fest, und mit der rechten essen sie. Dabei spricht man wenig. Es gibt *Ruy* (Brei), *Chura* (Hafergrütze), *Accara* (gebackene Bohnen), vor allem aber Reis.

Kap Verde

Fläche:	rund 4 033 km²
Einwohner:	rund 473 000
Hauptstadt:	Praia

Die Kapverdischen Inseln gehörten früher zu Portugal. Deswegen spricht man hier noch Portugiesisch oder eine Mischsprache, das Crioulo. Da es auf den Inseln nur ganz selten regnet, ist der Boden sehr trocken, und es herrscht furchtbarer Wassermangel. Die Menschen können nur wenig Mais, Reis und Süßkartoffeln auf Feldern anbauen.

Die Menschen auf Kap Verde fahren mit Booten auf das Meer hinaus und leben von den Fischen, die sie dort fangen.

Sierra Leone, Guinea, Guinea-Bissau und Liberia

im Westen Afrikas sind bitterarm und politisch unruhig. In Küstennähe liegen noch Reste tropischer Wälder. Zur Hauptsache bestehen die vier Länder aber aus steppenartiger Savanne. Hier leben viele verschiedene Völker, die immer wieder Streit bekommen und gegeneinander Bürgerkriege führen.

Sierra Leone

Fläche:	rund 71 740 km²
Einwohner:	rund 5 Millionen
Hauptstadt:	Freetown

Kindersoldaten: Verlorene Kindheit

Dabei fing alles gut an: 1787 gründeten die Briten in Sierra Leone, das damals aber noch nicht so hieß, eine Siedlung für befreite Sklaven. Sie nannten die Stadt Freetown, also etwa „freie Stadt" oder „Stadt der Befreiung". Doch nachdem Sierra Leone → unabhängig geworden war, vertrugen sich die Völker, die hier zusammenleben, nicht mehr miteinander. Viele Jahre lang kämpften Rebellen gegen die Militärregierung. Die Rebellen entführten Jugendliche, bildeten sie aus und zwangen sie zum Kampf. Tausende solcher Kindersoldaten waren am Bürgerkrieg beteiligt. Viele von ihnen wurden verletzt oder starben. Und all diese Jungen und Mädchen verloren ihre Kindheit. In dem Bürgerkrieg ging es vor allem um Diamanten, die man zwischen einfachen Kieseln am Flussufer finden kann.

In den westafrikanischen Ländern kannst du hier und dort Löwen sehen. Diese Löwin passt auf ihr Junges auf.

Diese Kinder in Guinea haben großen Spaß dabei, in einem Fluss zu baden.

Liberia

Fläche:	rund 111 400 km²
Einwohner:	rund 3,5 Millionen
Hauptstadt:	Monrovia

Die Geschichte Liberias verlief ähnlich wie die von Sierra Leone. Schon 1847 war Liberia selbständig und die erste Republik in Afrika. In den letzten Jahren kam es immer wieder zu Kämpfen.

Guinea

Fläche:	rund 245 900 km²
Einwohner:	rund 8,6 Millionen
Hauptstadt:	Conakry

Guinea ist landschaftlich sehr abwechslungsreich. In Nordguinea entspringt der Niger, der wichtigste Fluss Westafrikas. Guinea hat viele ➔ Bodenschätze, besonders Bauxit, aus dem man Aluminium macht.

Guinea-Bissau

Fläche:	rund 36 100 km²
Einwohner:	rund 1,5 Millionen
Hauptstadt:	Bissau

Spielsachen der Kinder

In diesen armen Ländern haben Eltern kein Geld, um ihren Kindern Spielsachen zu kaufen. Darum machen sich viele Mädchen und Jungen ihr Spielzeug selbst. Dazu verwenden sie Naturmaterialien wie Steine oder Sand oder Dinge, die sie im Müll finden. Zum Beispiel Draht, Dosen oder alte Pfannen. Aus Ästen oder Draht biegen sie beispielsweise Räder und befestigen diese an den Dosen. Fertig ist das Dosenauto! Wenn nun noch ein langer Bindfaden daran kommt, können die Kinder die Autos auch ziehen und sogar Autorennen damit veranstalten. Fast alles, was sie finden, können die Mädchen und Jungen gebrauchen. Aus alten Socken und Sand basteln sie sich zum Beispiel Jonglierbälle. Die Kinder spielen auch mit Puppen. Diese sind oft selbstgemacht und aus Lehm, einem Maiskolben oder einem alten Schuh.

Erdnusseintopf

Die Menschen in diesen Ländern sind weitgehend Selbstversorger. Das bedeutet, dass sie gerade so viel ernten, wie sie für ihr eigenes Leben brauchen. Die wichtigsten Nahrungspflanzen sind Reis, Hirse, Maniok, Yams, Kokosnuss und Erdnuss. Aus Erdnüssen gewinnt man Öl. Man kann die Samen auch kochen und in Wasser zermanschen. So erhält man Erdnussbutter. Mit ihr kocht man ein typisch westafrikanisches Essen, den Erdnusseintopf: 750 g Rindfleisch in Würfel schneiden, zwei Zwiebeln schneiden und beides zusammen in Erdnussöl anbraten. 0,5 Liter Fleischbrühe dazugeben, salzen, mit scharfem Chili würzen. Alles mindestens eine Stunde kochen. Nach einer halben Stunde gibt man 250 g Erdnussbutter und etwas Tomatenmark hinzu.

Elfenbeinküste, Burkina Faso und Ghana

Elfenbeinküste, Burkina Faso und Ghana sind Länder in Westafrika. Im Gegensatz zur Elfenbeinküste und zu Ghana grenzt Burkina Faso nicht ans Meer. Das Land ist arm. Im Norden liegt die trockene Sahelzone. Sie wird immer schmaler, weil sich die Wüste Sahara ausdehnt. In Burkina Faso wächst viel Baumwolle.

Elfenbeinküste

Fläche:	rund 322 500 km²
Einwohner:	rund 16,9 Millionen
Hauptstadt:	Yamoussoukro

Masken sind toll. Niemand weiß, wer sich dahinter verbirgt. Bei uns sind an Fasching fast alle Masken aus Kunststoff. Die Volksstämme der Guere und Yacouba an der Elfenbeinküste schnitzen ihre Masken dagegen sorgfältig aus Holz und betrachten sie als Götter. Sie fragen sie bei der Aussaat um Rat oder bitten sie um Regen. Die Menschen, die an Festen mit den Masken tanzen, sind richtige Akrobaten, denn sie bewegen sich auf bis zu drei Meter hohen Stelzen.

Ghana

Fläche:	rund 238 500 km²
Einwohner:	rund 21,4 Millionen
Hauptstadt:	Accra

Heiliger Stuhl

Stühle haben in Ghana eine besonders große Bedeutung. Die Söhne bekommen als erstes Geschenk einen Stuhl von ihrem Vater. Sie werden ihrer Braut einen Stuhl schenken. Jeder hat seinen Lieblingsstuhl, und nie würde man ihn weggeben. Wenn ein Mensch stirbt, setzt man ihn auf seinen Stuhl, bis er beerdigt wird. Der Stuhl bleibt in der Familie. Man stellt ihn nicht etwa in eine Abstellkammer. Er kommt in den Raum, in dem man die Vorfahren verehrt. Besonders berühmt ist der Goldene Stuhl. Es heißt, dass er vom

Die Frauen in Afrika transportieren viele Dinge nicht in Taschen über der Schulter oder auf dem Rücken, sondern auf dem Kopf. Es gehört einiges Geschick dazu, die Töpfe, Wasserkrüge oder auch einmal ein großes Bündel leerer Flaschen im Gleichgewicht zu halten!

Himmel gefallen sei. Nicht einmal der König der Aschanti würde sich auf den Goldenen Stuhl setzen, so heilig ist er.

Die Kinder spielen Telefon

Beim Volk der Ewe haben noch nicht viele Leute ein Telefon. Aber die Kinder übernehmen gerne dessen Aufgabe. Statt anzurufen schicken die Ewe ihre Kinder los, um Nachrichten weiterzugeben. Vormittags müssen die Eltern allerdings auf das Telefonieren verzichten, denn die Kinder müssen in Ghana alle zur Schule gehen. Die Schulpflicht beträgt neun Jahre. Aber besonders in den Dörfern besucht eine große Anzahl von Kindern nicht die Schule. Ihren Eltern fehlt oft das Geld für Schuluniform, Bücher und Stifte. Außerdem gibt es in den Dörfern häufig nicht genug Schulen für alle Kinder. Aufgrund der hohen Geburtenrate leben in Ghana nämlich sehr viele schulpflichtige Mädchen und Jungen. Beim Volk der Aschanti gibt es Trommler, die die Telefone oder die Kinder ersetzen. Es gibt eine Trommelsprache, die den Einheimischen verständlich ist. Wichtige Nachrichten werden von Dorf zu Dorf weitergetrommelt, so dass bald jeder weiß, was los ist.

Burkina Faso

Fläche:	rund 274 200 km²
Einwohner:	rund 13,4 Millionen
Hauptstadt:	Ouagadougou

In Ghana sprechen die Kinder und Erwachsenen Englisch. Außerdem gibt es aber noch etwa 70 verschiedene andere Sprachen.

Togo und Benin sehen auf der Landkarte wie zwei schmale Streifen aus. Sie liegen zwischen Ghana und Nigeria. Beide Länder haben Anteil an der Meeresküste. Dort liegen auch die beiden Hauptstädte.

Togo	
Fläche:	rund 56 800 km²
Einwohner:	rund 5 Millionen
Hauptstadt:	Lomé

In Togo und Benin kommen in die Dörfer immer wieder Leute, die anbieten, Kinder mit nach Europa zu nehmen. Sie sagen, die Kinder dürften dort zur Schule gehen, und sie würden in einer netten Familie leben. Manche Eltern geben ihre Kinder diesen Vermittlern mit. Sie wollen, dass ihr Kind es besser hat. Die Kinder kommen aber nicht nach Europa. Oft müssen sie auf großen Farmen wie Sklaven arbeiten.

Benin	
Fläche:	rund 112 600 km²
Einwohner:	rund 6,9 Millionen
Hauptstadt:	Porto Novo

Schulkinder in Benin

Benin ist heute eines der ärmsten Länder Westafrikas. Es gibt dort viel zu wenige Schulen. Viele Mädchen und Jungen müssen oft mehrere Kilometer am Tag unter sengender Sonne oder im strömenden Regen marschieren, um zur nächsten Schule zu gelangen. Aber auch wenn eine Schule in der Nähe ist, können nicht alle Kinder dort hin. Denn oft fehlt den Eltern das Geld, um ihren Kindern einen Schulbesuch zu ermöglichen. Die Schulen in Togo und Benin verlangen nämlich Schulgeld.

An den Ufern von Seen und Flüssen findest du in Afrika hier und da Häuser, die auf Pfählen stehen. Sie bieten Schutz vor Ungeziefer und wilden Tieren und auch vor Hochwasser. In Benin gibt es das größte Pfahldorf von Afrika.

Niger ist wie das Nachbarland Nigeria nach dem Fluss Niger benannt. Trotzdem besteht das Land zu zwei Dritteln aus Wüste, und fast der ganze Rest ist trockene Sahelzone. In Niger müssen die Menschen dagegen kämpfen, dass sich die Wüste immer weiter ausbreitet.

Niger

Fläche:	rund 1 267 000 km²
Einwohner:	rund 12,4 Millionen
Hauptstadt:	Niamey

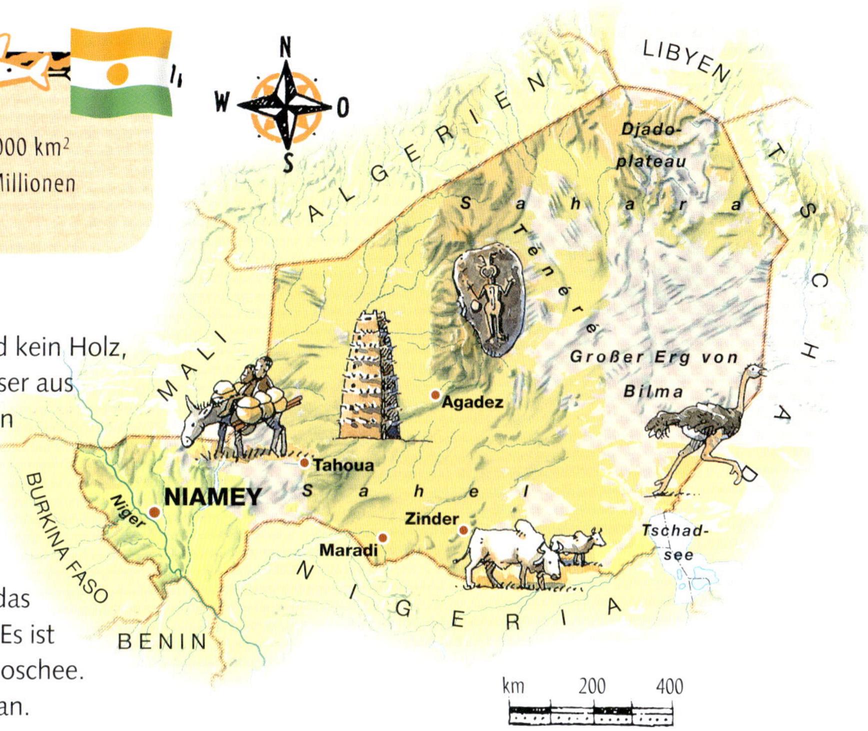

Häuser aus Lehm

Es gibt in Niger keine Steine und kein Holz, und so baut man seit jeher Häuser aus Stroh, Kuhmist und Lehm. Wenn die Häuser in der ➔ Regenzeit nicht zu einem Haufen Dreck werden sollen, müssen sie immer wieder neu mit Lehm verputzt werden. In Agadez steht das höchste Lehmbauwerk Afrikas. Es ist der 27 m hohe Turm einer ➔ Moschee. Diese Stadt hat noch einen Sultan.

Die Wodaabe

Am Ende der Regenzeit findet das Gerewolfest der Wodaabe statt. Die Wodaabe sind ein Hirtenvolk, das dauernd umherzieht. Deswegen nennen sie sich „Vögel der Wildnis". Die jungen Männer schmücken und schminken sich farbenprächtig, um den jungen Frauen zu gefallen. Am Körper tragen sie glitzernde Gegenstände, Perlen, Messingstücke und auch kleine Spiegel. Rollende Augen und blitzend weiße Zähne muss ein Mann haben, wenn er eine Frau finden will. Die Wodaabe halten sich an viele Verbote oder ➔ Tabus. Eines der merkwürdigsten ist, dass Eltern mit ihren ersten Kindern nie direkt sprechen! Dafür haben die Großeltern eine innige Beziehung zu ihren Enkeln, sie sind die eigentlichen Eltern.

Die Tuareg ziehen als ➔ Nomaden durch die Wüste. Ihre Kinder gehen nicht zur Schule.

Nigeria ist mit deutlich über 100 Millionen Menschen das bevölkerungsreichste Land in Afrika. Sie verteilen sich auf rund 250 Völker. Diese gehören hauptsächlich zu drei Gruppen: den Haussa im Norden, den Yoruba im Westen und den Ibo im Osten. Seinen Namen hat Nigeria vom Fluss Niger, der hier in einem großen Delta in den Atlantik mündet.

Nigeria

Fläche:	rund 923 800 km²
Einwohner:	rund 127 Millionen
Hauptstadt:	Abuja mit rund 400 000 Einwohnern
Sprache:	Englisch
Währung:	Naira

Erdöl und Palmfrüchte

Das Nigerdelta war früher ein Tierparadies. Hier lagen umfangreiche Sumpfwälder. An den Meeresküsten standen Mangroven, also Bäume, die im Salzwasser leben und die sich mit Stelzwurzeln verankern. Doch vor 50 Jahren fand man hier Öl, und seither wird es nach oben gefördert. Über das Öl gab es aber auch Streit und Bürgerkriege. Wenn derart viele verschiedene Völker nebeneinanderleben, kann das auch zu Problemen führen. Der größte Gegensatz besteht zwischen dem streng islamischen Norden und dem Süden, wo Christen überwiegen.
Öl wächst in Nigeria aber auch auf Bäumen, genauer auf Palmen. Sie tragen schwere Bündel aus Palmfrüchten. Diese enthalten sehr viel Öl. Man presst sie aus und gewinnt daraus zum Beispiel Speiseöl und Margarine. Und die Palmfrüchte werden in Suppen gegessen. In Nigeria isst man gerne Suppe. Es ist heiß, da braucht der Körper viel Flüssigkeit. Man isst die Suppe mit den Händen, legt die Finger zusammen und bildet mit der Handfläche eine Kuhle. Du musst immer mit der rechten Hand essen. Die linke gilt als unfein, weil man sie zum Säubern auf der Toilette

An der Küste und besonders auch im Kainji-Stausee werden viele Fische gefangen. Hier siehst du Fischer mit ihren Netzen. Sie tragen einen Wettbewerb im Fischen aus.

Im Norden des Landes gehört etwa die Hälfte der Kinder und Erwachsenen dem → Islam an.

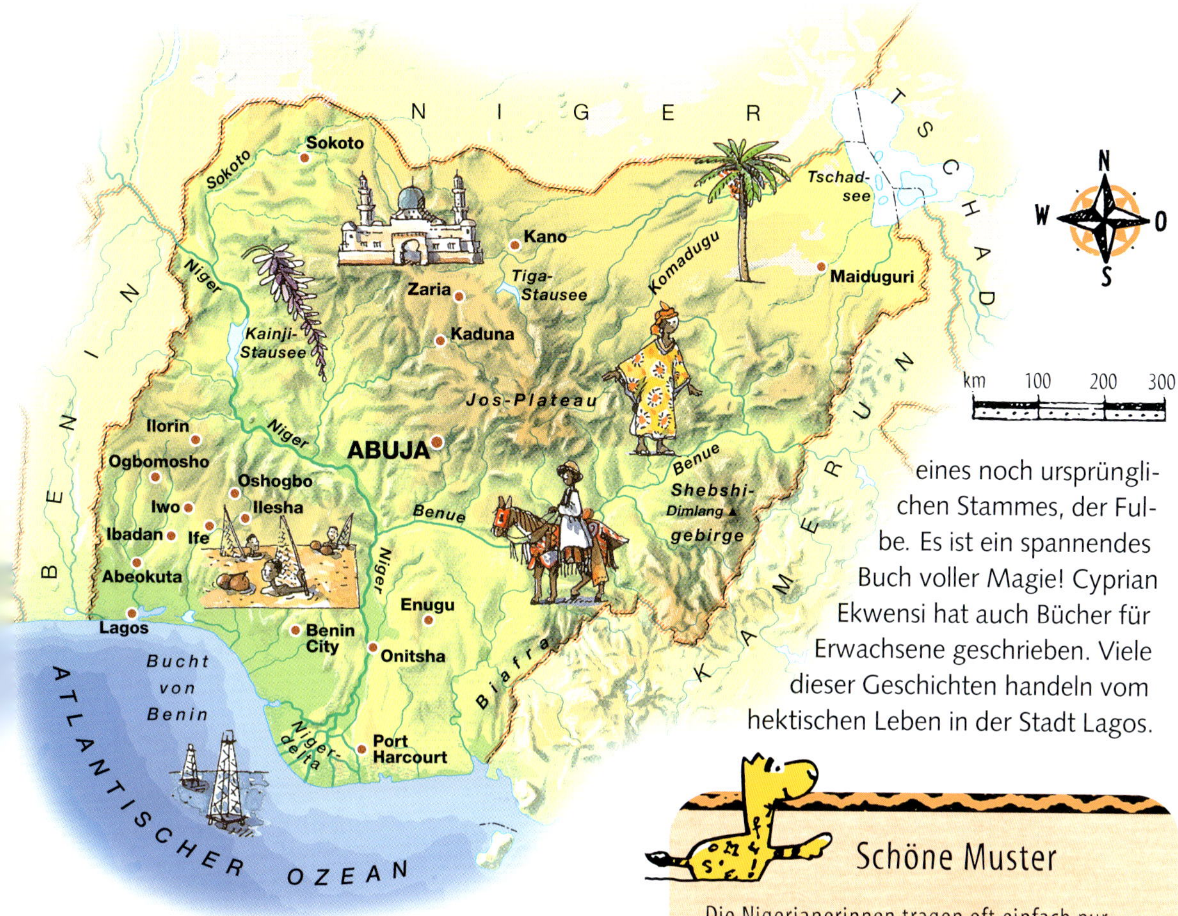

braucht. Selbst das Salz oder etwas anderes darfst du nie mit der linken Hand reichen. Das gilt auch in Asien.

Ein nigerianischer Autor

Was lesen die Kinder in Nigeria? Früher gab es für sie fast nur Bücher aus Europa. Cyprian Ekwensi war einer der ersten Autoren, der auch für die nigerianischen Kinder Bücher geschrieben hat. Er wurde 1921 selbst in Nigeria geboren und ist Angehöriger des Ibo-Stammes. Und er wollte, dass die Mädchen und Jungen auch Bücher lesen, in denen sie ihre eigene Welt wiederfinden. Sein Buch „Der Wanderzauber“ beispielsweise ist die Geschichte eines alten → Nomaden und seiner Familie. Die Erzählung zeigt dir das Leben eines noch ursprünglichen Stammes, der Fulbe. Es ist ein spannendes Buch voller Magie! Cyprian Ekwensi hat auch Bücher für Erwachsene geschrieben. Viele dieser Geschichten handeln vom hektischen Leben in der Stadt Lagos.

Schöne Muster

Die Nigerianerinnen tragen oft einfach nur Tücher, die sie sich umbinden. Es kommt ihnen also nicht auf einen besonders feschen Schnitt an. Das Wichtigste ist den Frauen das Muster im Stoff. Es entsteht wie beim Batiken. Oft wird Indigo verwendet, eine Farbe, die man aus dem Indigostrauch gewinnt. Man lässt die Pflanzenteile dazu im Wasser stehen. In Nigeria hat man dafür mit Mörtel ausgekleidete Erdlöcher. Die ältesten sind in Kano zu sehen. Sie werden immer noch verwendet. Männer tauchen mit schon ganz blauen Händen immer neue Stoffe in den Farbstoff. Der Stoff, der gefärbt werden soll, wird erst mit Stärke kunstvoll bemalt. Wo die Stärke den Stoff bedeckt, kann die Farbe nicht hin: Die abgedeckten Stellen bleiben weiß.

Kamerun gehört zum feuchten tropischen Zentralafrika. Der Norden ist allerdings noch ziemlich trocken, ein Hochland mit alten nadelförmigen Vulkanschloten und geheimnisvollen Seen. Kamerun verfügt über die zweitgrößte Waldfläche Afrikas. In den dichten Regenwäldern kannst du viele verschiedene Baumarten und zahlreiche Tiere sehen, zum Beispiel Affen, Antilopen, Löwen und Elefanten.

Kamerun

Fläche:	rund 466 100 km²
Einwohner:	rund 16,3 Millionen
Hauptstadt:	Yaoundé

Über Hilfsprojekte aus reicheren Ländern können auch erwachsene Menschen in Kamerun noch lesen und schreiben lernen.

Auf einem Markt in Kamerun geht es turbulent zu. Von überallher kommen Stimmen und Geräusche, du riechst die verschiedensten Gewürze und siehst Stoffe in wunderschönen Farben. Kinder verdienen sich etwas Geld, indem sie als Träger arbeiten. Man kann Esel kaufen, Erdnüsse, Plastikgeschirr und vieles mehr. Die Kinder in Kamerun essen fast immer Hirsebrei. Die Frauen kochen den Brei aus dem groben Hirsemehl. In Hirsefeldern kannst du gut Verstecken spielen, denn die Pflanzen werden mehrere Meter hoch.

Ein Hahn als Geschenk

Menschen, die mit der Eisenbahn durch Kamerun fahren, haben viel Gepäck. Viele haben Hähne in geflochtenen Körben bei sich. Das typische Gastgeschenk ist nämlich ein Hahn. Ein typisches Geburtstagsgeschenk gibt es dagegen nicht. In Afrika wird der Kindergeburtstag nicht wie bei uns gefeiert. Es wird nur ein Geburtstagslied gesungen. Und nach dem Singen läuft der Tag dann so wie sonst weiter. Geschenke bekommen die Geburtstagskinder nicht. Dafür haben fast alle Eltern gar kein Geld.

Der Tschad hat keinen Zugang zum Meer und besteht zum größten Teil aus Wüste und Halbwüste, der Sahelzone. Im Südwesten des Landes liegt ein großer See, der Tschadsee. Weil immer weniger Regen fällt, trocknet er langsam aus und wird kleiner.

Tschad

Fläche:	rund 1 284 000 km²
Einwohner:	rund 8,9 Millionen
Hauptstadt:	N'Djamena

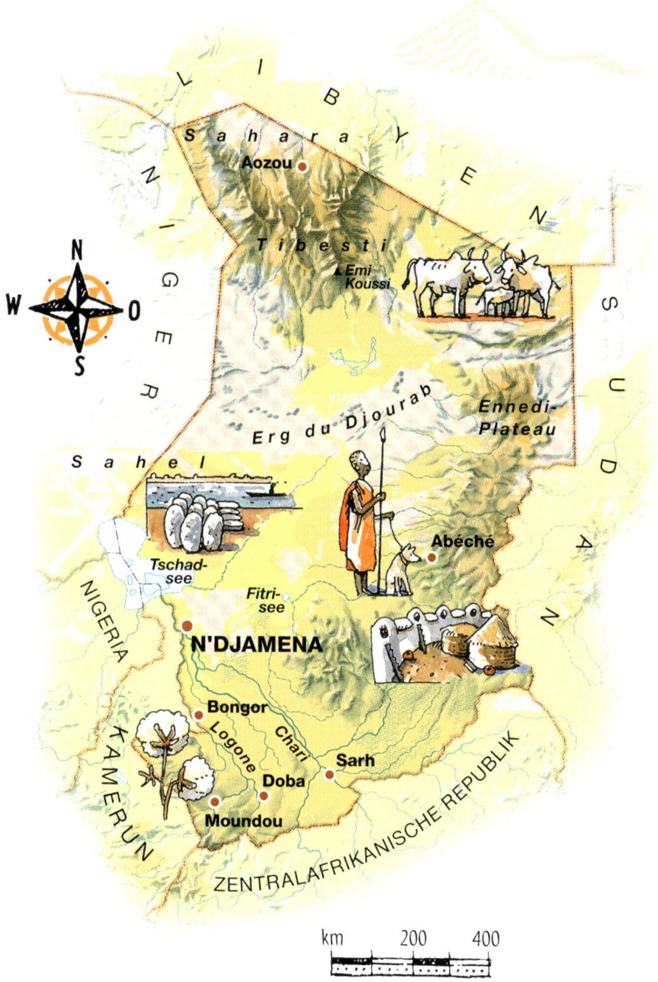

Wie essen die Menschen im Tschad?
Wenn die Kinder klein sind, essen sie noch zusammen mit der Mutter und den Tanten. Manchmal hat ein Mann mehrere Frauen. Es gab im Tschad auch sehr oft Krieg. Im Krieg sind viele Männer gestorben. Die Witwen leben meist nicht allein mit ihren Kindern, sondern bei ihren Schwestern oder Brüdern. Die Frauen wechseln sich mit dem Kochen ab. Sie kochen im Freien einen zähen Hirsebrei. Den kneten sie zu einer Kugel, einem Riesenball aus Hirsebrei!
Die Männer sitzen in einem Salon auf Teppichen. Zum Essen wird eine Tischdecke ausgebreitet, darauf wird ein rundes Tablett gestellt, mit allen Schüsseln und Tellern. Wenn ein Junge etwa 13 Jahre alt ist, darf er sich zu den Männern setzen. Das ist aber gar nicht so lustig. Er muss dann als Jüngster die Kanne mit dem Wasser zum Händewaschen reichen und alle bedienen.

Auf einem Markt in der Hauptstadt N'Djamena wird Zuckerrohr angeboten. Daraus wird Zucker hergestellt.

Der Sudan

Der Sudan ist das größte Land in Afrika. Im Norden, an der Grenze zu Ägypten, liegt die Wüste Sahara. Im Süden ist das Klima feucht und heiß. Im Norden leben islamische Araber. Sie wollen den Völkern im Süden die Religion des Islam aufzwingen. In der Provinz Darfur herrscht Bürgerkrieg. Und immer wieder kommt es zu Dürren und Hunger, weil der Regen ausbleibt.

Sudan

Fläche:	rund 2,5 Millionen km²
Einwohner:	rund 34,3 Millionen
Hauptstadt:	Khartum mit rund 2,7 Millionen Einwohnern
Sprache:	Arabisch
Währung:	Sudanesischer Dinar

Nuba und Dinka

Im Sudan leben rund 500 Völker. Eines der bekanntesten Völker sind die Nuba. Sie sind groß gewachsen und haben ganz dunkle Haut. Die Männer tragen überhaupt keine Kleidung. Sie leben in den Bergen im Süden und pflanzen vor allem Hirse an. Sie wohnen in kreisrunden Häusern mit einem Dach aus Stroh. Die Männer der Nuba ringen gerne miteinander, und die Jungen üben sich darin schon früh. Beim Erntedankfest wird es ernst: Die erwachsenen Männer kämpfen mit Schlagringen gegeneinander. Dabei schlagen sie sich schon mal einen Zahn aus. Aber das ist alles sportlich gemeint.

Viele der Völker im Sudan haben eine eigene Sprache. Die offizielle Landessprache Arabisch wird nur von etwa der Hälfte der Menschen gesprochen.

Ganz anders leben die Dinka. Sie züchten Rinder und bauen auch Hirse an. Doch würden sie ihre Rinder nie vor einen Pflug spannen, dafür sind sie ihnen zu kostbar. Die Dinka ziehen ihre Pflüge selbst. Reich ist eine Familie, wenn sie viele Rinder besitzt. In ihren Liedern und Tänzen machen die Männer Rinder nach. Die Jungen bekommen, wenn sie erwachsen werden, einen

In der Wüste unterwegs

Straßenschilder gibt es im Sudan nicht. Um sich in der Savanne oder in der Wüste zu orientieren, sind Benzinkanister hilfreich. Sie wurden von anderen weggeworfen. Wo sie liegen, verläuft wahrscheinlich die unbefestigte Piste oder Straße. Wenn du in der Wüste unterwegs bist, brauchst du viel zu trinken. Tagsüber ist es über 40 Grad heiß. Wenn die Sonne untergegangen ist, braucht du dagegen einen dicken Schlafsack. Denn nachts fallen die Temperaturen bis auf den Gefrierpunkt. Leider findet man im Sudan nicht nur weggeworfene Benzinkanister. Circa drei Millionen → Landminen sind im Sudan vergraben. Einige wurden im → Bürgerkrieg gelegt, der immer noch im Sudan tobt. Etwa ein Drittel des Bodens kann nicht betreten werden, weil dort Minen liegen, die noch nicht explodiert sind.

In der Trockensavanne Westsudans gibt es einige Volksstämme, die als ➔ Nomaden leben. Die Familien packen immer wieder ihre Zelte ein und ziehen ein Stück weiter.

Ochsen. Sein Name wird zu ihrem Namen. Sie führen den Namen dieses geschenkten Ochsen ihr Leben lang.

Gummibärchen, so süß und klebrig

Die ersten Gummibärchen kamen aus Bonn. Aber ihr wichtigster Grundstoff stammte aus dem Sudan: das Gummiarabikum. Es wird noch heute aus dem Harz von Akazienbäumen gewonnen. Man sticht deren Rinde an. Darauf treten Tropfen an der Oberfläche aus, die schnell trocknen. Bis zu zwei Kilo kann man im Jahr an einem Baum ernten. Hans Riegel, der Erfinder des Gummibärchens, rührte die Gummimasse vor rund 80 Jahren in einem Kupferkessel an. Heute ist das Gummiarabikum zu teuer geworden. Man hat es durch Gelatine ersetzt, die mit Zucker und Farbstoffen gemischt wird. Aber sudanesisches Gummiarabikum wird heute noch verwendet, etwa für Farben, Tinten und Eiscremes.

Wasser zum Leben: der Nil

Der Nil ist der längste Fluss der Erde. Er macht mit seinem Wasser für viele Menschen in dieser trockenen, heißen Region das Leben erst möglich. Der Nil entspringt schon in Ruanda und Burundi. Als Weißer Nil legt er eine ganze Strecke durch den Sudan zurück. In Khartum kommt der Blaue Nil dazu. Ab hier heißt der Fluss Nil. Er durchquert dann noch ganz Ägypten und mündet in einem großen ➔ Delta in das Mittelmeer.

Äthiopien ist ein ganz besonderes Land in Afrika. Zum größten Teil besteht es aus einem gebirgigen Hochland. Das Gebiet Kaffa gab dem Kaffee seinen Namen, denn er stammt von dort. Die Äthiopier kamen ursprünglich nicht aus Afrika, sondern wanderten vor langer Zeit aus Vorderasien und Arabien ein.

Äthiopien

Fläche:	rund 1,1 Millionen km^2
Einwohner:	rund 72,4 Millionen
Hauptstadt:	Addis Abeba mit rund 2,8 Millionen Einwohnern
Sprache:	Amharisch
Währung:	Birr

Ein rauschendes Fest

Da die Äthiopier Christen (→ Christentum) sind, haben sie ungefähr dieselben Feste wie wir. Das wichtigste ist *Fassika,* unser Ostern. Die Äthiopier feiern es nur später im Jahr als wir. Sie haben auch nicht 12, sondern 13 Monate. Wenn dir also ein äthiopisches Kind sagt, es habe am 6. 13. Geburtstag, so hat es nicht geflunkert!

Fast zwei Monate lang vor Ostern halten die Äthiopier eine Fastenzeit ein. Und die ist recht streng! Es gibt in dieser Zeit kein Fleisch und auch kein Produkt von einem Tier, also keine Milch, keine Eier, keinen Käse, keine Butter. Kinder müssen nicht so streng fasten, aber Fleisch bekommen sie in dieser Zeit nicht. Dafür wird Ostern ein rauschendes Fest gefeiert. Es gibt ein scharfes Lammgulasch. Dazu isst man in Äthiopien *Injeera* (:indschira). Das ist ein weicher Fladen aus einer besonderen Hirseart, dem *Tef. Injeera* schmeckt ein bisschen wie Sauerteigbrot. Man reißt davon kleine Stücke ab. Mit denen nimmt man sich die Beilage. Man braucht kein Besteck. Man isst mit den Händen. Du kannst Freunden zeigen, dass du sie gerne hast, indem du ihnen das Essen reichst.

Haile Gebrselassie, der äthiopische Wunderläufer

Aus Äthiopien und Kenia kommen viele erfolgreiche Läufer. Wo sie antreten, sind alle Rekorde in Gefahr. Zu den besten Mittel- und Langstreckenläufern der Welt gehört auch der Äthiopier Haile Gebrselassie. Schon als Junge hat Gebrselassie seinen Schulweg im Laufschritt bewältigt. Täglich zehn Kilometer hin und zurück, mit Büchern unter dem Arm. Doch Haile Gebrselassie ist nicht nur ein Laufass, er setzt sich auch für die Menschen in seiner Heimat ein. So weist er immer wieder auf die Armut in Äthiopien hin. Äthiopien ist nämlich eines der ärmsten Länder der Welt. In einigen Teilen des Landes regnet es nicht genug. Dadurch fällt die Ernte sehr

Die arabischen Nomaden in Nordafrika nennt man auch Beduinen. Oft züchten sie Kamele und andere Tiere und verkaufen sie dann.

schlecht aus. Aufgrund der Dürreperioden kommt es immer wieder zu Hungersnöten.

Eine Hungersnot ist besonders für die Kinder furchtbar. Durch die Unterernährung bekommen sie gefährliche Krankheiten, und viele Kinder sterben.

Gleichgewicht wahren

Viele Afrikanerinnen tragen Lasten nicht in Taschen an der Hand, sondern auf dem Kopf. Das sieht sehr elegant aus, erscheint uns aber fast wie Akrobatik. Das muss doch immer wieder herunterfallen! Oder steckt gar ein Geheimnis dahinter? Ein ganz kleines ist dabei. Die Frauen tragen die Last meist nicht direkt auf dem Kopf. Sie rollen ein Tuch zu einem wurstförmigen Ring und legen diesen erst auf den Kopf. So ist die Auflagefläche größer. Das üben nun auch wir: Die afrikanischen Kinder spielen auch gerne Balance, das heißt Gleichgewicht. Wir nehmen dazu kleine Eimer oder Körbchen oder Plastikteller (nein: kein Porzellan!). Welches Kind legt als erstes eine abgesteckte Strecke zurück, ohne die Hände zu Hilfe zu nehmen? Im Sommer ist der Eimer natürlich mit Wasser gefüllt!

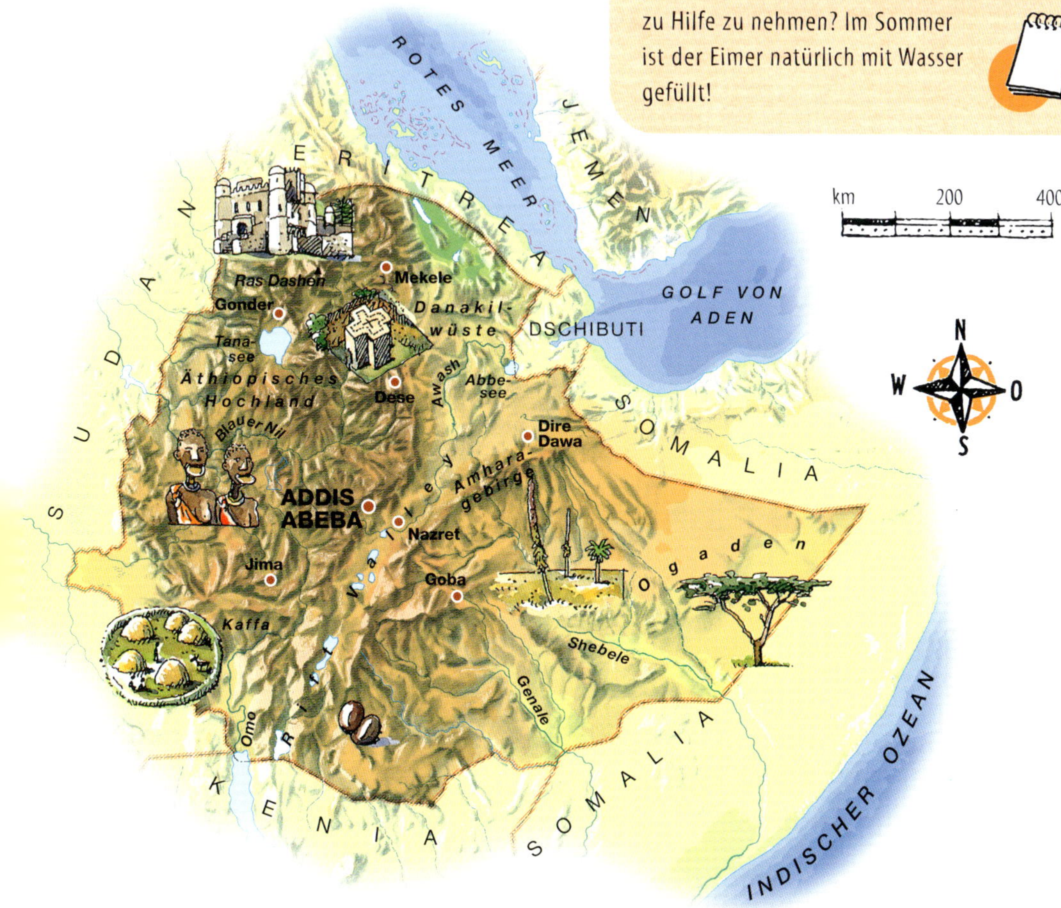

Eritrea und Dschibuti

liegen am Roten Meer. Man fühlt sich in diesem Meer wie in einer Badewanne. Im Sommer steigt die Temperatur auf 30 Grad, und im Winter sinkt sie nicht unter 24 Grad Celsius. Sonst ist Eritrea ziemlich trocken und Dschibuti sogar eine Wüste.

Eritrea

Fläche:	rund 124 300 km²
Einwohner:	rund 4,3 Millionen
Hauptstadt:	Asmara

Die Feldarbeit mit Hilfe von Rindern ist sehr mühsam. Der karge und meist trockene Boden bringt auch nicht viele Erträge.

Sauberes Wasser aus dem Wasserhahn kennen die meisten Kinder in Eritrea nicht. Vor allem in den ländlichen Gebieten wird das Wasser aus offenen Quellen oder Brunnen geschöpft. Darum kannst du jeden Morgen und jeden Abend in den Dörfern Kinder sehen, die Esel zu einem Brunnen führen. Doch da auch viele Tiere solche Wasserstellen als Tränke nutzen, sind diese oft verunreinigt. Und schmutziges Wasser macht die Menschen krank.
Aber es ist nicht nur verseuchtes Wasser, vor dem sich die Kinder in Eritrea in Acht nehmen müssen. Eritrea gehörte jahrhundertelang zu Äthiopien. Doch mitten in einem ➔ Bürgerkrieg erklärte sich Eritrea 1991 für ➔ unabhängig und wurde zu einem eigenen Staat. Vom Krieg liegen im Boden noch viele ➔ Landminen versteckt. Gerade Kinder werden häufig durch solche Minen verletzt. Sie kennen die verheerende Wirkung von Minen oft noch nicht. Oder sie denken beim Spielen einfach nicht an diese tödliche Gefahr.

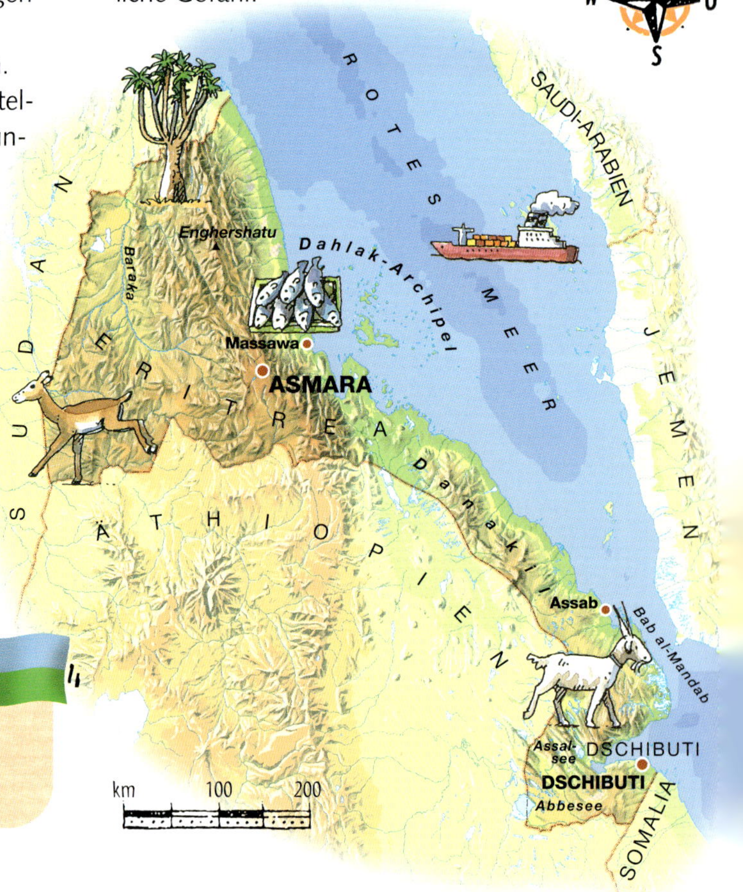

Dschibuti

Fläche:	rund 23 200 km²
Einwohner:	rund 712 000
Hauptstadt:	Dschibuti

Somalia liegt am Horn von Afrika. So nennt man den östlichsten Vorsprung dieses Kontinents. Somalia ist ein trockenes Land. Es regnet nur von April bis Juni ab und an. Somalia gehörte lange Zeit zu Italien. Seit 1960 ist es unabhängig.

Somalia

Fläche:	rund 637 700 km²
Einwohner:	rund 10,3 Millionen
Hauptstadt:	Mogadischu

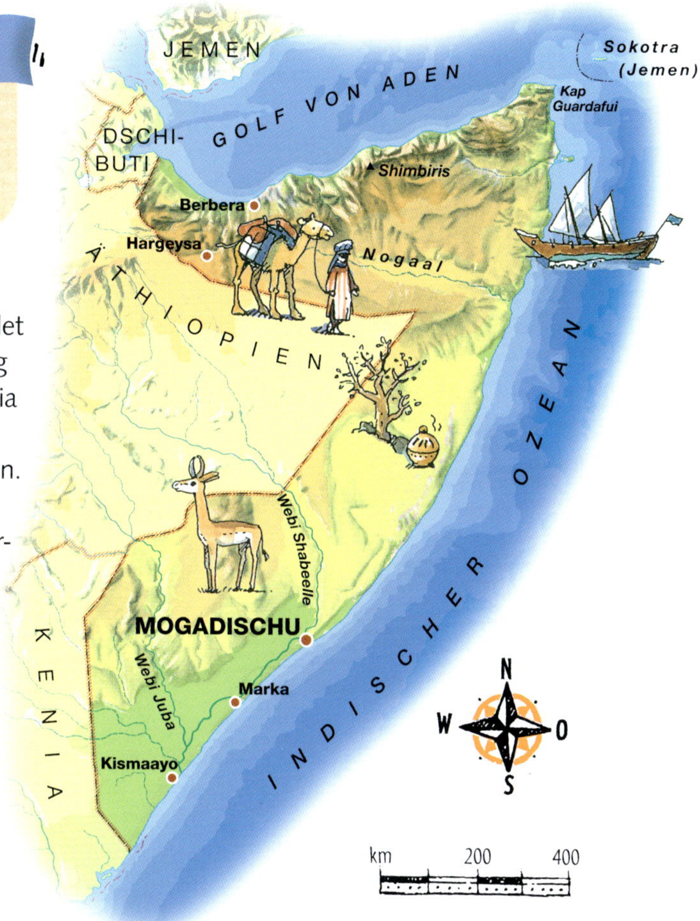

„Nabad miya?" – „Herrscht Frieden?" So grüßt man in Somalias Norden. Leider befindet sich Somalia aber immer noch zwischen Krieg und Frieden. Viele Menschen sind aus Somalia geflohen. Sie warten in Flüchtlingslagern auf das Ende der Gewalt, auf dauerhaften Frieden. Fast alle Schulen wurden im Krieg zerstört. Dennoch muss ein Kind in Somalia einiges lernen. Ihm werden die Namen aus dem Klan, der ganzen Großfamilie seines Vaters, beigebracht. Es soll als Erwachsener alle Menschen kennen, die mit ihm verwandt sind. Persönlich kennt ein Kind seine Verwandten nicht alle, denn ein Klan kann aus über 100 000 Menschen bestehen!

Welt der Nomaden

Viele Familien leben als → Nomaden. Sie ziehen mit ihren Ziegen und Kamelen auf der Suche nach Wasser und Futter durch das Land. Die Männer und Jungen hüten die Kamele, die Mädchen und Frauen die kleineren Tiere. Die Menschen hier essen meist Pfannkuchen, Reis oder Hirse mit heißer Butter. Gemüse ist in Somalia noch fast unbekannt. Aber Joghurt trinkt man häufig.

Schon lange herrscht in Somalia → Bürgerkrieg. Die Kinder erleben ständig Gewalt. Menschen schießen aufeinander, und es ist besonders für die Kinder sehr gefährlich.

Wie lernen Kinder in einer afrikanischen Dorfschule?

Die Hälfte aller Menschen in Afrika, die über 15 Jahre alt sind, können weder lesen noch schreiben. Sie sind Analphabeten, weil sie nie eine Schule besucht haben. Leider besucht heute weniger als die Hälfte der Kinder in Afrika eine Schule. Ganz besonders schlecht ist die Lage für die Mädchen. In manchen Ländern besucht nur eins von vier Mädchen eine Schule.

Ein Klassenzimmer in einer afrikanischen Schule sieht meist ganz anders aus als bei uns. Aber die Kinder sind froh, dass es die Schule gibt und dass sie im Unterricht etwas lernen können.

Viele Jungen und wenige Mädchen in Schuluniformen

Wir sind in der Dorfschule von Nyarubande in Ruanda. Die Schüler stehen im Hof, viele Jungen und wenige Mädchen. Alle sind gleich gekleidet: Sie tragen eine Schuluniform. Die Mädchen haben blaue Kleider, die Jungen Shorts und Hemden in Khakifarbe. Das ist eine Art Gelbbraun. Allen Kindern wurden die Haare abgeschnitten. So will man verhindern, dass sich Läuse in der Schule ausbreiten.

In Nyarubande unterrichten 13 Lehrer 800 Schüler. Wie du leicht selbst ausrechnen kannst, lernen in einer Klasse somit 60 Schüler. Die Schule dauert von acht bis zwölf Uhr und von halb zwei bis vier Uhr. In der Mittagspause bleiben die meisten Kinder in der Schule, weil der Weg nach Hause zu weit ist. Sie brauchen für einen Weg mindestens eine halbe Stunde. In der Schule gibt es keine Möglichkeit, etwas zu essen zu bekommen. Viele Kinder haben Hunger. Sie nehmen von zu Hause nur etwas Wasser mit. Sie essen nur einmal am Tag richtig: abends mit ihrer Familie.

Schule aus Lehm

Die Schule in Nyarubande ist aus Lehm gebaut und somit einstöckig. Im Klassenzimmer liegen luftgetrocknete Lehmbrocken verstreut. Sie bieten den Kindern Sitzgelegenheiten. Denn richtige Stühle und Tische aus Holz sind nicht selbstverständlich für eine afrikanische Schule. Meist ist das Holz sehr teuer, und es gibt kaum Tischler, die solche Möbel herstellen könnten. So sitzen die Kinder in Nyarubande auf dem Boden oder auf den Lehmbrocken. Bücher, Hefte und Stifte

Dieser äthiopische Junge lernt lesen. Wie jedes Kind auf der Erde muss er dafür die Schriftzeichen kennen, in denen seine Sprache geschrieben wird.

Manchmal gibt es gar kein Schulgebäude. Die Schüler sitzen dann unter einem Baum, ein Netz schützt gegen die Sonne. Der Unterricht findet auch nicht jeden Tag statt, sondern nur zum Beispiel ein oder zwei Mal in der Woche.

haben sie oft auch nicht, denn die sind ebenfalls zu teuer. Nur der Lehrer hat eine Tafel, auf die er schreibt. In den Klassenzimmern hängen keine Zeichnungen an den Wänden. 60 Kinder sitzen in einem engen Raum zusammengedrängt. Die Fenster sind nur ganz klein, damit nur wenig Regen eindringt. Und das Dach ist aus Wellblech. Darunter herrscht bald eine unerträgliche Hitze von über 30 Grad.

Strenge und Disziplin

Der Unterricht ist ganz anders als in Deutschland. Es geht in der Schule recht militärisch zu. Da üben die Kinder den Marschschritt. Auf Fragen des Lehrers antworten sie zackig im Chor. Sie stehen auf, wenn ein Erwachsener den Raum betritt. Spielerisches Lernen ist unbekannt. Die Kinder bekommen vorgesagt und vorgeschrieben, was sie tun müssen. Und wer nicht gehorcht, bekommt schon einmal eine richtige Ohrfeige. Fast in ganz Afrika sind die Bedingungen ähnlich. Von Sportgeräten, Stromanschluss, Karten und Diaprojektoren können die Kinder und ihre Lehrer nur träumen. Und selbst die Toiletten sind provisorisch: Eine muss für 400 Kinder reichen. Trotzdem: Die Kinder gehen gerne in die Schule. Sie erfahren, wie man liest, schreibt und rechnet und können damit später einen Beruf erlernen.

Oft unerschwingliches Schulgeld

Weil Schulbildung die Voraussetzung für eine bessere Zukunft ist, bringen die Familien in Afrika auch große Opfer für ihre Kinder. Fast immer muss nämlich Schulgeld bezahlt werden. Das sind in der Regel pro Jahr zwischen umgerechnet 5 und 25 Euro. Die Schuluniform kostet 4 bis 8 Euro. Bücher, Hefte und Stifte sind auch teuer. Der Schulbesuch nur eines Kindes verschlingt jährlich rund 10 bis 30 Euro und mehr. Das mag dir sehr wenig vorkommen. Aber die durchschnittliche Familie verdient pro Jahr unter 100 Euro. Und die meisten Familien in Ruanda haben vier Kinder! Deswegen können fast nie alle Kinder einer Familie in die Schule gehen.

Schüler als Lehrer

In Afrika wütet die Krankheit → Aids. In manchen Ländern wie Uganda ist jeder Zweite erkrankt. Man leidet immer wieder an verschiedenen Krankheiten. Ein Heilmittel dagegen gibt es nicht. Sehr viele Eltern sterben an Aids und hinterlassen Kinder. Diese kommen in Waisenhäuser. In einem wohnt Maddy. Sie hat noch Glück. Durch Verwandte und Spenden aus Deutschland kann sie eine Schule besuchen. Das kostet in Uganda sehr viel Geld – pro Jahr 500 Euro! Maddy ist sehr zufrieden in ihrer Schule. Sie möchte einmal Krankenschwester werden und anderen Menschen helfen. Sie hat damit schon jetzt begonnen: Am Nachmittag bringt sie in einer kleinen Privatschule gratis ihren Freundinnen bei, was sie am Vormittag selbst gelernt hat.

Kenia liegt im Osten Afrikas und reicht bis zur Küste des Indischen Ozeans. Zu Kenia gehört der zweithöchste Berg Afrikas, der 5 200 Meter hohe Mount Kenya. Und an der Grenze zu Tansania liegt der Kilimandscharo, der höchste Berg Afrikas.

Kenia

Fläche:	rund 582 000 km²
Einwohner:	rund 32,4 Millionen
Hauptstadt:	Nairobi mit rund 2,1 Millionen Einwohnern
Sprache:	Kisuaheli
Währung:	Kenia-Schilling

In Kenia gibt es schöne Strände und Naturschutzgebiete. Deswegen kommen viele Touristen. Ein großer Teil Kenias ist → Hochland, auf dem Rinder gehalten werden. Mitten durch das Land zieht der → Äquator, der die Erde in eine Nord- und eine Südhalbkugel teilt.

Tiere in freier Wildbahn

Safari ist ein Kisuaheli-Wort und bedeutet so viel wie „Reisen". Doch eine Safari ist keine langweilige Reise. Wenn du in einem Jeep durch einen der Nationalparks Kenias fährst, kannst du unglaublich viele Tiere beobachten: Elefanten, Giraffen, Löwen, Zebras, Flamingos, Flusspferde oder mit viel Glück sogar Geparden. Eine Büffelherde hat sich vielleicht zum Trinken an einem Wasserloch versammelt. Und vielleicht siehst du auch

Für die → Nomaden sind die Rinderherden sehr wichtig. Sie leben von ihrer Milch und ihrem Fleisch, und das Leder verkaufen sie auf dem Markt.

Sprechende Gewänder

Die kenianischen Frauen tragen Wickeltücher oder **Kangas**. Darauf sind oft Aufschriften zu sehen – ähnlich wie du vielleicht ein T-Shirt mit einer Popgruppe darauf trägst und damit für sie Werbung machst. Auf den Kangas stehen andere Botschaften. Eine Schwiegermutter klagt zum Beispiel über die Frau ihres Sohnes. Die junge Frau antwortet ihr mit einer anderen Aufschrift auf ihrem Kanga: Sie jammert nun selbst über die Schwiegermutter.
Zur Zeit der Kolonialherren (→ Kolonie) waren diese Kangas teilweise verboten, weil darauf Dinge standen, die die Briten als Frechheit empfanden. Manchmal liest man auf den Kangas auch Sprichwörter wie „Wirf die schlechte Laune ins Meer!" oder „Streite dich nie mit einem Dummkopf". Viele Kinder ziehen ältere, schon getragene Kangas an. Die von den Männern benutzten Wickeltücher nennt man **Kikois**. Sie sind nicht so farbenfroh wie die Kangas.

Geier und andere Vögel, die hier um die Reste der Beute kämpfen. Die Tiere bewegen sich in ihrer natürlichen Umgebung völlig ungezwungen. In vielen Nationalparks sind sie an Autos gewöhnt. Darum kann man ganz nahe an sie heranfahren, ohne sie zu stören. Früher haben die Großwildjäger mit ihren Gewehren das Bild der Safaris bestimmt. Heute gehen mit Fotoapparat und Videokamera ausgestattete Touristen in Kenia auf Fotosafari.

Milch als Hauptnahrung

Der Massai-Mara-Nationalpark liegt mitten im Gebiet der Massai. So bezeichnet man ein einst gefürchtetes Volk von Kriegern und Hirten. Sie treiben keinen Ackerbau und verachten das Handwerk. Zweimal täglich melken sie ihre Rinder. Sie trinken und essen fast nur Milch und Milchprodukte und kein Fleisch. Ihren Kühen zapfen sie regelmäßig Blut mit einem kleinen Pfeil ab und trinken es vermischt mit Milch. Jungen und Mädchen führen von jung auf ein getrenntes Leben. Während die Mädchen unter der strengen Aufsicht ihrer Mütter und Tanten bleiben, bewachen die Jungen das Vieh, melken Ziegen, spülen Geschirr und holen Wasser. Mit 14 Jahren verlassen sie das Dorf und bauen eigene Hütten. Dort leben sie acht Jahre lang. In dieser Zeit lernen sie alles über ihr Volk. Dann werden sie in die Gruppe der „Krieger" aufgenommen und gehen fast nur auf die Jagd. Erst mit 35 Jahren dürfen sie eigenes Vieh besitzen und heiraten. Dann müssen sie nicht mehr arbeiten. Ihre Frauen sorgen nun für sie.

In der Hauptstadt Nairobi leben viele Kinder und ihre Familien in → Slums. Hier hat ein Schuster vor seiner Hütte Schuhsohlen aufgehängt.

Tansania liegt im Süden von Kenia und ist seinem Nachbarn ziemlich ähnlich. An der Grenze zwischen beiden Ländern liegt der Kilimandscharo, der mit 5895 Metern höchste Berg Afrikas. Tansania liegt wie Kenia im Hochland Ostafrikas. In beiden Ländern lebt das Volk der Massai. Zu Tansania gehört auch die Insel Sansibar. Von hier kommen fast alle Gewürznelken.

Tansania

Fläche:	rund 883 700 km²
Einwohner:	rund 37,7 Millionen
Hauptstadt:	Dodoma mit rund 204 000 Einwohnern
Sprachen:	Kisuaheli, Englisch
Währung:	Tansania-Schilling

Kinder sollten nicht so hoch hinauf

Zwischen Tansania und Kenia erhebt sich der Kilimandscharo. Der Gipfel dieses erloschenen ➔ Vulkans ist das ganze Jahr über von Schnee bedeckt. Man besteigt ihn meist von Tansania aus. Schwierig ist das nicht. Man braucht aber mindestens vier Tage, bis man oben steht. Das Ganze ist eine Wanderung, keine Kletterei. Selbst Kinder könnten den Riesenberg besteigen – wenn da nicht die Höhe wäre: Je weiter nach oben man gelangt, umso dünner wird die Luft. Das Atmen wird schwer. Am Ende musst du für einen Schritt dreimal ein- und ausatmen, nur um genügend Sauerstoff zu bekommen. Manche werden dabei richtig krank und müssen schnell absteigen. Da Kinder diese Höhenkrankheit besonders leicht

Die Menschen der Insel Sansibar fahren mit ganz schmalen Booten zum Fischen auf das Meer. Ausleger an den Seiten machen die Boote stabiler.

Kisuaheli

Das Kisuaheli ist die wichtigste Sprache in Tansania, Kenia und anderen Ländern Ostafrikas. Es ist nicht schwer zu lernen, und jeder wird dich verstehen. Erst einmal die Zahlen von 1 bis 10: 1 = **moja** (:modscha), 2 = **mbili,** 3 = **tatu,** 4 = **ine,** 5 = **tano,** 6 = **sita,** 7 = **saba,** 8 = **nane,** 9 = **tisa,** 10 = **kumi.**

Hilfreich sind die folgenden Ausdrücke:
Hallo, guten Tag = **Hujambo** (:hudschambo)
Wie geht's? = **Habari gani?**
Mir geht es gut = **Nzuri**
Vielen Dank = **Aschante sana**
Auf Wiedersehen = **Kwaheri**
Mir gefällt es hier = **Hapa napenda**
Entschuldigen Sie = **Samahani**
Wie viel? = **Ngapi?**
Ja = **Ndiyo**
Nein = **Hapana**

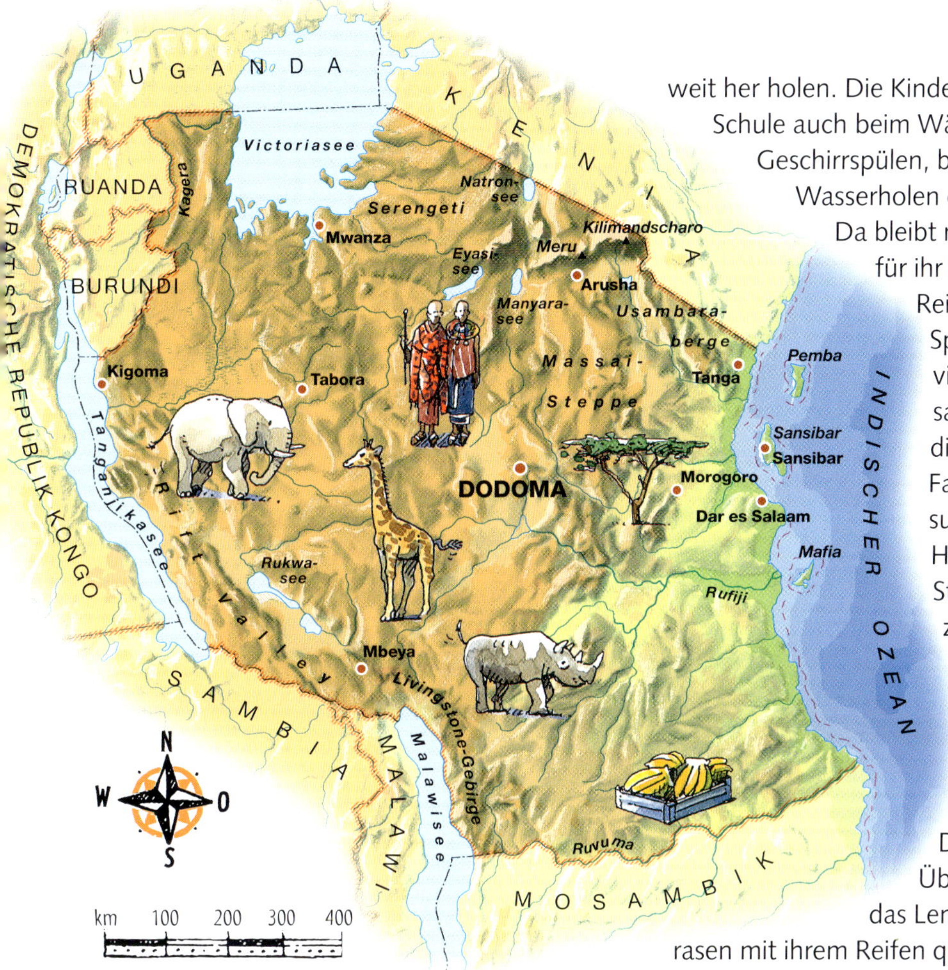

bekommen, dürfen sie nicht höher als 3 000 Meter steigen. Schade, denn der Ausblick vom Gipfel entlohnt für jede Mühe!

Vorsicht, rasende Kinder!

In Tansania leben die meisten Kinder mit ihren Familien auf dem Land in kleinen Dörfern. Die Menschen bauen das an, was sie selbst für sich brauchen. Sie essen vor allem Mehlbananen, Bohnen, Mais, Süßkartoffeln und Maniok. Da die Häuser oft ohne Strom sind, wird das Essen auf einer Feuerstelle gekocht. Besonders die größeren Mädchen und Jungen sammeln das Holz dafür. Sie müssen es oft von weit her holen. Die Kinder helfen nach der Schule auch beim Wäschewaschen und Geschirrspülen, beim Hausputz, beim Wasserholen oder bei der Ernte. Da bleibt nicht mehr viel Zeit für ihr Lieblingsspiel: das Reifenrollen. Dieses Spiel mögen nämlich viele Kinder in Tansania. Dazu nehmen die Kinder eine alte Fahrradfelge und versuchen, diese mit Hilfe eines langen Stockes zum Rollen zu bringen. Das ist gar nicht so einfach, weil der Reifen schnell aus dem Gleichgewicht gerät und umkippt. Doch nach einiger Übung klappt sogar das Lenken, und die Kinder rasen mit ihrem Reifen quer durch das Dorf. Hoffentlich steht da niemand im Weg!

Im Norden des Landes liegt der große → Nationalpark Serengeti. Hier kannst du viele wilde Tiere beobachten. Wenn du Glück hast, entdeckst du eine ganze Elefantenherde, die mitsamt ihren Jungen über die Savanne zieht.

Ruanda und Burundi

liegen zwischen Tansania und der Demokratischen Republik Kongo. Die kleinen Länder gehören zum ostafrikanischen Hochland. Zwei Regenzeiten pro Jahr ermöglichen auch zwei Ernten. Doch in beiden Ländern wächst die Bevölkerung stark an. Darum haben nicht immer alle Menschen genug zu essen.

Ruanda

Fläche:	rund 26 300 km²
Einwohner:	rund 8,5 Millionen
Hauptstadt:	Kigali

Die Flüchtlinge konnten nur das Allerwichtigste mitnehmen und wussten nicht, ob sie jemals in ihre Heimat zurückkehren würden.

Kinder auf der Flucht

Ruanda und Burundi sind sich sehr ähnlich. In beiden Ländern leben zwei Völker. Die Hutu sind Bauern aus der Stammesgruppe der Bantu. Sie pflegen einen Ahnenkult (➔ Ahnen): Die Lebenden verehren die Geister ihrer Vorfahren und bringen ihnen Opfer dar. Im 14. Jahrhundert wanderten Tutsi ein. Sie sind Rinderzüchter. Sie übernahmen die Sprache der Hutu, herrschten aber über sie. Immer wieder brachen nun Kämpfe zwischen den Hutu und den Tutsi aus. In Ruanda kam es 1994 zu einem ➔ Völkermord. Über eine Million Tutsi wurden von Hutu getötet. Daraufhin floh die Hälfte der Bevölkerung von Ruanda ins Ausland. Besonders die Kinder haben auf der Flucht Angst, Hunger und Krankheit kennen gelernt. Viele Mädchen und Jungen stehen auch heute noch unter Schock.

Burundi

Fläche:	rund 27 800 km²
Einwohner:	rund 7,1 Millionen
Hauptstadt:	Bujumbura

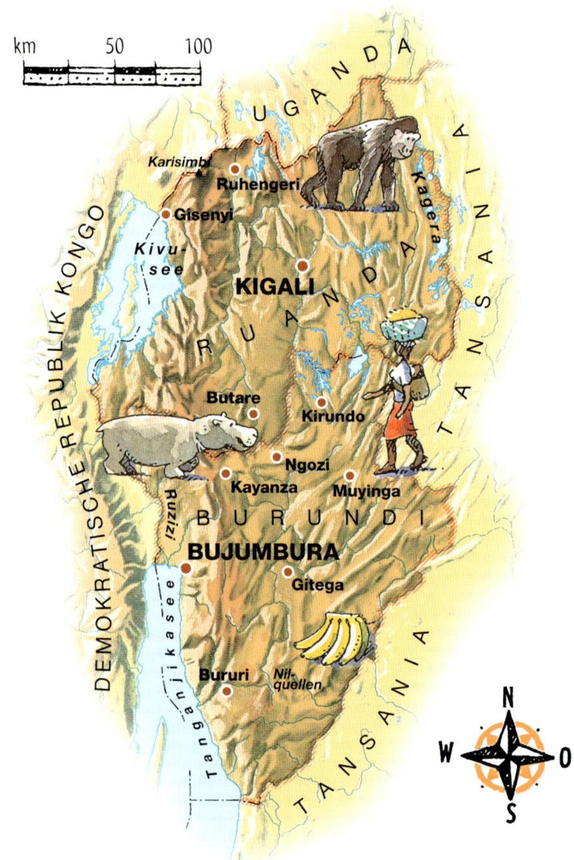

Uganda ist ein eher flaches Land im Herzen Afrikas. Es teilt sich mit Tansania den drittgrößten See der Welt, den Victoriasee. Im Westen Ugandas liegen weitere Seen. Die Menschen an ihren Ufern leben vor allem vom Fischfang.

Uganda

Fläche:	rund 241 100 km²
Einwohner:	rund 22 Millionen
Hauptstadt:	Kampala

Im Ruwenzori-Nationalpark (➔ Nationalpark) und am Edwardsee im Südwesten des Landes kannst du gut Flusspferde beobachten. Nirgendwo sonst leben so viele von ihnen. Oft aber siehst du fast die Hand vor den Augen nicht. Hier stehst du nämlich mitten im Urwald, und der ist meistens nebelverhangen.

Am liebsten hüpft Nakadja

Nakadja ist acht Jahre alt und lebt in Uganda. Sie steht morgens um sechs Uhr auf, kehrt den Hof und sorgt für Feuerholz. Um acht Uhr beginnt die Schule. Vorher muss Nakadja noch schnell ihre Schuluniform anziehen. In der Schule sitzt sie mit den anderen Kindern dichtgedrängt auf den wenigen Schulbänken. Viele Klassenkameraden sitzen sogar auf dem Boden. Nakadja hat in der Schule ähnliche Fächer wie du: zum Beispiel Englisch, Mathematik, Naturwissenschaften, Sozialkunde oder Sport. Endlich Mittag – um circa 13 Uhr beginnt die große Pause. In der Schulküche wurde über einem offenen Feuer für die Kinder gekocht. Heute gibt es Maisbrei mit Bohnen. Das Essen, das Nakadja in der Schule bekommt, müssen ihre Eltern bezahlen. Nachmittags geht der Unterricht weiter. Und nach der Schule müssen die Kinder noch helfen, die Klassenräume zu säubern. Um circa 17 Uhr geht Nakadja wieder nach Hause. Nun kümmert sie sich um die Ziegen, hilft bei der Zubereitung des Abendessens und passt auf ihre kleineren Brüder und Schwestern auf. Nakadja hat viele Geschwister. Einzelkinder findest du in Uganda ganz selten. Du siehst: Viel Zeit zum Spielen hat Nakadja nicht. Wenn aber mal nichts zu tun ist, dann springt sie am liebsten mit ihren Freundinnen Seil.

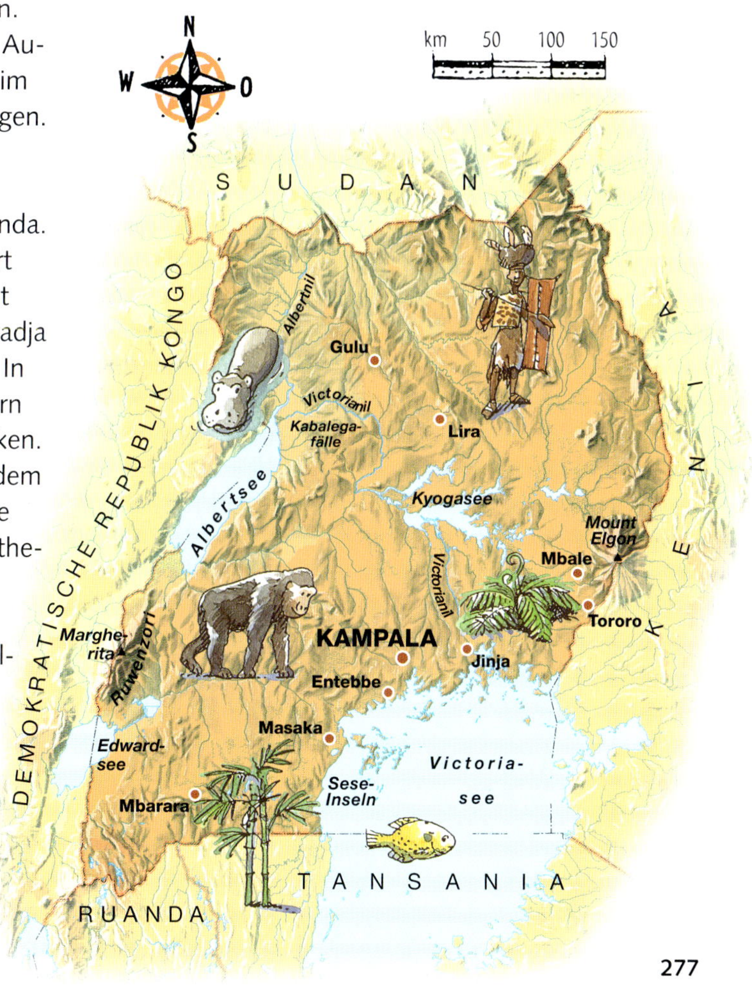

Die Demokratische Republik Kongo *hieß früher Zaire.*

Durch das Land fließt der Kongo mit seinen Nebenflüssen. Er zieht in einem Halbkreis durch flaches Land und tropische Regenwälder. Das Land ist reich an Diamanten und wertvollen Erzen, doch herrscht seit vielen Jahren Bürgerkrieg.

Demokratische Republik Kongo

Fläche:	rund 2,3 Millionen km²
Einwohner:	rund 54,4 Millionen
Hauptstadt:	Kinshasa mit rund 4,7 Millionen Einwohnern
Sprache:	Französisch
Währung:	Kongo-Franc

Verhexte Kinder

Auf einer Erdnussschale nach Europa fliegen, sich in Tiere verwandeln und mit grünen Erbsen telefonieren – das alles sollen die Hexenkinder im Kongo können. Viele Menschen dort sind abergläubisch und glauben an Hexen. Doch die Kinderhexen haben es nicht so gut wie „Bibi Blocksberg". Denn oft werden die angeblich verhexten Kinder für alles Mögliche verantwortlich gemacht: zum Beispiel dafür, dass der Kühlschrank kaputt geht oder der Vater seine Arbeit verliert. Manche Eltern jagen ihre Kinder dann aus dem Haus. Auch brutale Teufelsaustreibungen kommen immer wieder vor.

Mädchen können oft nicht zur Schule gehen

Manchmal sagen Kinder, die ohne Wohnung auf der Straße leben, sie seien Hexen. Im Kongo gibt es sehr viele Straßenkinder. Durch den ➔ Bürgerkrieg werden Familien auseinandergerissen. Oder Kinder werden auf die Straße gesetzt, weil ihre Eltern sie nicht mehr ernähren können. Diese Kinder müssen sich dann ganz alleine durchschlagen. Zur Schule gehen sie nicht. Auch die anderen Kinder besuchen nicht alle die Schule. Das Schulgeld ist für viele Eltern ein großes Problem. Schuluniformen und Bücher müssen auch noch gekauft werden. Wenn die Familien nicht genug Geld für die Ausbildung der Kinder haben, sind die Töchter meist die ersten, die von der Schule abgemeldet werden. Darum siehst du in den Klassen immer viel mehr Jungen als Mädchen.

Pygmäen

Tief im Regenwald wohnen die Pygmäen. Sie bauen sich mitten im Wald einfache Hütten. Ungefähr alle zwei Monate wechseln die Pygmäen ihre Wohnungen. Die Männer sind hervorragende Jäger. Sie jagen mit Giftpfeil und Bogen. Die Frauen und Kinder sammeln Früchte und Knollen und fangen Fische. Viele Pygmäen lieben Musik und Tanz. Sie heiraten wie bei uns aus Liebe. Und sie haben keinen Häuptling, der ihnen sagt, was sie zu tun haben. Sehr oft wurden die Pygmäen auch verfolgt, vertrieben und sogar getötet. Dabei kann man sie sich zum Vorbild nehmen. Sie leben nämlich in der Natur, ohne ihr zu schaden. Sie töten nie mehr Tiere, als sie essen können.

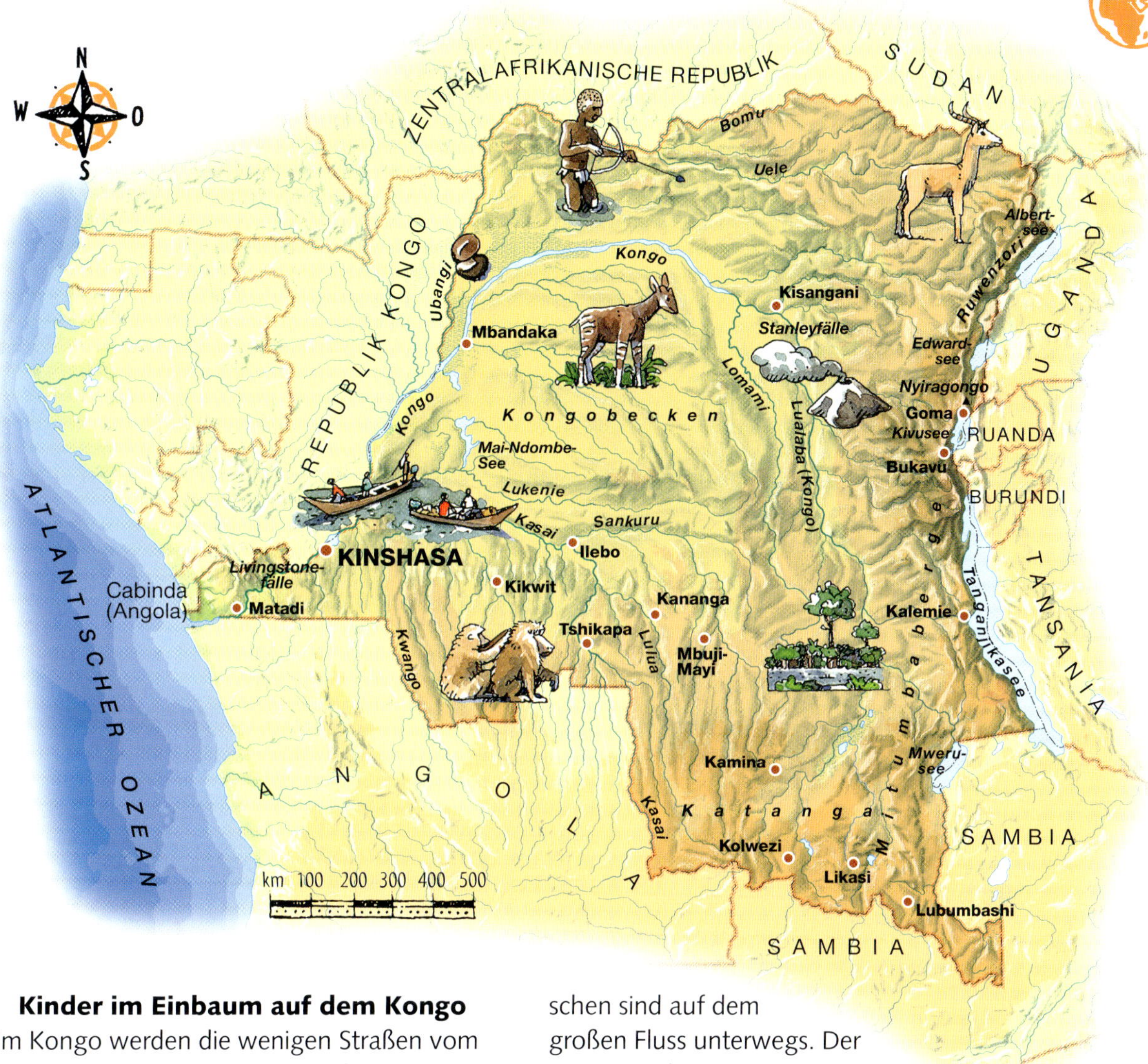

Kinder im Einbaum auf dem Kongo

Im Kongo werden die wenigen Straßen vom Regen oft in riesige Schlammlöcher verwandelt. Allerdings fahren dort auch nicht so viele Leute mit dem Auto. Die meisten Menschen sind auf dem großen Fluss unterwegs. Der Kongo ist der wichtigste Verkehrsweg des Landes. Auf Schiffen verkaufen die Menschen auch ihre Waren: Fische, Maniok, geräuchertes Affenfleisch, Kartoffeln. Ihre Hütten stehen auf Stelzen, und ihre Boote sind aus ganzen Baumstämmen geschnitzt. Deswegen heißen diese Kanus auch Einbäume. Schon kleine Kinder können die Einbäume geschickt steuern.

Als der → Vulkan Nyiragongo 2002 ausbrach, wurde die Stadt Goma fast ganz zerstört. Jetzt spielen die Kinder auf der erkalteten → Lava.

Die Republik Kongo

liegt neben der Demokratischen Republik Kongo. Es gibt also zwei Länder, die Kongo heißen. Ihren Namen haben sie vom Kongofluss. Die Demokratische Republik Kongo gehörte einst zu Belgien. In der Republik Kongo herrschten früher die Franzosen. Die Republik Kongo hat noch viele Regenwälder.

Republik Kongo

Fläche:	rund 342 000 km²
Einwohner:	rund 3,8 Millionen
Hauptstadt:	Brazzaville

Ernte von Kinderhand

Im Kongo wird ➔ Erdöl gefördert. Das verkauft man an andere Länder. Auch Kakao wird exportiert (➔ Export). Er wächst auf großen Flächen, die man Plantagen nennt. Die gelben Früchte wachsen direkt am Stamm und enthalten 20 bis 50 Kakaobohnen. Für eine Tafel Schokolade braucht man ungefähr vier Früchte. Man schneidet sie in der Mitte durch und holt die Bohnen mit den Händen heraus.

Es ist sehr hart, als Kakaobauer zu leben. Die Pflege und Ernte des Kakaobaums ist eine anstrengende Arbeit, die nicht gut bezahlt wird. Oft müssen auch Kinder auf den Plantagen mitarbeiten. Anstatt zur Schule zu gehen, ernten sie Kakaobohnen. Oft schuften sie zehn Stunden und mehr am Tag, ohne überhaupt das Endprodukt zu kennen. Die meisten dieser Kinder haben nämlich noch nie in ihrem Leben Schokolade gegessen. Viele Familien wollen eine andere Arbeit machen und mehr Geld verdienen. Sie verlassen die ländlichen Gebiete und ziehen in die Hauptstadt Brazzaville, weil es nur dort Industriebetriebe gibt.

Wie in vielen Ländern Afrikas gibt es auch für die Kinder im Kongo häufig nicht genügend zu essen. Manchmal besteht die Nahrung nur aus Fufu. Das ist ein Brei aus Mais- oder Maniokmehl. So abwechslungsreich wie bei uns, mit Gemüse und Fleisch, sind die Mahlzeiten für die Kinder dort nur selten.

Die Zentralafrikanische Republik trägt ihren Namen zu Recht: Sie liegt im Herzen Afrikas und hat keinen Zugang zum Meer.

Zentralafrikanische Republik

Fläche:	rund 622 400 km^2
Einwohner:	rund 3,9 Millionen
Hauptstadt:	Bangui

Der Norden ist trocken und fast menschenleer. Im Süden wächst Regenwald. Dort leben die meisten Menschen. Das Land ist sehr arm. Viele Kinder und ihre Familien haben nicht genug zu essen.

Meist tanzen die Menschen in Afrika zu Trommelrhythmen. Der Tanz besteht oft aus stampfenden Schritten, mit denen die Tänzer selbst einen Rhythmus erzeugen.

Die Kinder sprechen eine andere Sprache

Obwohl in der Zentralafrikanischen Republik Schulpflicht besteht, gehen längst nicht alle Kinder zur Schule. Viele Kinder fehlen oft, weil sie daheim oder auf dem Feld helfen müssen. Die meisten Menschen leben nämlich von der Landwirtschaft. Und da die Felder meist von Hand mit einfachen Hacken und Spaten bestellt werden, ist immer viel zu tun. Besonders Mädchen besuchen – wenn überhaupt – in der Regel nur wenige Jahre eine Schule. Die Kinder haben es in der Schule auch nicht leicht. Meist sind über 100 Kinder in einer Klasse. Da wird es auf den Bänken ganz schön eng. Und die Mädchen und Jungen müssen den Unterricht in Mathematik oder Geschichte auf Französisch verstehen, obwohl sie diese Sprache daheim nicht sprechen. Französisch ist die Amtssprache des Landes. Doch die Menschen sprechen zu Hause Sango. Wenn ein Kind eine Klasse dann nicht besteht, bleibt es sitzen. Und das passiert hier jedes Jahr der Hälfte der Schulkinder.

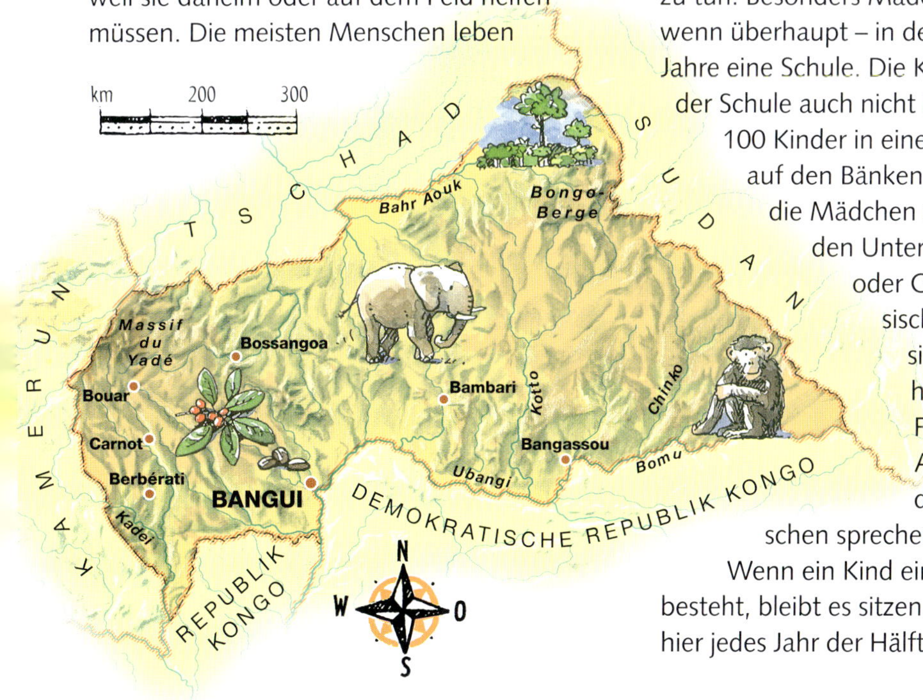

Den drei Ländern Gabun, Äquatorialguinea, São Tomé und Príncipe

im Herzen Afrikas ist gemeinsam, dass der Äquator durch sie hindurchzieht. Sie sind somit heiß und mit tropischem Wald bedeckt. Zu Äquatorialguinea gehört ein Stück Festland und die Insel Bioko. São Tomé und Príncipe setzen sich aus zwei Vulkaninseln zusammen. Sie liegen vor der Küste der beiden anderen Länder.

Gabun

Fläche:	rund 267 700 km²
Einwohner:	rund 1,4 Millionen
Hauptstadt:	Libreville

In Gabun leben rund 40 verschiedene Völker. Das größte heißt Fang oder Pangwe. Die Menschen leben als Bauern im ➔ Regenwald. Die meisten haben das ➔ Christentum angenommen, aber ein bisschen mindestens glauben viele noch an Geister und Hexen. Die Fang waren einst berühmte Holzschnitzer. Bevor die Franzosen ihr Land in Besitz nahmen, verwendeten sie als Geld Barren aus Kupfer und Eisen.

Die meisten Landstraßen in Gabun bestehen nur aus festgefahrener Erde. In der Regenzeit findest du hier dann nur eine große Matschstrecke, und du kannst dich kaum noch mit einem Auto fortbewegen.

Die Stadt São Tomé wirkt ein bisschen wie eine portugiesische Stadt. Daran erkennst du noch heute den Einfluss der ehemaligen Kolonialherren (➔ Kolonie).

Den Kindern in Gabun geht es relativ gut

Gabun verfügt über viele ➔ Bodenschätze. Besonders das ➔ Erdöl ist heute für die ➔ Wirtschaft Gabuns von großer Bedeutung. Darum ist das Land im Unterschied zu den meisten anderen afrikanischen Ländern relativ reich. Fast alle gabunischen Kinder gehen zur Schule. Die Mädchen und Jungen tragen Schuhe und Strümpfe. Und sie haben Schulmappen und Bücher bei sich. Das ist in vielen afrikanischen Ländern nicht alltäglich. Der Unterricht in Gabun findet auf Französisch statt. Als erste Fremdsprache lernen die Kinder Englisch, Deutsch und Spanisch werden als weitere Fremdsprache angeboten. Schlecht ist es, wenn die Kinder krank werden. Denn ob-

Äquatorialguinea

Fläche:	rund 28 100 km²
Einwohner:	rund 507 000
Hauptstadt:	Malabo

wohl es dem Land relativ gut geht, müssen sich die Menschen das Geld für den Arztbesuch doch oft vom Munde absparen. Für die medizinische Versorgung müssen sie nämlich selbst aufkommen. Und so kommt es immer wieder vor, dass sie sehr lange warten, bis sie mit ihrem kranken Kind zu einem Arzt oder in ein Krankenhaus gehen. In Gabun gibt es ein ganz berühmtes Krankenhaus. Im Jahr 1913 gründete der aus dem Elsass stammende Albert Schweitzer in Lambaréné das erste Urwaldkrankenhaus Afrikas. Albert Schweitzer wurde berühmt wie etwa Mutter Teresa. Heute ist aus dem kleinen Urwaldkrankenhaus eine große Klinik geworden, in der jährlich viele Operationen durchgeführt werden.

Kreolische Kinder haben eine eigene Kultur

Auf São Tomé und Príncipe sind viele Todesfälle bei Kindern und Erwachsenen auf Malaria zurückzuführen. Diese Krankheit ist auch in anderen Ländern Afrikas weit verbreitet. Sie entsteht nach dem Stich einer bestimmten Mücke. Dabei gelangt ein winziger Einzeller ins Blut des Menschen. Er vermehrt sich, und jedes Mal wenn eine neue Generation schlüpft, bekommt man hohes Fieber mit Schüttelfrost. São Tomé und Príncipe sind die Spitzen von ➔ Vulkanen, die im Meer stehen. Sie gehörten einst zu Portugal. Die Nachkommen von Portugiesen und Einheimischen bilden eine eigene Volksgruppe, die Kreolen. Sie nennen sich auf Portugiesisch „Söhne der Erde“ und haben eine eigene Kultur. Musik und Tanz spielen auch heute noch bei den kreolischen Kindern und ihren Familien eine wichtige Rolle.

São Tomé und Príncipe

Fläche:	rund 1 001 km²
Einwohner:	rund 165 000
Hauptstadt:	São Tomé

Angola könnte ein wohlhabendes Land sein. Im Norden fand man viel Erdöl. Es wird in Cabinda aus der Erde gepumpt. Dieses Cabinda ist ein kleines Stück Angola zwischen den beiden Kongostaaten. Es hat auf dem Landweg keine Verbindung zu Angola. So ein Stück Land nennt man eine Exklave von Angola.

Angola

Fläche:	rund 1,25 Millionen km²
Einwohner:	rund 14,1 Millionen
Hauptstadt:	Luanda

Der Norden Angolas ist tropisch mit dichten ➔ Regenwäldern. Der Süden besteht aus Grasland. Überall jedoch sind die Böden fruchtbar, so dass die Angolaner genügend Nahrung für sich anbauen können. Trotzdem ist das Land bitterarm. Angola gehörte lange Zeit zu Portugal. Von der Stadt Luanda aus fuhren portugiesische Schiffe nach Indien. 1975 wurde Angola ➔ unabhängig. Doch sofort danach brach ein ➔ Bürgerkrieg aus. Er hielt bis vor kurzem an. Dabei ging es vor allem um ➔ Bodenschätze, besonders um Diamanten. Die Kinder und ihre Familien brauchen Hilfe für ein neues Leben nach dem Bürgerkrieg. Sie benötigen zum Beispiel dringend Medikamente. Weil diese fehlen, sterben viele Kinder an eigentlich heilbaren Krankheiten wie Malaria, Durchfall und Entzündungen.

Wenn Kinder erwachsen werden

Im nördlichen Teil des Landes lebt vor allem das Volk der Tschikwe. Wenn die Jungen und Mädchen erwachsen werden, bekommen sie Unterricht und lernen alles über ihr Volk. Bei einer Feier werden sie in die Gemeinschaft der Erwachsenen aufgenommen. Den Mädchen bringt man dabei Narben am Körper an. Die Narben haben ungefähr die gleiche Bedeutung für die Menschen wie Schmuck – man nennt sie deshalb auch Schmucknarben. Die Jungen lernen Masken schnitzen und mit ihnen tanzen. Bei den Ovahimba im Süden werden den jungen Leuten bei den Feiern zum Erwachsenwerden die unteren Schneidezähne ausgeschlagen. Die Ovahimba finden das schön.

Namibia ist nur dünn besiedelt. Es besteht aus einer Hochebene, die sich im Westen zur Namib-Wüste am Atlantik absenkt. Im Osten hingegen liegt die Kalahari-Wüste. Dort lebt eines der interessantesten Völker Afrikas, die Buschleute.

Namibia

Fläche:	rund 824 300 km^2
Einwohner:	rund 2 Millionen
Hauptstadt:	Windhuk

Kinder hören gerne Märchen

In Namibia gibt es viele Sprachen. Die älteste Sprache der Welt sollen die → Buschleute der Kalahari sprechen. Sie enthält viele Schnalzlaute. Es gibt keine Romane in dieser Sprache zu lesen. Die Kinder der Buschleute müssen aber trotzdem nicht auf Geschichten verzichten. Die alten Leute haben sehr viele Märchen im Kopf, die sie den Kindern erzählen.

Die offizielle Landessprache in Namibia ist Englisch. Von den Kindern und Erwachsenen der verschiedenen Bantuvölker im Land werden aber vor allem Bantusprachen gesprochen.

Manche Buschleute leben noch immer von der Jagd. Sie verirren sich nie in der Wüste, und sie wissen sehr viel über die Tiere Namibias. Und die helfen ihnen sogar bei der Suche nach Nahrung. Manchmal zeigt ein Vogel einem Jäger, wo er ein Bienennest gefunden hat. Der Jäger öffnet das Nest. Der Honig ist für ihn, die Bienenlarven sind für den Vogel. Mit der Natur werden schon die ganz kleinen Kinder vertraut gemacht.

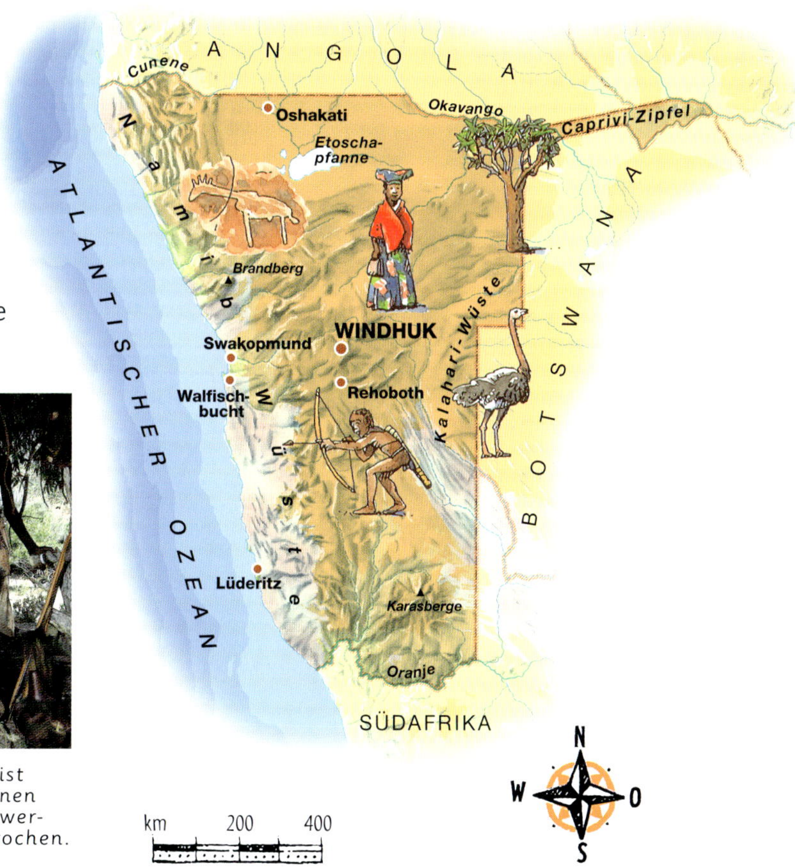

Die Mädchen und Jungen lernen zum Beispiel, welche Pflanzen man essen kann und aus welchen man Medizin herstellen kann.

Die Südgrenze von Sambia bildet der mächtige Fluss Sambesi.

Durch einen Staudamm entstand der lang gezogene Karibasee. Dort gewinnt man viel Strom. Weiter flussaufwärts liegen die berühmten Victoriafälle, die größten Wasserfälle Afrikas. Sonst ist Sambia ein Hochland mit Wäldern und Savanne.

Sambia

Fläche:	rund 752 600 km²
Einwohner:	rund 10,9 Millionen
Hauptstadt:	Lusaka

An den Victoriafällen stürzt der Sambesi laut dröhnend mehr als 100 Meter in die Tiefe. Die hinabstürzenden Wassermassen haben eine unglaubliche Kraft. Die hochwirbelnde Wassergischt siehst du schon von weitem.

Zum Essen gehört in Sambia immer ein Maisbrei. Der übliche Name dafür ist *Nschima*, aber alle Völker Sambias haben dafür ihren eigenen Namen. *Nschima* wird meist mittags und abends gegessen. Eine Soße gehört dazu. Bei den armen Leuten gibt es *Nschima* nur einmal am Tag, am Nachmittag. In Sambia gibt es sehr viele arme Menschen. Ein großer Teil der Kinder bekommt nicht genug zu essen und ist unterernährt. Nicht wenige Kinder sind so schwach, dass sie schon deshalb nicht am Schulunterricht teilnehmen können.

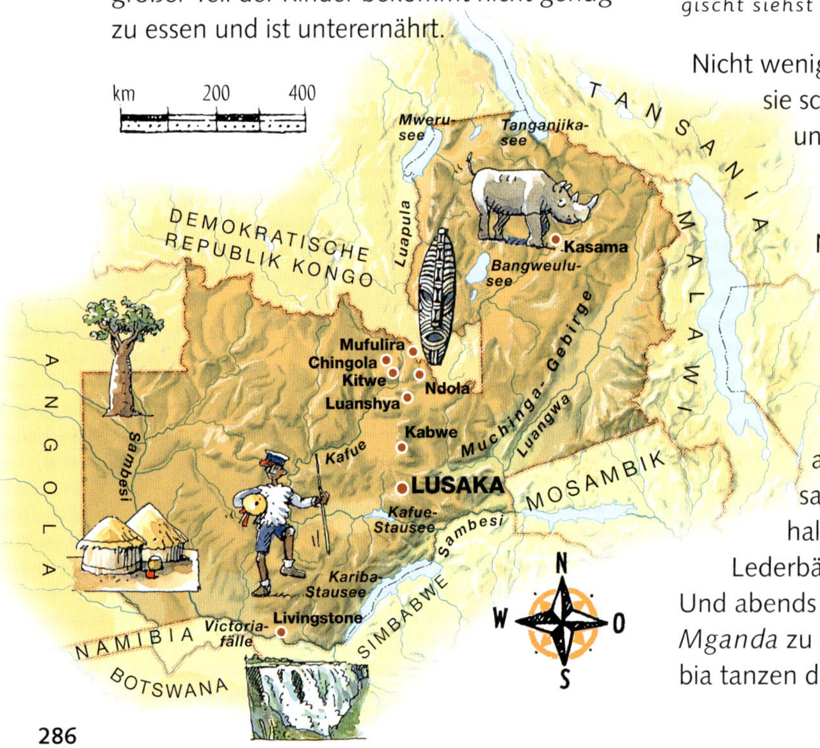

Die Jungen tanzen *Mganda*

Nachmittags spielen die meisten Jungen in Sambia am liebsten Fußball. Ihr Fußball ist aber nicht aus Leder. So ein Ball ist viel zu teuer. Die Jungen bauen sich selbst Bälle aus Plastikabfällen, die sie ganz fest zusammenpressen. Solche Fußbälle halten zwar nicht so lange wie die Lederbälle – aber besser als nichts! Und abends schauen die Jungen beim Tanz *Mganda* zu oder tanzen selbst mit. In Sambia tanzen die Kinder und ihre Familien viel.

Simbabwe grenzt an die Länder Sambia, Mosambik, Südafrika und Botswana. Es hat keinen Zugang zum Meer. So etwas nennt man ein Binnenland. Simbabwe hat sehr fruchtbare Böden. Auf ihnen gedeiht in der Hauptsache Tabak.

Simbabwe

Fläche:	rund 390 800 km²
Einwohner:	rund 12,9 Millionen
Hauptstadt:	Harare

Simbabwe bedeutet so viel wie „Haus aus Stein". Denn die Menschen dort haben schon vor langer Zeit Häuser aus Stein gebaut. Auch heute leben die Kinder mit ihren Familien in Steinhäusern. Meist sind diese rund und haben ein Dach aus Stroh. Da die Häuser nur klein sind, haben die Kinder kein eigenes Zimmer. Die Kinder schlafen meist alle zusammen in einem Raum.

Die Kinder spielen im Sand

In Afrika sind die meisten Böden noch nicht durch Asphalt oder Beton versiegelt. Besonders in den Dörfern fahren, gehen und leben die Menschen auf festgetretener Erde. Und die Kinder spielen natürlich auch auf diesem Boden. Zum Beispiel Murmelfußball. Oder ein Suchspiel. Dazu errichtet ein Kind einen kleinen Sandhaufen. In diesem Haufen versteckt es einen Gegenstand, etwa eine kleine Frucht, einen schönen Stein oder einen Flaschenkorken. Die anderen Kinder setzen sich nun um den Sandhaufen herum und graben den Berg langsam ab. Das Kind, das den Gegenstand zuerst gefunden hat, hat gewonnen. Man kann den Boden aber auch noch für ganz andere Zwecke nutzen. In Simbabwe sind die Schulen oft überfüllt. Es gibt nicht genug Lehrer und zu wenig Klassenzimmer. Darum werden manchmal die Kinder draußen unter den Bäumen unterrichtet. Und einige Mädchen und Jungen schreiben dann ihre Aufgaben einfach in den Sand!

Am Kariba-Stausee wird Energie für die beiden Länder Simbabwe und Sambia erzeugt. Außerdem fangen die Menschen hier Fische, waschen ihre Wäsche und vieles mehr.

Malawi besteht aus dem westlichen Ufergebiet des Malawisees. Hier leben sechs Völker friedlich nebeneinander. Die Menschen haben ihre Häuser vorwiegend in Dörfern. Sie arbeiten in der Landwirtschaft. Malawi produziert viel Tee und Kaffee.

Malawi

Fläche:	rund 118 500 km²
Einwohner:	rund 12,3 Millionen
Hauptstadt:	Lilongwe

Im Malawisee gibt es etwa 500 verschiedene Fischarten, die in keinem anderen Gewässer der Erde leben.

Der Malawisee durchzieht fast das ganze Land. Auf der Landkarte siehst du, dass er der erste einer ganzen Kette von Seen ist. Sie alle liegen im ostafrikanischen Graben: Die Erde senkt sich hier immer mehr ab. In ein paar Millionen Jahren wird hier Meerwasser einfließen. Dann trennt sich Ostafrika ab und wird zu einem neuen Kontinent. Die Fischer am Malawisee leben in strohgedeckten Häusern am Ufer. Neben den Häusern trocknen sie Fische.

Keine Toiletten für die Kinder

Mitten in der Hauptstadt Lilongwe gibt es kleine Felder und Wiesen und viele Schatten spendende Bäume. Das hört sich schön an, doch den meisten Kindern in Malawi geht es gar nicht gut. Viele Mädchen und Jungen haben nicht genug zu essen. Überschwemmungen und Dürre haben in den letzten Jahren nämlich immer wieder zu Ernteausfällen geführt. Für viele Familien gibt es kein sauberes Trinkwasser. In den Dörfern müssen die Menschen oft stundenlang bis zur nächsten Wasserquelle gehen. Die meisten Kinder leben mit ihren Familien in Wohnhäusern ohne Toilette. Auch in den Schulen gibt es nicht genug Toiletten und Waschbecken. Die Kinder müssen hinter Büschen verschwinden. Zudem sind die Schulklassen in Malawi oft hoffnungslos überfüllt. In vielen Klassen sitzen über hundert Schüler. Die Lehrer bekommen nämlich dort so wenig Geld für ihre Arbeit, dass sie sich andere Tätigkeiten suchen müssen, um ihre Familien zu ernähren.

Mosambik

Mosambik liegt im Süden Afrikas und hat eine lange Küste am Indischen Ozean. Nach einem Bürgerkrieg kamen erst Dürrezeiten und nachher Überschwemmungen. Deswegen ist Mosambik noch stark von ausländischer Hilfe abhängig.

Mosambik

Fläche:	rund 799 400 km²
Einwohner:	rund 19,2 Millionen
Hauptstadt:	Maputo

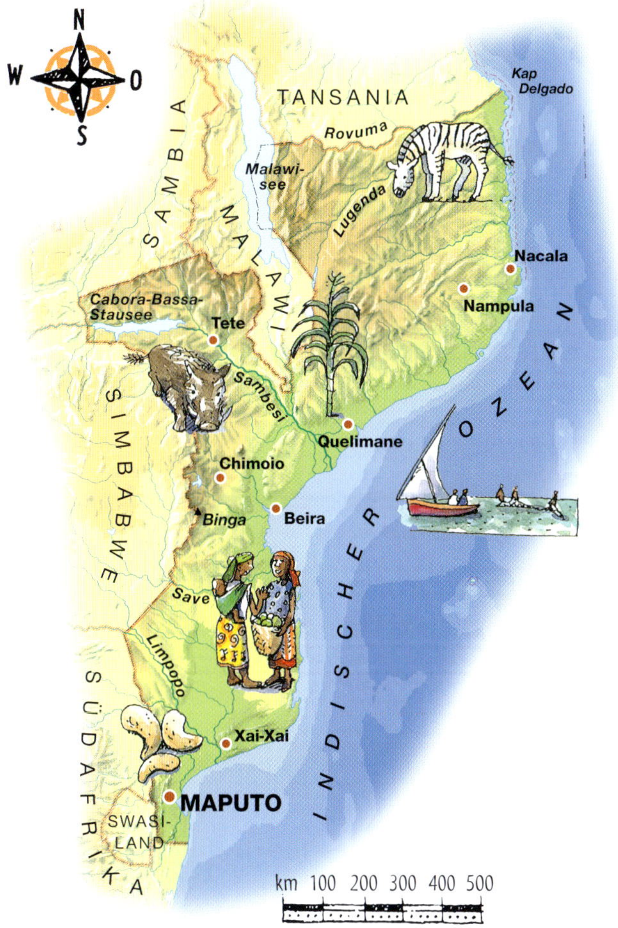

Bonbons für die Kinder

Mosambik hat wie viele Länder Afrikas eine ➔ Regenzeit und eine ➔ Trockenzeit. Die Pflanzen müssen sich diesem Wechsel anpassen. Vor allem müssen sie mit der Trockenzeit zurechtkommen. Manche treiben ihre Wurzeln bis 50 m oder mehr in die Tiefe. Dort ist immer noch Feuchtigkeit anzutreffen. Der Affenbrotbaum oder *Baobab* speichert Wasser. Seine Stämme sind unglaublich dick und erreichen einen Durchmesser von nahezu 20 Metern. Und für die Kinder Afrikas hat die Baobab-Frucht noch eine ganz besondere Bedeutung. Das trockene Fruchtfleisch wird von den Kindern als Bonbon-Ersatz gekaut.

Welches Kind spielt schon gern allein?

Die afrikanischen Kinder spielen gerne in Gruppen miteinander. Darum kennen sie auch eine Menge Spiele, die sich gut mit vielen anderen Kindern spielen lassen. Zum Beispiel Klatschball: Dazu brauchen die Kinder eine runde Frucht oder einen kleinen Ball. Die Spieler teilen sich in zwei Mannschaften auf. Nun wirft der erste Spieler den Ball einem Spieler der anderen Gruppe zu. Und während er wirft, klatschen alle Kinder in die Hände. Wird der Ball gefangen, dann stampfen alle Kinder mit den Füßen. Bei diesem Spiel gibt es keinen Sieger und keinen Verlierer. Die Kinder spielen es aus reiner Freude am Rhythmus.

Seychellen, Mauritius und Komoren

sind drei Inselgruppen, die vor Afrika im Indischen Ozean liegen. Es sind unabhängige Staaten und Ferienparadiese. Hier herrscht ein buntes Völkergemisch. Auf den Inseln leben Afrikaner, Europäer, Inder und Asiaten nebeneinander.

Seychellen

Fläche:	rund 455 km²
Einwohner:	rund 82 000
Hauptstadt:	Victoria

Auf den Seychellen ist die Mutter der Mittelpunkt der Familie. Alle Kinder müssen der Mama helfen. Sie suchen zum Beispiel Muscheln am Strand. Gelegentlich fangen die Kinder sogar einen Kraken, einen großen Tintenfisch. Die Mutter macht daraus dann eine leckere Suppe.

Mauritius

Fläche:	rund 2 040 km²
Einwohner:	rund 1,2 Millionen
Hauptstadt:	Port Louis

Die größte Frucht der Erde

Von Mauritius hast du bestimmt schon mal gehört. Vor mehr als 150 Jahren wurde auf dieser Insel die Blaue Mauritius herausgegeben, mittlerweile eine der wertvollsten Briefmarken der Welt. Sie kostet gut eine Million Euro! Die Inseln haben aber noch viele andere Besonderheiten zu bieten. So wächst auf den Seychellen eine der größten Früchte der Welt. Die *Coco de Mer,* also die Meereskokosnuss, wird bis zu 20 kg schwer. Und auf den Seychellen und auf Mauritius leben Riesenschildkröten. Sie wiegen bis zu 250 kg.

Dieser Junge auf Mauritius hat eine Seeschildkröte gefunden. Die Tiere haben paddelartig geformte Beine, mit denen sie prima schwimmen können. Ihre Eier legen sie am Strand in den warmen Sand.

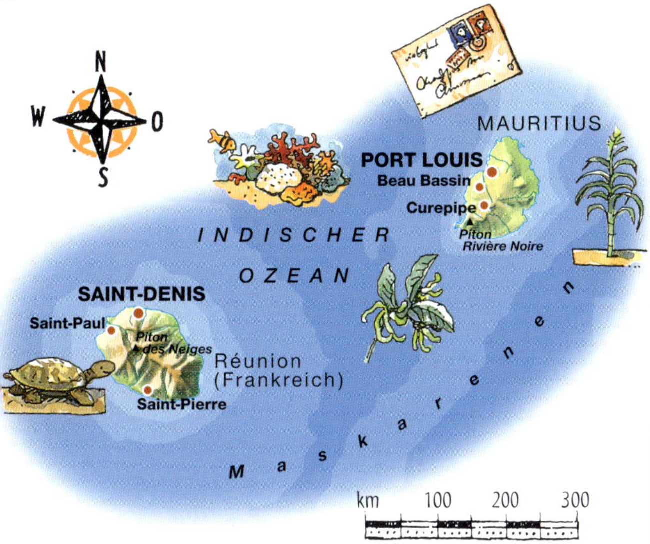

Gehen die Kinder dort zur Schule?

Auf Mauritius und auf den Seychellen gibt es die Schulpflicht. Hier besuchen fast alle Kinder die Schule. Während der Unterricht für die Kinder auf Mauritius in englischer Sprache abgehalten wird, werden auf den Seychellen die meisten Fächer in Kreolisch unterrichtet. Doch Englisch und Französisch gehören auf beiden Inselgruppen zu den Hauptfächern. Der Unterricht ist anfangs kostenlos. Erst in den höheren Stufen müssen die Eltern Schulgeld zahlen. Zwar gibt es auf Mauritius und den Seychellen immer noch Analphabetismus (➔ Analphabeten), aber verglichen mit anderen afrikanischen Ländern in viel geringerem Ausmaß. So kann beispielsweise auf den Komoren fast die Hälfte der Menschen nicht lesen und schreiben. Hier gehen viele Kinder nicht regelmäßig zum Unterricht. Das Land ist sehr arm, die Mädchen und Jungen müssen früh mitarbeiten. Außerdem gibt es nicht genug Lehrer. Die Schulgebäude sind oft in einem schlechten Zustand, die Kinder haben keine Bücher, Hefte und Stifte.

Komoren

Fläche:	rund 1861 km²
Einwohner:	rund 790 000
Hauptstadt:	Moroni

Eine Kreolsprache

Auf den Seychellen herrschten früher die Franzosen. Die Einheimischen übernahmen deren Sprache, vereinfachten sie und vermischten sie mit eigenen Ausdrücken. Im Laufe der Zeit entstand eine neue Sprache, eine Kreolsprache:

Ja = **wi,** Nein = **non,** Danke = **Mersi,**
Bitte = **Silwuple,**
Wie geht es dir? = **Komen sawa?**
Auf Wiedersehen = **Orewar,**
klein = **pti,** sehr klein = **pti pti**

IZVOI

Und noch die Zahlen von 1 bis 10: 1 = **enn,** 2 = **de,** 3 = **trwa,** 4 = **kat,** 5 = **senk,** 6 = **sis,** 7 = **set,** 8 = **wit,** 9 = **nef,** 10 = **dis**

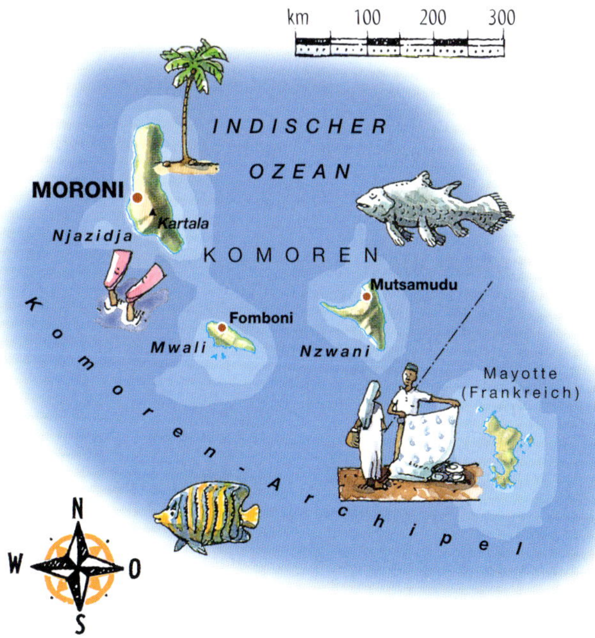

Madagaskar ist die größte afrikanische Insel. Sie liegt im Indischen Ozean vor der Ostküste Afrikas. In der Mitte Madagaskars befindet sich eine Hochebene. Die Ostseite ist das ganze Jahr hindurch feucht und beherbergt dichte Regenwälder. Der Westen dagegen ist mit Steppe und Trockenwäldern bewachsen.

Madagaskar

Fläche:	rund 587 000 km^2
Einwohner:	rund 17,9 Millionen
Hauptstadt:	Antananarivo mit rund 1 Million Einwohnern
Sprachen:	Malagasy, Französisch
Währung:	Madagaskar-Franc

Madagaskar ist berühmt für seine Tier- und Pflanzenwelt. Vor vielen Millionen Jahren trennte sich Madagaskar von Afrika ab und entfernte sich hinaus auf das Meer. Die Tiere, die danach in Afrika entstanden, etwa Gorillas, Elefanten oder Gazellen, gibt es somit auf Madagaskar nicht. Dafür kommen fast alle Tiere, die hier leben, nur auf Madagaskar vor. Am bekanntesten sind die Halbaffen oder Lemuren, etwa der verspielte Katta mit seinem schwarz-weiß geringelten Schwanz.

Auch die Kinder feiern mit

Die Madagassen feiern viele Feste, die mit dem Tod zu tun haben. Die Toten gelten dort nämlich nicht als tot. Man denkt, sie sind nur in ein Totenreich umgezogen. Sie werden immer wieder auf die Erde zurückgeholt. Bei den so genannten Umwendungen *(Famadihana)* werden die Gebeine der → Ahnen aus den schön bemalten Grabstätten genommen, nach Hause gebracht, gewaschen und in neue Tücher gewickelt. Dann werden dem Toten die neuen Familienmitglieder vorgestellt, der Enkel zum Beispiel. Auch das Haus wird ihm gezeigt. Später werden die Knochen wieder in die Grabstätte eingeschlossen. Dieses Totenfest ist aber gar nicht so traurig! Es wird viel gegessen, und es wird getanzt und gesungen. Die Kinder nehmen an diesem Fest natürlich auch teil.

Viele Kinder sehen niemals eine Schule von innen

Obwohl Madagaskar viele → Bodenschätze hat und auch immer mehr Menschen ihren Urlaub auf dieser Insel verbringen, leben die meisten madagassischen Mädchen und Jungen in großer Armut. Viele gehen nicht zur Schule. In den Städten verkaufen sie

Auf Madagaskar herrscht tropisches → Klima. Es ist also immer etwa gleich warm. Jedes Jahr im Sommer ziehen tropische Wirbelstürme über die Insel hinweg und richten große Schäden an.

Chamäleons haben eine verblüffende Fähigkeit: Sie können die Farbe ihrer Haut verändern. Damit tarnen sie sich vor ihren Feinden. Außerdem erkennst du daran, in welcher Stimmung das Chamäleon gerade ist.

stattdessen Erdnüsse oder Zeitungen am Straßenrand. Mit ihren Eltern und den zahlreichen Geschwistern leben sie oftmals in Sperrholzhütten am Stadtrand. Auf dem Land verbringen viele Kinder ihre Kindheit als Viehhirten auf den Weiden. Andere Kinder wohnen in kleinen Dörfern im ➔ Hochland. Diese Mädchen und Jungen können oft nicht zum Unterricht gehen, weil die nächste Schule viel zu weit weg ist. Wer aber weder lesen noch schreiben kann, der hat kaum eine Chance auf ein besseres Leben!

Verboten!

Die Einwohner Madagaskars, die Madagassen, haben panische Angst vor einem harmlosen Tier, dem Chamäleon. Es versetzt die Leute in größten Schrecken. Sie laufen davon, um ja nicht mit ihm in Kontakt zu kommen. Denn das Chamäleon, glauben sie, bringt Unglück, Krankheit, Sorgen. Das Chamäleon ist **fady,** also verboten oder ➔ tabu. Vieles ist fady auf Madagaskar. Der Einbaumfahrer darf keinen Aal essen: fady! Eine schwangere Frau muss Ingwer meiden: fady! Ein alter Mann geht am Dienstag auf seine Felder: fady! Ein unsichtbares Netz von Verboten durchzieht das ganze Leben. Und der Madagasse hält sich streng daran. Übrigens dürfen Dorfhäuptlinge neue Fadies aussprechen und alte aufheben. Der Ursprung der Fadies liegt in Indonesien: Von dort sind die Madagassen vor vielen Jahrhunderten eingewandert.

Botswana, Swasiland und Lesotho liegen im Süden Afrikas.

Swasiland und Lesotho sind ganz kleine Länder. Swasiland liegt zwischen Südafrika und Mosambik, und Lesotho ist ganz vom Staat Südafrika umgeben. Botswana liegt nördlich von Südafrika. Einen großen Teil des Landes macht die Wüste Kalahari aus.

Botswana

Fläche:	rund 581 700 km²
Einwohner:	rund 1,8 Millionen
Hauptstadt:	Gaborone

Botswana ist so etwas wie ein afrikanisches Musterland. Es hat keine ➔ Bürgerkriege, und es entwickelt sich langsam, aber stetig voran. Die meisten Menschen leiden keine Not. Sie bauen Diamanten ab und halten Rinder in riesigen Farmen. Doch wegen der Krankheit ➔ Aids und der wachsenden Kluft zwischen Arm und Reich steht das Land dennoch vor großen Problemen.

Den Kindern in Botswana geht es verhältnismäßig gut. Fast jedes Kind wird mit sechs Jahren eingeschult. Der Besuch der Grundschule ist kostenlos. Zu den beliebtesten Freizeitbeschäftigungen der Mädchen und Jungen gehören Tanzen, Singen und Sport, besonders Leichtathletik und Ballspiele. Viele Kinder haben die Möglichkeit, in der Schule in einem Chor mitzusingen oder in einer Volkstanzgruppe mitzumachen. Bei öffentlichen Ereignissen treten sie dann mit anderen Kindern auf.

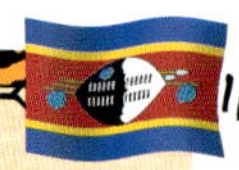

Swasiland

Fläche:	rund 17 400 km²
Einwohner:	rund 1 Million
Hauptstadt:	Mbabane

Swasiland und Lesotho sind in starkem Maße von Südafrika abhängig. So kaufen sie alle Waren, die sie benötigen, überwiegend aus Südafrika. Auch die Produkte, die sie selbst herstellen, verkaufen sie dorthin (➔ Export).

Die Kinder leben oft in zwei Welten

Das Mädchen Zuricha lebt in Swasiland. Sie ist die Tochter von einem traditionellen Heiler, zu dem die Kranken von weit her kommen. Ihr Vater hat etwa 100 weitere Kinder mit einer Vielzahl von Frauen. Die Männer in Swasiland dürfen sich nämlich so viele Ehefrauen nehmen, wie sie wollen. Zuricha lebt in einem Dorf, das aus einer Gruppe von einfachen Hütten besteht. Sie kennt keinen Fernseher und

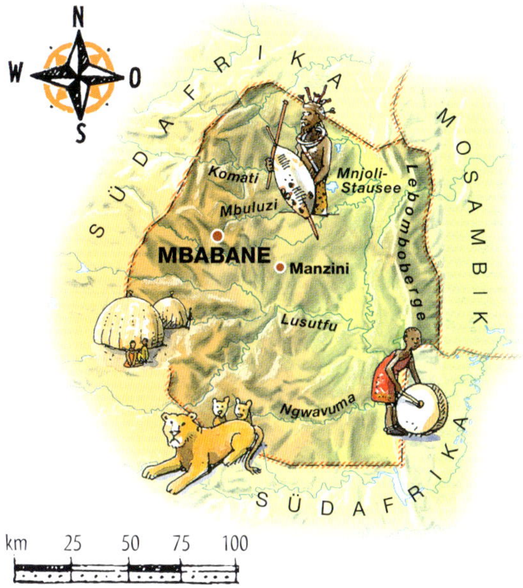

hat noch nie ein Telefon benutzt. Tagtäglich erlebt Zuricha die traditionellen Rituale ihres Volkes wie Trance und Tanz. Doch sie geht auch zur Schule und lernt dort andere Religionen kennen. Zuricha tanzt manchmal zur Buschtrommel amerikanischen Hiphop und kleidet sich fast genauso wie du. Sie lebt im Spannungsfeld von Tradition und Moderne.

Lesotho

Fläche:	rund 30 400 km²
Einwohner:	rund 1,8 Millionen
Hauptstadt:	Maseru

Wolle kann Kinder auch krank machen

Lesotho ist ein sehr gebirgiges Land. Hier halten die Menschen unter anderem Angoraziegen. Diese liefern eine besonders feine Wolle. Da die einzelnen Wollhaare Luftblasen eingeschlossen haben, sind sie schneeweiß und halten Wärme sehr gut. Die Frauen in Lesotho verspinnen diese Wolle an altertümlichen Spinnrädern zu Garn. Aber auch viele Kinder arbeiten in Textilbetrieben. Oft unter ganz schlechten Bedingungen. So tragen die Mädchen und Jungen beispielsweise nicht immer Masken bei der Arbeit. Viele Kinder leiden darum an Atemwegserkrankungen durch das ständige Einatmen von kleinsten Wollteilchen.

Lesotho liegt über 1000 Meter hoch. Vor allem in den Tälern der Gebirge bauen die Menschen Getreide an.

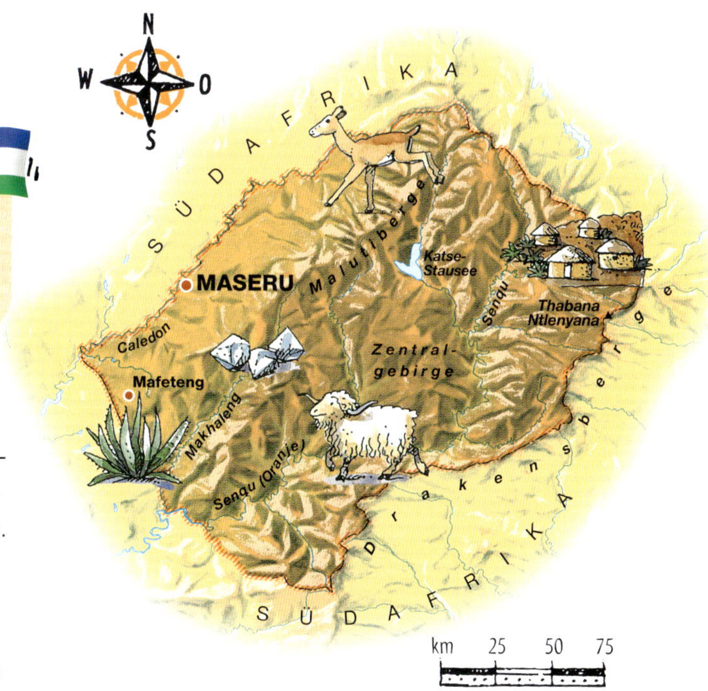

Der Staat Südafrika

nimmt die ganze Südspitze Afrikas ein. Es gibt dort Wüsten, Savannen, Trockenwälder, Heiden, Obstgärten und Weinberge, auch hohe Gebirge. Südafrika ist insgesamt ein reiches Land. Die meisten Südafrikaner haben eine dunkle Hautfarbe und gehören zu den Zulu oder Xhosa. In Südafrika leben aber auch Menschen, die aus Europa oder Indien stammen.

Südafrika

Fläche:	rund 1,2 Millionen km²
Einwohner:	rund 45,2 Millionen
Hauptstadt:	Pretoria mit rund 526 000 Einwohnern
Sprachen:	Englisch, Afrikaans und weitere 9 Amtssprachen
Währung:	Rand

Huch, wer schaut da von der Zimmerdecke herunter? Vermutlich ein Gecko. Geckos sind Nachttiere mit Haftzehen und Glotzaugen. Sie können kopfüber die Zimmerdecke entlanglaufen oder auf Glasscheiben nach oben klettern. Doch Geckos sind nicht die einzigen interessanten Tiere in Südafrika. In den verschiedenen Nationalparks kannst du auch Nashörner sehen. Und dann gibt es in

Südafrika zum Beispiel noch riesengroße Strauße. Um Oudtshoorn werden sie auf Farmen gehalten. Hier finden sogar Straußenrennen mit Reitern statt!

Viele Kinder leben in Townships

Viele schwarze Südafrikaner leben in eigenen Städten, den Townships. Dort gibt es oft kein fließendes Wasser, und die Menschen leben in Wellblechhütten. Die Jugendlichen sind oft unzufrieden und wissen nicht, was sie machen sollen. Es gibt viele Diebstähle und Überfälle. Diese Elendsviertel oder ➔ Slums stammen aus der Zeit, als nur die Weißen herrschten. Sie wollten eine Rassentrennung, die Apartheid, und drängten die Schwarzen in Außenstädte ab. Die schwarzen Kinder durften nicht mit den Weißen zur Schule gehen. Nicht einmal im Bus fuhren Menschen mit verschiedener Hautfarbe zusammen. Die Apartheid ist glücklicherweise vorbei, aber die Townships wie Soweto existieren heute noch. Die Kinder leben hier mit ihren Familien auf engstem Raum. Spielplätze oder Parkanlagen gibt es für sie nicht: Die meisten Mädchen und Jungen spielen barfuß zwischen den wackeligen Hütten.

In den Nationalparks in Südafrika leben auch viele Elefanten. Diese großen Tiere leben in Herden und ernähren sich nur von Pflanzen.

Ein Spiel für Jungen und Mädchen

Auch in Südafrika machen die meisten Kinder in ihrer Freizeit gerne Sport. Besonders beliebt bei den Jungen ist das Fußballspielen. Es gibt aber auch ein Ballspiel, dass die Jungen gemeinsam mit den Mädchen spielen. Dazu bilden die Kinder zwei gleich große Gruppen. Nun stellen sich die Kinder jeder Gruppe hintereinander auf und grätschen ihre Beine. Die beiden Kinder, die ganz vorne stehen, sind die Spielführer. Sie haben einen Ball in der Hand. Nach dem Startkommando reichen sie diesen ganz schnell durch ihre Beine an das Kind hinter ihnen weiter. Dieses Kind reicht den Ball dann wiederum ratzfatz an das Kind hinter ihm weiter. Wenn das letzte Kind den Ball bekommen hat, saust es mit ihm an die Spitze der Gruppe und gibt den Ball wieder nach hinten durch. Dieses rasante Spiel geht so lange, bis einer der Spielführer wieder ganz vorne bei seiner Gruppe steht. Seine Mannschaft ist dann bestimmt außer Atem – und hat gewonnen!

Frieden schließen

Manche schwarzen Südafrikaner haben ihre afrikanischen Traditionen noch erhalten und leben in kleinen Dörfern. Sie wohnen in runden Grashütten. Die Hütten stehen im Kreis. Wenn man sich gestritten hat, trifft man sich danach mit dem Gegner vor dem Hoftor. Die Menschen setzen sich einander gegenüber. Sie wiederholen die beleidigenden Worte, die sie im Streit gesagt haben, und die ihnen jetzt leidtun. Dann nehmen die beiden Versöhnten Asche in den Mund. Sie wollen einander zeigen, dass die verletzenden Wörter verbrannt sind.

Antarktis

Antarktis heißt das Gebiet um den Südpol. Es ist nahezu komplett von einer Eiskappe überzogen. Diese wird bis zu 4 000 Meter dick.

Die Antarktis ist ein Kontinent, doch wegen der großen Kälte haben hier nie Menschen gelebt. Nur wenige Pflanzen und Tiere halten sich hier auf.

Durch ihr Gewicht drückt sie die Antarktis einige Hundert Meter tief in die Erdkruste hinein! Vor den Küsten der Antarktis liegen riesige flache Eisgebiete, das so genannte Schelfeis. Fast die ganze Antarktis liegt zwischen dem Südpol und dem südlichen Polarkreis. Innerhalb dieses gedachten Kreises geht die Sonne im Sommer abends nicht richtig unter. Man spricht deswegen von der Mitternachtssonne. Der Polartag dauert hier 24 Stunden. Allerdings scheint die Sonne nicht so hell wie bei uns, weil sie schräg am Himmel steht. Im Winter geht die Sonne morgens nicht richtig auf. Es wird nur ein bisschen heller, das ist die Polarnacht. Am Südpol selbst bleibt die Sonne im Winter ein halbes Jahr weg, und im Sommer geht sie sechs Monate nicht unter.

Arktis heißt das Gebiet um den Nordpol. Die Arktis ist ein kaltes Gebiet, aber doch deutlich wärmer als die Antarktis. Der Nordpol befindet sich nicht auf Festland, sondern auf einer nur vier Meter dicken Eisschicht mitten im Nordpolarmeer.

Innerhalb des nördlichen Polarkreises befinden sich aber die Nordränder der umgebenden Kontinente. Das sind Europa, Asien, Amerika und die Insel Grönland. In der Arktis leben seit jeher die ➔ Inuit, die du vielleicht als Eskimo kennst. Die Inuitkinder kommen mit der Kälte und dem Leben in Schnee und Eis gut zurecht. Später wanderten auch europäische Siedler in die Arktis ein. Man findet hier nämlich viele ➔ Bodenschätze, vor allem Erdöl. Die Inuit bauen keine Pflanzen an und haben keine Landwirtschaft. Dazu ist das Klima in der Arktis zu kalt. Früher lebten sie als Jäger. Sie fingen vor allem Robben, Wale und große Fische. Noch viele weitere Wildtiere kommen in der Arktis vor, etwa Eisbären, Polarfüchse und Polarhasen. Die Tierwelt der Antarktis ist ganz anders. Die wichtigsten Bewohner sind dort die Pinguine. Kein Eisbär der Erde hat je einen Pinguin gefressen, weil der eine in der Arktis, der andere in der Antarktis lebt – nur im Zoo kommen sie nebeneinander vor!

Glossar.

Die hier aufgeführten Stichwörter und Fachbegriffe findest du in den Texten deines Kinder-Länderlexikons. Sie tragen dort einen Pfeil ➔.

Aborigines: Die Aborigines sind die Ureinwohner Australiens. Du kannst das Wort deutsch oder auch englisch aussprechen [:äboridschinis]. Die Aborigines wanderten vor vielen Tausend Jahren aus dem Westen kommend nach Australien ein und blieben bis vor rund 200 Jahren die einzigen Menschen auf dem Kontinent. Dann kamen die europäischen Siedler. Heute leben nur noch wenige Aborigines nach ihren alten Traditionen.

Abtragung: Wind und Wetter zertrümmern alle ➔ Gesteine und bewirken somit, dass Gebirge langsam eingeebnet werden. Das nennt man auch Abtragung, denn die Berge werden dabei abgetragen und verschwinden langsam.

Ahnen: Statt Ahnen kann man auch Vorfahren sagen. Das sind alle Personen, von denen ein Mensch abstammt, seine beiden Eltern, die vier Großeltern, die acht Urgroßeltern und so weiter. Sehr viele Völker verehren die Ahnen und bringen ihnen zum Beispiel Opfer dar.

Aids: *Aids* [:ejds] bedeutet erworbene Immunschwäche. Diese Viruskrankheit hat sich weltweit ausgebreitet und verläuft am Ende tödlich, weil der Körper selbst gegen einfachste Krankheiten nichts mehr ausrichten kann. Aids ist besonders in Afrika verbreitet.

Alpen: Ein langer Gebirgszug im Herzen Europas. Die Alpen erstrecken sich von Südfrankreich und Norditalien bis nach Slowenien. Der höchste Berg ist der Mont Blanc mit 4 807 m.

Amazonas: Mit 6 437 km Länge ist der Amazonas einer der längsten Flüsse der Welt. Der Amazonas fließt durch Peru und Brasilien und mündet in einem großen ➔ Delta in den Atlantik.

Analphabeten: Bezeichnung für Menschen, die weder schreiben noch lesen können. Auch in Deutschland leben nicht wenige Analphabeten.

anbauen: Wer etwas anbaut, baut kein Haus, sondern hat ein Feld, auf dem er Pflanzen sät, pflegt und erntet. Deswegen spricht man auch vom ➔ Pflanzenbau. Er ist ein Teil der Landwirtschaft.

Anden: Die Anden sind der längste Gebirgszug der Erde. Sie liegen an der Westseite von Südamerika.

Animismus: Viele Völker glauben, dass in allen Pflanzen, Tieren, Quellen und Felsen Geister leben. Wenn man einen Baum fällt, muss man vorher den darin wohnenden Geist mit einem Opfer versöhnen. Dieser Glaube heißt Animismus.

Antarktis: Das Gebiet um den ➔ Südpol. Die Antarktis ist im Gegensatz zur ➔ Arktis ein ➔ Kontinent.

Antike: Die Zeit von etwa 600 vor Christus bis 500 nach Christus bezeichnen wir als Antike. Man nennt diese Zeit auch griechisch-römisches Altertum.

Antillen: Allgemeine Bezeichnung für die vielen Inseln in Mittelamerika. Sie liegen in der ➔ Karibik. Man unterscheidet die Großen und die Kleinen Antillen. Manchmal sagt man noch ➔ Westindien dazu.

Äquator: Der Äquator ist eine gedachte Linie ganz um den Erdball herum. Diese liegt genau auf halbem Weg zwischen ➔ Nordpol und ➔ Südpol. Der Äquator teilt die Erde in eine ➔ Nordhalbkugel und eine ➔ Südhalbkugel. Das Gebiet um den Äquator heißt ➔ Tropen.

Archäologie: Die Archäologie ist die Wissenschaft von den Ausgrabungen. Mit solchen Bodenfunden kann man die Geschichte eines Volkes kennen lernen. Der Archäologe untersucht die Reste von Häusern und Tempeln, außerdem Gräber, Schrifttafeln und sogar den Inhalt von Abfallgruben.

Arktis: Das Gebiet um den ➔ Nordpol oder, genauer gesagt, das Gebiet innerhalb des nördlichen ➔ Polarkreises. Das Gebiet um den Südpol heißt ➔ Antarktis.

Atoll: Atolle sind ringförmige Koralleninseln (➔ Korallen) in tropischen Meeren. Ein Atoll ragt nur wenige Meter über den Wasserspiegel

hinaus. Im Inneren liegt eine flache Wasserfläche, eine Lagune.

Beduinen: Bezeichnung für alle ➔ Nomaden im arabischen Gebiet. Die Beduinen haben als Transporttiere vor allem Kamele. Die Beduinen sind Moslems, pflegen aber noch viele Vorstellungen aus der Zeit vor dem ➔ Islam.

besiedeln: Wenn Menschen in einem Gebiet, in dem noch niemand wohnt, Häuser bauen und beginnen, dort zu leben, dann sagt man, sie besiedeln das Gebiet.

Bodenschätze: Allgemeine Bezeichnung für wertvolle Metalle und Erze sowie Erdöl und Erdgas. Man gewinnt sie aus dem Boden, oft sogar aus großer Tiefe wie Diamanten und Erdöl.

Breitengrad: Mit dem Breiten- und dem ➔ Längengrad bestimmt man die Lage jedes Ortes auf der Erde. Der Breitengrad gibt an, wie weit ein Ort vom ➔ Äquator entfernt ist. Man gibt das in Grad an. Deutschland liegt um den 50. Breitengrad.

Buddhist: Anhänger des ➔ Buddhismus.

Buddhismus: Eine asiatische Religion, gegründet von Buddha. Im Buddhismus spielt die Meditation oder Versenkung eine große Rolle. Dabei will der Gläubige den Zustand der Wunschlosigkeit erreichen.

Bumerang: Der Bumerang war ursprünglich ein Gerät der australischen ➔ Aborigines. Ein geschickt geworfener Bumerang kehrt im Flug zum Werfer zurück.

Bürgerkrieg: Bürgerkrieg herrscht dann, wenn die Bürger eines Landes gegeneinander Krieg führen. Aufständische kämpfen dabei gegen die Regierung und verlangen, dass sie und ihr Gebiet ➔ unabhängig werden.

Buschleute: Die Buschleute oder San leben seit rund 15 000 Jahren im südlichen Afrika. Sie haben eine sehr merkwürdige Sprache mit Schnalzlauten. Ursprünglich waren die Buschleute ➔ Jäger und Sammler. Sie gelten als die besten Kenner der afrikanischen Tierwelt.

Christ: Anhänger des ➔ Christentums.

Christentum: Das Christentum ist die größte Weltreligion. Die Gläubigen folgen der Lehre von Jesus Christus, die in der Bibel nachzulesen ist. Sie glauben, dass er der Sohn Gottes ist und uns durch seinen Tod am Kreuz erlöste.

Delta: Wo große Flüsse ins Meer münden, lagern sie viel Sand und Schlamm ab. An der Mündung entsteht dadurch ein Gebiet, das sich wie ein Dreieck ins Meer schiebt. Das ist das Delta.

Demokratie: „Demokratie" kommt aus dem Griechischen und bedeutet „Herrschaft des Volkes". Weil natürlich nicht das ganze Volk herrschen kann, werden von den Bürgern Abgeordnete gewählt, die eine Regierung bilden. In einer Demokratie darf jeder Mensch seine Meinung sagen, darf sich mit anderen versammeln und darf einer Partei angehören. Das Gegenteil einer Demokratie ist eine ➔ Diktatur.

Diktatur: Das Gegenteil von ➔ Demokratie. In einer Diktatur bestimmt nicht das Volk, sondern einzelne Menschen oder sogar nur ein einziger, der Diktator. Er ist meistens nicht gewählt, sondern hat sich selbst an die Macht gebracht mit Hilfe des Militärs. In einer Diktatur darf die Bevölkerung ihre Meinung nicht frei sagen, es gibt keine ordentlichen Gerichtsverhandlungen, viele Menschen leben in Angst.

Dritte Welt: Eine andere Bezeichnung für Entwicklungsländer (➔ Entwicklungsland). Die Länder der Dritten Welt befinden sich meistens in Afrika, Südamerika und Asien. Viele Bewohner dieser Länder sind ➔ Analphabeten. Ein großer Teil von ihnen leidet unter Armut und Hunger.

Drogen: Als Drogen bezeichnet man Rauschgift. Das sind Gifte, die unseren Körper beeinflussen und bestimmte Gefühle oder auch Wahnvorstellungen hervorrufen. Die meisten Rauschgifte machen süchtig. Das heißt, dass man sie in immer größeren Mengen und immer häufiger nehmen muss. Die am häufigsten genutzten Rauschgifte sind Alkohol und

Nikotin (Zigaretten). Es gibt auch noch sehr viel stärker wirkende Rauschgifte, wie zum Beispiel Heroin und Kokain. Sie sind sehr gefährlich und in fast allen Ländern verboten.

Düne: Dünen sind Berge aus feinem Sand. Sie entstehen am Meeresstrand oder inmitten von Wüsten, zum Beispiel in der ➔ Sahara. Es ist der Wind, der die Dünen aufhäuft. Die einen bleiben an Ort und Stelle, andere wandern. Die größten Dünen werden einige Hundert Meter hoch.

Ebbe: Wenn der Wasserspiegel des Meeres sinkt, herrscht Ebbe. Der niedrigste Punkt der Ebbe heißt Niedrigwasser. Ebbe und ➔ Flut bilden zusammen die Gezeiten.

Eiszeit: Bei einer Eiszeit kühlt sich die ganze Erde stark ab. Dabei gefriert viel Wasser und bedeckt nördliche und südliche Gebiete mit einer dicken Eisschicht. Im Lauf der Erdgeschichte gab es viele Eiszeiten. Die letzte ging vor rund 10 000 Jahren zu Ende.

Entwicklungsland: Ein armes Land, das nicht aus eigener Kraft zu menschenwürdigen Lebensbedingungen kommen kann. In einem solchen Land gibt es viele ➔ Analphabeten, und es fehlt an Nahrung und Kleidung. Entwicklungsländer sind meistens in Afrika, Südamerika und Asien. Man nennt sie auch ➔ Dritte Welt. Die Industrieländer versuchen, sie mit Geld und anderen Hilfen zu unterstützen.

Erdbeben: Unsere Erde bebt dauernd: Jede Minute finden zwei Erdbeben statt. Die meisten sind extrem schwach und nicht zu spüren. Nur wenige Erdbeben richten große Schäden an. Die meisten Erdbeben finden übrigens in China statt.

Erdgas: Ein Gas, das ähnlich wie ➔ Erdöl aus abgestorbenen Pflanzen und Tieren der Urzeit entstanden ist. Es befindet sich unter der Erde und strömt an manchen Stellen mit Druck heraus. Wie Erdöl wird Erdgas zur Herstellung von Energie genutzt, indem man es verbrennt.

Erdöl: Erdöl ist aus abgestorbenen Pflanzen und Tieren der Urzeit entstanden. Es liegt nicht etwa in Hohlräumen in der Erde, sondern durchtränkt die Zwischenräume von Gesteinen – ähnlich wie das Wasser in einem Badeschwamm. Erdöl und ➔ Erdgas kommen meistens zusammen vor.

Erosion: Wenn fruchtbarer Boden großflächig von Wasser oder Wind abgetragen wird (➔ Abtragung), spricht man von Erosion. Dadurch geht jedes Jahr viel Boden verloren, besonders in der ➔ Sahelzone.

Eskimo: Die arktischen Völker, man sollte sie besser ➔ Inuit nennen.

Europäische Union: Die Europäische Union (abgekürzt: EU) ist ein Zusammenschluss von derzeit 27 europäischen Staaten. Diese Staaten wollen in vielen politischen, wirtschaftlichen und sozialen Fragen zusammenarbeiten. 1999 wurde eine gemeinsame Währung eingeführt, die heute in vielen EU-Staaten gültig ist: der Euro.

Export: Statt Export kann man auch Ausfuhr sagen, doch das ist auch nicht viel verständlicher. Alle Waren, die ein Staat an andere Staaten verkauft, bilden den Export und gehören zum Außenhandel. Was ein Staat aus anderen Staaten einführt, heißt Import.

Fjord: Ein Fjord ist eine tief eingeschnittene, meist schmale Meeresbucht mit felsigen Steilküsten. Fjorde sind am Ende der ➔ Eiszeit entstanden: Während der Eiszeit waren tiefe Täler entstanden, die nach dem Abschmelzen der ➔ Gletscher vom ansteigenden ➔ Meeresspiegel überflutet wurden. Fjordküsten gibt es zum Beispiel in ➔ Skandinavien, Schottland, Island, Labrador und Neuseeland.

Föderalismus: Zusammenschluss mehrerer Länder unter einer gemeinsamen Regierung, wobei die einzelnen Länder alle ein gewisses Maß an Selbstbestimmung behalten. Deutschland ist ein föderativer Bundesstaat. Die einzelnen deutschen Bundesländer haben eigene Landesregierungen und sind in manchen Bereichen selbständig. Weitere föderative Staaten sind zum Beispiel Österreich, die Schweiz und die USA.

Fetisch: Ein magischer Gegenstand, ein Zaubermittel. Manche Völker, besonders in Afrika,

rufen Fetische um Hilfe an. Sie sollen mit ihrer magischen Kraft etwas bewirken.

Flut: Wenn der Wasserspiegel des Meeres steigt, herrscht Flut. Der höchste Punkt der Flut heißt Hochwasser. ➔ Ebbe und Flut bilden zusammen die Gezeiten.

fossil: Aus früher Zeit der Erdgeschichte stammend. Statt fossil kann man oft versteinert sagen. ➔ Versteinerungen bezeichnet man auch als Fossilien.

Gebirge: Höhere Teile der Erdoberfläche, sie entstehen durch Verformungen der Erdkruste. Die feste Außenhülle unseres Planeten besteht aus Platten, die auf- oder nebeneinanderliegen. Diese bewegen sich ständig und können sich verschieben. Die Erdoberfläche bildet dann Falten, die wir als große Ketten von Bergen sehen.

gebirgig: Gebirgig nennt man eine Landschaft, wenn es dort viele Berge und ➔ Gebirge gibt.

Gestein: Gesteine sind Gemische aus ➔ Mineralien. Manche Gesteine bestehen nur aus einem einzigen Mineral, zum Beispiel Kalk oder Sandstein. Granit setzt sich aus drei Mineralien zusammen: „Feldspat, Quarz und Glimmer, das vergess ich nimmer!"

Giftgas: Gase und Dämpfe, die die menschliche Gesundheit zerstören oder Menschen qualvoll töten. Giftgase sind weltweit geächtet und verboten. Dennoch werden immer wieder vor allem so genannte „Schurkenstaaten" beschuldigt, Giftgase bei bewaffneten Auseinandersetzungen einzusetzen.

Gletscher: Gletscher sind Eisströme. Eis fließt nämlich Hänge hinab – ähnlich wie ganz zähflüssiger Honig. Schnelle Gletscher fließen pro Tag immerhin einige Meter.

Globus: Das lateinische Wort „Globus" bedeutet einfach „Kugel". Gemeint ist die gesamte Erde oder eine Nachbildung davon. Das ist der Globus, der in jedem Klassenzimmer steht.

Golfstrom: Die größte Meeresströmung des Atlantiks ist der Golfstrom. Er transportiert warmes Wasser vom Golf von Mexiko bis zu den Küsten Europas. Deswegen haben wir im Winter ein eher mildes Klima.

Himalaya: Der Himalaya ist die höchste Gebirgskette der Welt. Sie liegt zwischen Indien und Tibet. Viele große Flüsse nehmen hier ihren Anfang, etwa der Ganges.

Hindu: Anhänger des ➔ Hinduismus.

Hinduismus: Die meisten Inder gehören der Religion des Hinduismus an. Sie sind Hindus. Typisch für den Hinduismus sind die vielen Götter. Jeder Mensch gehört einer bestimmten Kaste an. Das ist eine Gesellschaftsschicht. Man bleibt sein Leben lang Mitglied dieser Kaste.

Hochkulturen: Unter einer Hochkultur versteht man den Entwicklungsabschnitt einer Gesellschaft, in dem Technik, Kunst, Wissenschaft, Staatsform usw. auf einer beachtlichen Höhe stehen. Vor 5 000 Jahren gab es in Ägypten eine der ersten Hochkulturen der Erde. Die damaligen Menschen bauten zum Beispiel Pyramiden und erfanden den ersten Kalender.

Hochland: Ein meist flaches bis hügeliges Gebiet, das in größeren Höhen über dem Meer liegt. Hochländer gibt es auf allen Kontinenten. Das Andenhochland liegt in rund 4 000 Metern Höhe.

Höhle: Ein Hohlraum im Gestein. Die meisten Höhlen liegen im Kalk. Säurehaltiges Wasser löst dort das Gestein auf.

Indios: Bezeichnung für alle Indianer oder Ureinwohner Mittel- und Südamerikas.

Inflation: Inflation herrscht dann, wenn die Preise schnell steigen und alles teurer wird. Da man für das Gleiche immer mehr Geld ausgeben muss, ist dieses immer weniger wert.

instabil: Instabil bedeutet nicht stabil. Instabile Verhältnisse ändern sich schnell. Stabile Verhältnisse sind mit keinen Änderungen verbunden: Alles bleibt, wie es ist.

Inuit: Selbstbezeichnung der arktischen Völker, die wir früher ➔ Eskimo nannten. Früher lebten die Inuit als Jäger von Robben, Walen und Fischen. Im Winter bauten sie die berühmten Iglus.

Islam: Der Islam ist eine der großen Weltreligionen. Gegründet wurde er von Mohammed.

Der Islam ist vor allem in Nordafrika und Asien verbreitet. Die Anhänger des Islam heißen Moslems. Sie glauben an den einen Gott Allah. Das heilige Buch des Islam ist der Koran.

Jäger und Sammler: Völker, die keine Pflanzen anbauen und auch kein Vieh züchten, sind Jäger und Sammler. Sie leben von dem, was sie jagen und fischen oder sonst in der Natur finden, etwa Früchte und Knollen. Zu den Jägern und Sammlern zählten früher die → Inuit, die → Aborigines, die → Buschleute, die → Pygmäen sowie einige kleinere Völker. Es wäre völlig falsch, diese Menschen als primitiv oder zurückgeblieben zu bezeichnen. Jäger und Sammler haben große Kenntnisse von den Pflanzen und Tieren und vom Funktionieren der Natur.

Jude: Anhänger des → Judentums.

Judentum: Das Judentum ist eine Religion. Ihre Anhänger, die Juden, waren die ersten, die an nur einen Gott glaubten. Er heißt Jahwe. Aus dem Judentum entstand das → Christentum. Stranggläubige Juden müssen zahlreiche Vorschriften befolgen, nicht nur die Zehn Gebote, die auch für das Christentum gelten. Juden leben in fast allen Ländern der Welt.

Jungsteinzeit: Ein Zeitraum in der Geschichte der Menschheit, etwa von 4 200 bis vor 1 800 vor Christus. Bis dahin waren die Menschen hauptsächlich → Jäger und Sammler. In der Jungsteinzeit begannen sie, auf Feldern Getreide anzubauen und Vieh zu züchten. Man kannte schon aus Feuerstein hergestellte Äxte, also ganz brauchbares Werkzeug.

Kannibalen: Bezeichnung für Menschen und Menschengruppen, die gelegentlich Fleisch anderer Menschen essen. Kannibalen glaubten, dadurch den Geist und die Kraft des Toten in sich aufzunehmen. Heute gibt es keine Kannibalen mehr.

Karawane: Viele frühe Handelsrouten im → Orient führten durch die → Wüste. Diese Strecken waren oft gefährlich. Darum schlossen sich die Kaufleute zu Reisegesellschaften, also Karawanen, zusammen und zogen auf Kamelen durch die Wüste.

Karibik: Bezeichnung für das Meer zwischen Mittel- und Südamerika. In der Karibik liegen viele Inseln, die man → Antillen oder auch → Westindien nennt.

Kaukasus: Das hohe Gebirge zwischen dem Schwarzen Meer und dem Kaspischen Meer. Am Kaukasus haben Russland, Georgien, Armenien und Aserbaidschan Anteil. Der höchste Berg ist der Elbrus mit 5 642 Metern.

Keilschrift: Die Keilschrift ist eine aus keilförmigen Strichen bestehende Schrift. Das Volk der Sumerer erfand um 3 000 vor Christus in Mesopotamien die Keilschrift. Verbreitet war diese Schrift auch bei den Babyloniern, Assyrern und Persern.

Kernkraftwerk: In einem Kernkraftwerk gewinnt man Energie durch Atomspaltung. Bei der Atomspaltung werden aber nicht nur Energie, sondern auch verschiedene Strahlen frei, die für Mensch und Natur äußerst gefährlich sind. Man nennt sie radioaktiv. Damit diese Strahlen nicht nach außen gelangen, haben Kernkraftwerke zum Beispiel ganz dicke Schutzmäntel aus Stahl und Beton.

Klima: Jeder Ort auf der Welt hat ein bestimmtes Klima. Es ändert sich kaum im Lauf der Jahre, obwohl es vom Wetter bestimmt wird. In Deutschland ist das Klima gemäßigt: milde Winter, ziemlich warme Sommer, Regen das ganze Jahr über. Das Wüstenklima der → Sahara ist heiß und trocken.

Kohle: Kohle ist eine Art versteinertes Holz. Kohle besteht fast nur aus Kohlenstoff und verbrennt deshalb mit großer Hitze.

Kolonie: Viele Länder in Europa besaßen noch vor hundert Jahren Kolonien. Das waren Gebiete in Afrika, Asien oder Amerika. Die Kolonien belieferten ihre europäischen Besitzer mit wertvollen Rohstoffen wie Gold, Diamanten, Kakao oder Baumwolle. Heute gibt es fast keine Kolonien mehr. Die früheren Kolonien wurden → unabhängig.

Kolumbus: Christoph Kolumbus entdeckte im Jahr 1492 Amerika und besuchte dort zunächst die Inseln Kuba und Haiti.

Kommunismus: Der Kommunismus ist die Idee einer Gesellschaftsordnung, in der es keine Klassenunterschiede gibt. Es gibt auch kein Privateigentum. Dadurch, dass sich die Menschen alle Güter teilen, soll es keine besonders reichen und keine besonders armen Menschen geben. Es soll keine Herrschaft von Menschen über Menschen geben, sondern soziale Gerechtigkeit für alle.

Kontinent: Kontinente sind große Landmassen. Man unterscheidet sieben Kontinente: Europa, Asien, Australien, Nordamerika, Südamerika, Afrika und die ➔ Antarktis.

Korallen: Korallen sind weiche kleine Tiere. Sie leben in großen Stöcken aus Kalk zusammen und sehen dabei ähnlich wie Pflanzen aus. Korallen leben nur in tropischen Meeren und bilden oft mächtige ➔ Riffe.

Kultur: Ein Sammelname für alles, was der Mensch durch sein Tun entwickelt hat: zum Beispiel Bauten, Malerei, Musik, Religion, Wissenschaft, Bücher und auch Formen des Zusammenlebens. Es gibt verschiedene Kulturen, manche sind ausgestorben (beispielsweise Inkas, Azteken), andere kennen wir kaum.

Lamaismus: Der Lamaismus ist eine Sonderform des ➔ Buddhismus in Tibet. Rituale, Götterverehrung und Zauberwesen spielen im Lamaismus eine große Rolle. An der Spitze des Lamaismus stehen der Dalai-Lama und der Panchen-Lama.

Landminen: Landminen sind heimtückische Sprengwaffen. Sie werden in die Erde vergraben und bleiben dort viele Jahre gefährlich. Wenn man auf oder neben sie tritt, explodieren sie durch die Erschütterung. Dabei töten oder verstümmeln sie Menschen. Heutzutage sind viele Gebiete durch Landminen unpassierbar, zum Beispiel in Afghanistan, in Angola, in Hinterindien, im Irak und Mosambik.

Längengrad: Mit dem Längen- und dem ➔ Breitengrad bestimmt man die Lage jedes Ortes auf der Erde. Der Längengrad gibt an, wie weit ein Ort vom so genannten Nullmeridian entfernt ist. Diese Linie zieht durch den ➔ Nord- und den ➔ Südpol und zum Beispiel durch den Londoner Vorort Greenwich. Der Längengrad wird in Grad angegeben. Deutschland liegt also um den 10. Grad östlicher Länge.

Lava: Aus dem Erdinneren ausfließendes glühend heißes Gestein. ➔ Vulkane spucken Lava aus.

Lawine: Eine ins Tal abgleitende Masse aus Schnee und Eis und mitgerissenem Schutt. Die häufigsten Lawinen sind die Schneebretter. Sie kosten jedes Jahr viele Skiläufer das Leben.

Malaria: Eine überwiegend tropische Krankheit. Sie wird von einer bestimmten Mückenart beim Stich übertragen. Die Malaria heißt auch Sumpf- oder Wechselfieber, weil man immer wieder hohes Fieber in Schüben bekommt.

Malz: Getreide, also zum Beispiel Gerste, Weizen oder Roggen, das ein bisschen gekeimt hat und dann wieder getrocknet und zermahlen wird. Aus Malz macht man Malzkaffee und Malzbonbons, und es wird auch zur Herstellung von Bier gebraucht.

Mangroven: Immergrüne Bäume, die an flachen tropischen Küsten im Meerwasser stehen. Um sich im schlammigen Boden zu halten, bilden sie viele Stützwurzeln aus. Leider werden viele Mangrovenwälder abgeholzt.

Meeresspiegel: Der Meeresspiegel gibt an, wie hoch das Meer gerade steht. Der Meeresspiegel verändert sich regelmäßig durch die Gezeiten: Bei ➔ Ebbe sinkt der Meeresspiegel, bei ➔ Flut steigt der Meeresspiegel.

Mesopotamien: Das antike Zweistromland zwischen den Flüssen Euphrat und Tigris. In Mesopotamien lagen die Kulturen von Sumer und Babylon. Mesopotamien heißt heute Irak.

Mineralien: Die meisten Mineralien bilden Kristalle. Zu den häufigsten Mineralien der Erdkruste gehören Quarz und Kalkspat. Alle ➔ Gesteine setzen sich aus Mineralien zusammen.

Mittelgebirge: Mittelgebirge sind meist bis zu 1 000 m hoch, ihre Gipfel liegen unterhalb der Schneegrenze. Hochgebirge (über 1 000 m) sind dagegen über die Baum- und Schneegrenze aufragend.

Monarchie: In einer Monarchie ist das Staatsoberhaupt ein Monarch. Dessen Titel kann zum Beispiel Kaiser, König oder Fürst lauten. Wird der Monarch gewählt, dann spricht man von einer Wahlmonarchie. In einer Erbmonarchie folgt dem verstorbenen Monarchen meist der älteste Sohn auf den Thron.

Monsun: So heißt die → Regenzeit in Indien. Sie dauert von Juni bis Oktober. Während des Monsuns fließt feuchtwarme Meeresluft auf den indischen Subkontinent und gibt dort ihr Wasser in heftigen Regenfällen ab.

Moor: Ein dauernd feuchtes, schwammiges Gebiet. Der Untergrund besteht aus abgestorbenen Pflanzenteilen, die eine dicke Schicht aus Torf bilden. Moore bilden sich in Gebieten, wo dem Boden mehr Wasser zugeführt wird als abläuft, versickert oder verdunstet.

Moschee: Das Gotteshaus der Moslems, der Anhänger des → Islam. Die Moschee ist nach Mekka in Saudi-Arabien ausgerichtet und hat meistens einen oder mehrere hohe Türme, die Minarette. Von ihnen ruft der Geistliche fünfmal am Tag zum Gebet.

Moslem: Anhänger des → Islam.

multikulturell: Eine Gesellschaft ist dann multikulturell, wenn die Menschen mehreren verschiedenen Kulturen angehören. Große deutsche Städte beispielsweise sind ausgesprochen multikulturell, denn dort leben mit den Deutschen auch Italiener, Franzosen, Engländer, Türken, Kurden oder Inder zusammen.

Mumie: Eine Mumie ist eine Leiche, die durch besondere Maßnahmen oder unter natürlichen Bedingungen (etwa im Moor oder in großer Kälte) erhalten geblieben ist. Die bekanntesten Mumien hat man in Ägypten gefunden. Die alten Ägypter unterzogen die Körper der Toten einer besonderen Behandlung (Einbalsamierung), weil sie an ein Weiterleben nach dem Tode glaubten.

Nationalpark: Ein Gebiet, in dem die Natur, also die Landschaft, die Tiere und die Pflanzen besonders geschützt werden. Sie sollen dadurch so erhalten bleiben, wie sie dort vorkommen. Oft findest du hier Pflanzen- und Tierarten, die es sonst nur noch selten oder gar nicht mehr gibt. Man darf normalerweise in einen Nationalpark hineingehen, dort zum Beispiel wandern und zelten, muss sich aber an die dort gültigen Verhaltensregeln halten.

Nil: Der Nil ist der längste Fluss der Welt, er ist 6 671 km lang. Der Nil fließt von Zentralafrika nordwärts bis ins Mittelmeer.

Nomaden: Bezeichnung für Völker ohne festen Wohnsitz. Nomaden reisen mit ihrer ganzen Habe dauernd umher. Sie züchten Tiere, bauen aber kaum Pflanzen an. Nomaden trifft man oft in Steppen und Trockengebieten an. Sie ziehen weiter, sobald ihre Herden das Gras in der Umgebung abgefressen haben. Die meisten Nomaden leben heute noch in der Mongolei.

Nordhalbkugel: Der Teil der Erde nördlich des → Äquators, mit dem → Nordpol.

Nordpol: Wie der → Südpol einer der beiden Punkte der Erde, die am weitesten vom → Äquator entfernt liegen. Der Nordpol liegt mitten im Nordpolarmeer.

Noruz-Fest: Das Neujahrsfest im Iran. Es wird am 21. März gefeiert, weil hier nach einem anderen Kalender gerechnet wird. Die Freunde und Familien besuchen sich und schenken sich etwas. Bei den Kurden heißt das Fest Newroz. Das Noruz-Fest wird aber auch in Turkmenistan, Tadschikistan oder in Afghanistan gefeiert.

Oase: Ein grünes, wasserreiches Gebiet mitten in einer → Wüste.

Okzident: Das Abendland, im Gegensatz zum → Orient, dem Morgenland. Als Okzident bezeichnete man früher im Wesentlichen Europa.

Orient: Das Morgenland, im Gegensatz zum → Okzident, dem Abendland. Als Orient bezeichnet man noch heute im Wesentlichen Asien und besonders auch die arabische Welt.

orthodoxe Kirchen: Orthodoxe Kirchen sind die christlichen Kirchen, die sich aus den Kirchen im Osten des Byzantinischen Reichs entwickelt haben. Sie haben sich 1054 von der römisch-katholischen Kirche abgespalten. In den orthodoxen Kirchen kommt den Gottesdiensten und besonders der Verehrung der Heiligenbilder (Ikonen) eine große Bedeutung zu.

Ozean: Ein großes Meer. Es gibt drei große Ozeane auf der Welt: den Atlantischen, den Indischen und den Pazifischen Ozean.

Pampa: Eine große, von Gräsern bewachsene Steppe in Südamerika und vor allem in Argentinien. In der Pampa wachsen kaum Bäume.

Parlament: Ein Parlament wählt und kontrolliert die Regierung, ändert und verbessert Gesetze und beschließt neue Gesetze. Es besteht aus vielen Abgeordneten, die vom Volk gewählt wurden. In Deutschland heißt das Parlament Bundestag, in der Schweiz Stände- und Nationalrat. In Österreich nennt man es ebenfalls Nationalrat.

Pflanzenbau: Pflanzen anzubauen bedeutet, sie zu säen, zu pflegen und zu ernten. Der Pflanzenbau bildet zusammen mit der Viehzucht die Landwirtschaft.

Pharao: Titel der altägyptischen Herrscher. Einer der berühmtesten war Tutenchamun.

Polarkreise: Zwei gedachte Kreise auf der Erdkugel. Der eine liegt nahe am → Nordpol, der andere beim → Südpol. Innerhalb der Polarkreise geht die Sonne im Sommer nie richtig unter, im Winter nie richtig auf.

Polarlicht: In der → Arktis und der → Antarktis sieht man am Himmel immer wieder bunte Lichterscheinungen, die an Vorhänge erinnern. Dieses Nord- oder Südlicht entsteht durch Teilchen der Sonne, die in die Atmosphäre der Erde eindringen.

Politik: Mit Politik gleicht man verschiedene Interessen aus. Politik braucht man in der Familie genauso wie im Staat. So lange die Menschen miteinander reden, ist Politik möglich.

Pygmäen: Ein kleinwüchsiges Volk in Zentralafrika. Viele Pygmäen sind heute noch → Jäger und Sammler. Leider werden sie dort häufig von den sesshaften Bauern verfolgt.

Regenwald: Damit Regenwälder wachsen, braucht es hohe Temperaturen und regelmäßige Niederschläge. Diese Bedingungen sind vor allem in den → Tropen gegeben. Tropischen Regenwald gibt es in Afrika, Asien und Südamerika. Er ist der artenreichste Lebensraum.

Regenzeit: In manchen Gebieten fällt nicht das ganze Jahr über Regen, sondern nur zu bestimmten Zeiten. Dann wechselt eine Regenzeit mit einer → Trockenzeit ab.

Rhythmus: Rhythmus bezeichnet einen wiederkehrenden Vorgang. Nicht nur in der Musik, wo du den Rhythmus einer Trommel hören kannst, sondern auch in der Natur: Ebbe und Flut, Tag und Nacht.

Riff: Eine Erhebung oder ein Berg im Meer. Riffe bestehen meist aus → Korallen. Das Große Barriereriff vor der Ostküste Australiens ist rund 2000 km lang.

Rodeo: Reiterwettkämpfe der amerikanischen Cowboys. Bei einem geht es darum, sich möglichst lange auf einem wilden Bullen zu halten.

Runen: Die Schriftzeichen der alten Völker der Germanen und der Wikinger. Sie wurden in Holz oder Knochen eingeritzt oder in Stein gemeißelt.

Sahara: Die große Wüste im Norden Afrikas. Im Süden der Sahara liegt die → Sahelzone.

Sahelzone: Das Gebiet südlich der → Sahara. Die Sahelzone liegt zwischen der Wüste und der afrikanischen → Savanne. Immer wieder dringt die Wüste in die Sahelzone vor. Dann kommt es dort zu Dürrekatastrophen und Hungersnöten.

Salz: Salz oder Bergsalz ist das einzige Gestein, das man essen kann. Es ist im Meerwasser gelöst: in einem Liter sind rund 35 Gramm. Es gibt noch viele andere Salze. Viele → Mineralien sind Salze.

Savanne: Bezeichnung für die afrikanische Grassteppe. In der Savanne stehen nur vereinzelte Bäume mit ausladenden Kronen, die Schirmakazien. Die Savanne ist einer der tierreichsten Lebensräume der Erde. Hier grasen riesige Tierherden.

Schamanen: Schamanen sind eine Art Zauberer oder Medizinmänner. Sie vermitteln zwischen den Menschen und den Göttern oder Geistern. Die Schamanen Mittelasiens geraten in Trance, „außer sich", und berichten dabei von der jenseitigen Welt. Schamanen heilen vor allem Kranke.

sesshaft: Wenn jemand sesshaft ist, dann hat er einen festen Wohnsitz. Menschen ohne festen Wohnsitz nennt man ➔ Nomaden.

Siedlungsgebiet: Ein Siedlungsgebiet ist ein Ort oder ein Gebiet, wo Menschen wohnen, miteinander verkehren und ihren Lebensunterhalt finden.

Skandinavien: Die Halbinsel im Norden Europas, auf der Norwegen, Schweden und der nordwestliche Teil Finnlands liegen.

Sklaven: Sklaven sind Menschen, denen man alle Rechte genommen hat. Sie werden verkauft und gekauft und müssen für ihre Besitzer arbeiten. Statt Sklaven kann man auch Leibeigene sagen. Vom 16. Jahrhundert an verschleppten europäische Geschäftsleute Sklaven aus ihrer Heimat Afrika nach Amerika. Dort mussten sie in den Zuckerrohrplantagen arbeiten. Die Sklaverei schien seit rund 150 Jahren verschwunden. Doch gibt es heute wieder in vielen Staaten Sklaverei und Menschenhandel, nicht nur in Afrika, sondern auch mitten in Europa.

Slum: [:slam], englische Bezeichnung für ein Elendsviertel. Viele Großstädte sind von Slums umgeben. Dort wohnen die ganz Armen in Hütten aus Karton, Holzresten und Blech. Oft gibt es kein fließendes Wasser und nicht einmal Toiletten. Die Kinder und Erwachsenen werden hier schnell krank.

Sowjetunion (UdSSR): Russland und die meisten seiner Nachbarländer waren ungefähr 70 Jahre lang zur Sowjetunion zusammengeschlossen. Die Länder haben versucht, den ➔ Kommunismus zu verwirklichen. 1991 löste sich die Sowjetunion aber auf. Die Länder sind jetzt wieder eigenständige Staaten.

Steppe: Flaches, grasbestandenes Gebiet mit nur wenig Bäumen bezeichnen wir als Steppe. Es gibt Steppen auf der ganzen Welt, in Europa zum Beispiel in Ungarn und Südrussland. Die afrikanische Steppe heißt ➔ Savanne, die südamerikanische ➔ Pampa.

Südhalbkugel: Der Teil der Erde südlich des ➔ Äquators, mit dem ➔ Südpol.

Südpol: Wie der ➔ Nordpol einer der beiden Punkte der Erde, die am weitesten vom ➔ Äquator entfernt liegen. Der Südpol liegt mitten in der ➔ Antarktis und damit auf festem Land.

Synagoge: Das Gotteshaus der Juden, der Anhänger des ➔ Judentums.

Tabu: Das Tabu ist ein Verbot. Manche Religionen kennen viele Tabus. Man darf dann zum Beispiel eine bestimmte Tierart nicht berühren oder den Namen eines ➔ Ahnen nicht aussprechen.

Taiga: Bezeichnung für das sibirische Nadelwaldgebiet. Hier wachsen fast nur Lärchen und Fichten und daneben Birken.

Tracht: Eine Tracht ist die in Form, Farbe und Tragweise einheitliche Kleidung einer Gemeinschaft. Je nachdem, wo die Menschen früher lebten, trugen sie ganz unterschiedliche Trachten. Damals wurden Trachten von vielen Menschen getragen. Heute werden sie meist nur noch zu bestimmten Anlässen angezogen, zum Beispiel bei Volksfesten.

Trockenzeit: In manchen Gebieten fällt nicht das ganze Jahr über Regen, sondern nur zu bestimmten Zeiten. Dann wechselt eine ➔ Regenzeit mit einer Trockenzeit ab, in der jeder Regen ausbleibt.

Tropen: Das warme Gebiet um den Äquator heißt Tropen. Die Sonne steht hier am Mittag sehr hoch am Himmel. Sie geht das ganze Jahr um sechs Uhr auf und um sechs Uhr unter. In den Tropen dauert der Tag also genauso lang wie die Nacht, nämlich 12 Stun-

den. Das Klima in den Tropen ist feucht und heiß.

Tundra: Die niedrige Pflanzendecke in der Arktis. Sie besteht aus Gräsern, Moosen, Flechten und Zwergsträuchern. Der Boden der Tundra ist fast immer gefroren und taut nur im Sommer an der Oberfläche auf.

unabhängig: Unabhängig ist ein Land, wenn es einen eigenen Staat bildet. Bei ➔ Bürgerkriegen geht es meistens darum, die Unabhängigkeit zu erlangen. So war es zum Beispiel auch bei dem Staat Osttimor, der sich 2002 von Indonesien loslöste.

Ural: Ein mittelhohes Gebirge in Russland. Es trennt das europäische Russland vom asiatischen Teil ab. Diesen Teil kennen wir als Sibirien.

Versteinerung: Reste von Pflanzen oder Tieren aus Urzeiten bleiben oft versteinert erhalten. Statt Versteinerungen kann man auch Fossilien sagen. In der Regel bleiben von ausgestorbenen Tieren aber nur harte Teile versteinert übrig, zum Beispiel die Knochen oder die Panzer.

Völkermord: Wenn ein Volk ein anderes ausrotten will, spricht man von Völkermord oder Genozid. Ein Völkermord war die Vernichtung der Juden, der Anhänger des ➔ Judentums, zur Zeit des Nationalsozialismus in Deutschland während des 2. Weltkrieges.

Vulkan: In Vulkanen tritt heißes, geschmolzenes Gestein, die ➔ Lava, an die Erdoberfläche. Sie kann dort ruhig ausfließen oder bei Explosionen in Form von Asche und Bomben kilometerweit in die Luft hinausgeschleudert werden.

Weltkulturerbe: Besondere alte und einzigartige Gebäude oder Stadtteile in vielen Ländern der Erde werden in einer Liste aufgeschrieben. Man darf sie nicht abreißen oder verändern, sondern muss sie möglichst so erhalten, wie sie jetzt sind. Eine ähnliche Liste gibt es auch für besondere Landschaften oder Gebiete, in denen seltene Tiere und Pflanzen vorkommen: das Weltnaturerbe.

Wendekreise: Zwei Linien, etwa auf dem 23. Breitengrad nördlicher und südlicher Breite. Hier steht die Sonne zur Zeit der Sonnenwende mittags am höchsten Punkt (im Zenit).

Westindien: Bezeichnung für die Inseln in Mittelamerika, die wir auch ➔ Antillen nennen. Der Name stammt daher, dass ➔ Kolumbus glaubte, er habe im Westen einen Teil Indiens entdeckt.

Wirtschaft: Menschen erzeugen oder leisten etwas. Das ➔ Anbauen von Pflanzen nennt man Landwirtschaft. Die Bauwirtschaft ist alles, was mit dem Bau von Gebäuden und Straßen zu tun hat. Alle Bereiche, in denen Menschen etwas leisten, werden zusammen Wirtschaft genannt.

Wüste: In Wüsten gedeihen nur noch wenige Pflanzen, weil es dort kaum mehr regnet. Wüsten können sandig, schottrig oder auch felsig sein. Die meisten Wüsten liegen in warmen Gebieten, vor allem auch die größte Wüste der Welt, die ➔ Sahara.

Zeitzonen: Weil sich die Erde um sich selbst dreht, wendet sie der Sonne immer einen anderen Teil zu. Sehen wir die Sonne von der Erde aus am höchsten Punkt des Himmels, ist es bei uns Mittag. Gleichzeitig ist es auf der entgegengesetzten Seite der Erde Mitternacht. Zur besseren Übersicht wurde die Erde in 24 Zeitzonen eingeteilt. Innerhalb einer Zeitzone gilt die gleiche Uhrzeit. Auf einer bestimmten gedachten Linie wechselt die Uhrzeit von 23.00 Uhr abends auf 0.00 Uhr morgens des nächsten Tages. Wenn östlich dieser Datumsgrenze zum Beispiel Donnerstag ist, ist also westlich davon schon Freitag. Diese Linie ist ungefähr der 180. Längengrad, der durch den Pazifik verläuft.

Zoll: Zoll heißt eine Abgabe, die man an Grenzen bezahlen muss, wenn man bestimmte Waren mitnimmt oder mitbringt. Die Leute, die dieses Geld einnehmen und verwalten, heißen Zöllner. Manchmal muss man auch für die Benutzung von Brücken oder Straßen Brückenzoll, Wegezoll oder Maut bezahlen.

Register

C

D

E

M

N

OPQ

R

DANKESCHÖN

Das Bertelsmann Kinder-Länderlexikon ist mit der Hilfe von rund 150 Grundschulkindern entstanden. Die Schülerinnen und Schüler haben das Länderlexikon für euch getestet. Sie haben zum Beispiel geprüft, ob die Texte verständlich sind, ob die Karten und Bilder interessant sind und ob das Buch die Fragen beantwortet, die ihr habt. Sie haben uns dann gesagt, was sie gut fanden, was sie in den Texten vielleicht noch nicht so ganz verstanden haben und wo wir etwas noch mehr erklären sollten: So haben wir zum Beispiel in einem Anhang, dem Glossar, erklärt, was die Europäische Union ist, was das Wort „Kultur" bedeutet oder was die Sowjetunion war. Wir haben beispielsweise bei Irland ergänzt, dass die Kelten ein Volk waren und im 5. Jahrhundert vor Christus die Insel Irland besiedelten. Oder wir haben zum Bild der Brücke von Mostar in Bosnien-Herzegowina erklärt, warum während des Bürgerkriegs Autoreifen an der Brücke hingen.
Die Hinweise der Kinder waren eine große Hilfe für uns, denn wir möchten natürlich, dass euch das, was wir in dem Buch schreiben, wirklich interessiert, dass es verständlich ist und dass es euch Spaß macht, in dem Länderlexikon zu schmökern.

Wir bedanken uns deshalb ganz herzlich für die vielen Verbesserungsvorschläge und guten Ideen bei den Schülerinnern und Schülern der Klassen 2a, 2b, 3a, 3b, 4a und 4b der Dr.-Albert-Finck-Schule in Neustadt, Hambach, der Klasse 2b der Grundschule Babenhausen in Bielefeld und der Klassen 2b und 4a der Sternberg-Schule in Berlin:

Nico Bach, Marcel Baitinger, Lina Bart, Maximilian Bartling, Federico Bayer Botero, Daniel Becker, Maximilian Becker, Sebastian Beiser, Jonas Bernhard, Valentino Betsch, Violetta Betsch, Carla Bever, Lilli Biffar, Jenny Blandfort, Fabian Bolz, Timo Both, Matthew Brandenburg, William Brandenburg, Tobias Braun, Dennis Brechmann, Leonie Breika, Julia Brennecke, Felix Brohl, Friederike Brohl, Thilo Brömmelhörster, Jacob Christmann, Lajla-Kim Coconcelli, Ronja-Marie Coconcelli, Steven Day, Sibel Demirtas, Franziska Diembeck, Kevin Dräger, Ivonne Dumsch, Markus Dürr, Philipp Dürr, Franziska Emmert, Laura Endl, Vitus Ehrhart, Leo-Malte Felder, Janis Sören Frangart, Claire Friedrich, Jean-Philipp Friedrich, Vanessa Friedrich, Andreas Fürst, Johanna Giessler, Etienne Giraud, Kimberly Glas, Steffen Gläsing, Nicole Grad, Emely Groß, Mathias Grün, Michaela-Marie Häring, Franziska Haubert, Benjamin Heider, Philipp Hellriegel, Laura Herde, Franziska Herrmann, Irina Hockenberger, Sabrin Jammoul, Jakob Jansen, Sophie Jendro, Jakob Julier, Lena-Maria Julier, Melissa Kaya, Valentin Khan-Blouki, Christian Kirchner, Juliane Kirchner, Mike Klaus, Isabelle Klein, Arijan Klepica, Pauline Klocke, Stefanie Klose, Lena Knöll, Nina Kochanek, Anna Kordes, Onur Korkmaz, Inga Kortmann, Luzie Küssner, Maurits La France, Zoe La France, Nikolaus Labusch, Rebekka Labusch, Alexander Landgrebe, Jaqueline Lang, Simon Leier, Nina Leithmann, Felix Lohmeyer, Jurek

Lube, Julian Lukwata, Esther-Elisabeth Mallrich, Richard Mann, Alexander Mayer, Ina Meyer, Emily Miller, Britta Mohr, Florian Mohr, Tizian Nick, Marie-Joëlle Ohler, Katharina Pawlik, Annalinnea Pettersson, Madeleine Pettersson, Fabrice Pevergne, Alexander Poh, Christin Regner, Jan Reuver, Tim Reuver, Katharina Roth, Svenja Rudolph, Adrian Saling, Robert Schäfer, Lara-Sophie Schäfer, Katrin Schäffer, Michelle Schaller, Sven Scharfenberger, Romy Scheller, Anna-Christina Schildberg, Carsten Schmidt, Vanessa Schmitt, Tanja Schneider, Aron-Samuel Schnelle, Jesse-Elias Schnelle, Philipp Schölzel, Marc Schreck, Nadja Schweikert, Lena Siedler, Pieter Snoeck, Sofie Snoeck, Gideon Syed Ali, Kim P. Syed Ali, Thi Ngoc Anh Phan, Mehmet Ücbas, Christian Uloth, Theresa Uloth, Ole van Look, Ramin Varnhorn, Alexander Vorländer, Antonia Vrdoljak, Julian Wegner, Jana Weinand, Ann-Kristin Werthenbach, Teresa Wienk-Borgert, Evelin Wimmer, Laura Winterstein, Patricia Witkowski, Sinan Yıldırım und Leon Zeller

Bedanken möchten wir uns auch bei allen Schülerinnen und Schülern, die mitgearbeitet haben, hier aber nicht namentlich erwähnt sind.

Für ihre Unterstützung und ihren Einsatz bei der Durchführung des Projekts im Unterricht danken wir herzlich allen beteiligten Lehrerinnen und Lehrern.

Gerne würden wir erfahren, was dir an deinem Länderlexikon besonders gut gefällt oder wo du vielleicht anderer Meinung bist. Wenn du Lust hast, uns zu schreiben, freuen wir uns sehr.

Unsere Adresse lautet:

Wissen Media Verlag
Lexikonredaktion
Avenwedder Straße 55
33311 Gütersloh

Abbildungsnachweis

aisa, Barcelona: 22, 29, 33, 40 o., 41, 52, 57, 58, 59, 61, 65 o., 65 u., 71, 75, 80 u., 89, 94, 98, 99, 101, 107 u., 110, 114 l., 116 l, 119, 120, 122, 136, 153, 158, 165 u., 171 o., 176 l., 176 r., 178 r., 180 u.l., 180 u.r., 187, 192, 198, 202, 204 u., 207, 224 r., 225, 228, 229 u., 233, 234 u., 244, 247, 248, 255, 258, 263, 266, 267, 272, 281, 287, 292, 295; **Archiv für Kunst und Geschichte, Berlin:** 63; **Associated Press GmbH, Frankfurt:** 43/Rothermel, 64/Villa, 123/Shah, 146/Young-joon, 203/Verdugo; **Biofotos Heather Angel, Farnham:** 254; **Bongarts Sportfotografie GmbH, Hamburg:** 31/Sandten; **Dr. Axel Borsdorf, Innsbruck:** 216; **Caro Fotoagentur GbR, Berlin:** 39/Hechtenberg, 50 u./Kaiser, 62 l./Klemmer, 80 o./Hechtenberg, 82/Bastian, 106/Trappe, 107 o.l./Trappe, 133/Hechtenberg, 138/Hechtenberg, 240 r./Trappe, 279/Trappe, 280/Trappe; **Christoph & Friends, Essen:** 102/Sasse, 116 r./Mangasaryan/Patker; **Cinetext Bild- und Textarchiv GmbH, Frankfurt:** 28 r.; **Bruce Coleman Coll., Uxbridge:** 53 o./Croucher, 137/Plage; **Comet Photoshopping, Zürich:** 222 u./Enz, 243; **Corbis GmbH, Düsseldorf:** 95 o./Kaehler, 215/Vega, 219/Horner, 275/Conway; **Corbis-Bettmann, New York:** 140, 142 r./UPI, 148 l., 151 o., 256/AFP; 269; **Prof. Dr. Eckart Dege, Wahlstorf:** 147; **Deutsches Jugendherbergswerk, Detmold:** 44 l.; **Document Vortragsring e.V., München:** 79/Trippmacher, 156/Matthäi-Latocha, 180 o./Kremnitz, 184/Matthäi-Latocha, 185/Matthäi-Latocha; **Dorling Kindersley, London:** 148 r., 195 r.; **dpa, Frankfurt:** 26, 28 l., 38 o., 38 u./May, 68/Atanasovski, 74 l., 108/Jones, 118/Chirikov, 124 r., 144 l./Peters, 145, 172 o., 173, 189, 221/Klar, 230 o., 273/Passenheim; **Focus, Hamburg:** 268; **Getty Images Deutschland GmbH, München:** 37, 154/Van der Hilst; **global picturemaxx, München:** 234 o.; **Dr. Klaus Grenzebach, Gießen:** 260 r.; **Sabine Günther, Lage:** 170; **Dr. Volker Höhfeld, Hechingen:** 100; **Gerhard Huber, Graz:** 62 r., 229 o.; **Prof. Dr. Fouad N. Ibrahim, Wunstorf:** 265; **IFA-Bilderteam GmbH, Ottobrunn:** 23 l., 23 r., 35/Kopetzky, 36/Int. Stock, 149/TPL, 172 u., 222 o./Fiedler, 240 l., 242 l.; **Interfoto, München:** 46 r., 47, 54, 70 o., 73, 74 r., 76, 78, 83, 87, 88, 91, 92, 111, 112, 113, 128, 132 r., 139, 151 u., 157, 159, 160, 161, 167, 177, 178 l., 186, 200, 204 o., 205, 206, 210, 212 u., 227, 232, 237, 242 r., 245, 246, 249, 251, 264, 270 l., 271, 274, 285, 290; **Volkmar E. Janicke, München:** 72; **Helga Lade Fotoagentur GmbH, Frankfurt:** 85, 121, 150, 298/Pölking; **Legoland Billund:** 32; **Mauritius, Mittenwald:** 16/PowerStock, 20/age, 21, 30, 40 u./Vidler, 48/Weber, 49/Vidler, 60/Merten, 66/Kolley, 70 u./Kuntz, 104, 130, 131, 134 o./Nordic Photos, 134 u./ACE, 142 l./Vidler, 171 u., 191, 194 u., 197, 199, 214/Cash, 220 l., 250/De Foy, 253/Raga, 282 o./Torino, 288/age; **mediacolor's, Zürich:** 67; **Okapia KG, Frankfurt:** 95 u.l/Klein&Hubert/BIOS, 135/NAS/McHugh, 175 o./NAS/Faulkner, 175 u./Gohier; **Panos Pictures, London:** 287; **Photopress Bildagentur GmbH, Stockdorf:** 209/Hackenberg; **Picture Press, Hamburg:** 129; **picture-alliance, Frankfurt:** 103/epa/Schiller, 117/epa Nemenov; **RCS Libri & Grandi Opere SpA, Milano/Il mondo degli animali:** 86, 293; **Reuters/E-Lance Media, Berlin:** 125/Salahuddin; **Michael Schack, Bielefeld:** 162, 164 o., 164 u., 165 o.; **Prof. Dr. F. Scholz, Berlin:** 126 r.; **Schweiz Tourismus, Frankfurt:** 45/Gassner; **Stefan Seitz, Freiburg:** 152; **Siemens AG, München:** 42; **Silvestris online, Dießen:** 25/Rudolf, 46 l./Danegger, 96/Legler, 141/Su, 155/Beck, 174/Keller, 181/ANT, 182/Aitken, 196/Giel, 262/Heine, 297/Gerlach; **Sipa Press, Paris:** 50 o., 53 u./Bromik, 69, 124 l./Zada, 126 l./Alfred, 132 l./Peters, 220 r./Gentile, 276/Facelly; **South American Pictures, Woodbridge:** 218/Fleming, 230 u.; **Achim Sperber, Hamburg:** 208; **Swatch AG, Greuchen:** 44 r.; **TopFoto, Kent:** 19/Munzig, 24, 168, 190/Carey/The Image Works, 193, 194 o., 217, 224 l./Savino/The Image Works; **Transglobe Agency 2, Hamburg:** 18/Simmons, 27/Yamakawa, 56, 212 o.; **Transglobe Agency, Hamburg:** 107 o.r./Walter, 143/Simmons, 226, 257/Kaup; **Wissen Media Verlag GmbH, Gütersloh:** 34, 93, 238, 270 r.; **zefa visual media gmbh, Hamburg:** 195 l., 211.

Einband u.l.: **Mauritius, Mittenwald – Raga**
Einband u.r.: **Mauritius, Mittenwald – Bluestone**